KB026745

다치바나 다카시의 서재

立花隆の書棚

TACHIBANA TAKASHI NO SYODANA
by Takashi TACHIBANA (text), Junichi WAJDA (photo)

이 도서의 국립중앙도서관 출판예정도서목록(CIP)은 서지정보유통지원시스템 홈페이지(http://seoji.nl.go.kr)와 국가자료공동목록시스템(http://www.nl.go.kr/kolisnet)에서 이용하실 수 있습니다. (CIP제어번호 : CIP2016031578)

다치바나 다카시의 서재

立花隆の書棚

다치바나 다카시 지음
와이다 준이치 사진
박성관 옮김

문학동네

일러두기

1. 일본 출판사명의 경우, 일반적으로 3음절 이하로 불리는 곳은 일본어 외래어표기법에 따라 표기했고(예: 講談社→고단샤), 그 외에는 가독성과 독자의 이해를 고려해 표기했다(예: 文藝春秋→문예춘추, 筑摩書房→치쿠마서방).
2. 단행본 · 잡지는 『』, 논문 · 기사는 「」, 음악 · 영화 · 사진 · 방송 프로그램은 〈〉로 표기했다.
3. 각주는 모두 옮긴이주다.

책머리에

이 책은 원래 저명인사들의 서가를 구석구석 선명하게 촬영하여 책으로 출간하는 『○○○의 서재』 시리즈 중 한 권으로 기획된 것이다.

이 작업의 열쇠는 다른 사람의 서재에 이상하리만치 끌리는 사진작가 와이다 준이치薈田純一 선생이 개발한 서가 정밀촬영술이다. 그는 우선 레이저 레벨을 사용하여 서가를 한 칸 한 칸 정밀하게 촬영한다. 그다음 모든 칸의 사진들이 서로 잘 맞아들어가도록 완전한 평면을 재구성한다. 와이다 준이치 선생은 이런 기법을 사용해 서가 전체를 표현한 것이다. 달리 말하자면 서가 전체를 1회 촬영으로 다 담아낸 것이 아니다(얼핏 보면 그렇게 보이는 부분이 적지 않지만 말이다).

조금 자세히 말해보자면 이렇다. 서가 전체가 아니라 서가의 한 칸에 카메라를 대고 정면에서 정밀하게 촬영한다. 그리고 다음 칸으로 옮겨서 동일한 작업을 한다. 이렇게 촬영된 각각의 사진들을 제일 마지막에 통합한다. 6단짜리 서가의 전경 사진은 개별적으로 찍은 각 6단의 사진들을 합성한 것이고, 10단짜리 서가의 사진이라면 사진 10장을 합성한 것이다. 합성은 컴퓨터를 사용해 각 사진들을 세밀하게 짜맞추는 것이라서 어지간히 확대하지 않는 한 접합된 부분을 알아차릴 수가 없다.

이렇게 함으로써 책표지 혹은 책등 쪽의 가느다란 문자들도, 심지어는 세세한 흠이나 얼룩까지도 거의 완전히 기록된다. 서가 전체를 한 번에 촬영하려고 하면 상단이나 하단 부분은 조금씩 비틀리게 마련이지만 이 방법을 쓰면 그런 비틀림도 없다. 단, 품은 엄청나게 많이 든다. 서가의 단마다 촬영하고 촬영한 다음에는 매번 카메라를 이동하여 핀트를 수정해야 한다. 그런 다음 셔터를 눌러야 한다. 사실 나는 내가 보유한 장서가 몇 권이나 되는지 정확히 파악하고 있지 않다. 와이다 선생에게 "셔터를 얼마나 누르셨습니까?"라고 물어보았다. "흠, 얼추 만 번 정도 눌렀죠"라고 와이다 선생은 아무렇지도 않은 듯 대답했다. 서가 한 단에 열 권쯤 있다고 치면 10만 권, 스무 권으로 치면 20만 권이다. 대략 그런 정도겠지 싶었다.

20년 전에 고양이 빌딩(이곳이 나의 자택 겸 작업장이다)을 지었을 때, 대강 세어보기는 했다. 그렇지만 그건 단지 서가에 몇 단이나 있는지를 센 것뿐이었다. 눈으로 대충 세긴 했지만 서가 한 단에 들어가는 책 권수를 거기에 곱해보니 약 3만 5000권 정도였다. 그후에도 책은 늘어만 갔으니 10만에서 20만 권 사이가 대략 타당한 수치라고 여겨진다. 그러나 다른 한편, 이렇게 내 서가의 전체 모습을 찰칵찰칵 찍힌다는 것은 그리 기분이 좋은 일이 못 된다. 나의 빈약한 머릿속을 엿보이는 듯한 기분이 든다. 그다지 아름답지도 못한 몸인데 누드 사진을 찍히는 듯한 기분이 들기도 한다.

그런 의미에서 급한 대로 몇 마디 덧붙이지 않을 수 없다. 이것이 내 장서의 전부는 아니다. 이것은 어디까지나 내 서가를 찍은 사진일 뿐이며 사실은 서가에 꽂혀 있지 않은 책이나 자료도 상당수 있다. 어디에 있느냐고 한다면 마루 위인데, 이쪽이 가장 많다. 모든 마루에는, 특히 작업을 하는 책상 주변 마룻바닥에는 높게 쌓아올린 책들로 늘 가득하지만, 이는 촬영하지 않았다. 그리고 목적에 따라 분류해놓은 자료들도 있는데, 각각을 큰 박스 안에 넣어 여기저기에 놓아둔 상태다. 이것도 촬영하지 않았다. 또 이 책에서 누락되어 있는 것 중 큰 덩어리를 꼽자면 인터넷상의 정보를 출력한 자료들이다. 최근에 내 머릿속에 입력되는 것들을 생각해보면, 예전처럼 단지 책을 통해서만이 아니라 인터넷에 의한 것도 많은데 그것도 이 책에는 싣지 않았다.

이 기획이 처음 구상되었을 때 사실 나는 그리 마음이 내키지 않았다. 왜 그랬을까? 서가는 매일 살아 움직이는 것이다. 특히 가장 많이 사용되는 서가들은 쉴새없이 움직이고 있다. 본디 그런 성격을 가진 서가를 스냅숏처럼 찍는 게 어떤 의미가 있을까 싶었다. 그러나 막상 서가를 촬영하는 걸 보면서, 또 그뒤 이 책을 제작하는 과정에 나도 참여하는 가운데 이게 상당히 재미있는 일이라는 걸 알게 되었다.

우선 서가를 보면 자신이 '무엇으로 이루어져 있는지'가 보인다. 나는 비교적 책을 처분하지 않는 인간에 속한다. 고등학생 시절에 산 책이 지금도 여러 권 있고, 대학 시절에 산 책은 수백 권, 아니 얼추 1000권은 아직도 보유하고 있지 않을까 싶다. 그 책의 책등을 보기만 해도 내가 그 책을 사서 읽었던 시기의 추억이 잇따라 되살아난다. 그 무렵 무엇을 생각하고 무엇에 고뇌했으며 또 무엇을 기뻐했던가, 책과 함께 그런 추억들이 되살아온다. 나의 분노와 고뇌가 책과 함께 있었음을 떠올린다. 어쩔 수 없이 더러워진, 여기저기 얼룩이 진 책일수록 버리기 힘든 것은 그 책을 되풀이해서 읽고, 줄을 긋거나 메모를 했던 추억이 거기에 가득 담겨 있기 때문이다. 사진만으로는 다 알 수 없을 테지만, 어쨌든 그러한 책들이 서가 여기저기에 꽂혀 있다.

서가라는 것은 재미있는 물건이다. 하나하나의 블록이 특정한 생각하에 형성되어 있다는 게 잘 드러난다. 다른 사람에게는 아무런 의미도 없는 블록으로 보일지 모르지만, 실제로는 그때그때의 생각에 이끌려서 일군의 서적을 모은 결과가 각각의 블록으로 존재하는 것이다.

이 책을 제작한 과정에 대해 한마디해두자. 맨 먼저 착수했던 것은 서가 촬영이었다. 정밀하게 서가 사진을 한 장 한 장 찍는 작업에 상당한 시간이 소비되었다. 제목이 세로로 적힌 책등을 전면으로 보이게 꽂은 다음, 카메라를 뒤로 뺄 공간을 확보하기 위해 사진작가와 조수와 편집자는 통로를 포함해 여기저기에 쌓아올려져 있는 책들을 치우지 않으면 안 되었다. 촬영을 마치고 나면 치워둔 책을 다시 원래 상태로 복구해야 했다. 이 육체노동의 시간이 길었다.

이 작업을 할 때 나는 거의 현장에 들어가지 않았다. 엄청난 시간 동안 작업을 해야 하는 그들에게 열쇠를 넘기고 그들이 원하는 대로 하게 놔두었을 뿐이다. 어쩌다 휴일 같은 날 가보면 그 사람들이 꼭 있었다. 그런 걸로 봐서 작업에 엄청난 시간이 들어갔다는 걸 능히 짐작할 수 있다. 노동의 대가만을 생각해서는 절대로 수지가 맞지 않는 작업이었을 것이다(사진작가에게나 출판사에게나 모두). 이 프로젝트에 관여한 사람들 모두(나도 포함해) 반쯤은 이 작업을 취미로 여겼기 때문에 이런 책이 만들어질 수 있지 않았나 싶다.

이렇게 작업의 전반부는 서가 사진을 담담하게 촬영하는 데 소요되었지만, 작업의 후반부는 내가 그 서가 앞에 서서 거기에 어떠한 책들이 모여 있는지, 어떤 책이 왜 거기 있는지 질문에 답하면서 이야기했다. 이건 쉬운 일 같아 보였는데 실제로 해보니 보통 일이 아니었다. 내 머릿속에서는 분명한 것 같은데도 막상 그걸 다른 사람에게 알아듣도록 이야기한다는 게 그리 간단치가 않았던 것이다.

어떤 책에도 그것을 산 이유는 있다. 특히 젊은 시절에는 돈이 별로 없었기 때문에 한 권 한 권 살까 말까 고민하면서 샀다. 읽는 것도 소중한 마음으로 읽었다. 그러나 나이를 먹고 경제적으로 그리 어렵지 않게 되면서 '이거 재밌어 보이네' 싶은 책들은 가벼운 마음으로 살 수 있게 되었다. 그렇게 된 후 책을 사는 방식, 서가가 채워지는 방식이 전혀 달라지기 시작했다. 읽는 방식도 완전히 달라졌다. 옛날에는 산 책은 모두 처음부터 끝까지 꼼꼼히 읽지 않으면 손해라고 생각했다. 그러나 부담 없이 책을 살 수 있게 된 후부터는 시시한 책들을 모두 처음부터 끝까지 읽는 것만큼 어리석은 시간 사용법은 없다, 그러한 책은 일 초라도 빨리 읽어치우는 것이야말로 중요하다, 그렇게 생각하게 되었다.

게다가 나 정도 나이를 먹게 되면 드는 생각이 있다. 앞으로 숙독할 만큼 가치가 있는 책을 몇 권이나 만날 수 있을까? 그런 일을 기대할 수 있는 책은 이제 몇 권 없을 것이다. 옛날에 읽었던 좋은 책 중 나중에 다시 한번 읽어보고 싶다고 생각했던 책을 다시 읽는 것과, 어느 쪽을 우선시해야 할까 갈등할 때도 있다. 어쩌면 이제는 새로운 책을 뒤적이는 짓은 그만하고 예전에 읽었던 좋은 책을 다시 읽는 데 열중하는 편이 나을지도 모르겠다.

그렇지만 역시나 그것은 잘못인 것 같다. 분명 젊은 재능이라는 것은 있는 것이니, 설령 옛날에 읽었던 좋은 책하고 다시 만나는 것도 나쁘진 않다 해도, 뛰어난 재능을 지닌 젊은이와 마주치는 쪽이 훨씬 가슴을 두근거리게 한다. 내가 젊었을 때는 젊고 명민한 작가는 질투의 대상은 될지언정 찬탄의 대상이 되는 일은 좀처럼 없었다. 그러나 나이 일흔이 넘으면서 뭐든지 좋은 게 좋다고 순순히 인정하고 싶어졌다.

또 한 가지, 서재를 살펴보면서 발견한 것이 있다. 나는 여러 시기에 다양한 것들에 대해 생각했고 또 그런 것들을 글로 쓸 예정이었는데, 아직 쓰지 못한 책들이 꽤 있다는 사실! 기준에 따라 달라질 순 있겠지만 얼추 열 권 정도는 되는 것 같다. 아마 그걸 모두 쓸 시간은 남아 있지 않겠지만, 그래도 거의 다 된 채로 중단되어 있는 작업들만은 꼭 완성하고 싶다.

연전에 도쿄대의 '다치바나 세미나' 학생들과 함께 만든 『스무 살,

젊은이에게 고함—다치바나 다카시와 일본 지식인 열여섯 명의 스무 살 인터뷰』(2011)라는 책이 있다. 거기에 보면 그 당시 앞으로 쓸 예정이었던 책 목록이 들어 있다. 제목이 아홉 개 정도 되는데 그중 인디오 성상에 대해서는 특히나 꽤 상세하게 이야기했다. 고양이 빌딩 2층 서가에 그 작업을 위해 모은 자료들이 수십 권 있는데, 그에 대해 꽤 자세히 이야기했던 것이다.

집필 예정인 책 중 가장 마지막 책은 제목이 '형이상학metaphysics'이다. 형이상학은 본래 '피직스physics(자연학, 물리학)' 위에 놓여 있는meta 학문이라서 '메타피직스'라고 명명되었던 것인데, 그뒤 현실의 형이상학은 자연물리학과는 하등 관련이 없는 방향으로 발전해버렸다. 현대의 형이상학은 물리학자가 읽으면 전혀 이해불가능한 방향으로 가버렸기 때문에, 우리는 그걸 본래적 의미의 메타피직스로 되돌려야 한다, 즉 현대 물리학이 획득한 과학의 최첨단 식견 위에 있는 학문으로 되돌려야 한다는 것의 의미를 『스무 살, 젊은이에게 고함』에서 말한 바 있다.

이 책에서 나는 그리스도교의 삼위일체론을 거론하며 아버지신과 아들신과 성령신이 일체라는 건 어떤 의미인가에 대해, 그리고 그에 대한 이론異論으로부터 어떤 과정을 거쳐 최초의 이단, 즉 아리우스파가 생겨났는가에 대한 이야기를 했다. 예수 그리스도가 곧 신이라고 보는 정통적인 삼위일체론에 대항하여 반론을 제기한 교파들이 역사상 여러 차례 등장해서는 이단시되었던 것이다. 현대에도 미국에서 가장 유력한 교파(유니테리언)가 아리우스파와 동일한 견해하에 집단을 이루고 있는데, 그들은 현대판 아리우스파로 지목된다고 하는 점을 지적했다.

또하나의 현대판 삼위일체론과 관련지어 생각해본다면, 지금이야말로 신학과 물리학과 철학의 삼위일체론을 생각해야 할 때라고 본다. 그것은 빛과 에너지와 물질의 삼위일체론으로, 물리학 공식으로 표현하자면 $E=mc^2$이라는 아인슈타인의 상대성이론과, $E=h\nu$라는 플랑크의 양자역학으로부터 도출할 수 있다.

그런데 사실 이와 거의 같은 얘기를 몇 년 전에 개최된 '자연과학연구기구'의 제2회 심포지엄 '폭발하는 빛 과학의 세계: 양자에서 생명체까지'의 기조연설중에도 했었다. 빛과 에너지와 물질은 결국 같은 것이며 우리 자신도, 우리를 만든 것도, 우리가 지금까지 만들어낸 것도 모두 이 삼위일체 속에 있는 것이다.

내가 늘어놓는 이야기가 이런 식이다보니 서가 앞에서 펼치는 나의 이야기는 경계를 넘어 끝없이 뻗어나갔고, 한번 이야기를 하기 시작하면 멈출 수가 없었다. 게다가 그 이야기를 정리한 텍스트에 일단 교정의 붉은 펜을 대기 시작하면 이번에는 가필하면서 또 사고가 끝도 없이 펼쳐져서, 이 책은 언제 끝날지 알 수 없을 정도가 되었다. 간신히 여기서 끝낸 것이다.

다치바나 다카시

차례

2장 고양이 빌딩 2층

3장 고양이 빌딩 3층

4장
고양이 빌딩 지하 1층과 지하 2층

5장 고양이 빌딩 계단

–

6장
고양이 빌딩 옥상

–

–

7장
산초메 서고 릿쿄 대학 연구실

–

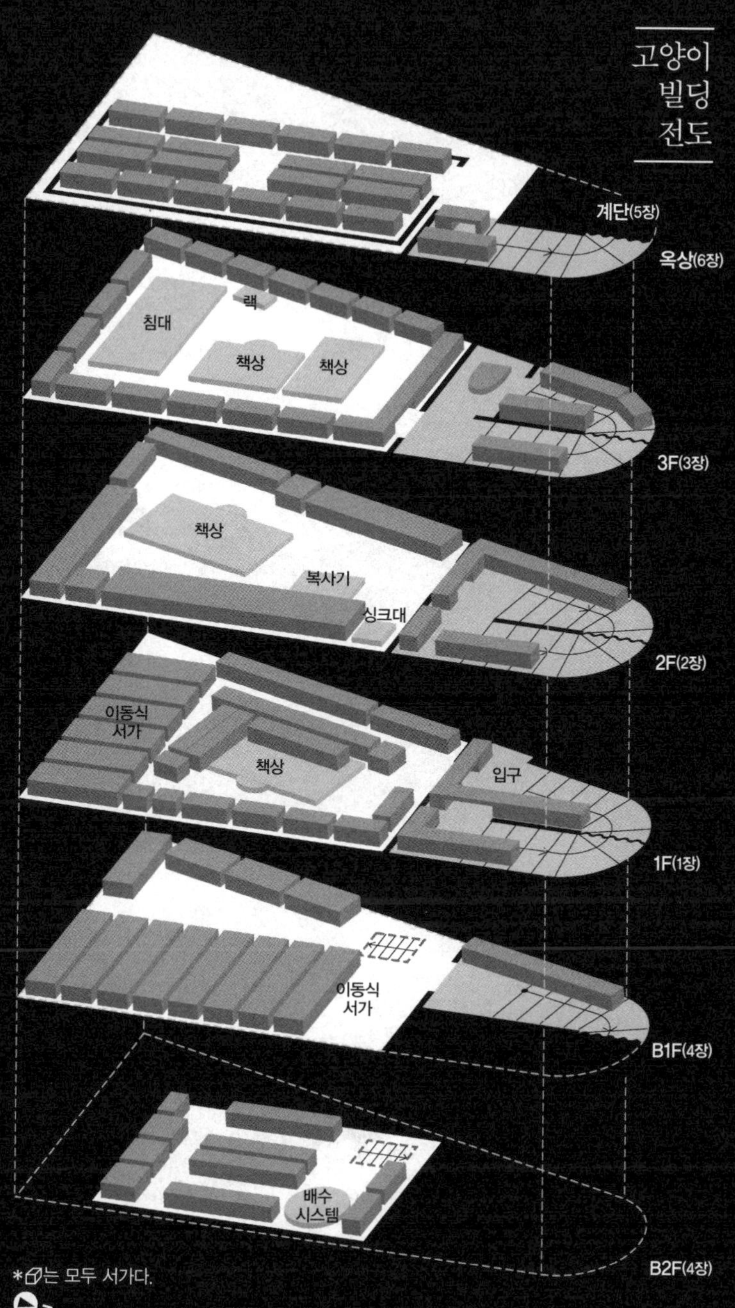

고양이
빌딩
전도
계단(5장)
옥상(6장)
랙
침대
책상
책상
3F(3장)
책상
복사기
싱크대
2F(2장)
이동식
서가
책상
입구
1F(1장)
이동식
서가
B1F(4장)
배수
시스템
B2F(4장)
*는 모두 서가다.
N

산초메
서고
(7장)

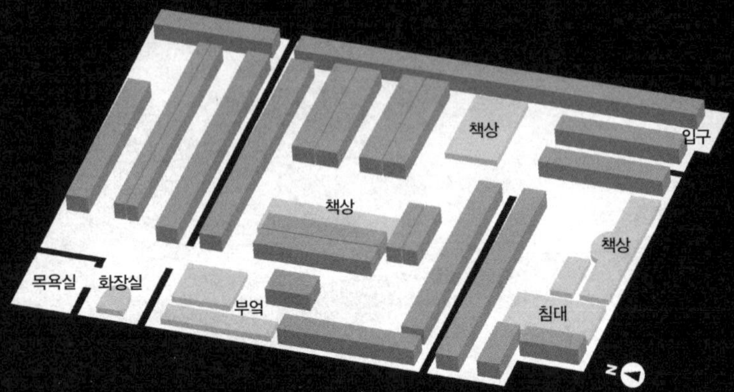

릿쿄
대학
(7장)

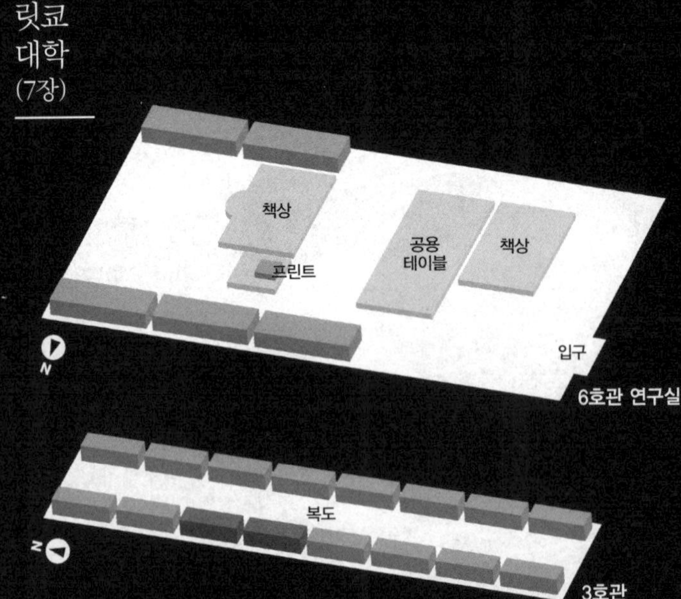

1장

고양이 빌딩

1층

1층 서쪽 서가와 책상 뒤쪽 서가 사이의 통로

펼침 사진2 뒤 확대. 유도만능줄기세포를 비롯, 현대 생물학은 어느 분야를 보아도 흥미롭습니다.

맞은편의 가장 오른쪽 랙에는 사람의 죽음을 다양한 각도에서 검토하는 서적들을 모아놨어요. 안락사나 존엄사에 대한 책들도 죽 있네요. 그중에서 예컨대 유명한 책을 들자면 엘리자베스 퀴블러로스의 『죽음과 죽어감』 같은 책이 있습니다. 이 책은 의사인 퀴블러로스가 병에 걸려 죽음을 눈앞에 둔 사람들 200명과 인터뷰한 내용을 묶은 책입니다. 그녀는 이 인터뷰를 대학 수업시간에 했어요. 자신이 가까운 시일 내에 죽는다는 걸 알고 있는 환자를 교실에 데리고 와서 언제 그 사실을 알게 되었는가, 그때 어떤 느낌이 들었는가, 자신의 죽음을 받아들일 수 있게 된 건 언제쯤인가, 어떤 계기로 그럴 수 있었나 같은 질문을 직선적으로 던졌습니다.

(1장 본문에서)

性器信仰の系譜
非常民の性民俗
赤松啓介
パリと娼婦たち 1830–1930
中世娼婦の社会史
LA PROSTITUTION EN GRÈCE ET À ROME
娼婦の歴史
性と出会う
恋人選びの心
王たちのセックス
庶民たちのセックス
夜合戦記
THE NEW TESTAMENT AND HOMOSEXUALITY
性の民族誌
日本人の性
性の神々
守山聖真著
日本人の性生活

펼침 사진 2 뒤 확대. 고전적인 명저라 할 만한 '빨간책'들이 갖춰져 있습니다.

펼침 사진 2 뒤 확대. 컴퓨터를 통해 새로운 과학기술의 세계가 넓어져가는 겁니다.

펼침 사진 2 뒤 확대. 일본 원숭이학의 주요 학자들은 당시에 거의 다 취재한 셈입니다.

38쪽 사진 확대. 오래된 사전은 대체로 학생 시절부터 썼던 것입니다.

인터넷 포털 사전이 더 사용하기 편리할 거라고들 합니다. 입력기에 비슷한 글자를 입력하면 닮은 글자들을 검색해주니까요. 하지만 저는 현시점에서는 인터넷 사전을 쓰지 않습니다. 어째서 쓰지 않느냐면 제가 찾으려고 했던 정보가 들어 있지 않기 때문입니다. 인터넷으로 검색할 수 있는 사전적 정보라는 건 대개 이와나미서점의 『고지엔広辞苑』 정도까지일 텐데, 『고지엔』 정도의 정보로는 일을 할 수가 없습니다. 직업으로서 글을 쓰게 된 이후로는 『고지엔』은 거의 쓰질 않습니다. 어느 시기에는 쓴 적도 있지만, 그리 애용하지는 않았지요. (1장 본문에서)

1층 서쪽 서가와
책상 뒤쪽 서가 사이의 통로

1층
서쪽 서가

⋮ 1층 책상
⋯ 1층 책상 왼쪽 책꽂이

江戸語大辞典
The Great Geographical Atlas
字通
生命倫理事典
日本類語大辞典
1984
日本アルマナック

1층 책상 왼쪽의 책꽂이 뒤편과
남쪽 랙으로 이어지는 통로.

42쪽 사진 확대. 미국 휴스턴에는 우주 관련 책들을 모아놓은 고서점이 있습니다.

Earth Catalog
The Dream Machines
NASA

1층 동쪽 서가와
북쪽 서가

ピエール・ベール伝
考える物質
分子と記憶
本質的緊張
科学革命の構造
クーン
クワイン
現代哲学基本論文集 II
哲学事典
みる きく よむ
レヴィ＝ストロース
人間であるために
内なる神
目覚める理性
科学とユートピア
人間と適応
構造主義
パースのプラグマティズム
パースの認識論
パースの記号学
形而上学
現象学
パースの生涯
THE ESSENTIAL WRITINGS
ある未来の座標 テイヤール・ド・シャルダン
神父と頭蓋骨
ポパーの科学論と社会論
客観的知識

LA PENSÉE
LE PHÉNOMÈNE HUMAIN
Der Japandiskurs im historischen Wandel
A PHYSICIST'S GUIDE TO SKEPTICISM
MILTON A. ROTHMAN
アートマン・プロジェクト
Neuropsychological Bases of God
パラダイム再考
中山 茂 編著
思考のパラダイム
個を超えるパラダイム
地球市民の条件
パラダイム・ブック
ニューサイエンスの世界観
石川光男
八つの大罪
カタストロフィ
野口 広
複雑系を超えて
複雑系のカオス的シナリオ
複雑系の進化的シナリオ
イリイチ 生きる希望
億万年を探る
内部観測とは何か
科学と宗教の統
ドグマ人類学総説
理想 特集 科学哲学から
可能世界と現実世界
部分と全体
世界と歴史の存在構造
根井康之
賢者の石
デカルトなんかいらない?
生命思考
石川光男
相対主義の極北
真理の彼岸
認識の進化論
現代思想の源流
思考について
現代思想の源流
西洋哲学の知
生理人類学入
形態と構造
社会学
メルロ=ポンティ
知覚の現象学
知覚の現象学

44쪽 사진 확대. '뇌는 인간의 육체 안에 있는 우주'라고도 합니다만, 실제로는 우주에 대해서보다 더 모르고 있습니다.

‘죽음’이란 무엇인가

고양이 빌딩의 서가는 늘 책이 들락날락합니다. 제가 하는 작업에 따라 그때그때 책의 장소도 변하죠. 학생들의 도움을 받아 책들을 정리하는 과정에서 책의 흐름이 좀 이상해지는 경우도 군데군데 생깁니다. 뭐 그런저런 일까지 포함해서 서가의 배치 상태가 제 작업의 궤적을 드러내준다고도 할 수 있겠지요. 다만 여기 1층 저 안쪽의 랙은 고양이 빌딩 내에서도 오래전에 정리한 뒤 변화가 없는 상태라 비교적 정돈이 되어 있어요. 여기서부터 시작해볼까요.

맞은편의 가장 오른쪽 랙에는 사람의 죽음을 다양한 각도에서 검토하는 책들을 모아놨어요. 안락사나 존엄사에 대한 책들도 죽 있네요. 그중에서 예컨대 유명한 책을 들자면, 엘리자베스 퀴블러로스의 『죽음과 죽어감』 같은 책이 있습니다. 이 책은 의사인 퀴블러로스가 병에 걸려 죽음을 눈앞에 둔 사람들 200명과 인터뷰한 내용을 묶은 책입니다. 그녀는 이 인터뷰를 대학 수업시간에 했어요. 자신이 가까운 시일 내에 죽는다는 걸 알고 있는 환자를 교실에 데리고 와서 언제 그 사실을 알게 되었는가, 그때 어떤 느낌이 들었는가, 자신의 죽음을 받아들일 수 있게 된 건 언제쯤인가, 어떤 계기로 그럴 수 있었나 같은 질문을 직선적으로 던졌습니다. 이 수업을 들은 학생들은 큰 충격을 받은 것 같습니다. 그런 정황이 이 책 속에도 나타나 있지요.

돌봄이나 치매 등의 문제도 포함해서 사람의 임종에 대해 생각할 때, 야마다 후타로山田風太郎의 이 책 『인간 임종 도권圖券』(상하권)이 꽤 볼 만합니다. 이 책에는 900명도 넘는 동서고금의 저명인사들이 죽을 때 어떤 모습으로 죽어갔는지가 담담하게 그려져 있습니다.

한편 죽음에 대해 문화인류학적인 고찰을 한 것이 이 『죽음 의례—장송 습속에 대한 인류학적 연구』입니다.

사람의 죽음이란 무엇인가 하는 것은 제게 꽤나 큰 주제입니다. 단, 이 주제는 계속 조사를 해나가면 폭이 매우 넓어집니다. 읽어야 할 책도 아주 다양합니다. 의학서도 자료 삼아 읽고, 에세이나 이론서도 읽었고요. 죽음을 생각하기 위해서는 바이오bio에 대한 책도 필요하고, 윤리에 대한 책도 불가결합니다. 그런 것들을 일단 여기 이 장소에 한데 모아두었어요.

한마디로 죽음이라고 일컫지만 죽음에도 다양한 종류가 있지 않습니까? 제 책장을 보니 그중에서도 뇌사에 관한 책이 아무래도 많이 있네요.

제가 쓴 책으로는 『뇌사』(1986) 『뇌사 재론』(1988) 『뇌사 임조(임시행정조사위원회) 비판』(1992) 등이 있습니다만, 뇌사는 생명에 관한 저의 작업 중에서도 최초로 씨름했던 주제입니다. 당시 상당한 시간을 들여 꼼꼼히 조사했죠.

사실 본래의 관심사는 심장이식을 비롯한 장기이식이었어요. 의사가 장기이식수술을 한다고 할 때 최대한 살아 있는 상태에 가까운 장기를 확보할 필요가 있습니다. 그 최대한 살아 있는 상태에 가까운 장기를 확보하기 위해서는 사망 후 경과 시간이 가능한 한 짧은 사람에게서 제공받는 편이 좋겠지요. 그렇지만 죽지 않은 사람의 장기를 받을 수는 없는 노릇입니다. 그런 일을 하면 살인 내지 상해치사가 되어버립니다. 그렇다면 자! 무엇을 어떻게 해야 장기를 제공받아 이식수술에 사용할 수 있을까? 이 문제를 끝까지 파고들면서 생각해보아야 할 필요가 있습니다.

이것이 죽음의 판정 기준이라는 문제입니다. 일본 의학계에서도 그 기준을 만들고자 후생성에 소위원회가 생겼고 그러면서 저건 이래서 안 된다, 이건 또 저래서 안 된다 하며 대논쟁이 시작되었습니다. 이 상황에 흥미를 느낀 저는 NHK와 함께 몇 편짜리 프로그램을 만들고 잡지 『중앙공론中央公論』을 중심으로 관련한 집필을 계속했는데, 그러다보니 여러 권의 책을 출간하게 된 거예요.

그걸 기점으로 흥미가 확장되어 최종적으로 뇌사라는 주제에 이르렀습니다. 일견 장기이식과 뇌사는 관계가 없는 듯 보이지만, 파고들어 생각을 밀고나가보면 양자는 떼려야 뗄 수 없는 관계에 있습니다.

무엇을 가지고 사람이 죽었다고 인정하는가 하면, 전통적으로는 기준이 심장사 말고 없었어요. 즉 심장이 멎었을 때 죽음이라고 인정했던 거죠. 그러나 의학이 발달하게 되자 자발호흡이 불가능한 사람도 호흡기를 대서 인공적으로 호흡을 계속하게 해주면, 언제까지라도 심장이 계속 뛰게 된 겁니다. 그런데 사후에 그 사람을 해부해보면 뇌세포가 죽어 융해되어버린 경우도 있었습니다. 이리하여 뇌사라는 개념이 나온 것입니다. 뇌사를 가지고 사람의 죽음을 판정하는 편이 의학적으로는 정당하고, 게다가 그 지점을 죽음이라고 인정하면 장기이식용 장기가 신선한 상태에서 확보될 수 있습니다.

그리고 이 문제는 바이오에식스bioethics, 일본어로 번역하면 의료윤리라는 문제와 직결됩니다. 바이오에식스와 관련된 학회 자료들도 모아놨어요.

결국 죽음이라는 문제는 어느 한 가지만을 전문적으로 조사해서는 부족합니다. 예를 들어 안락사에 대해 생각하는 것이라면, 안락사가 실제로 행해진 사례만을 상세히 보아서는 불충분합니다. 아무래도 안락사에 대한 다양한 종교상의 견해들도 보지 않을 수 없습니다. 즉 세상에 존재하는 다양한 종교들이 갖고 있는 생사관도 시야에 넣고 연구를 해야 하는 것이죠. 자살이나 종말기 의료terminal care 문제도 마찬가지입니다. 모두 가족제도나 경제와 떼어놓고는 생각할 수 없는 문제입니다.

이렇듯 사람의 죽음이라는 하나의 큰 주제로부터 가지들이 뻗어나와 문제의식이 점차 확대되어갑니다. 그중에서도 특히 중요한 가지가 바이오에식스입니다.

바이오에식스 분야에서 일본의 일인자는 가토 히사타케加藤尚武라는 사람입니다. 『바이오에식스의 기초』를 번역한 것 외에도 수많은 저서와 역서가 있는 사람으로, 그가 가르친 학생들이 일본 바이오에식스 분야에서 가장 큰 흐름을 형성하고 있지요. 사실 가토와 저는 같은 대학을 다닌 데다가 사는 동네도 가깝고 해서 지금도 절친하게 지내고 있습니다. 그런 그가 제게 의뢰를 해서 둘이 함께 바이오에식스에 관한 어떤 총서의 감수를 맡은 적도 있습니다.

제가 뇌사에 대해 조사를 시작했을 당시, 바이오에식스는 아직 일본에서 어엿한 학문 영역의 하나로 인지되지 못한 상태였습니다. 이 장르에 점점 더 깊이 관여해가는 가운데 분과 학문으로서도 성숙해졌구나 하는 실감이 있습니다. 또 그런 움직임과 발맞춰 학회들도 확충되어왔고요. 좋은 일입니다.

경험으로부터 흥미가 확장되어갔다

이 책장에는 약학, 심장외과학, 마취과학, 병리학 등 모든 의학 관계 전문서적들이 모여 있습니다. 출산에 관한 전문서도 있네요.

이전에는 암 관련 서적도 여기 뒀었는데, 암에 대해서는 특히 집중적으로 공부했기 때문에 책이 너무나 많이 불어나서 지금은 다른 곳에 옮겨놨습니다. 아마 고양이 빌딩 옥상방이나 고이시카와[1] 산초메에 있는 연구소 어딘가에 모아놓았을 겁니다.

예를 들면 이 『그레이 해부학』은 제목 그대로 해부학 책입니다. 해부학 분야의 표준적이고 고전적인 교과서로, 미국 의대생들은 모두

1 小石川. 도쿄 도 분쿄 구 소재.

이 책으로 공부를 시작하죠. 미국에는 〈그레이 아나토미〉를 제목으로 한 유명 TV드라마 시리즈도 있죠.

그리고 이쪽에 모여 있는 것은 일본방송출판협회의 『NHK 〈사이언스 스페셜〉 경이로운 소우주, 인체』(전8권)입니다. NHK 프로그램 〈사이언스 스페셜〉의 내용을 책으로 만든 시리즈죠. 이게 왜 여기에 있냐 하면요, 옛날에 제가 이 프로그램의 총감수를 맡은 적이 있기 때문입니다.

이런 유의 과학 프로그램을 잇달아 제작한 이는 하야시 가쓰히코林勝彦 프로듀서입니다. 이 프로듀서와는 오래 관계를 유지하며 함께 뇌사에 관한 프로그램도 여럿 제작했습니다.

그리고 이쪽은 내시경 검사에 관한 책입니다. 『조기 대장암 내시경 핸드북』 『대장 내시경 삽입법』 등이 보이네요. 제가 예전에 대장암이 의심되어 내시경 검사를 받은 적이 있어요. 그걸 계기로 내시경 검사라는 게 어떤 것인가를 조사했어요. 역시 자기 자신이 경험하면 흥미가 생기는 법이죠.

조사해보니 내시경을 몸속에 넣는 내시경 삽입은 의료기술적으로 간단한 게 아니더라고요. 구체적으로 말하자면 항문으로 넣은 내시경을 대장의 형태를 따라가며 갈고리 모양으로 구부리면서 환부까지 밀어넣어가는 건데요, 그게 상당히 까다롭습니다. 당연히 능숙한 사람과 서투른 사람이 있고, 그래서 실수할 경우에는 장관腸管을 뚫어버리는 일도 있다는 걸 알게 됐어요. 물론 지금은 내시경 사이즈도 작아지고 옛날보다는 삽입하는 일도 훨씬 간단해져서 의사들 간의 기량 차이는 그리 크지 않은 듯합니다만.

참고로 내시경을 세계 최초로 개발한 도쿄대 의학부의 의사들, 그리고 올림푸스 광학공업의 에피소드를 소설화한 것이 요시무라 아키라吉村昭의 『빛나는 벽화』입니다. 요전에 TV드라마로 만들어지기도 했죠. 지금은 당연한 듯 사용되는 내시경 검사지만 개발되었을 당시에는 반대파도 많았습니다.

이 책에는 '잘될 턱이 있나'라며 홀대하고 업신여기는 주변의 부정적인 시선에도 불구하고 의사들과 기술자들이 손을 잡고 악전고투를 벌인 끝에 성공에 이르는 모습이 잘 그려져 있습니다. 대단히 재미있는 이야기예요.

제가 지금까지 조사해온 분야는 한둘이 아니지마는, 이 경우처럼 제 자신의 몸에서 시작해 관심을 갖게 된 분야들도 꽤 있습니다.

일본 근대의학의 시작

의료와 관련된 책들이 좀더 이어지네요.

세계 최초로 내시경을 개발한 도쿄 대학 의학부와 관련해서 나름 재미있는 책이 『의대생과 그 시대—도쿄 대학 의학부 졸업 앨범으로 보는 일본 근대의학의 발자취』입니다. 도쿄 대학 의학부 창립 150주년을 맞아 전 도쿄대 의학부 부속 병원장 나가이 료조永井良三 선생이 중심이 되어 150주년 기념제가 집행되었어요. 그때 온갖 자료들과 사진들이 모였다고 합니다. 이 책은 그것들을 모아 편찬한 것으로, 도쿄대 의학부의 역사를 망라한 기념 출판물입니다. 일본 근대의학의 역사 자체가 모두 요약되어 있는 귀중한 책이죠.

이야기는 막부시대 말기[2]부터 시작됩니다. 1858년에 세워진 오타마가이케[3] 종두소가 도쿄 대학 의학부의 기원이죠. 이 오타마가이케 종두소는 미쓰쿠리 겐바箕作阮甫, 이토 겐보쿠伊東玄朴 같은 역사에 남을 난방[4] 의사들과 가와지 도시아키라川路聖謨 등 막부의 개명파開明派 관료들이 손을 잡고 만든 것입니다.

에도시대에는 쇼군이 병에 걸리면 한방의漢方醫밖에 진료할 수 없었습니다. 막부 말기에나 이르러서야 비로소 난방의가 진찰과 치료를 담당하게 되었고, 또 실제로 질병을 치료하는 데 성공을 거둡니다. 그러자 곧장 막부 내에 쇼군을 담당하는 전문 의학팀이 생겼습니다. 이로부터 일본의 근대의학이 시작되는 것입니다. 그리고 그것이 그대로 도쿄 대학 의학부의 출발입니다.

실은 방금 말한 나가이 선생은 지금 제 몸을 진찰해주시는 의사이기도 합니다. 의술도 뛰어나지만 의학부의 역사에도 상당히 밝습니다. 그러니까 병원에 가면 여러 가지 이야기를 얻어듣게 됩니다. 그러다보면 자연스레 의학부의 역사, 의학의 역사에 밝아지게 되죠. 이런 사이라서 단순한 의사/환자랑은 다르죠. 의학의 역사에 대한 책은 대개 이쪽에 모여 있습니다.

한편 아래쪽 책장은 심장이식 관련 책들이 있는데 이리사와 히로시入沢宏의 『심장 생리학』 같은 책들도 있습니다.

이토록 흥미진진한 분자생물학

다음 칸으로 가볼까요? 여기에 있는 책들은 어떤 식물학자를 취재할 필요가 있었을 때 기초 조사를 하기 위해 모아둔 겁니다. 『식물의 성장과 분화』 『식물의 기원과 진화』 『근대식물학의 기원』 등이 있습니다.

여기에서 세균학, 바이러스 서적으로 이어져가네요. 바이러스와 관련해서는 에볼라 바이러스 같은 다양한 살인 바이러스에 대한 서적들도 죽 꽂혀 있네요. 『레벨 4—치사성 바이러스』 같은 책이나, 『흑사병』 『그레이트 인플루엔자』 같은 대규모 감염이나 사스, 그리고 역병이나 광우병에 관련된 책들도 여기에 있습니다.

이쪽은 아주 오래된 책들이에요. 예컨대 이 『빛과 시각 이야기』는 옛날 1960년대에 '타임라이프 인터내셔널'이 발행하던 '라이프 사이언스 라이브러리'라는 시리즈 중 한 권입니다. 콤팩트판이지만 아주

---

2 일반적으로 일본의 근대는 1867년 메이지유신부터 시작된 것으로 보고, 그 이전의 에도시대 말기를 가리켜 막부 말기라고 한다. 막부는 통치자인 쇼군을 중심으로 한 무사 정권을 말하며, 막부시대는 1192년의 가마쿠라 막부, 1338년의 무로마치 막부, 1603년의 에도 막부로 이어지다가 1867년에 메이지 천황이 즉위하면서 종말을 맞는다.

3 현재 도쿄 도 치요다 구 소재.

4 蘭方. 에도시대에 네덜란드에서 전해진 서양 의술.

좋은 책이에요. 간행된 것은 1968년. 벌써 꽤나 옛날 책이 되어놔서 내용상으로는 조금 낡아버렸죠. 이 라이프 사이언스 시리즈는 온갖 과학 분야들을, 그야말로 수학에서 인류사 같은 분야까지 전부 다뤘어요. 어떤 한 분야에 대해 정리된 지식을 얻으려고 할 때는 이런 시리즈가 유익하지요.

그 밖에 생명에 관한 책으로는『생명의 기원』『생명의 탐구』『생명의 기원과 생화학』『생물학을 권함』『생물 강의』등이 보이네요. 이쪽도 옛날 책들이에요.『생물학을 권함』은 제가 대학에 입학했을 무렵에 나온, '학문의 입문' 시리즈 중 한 권이었습니다.『생물 강의』는 고등학교 생물 참고서입니다. 어떻습니까, 저도 물건 하나는 오래 간직하는 타입이죠? 2012년에 노벨 생리의학상을 수상한 야마나카 신야 山中伸弥 선생의 iPS세포[5]도 그렇습니다만, 지금은 생명과학 전성시대라고 할 수 있습니다. 분자생물학, 세포생물학, 발생생물학…… 현대 생물학은 어느 분야든 모두 흥미진진해서 눈을 뗄 수가 없어요.

고등학교, 대학교 시절에는 저도 그리 진지하게 생물학을 공부하진 않았어요. 그때는 생물학이라고 하면 박물학의 연장쯤으로 느껴져서 별로 흥미가 없는 세계였어요. 본격적으로 공부를 시작한 것은『문예춘추』일을 하게 된 이후이고, 또 분자생물학의 등장으로 생물학의 양상이 일변한 이후입니다.『생물학 혁명』(개정판)이라는 책이 평판을 얻고, DNA나 유전자가 화제가 되기 시작했죠. 어! 분자생물학이란 게 이렇게 재밌는 거였단 말인가 싶었습니다. 일본 분자생물학의 대부 같은 분으로 교토 대학의 와타나베 이타루渡辺格 선생이 라고 계십니다. 이분에게 분자생물학에 대해 끈질기게 묻는 형식의 기획이 있었고 그래서 준비 삼아 공부를 했는데, 그 과정에서 단숨에 이해가 깊어졌습니다. 그러던 차에 와타나베 선생의 제자로 당시 미국 매사추세츠 공과대학에 있던 도네가와 스스무利根川進 선생이 1987년에 노벨 생리의학상을 수상했습니다. 그래서 미국으로 건너가 도네가와 선생과 장시간 인터뷰를 했어요. 이는 후에 『정신과 물질』(1990)이라는 책으로 만들어집니다.

'이번 노벨상은 어떤 연구로 수상하게 된 것인지 전혀 모르겠다'는 게 당시 언론의 상황이었습니다. 일본의 언론은 전통적으로 일부 과학부 기자 외에는 과학에 극단적으로 약한 사람들의 집단이라서, 노벨상을 수상하게 된 연구의 의의를 확실히 해설할 수가 없었습니다. 그래서 그 지점을 철저히 파고들려고 했더니, 책 한 권이 되어버린 거죠.

질병에 대해 상세히 알려면 생물학 자체에 대해서도 알아야 합니다. 그렇기 때문에 이 랙은 질병에서부터 바이올로지 영역으로 들어가 인간 게놈이나 생명의 비밀 같은 주제를 다룬 책들까지 흐름이 죽 이어지는 겁니다. 『인간 생화학』 『미토콘드리아 이브의 선물』 『발생생물

---

5 유도만능줄기세포induced Pluripotent Stem cell. 사람의 피부세포에 유전자 변형을 가해 만들어낸 줄기세포로, 배아줄기세포와 특성이 비슷하다. 수정란이나 난자를 사용하지 않아 윤리 문제에서 자유롭지만, 아직 안전성이 검증되지 않았다.

학』『생명의 비밀』『인간생물학』『인간은 어디까지 기계인가』『바이오크라트』. 그러고 보니 수상쩍은 책도 몇 권 섞여 있네요.

이런 자연과학 계통 중에서 비교적 좋은 책들을 펴냈던 것이 왕년의 중앙공론사입니다. '중앙신서'는 물론입니다만, 이전에 간행되었던 '자연선서自然選書'라는 시리즈는 수준이 대단히 높았어요. 중앙공론사에는 일찍이 『자연』이라는 잡지가 있었는데요, 이 잡지가 대단히 수준 높은 기사를 실었던 관계로, 단행본 출판 쪽에서도 읽을 만한 서적들을 간행할 수 있지 않았나 싶습니다. 지금은 『자연』처럼, 곱씹는 맛이 있는 잡지가 완전히 없어져버렸습니다. 이런 종류의 잡지가 없어지면 그런 범위를 다룰 수 있는 편집자도 없어져버립니다. 저자와의 접촉도 엷어지지요. 그리되면 결국 초심자용 책만 넘쳐나 시시해져버리죠. 하지만 어느 정도 그런 전통이 남아 있었기 때문에, 저도 『우주로부터의 귀환』(1983) 『뇌사』 『인체 재생』(2000) 같은 과학 분야 책을 중앙공론사에서 낼 수 있었죠.

빨간책 분야의 최고 걸작

그 맞은편에는 성에 대한 책들이 있네요. 소위 빨간책, 즉 춘화春本에서부터 프로이트나 융의 책까지 갖추고 있어요. 저는 1970년대 후반에 『미국 성혁명 보고』(1979)를 썼기 때문에, 이 분야에 대해서도 상당한 조사를 했었죠. 풍속 현상 차원에서 접근한 것부터 문화인류학적 접근법을 취한 것까지 다양하게 갖고 있어요.

그중에서도 일품인 것이 『단노우라 야합전기壇の浦夜合戰記』. 이것은 일본 빨간책의 가장 오래된 고전입니다. 겐페이源平 전투[6]의 최종 국면인 단노우라 결전[7]에서, 다이라 가의 패배를 각오한 다이라노 기요모리平清盛의 딸 겐레이몬인建礼門院[8]은, 어린 안토쿠安德 천황을 가슴에 품은 다이라노 도키코平時子와 함께 물에 빠졌는데, 미나모토 가源家에 의해 구조된 뒤 삭발하고 불가에 귀의했다고 전해집니다. 그러나 이 책에서는 다이라노 도쿠코(겐레이몬인)가 구사일생으로 살아난 뒤 미나모토 가의 총대장 미나모토 요시쓰네源義経의 구애를 받아 정사를 벌이기에 이른다…… 하는 식의 이야기로 바뀌어 있어요. 이야기 줄거리 자체는 황당무계하지만 어쨌든 읽어보면 재미있습니다. 배 위에서 그 일을 치르기까지의 전개 과정이 그야말로 대단합니다. 일본 빨간책의 걸작이라 불리는 책들은 많습니다만, 이 책이야말로 최고 걸작 중 하나죠.

우선 문장이 좋아요. 다만 여기에 있는 판본은 읽기 위한 텍스트로서는 꼭 좋다고 할 수 없을지도 모르겠습니다. 그도 그럴 것이 이건 에도시대에 쓰인 텍스트거든요. 물론 요즘 독자들을 위해 별도로 현

---

6 1180년부터 약 5년 동안 미나모토 가와 다이라 가가 맞붙어 일본 전국에서 전개된 내란. 미나모토 가가 승리를 거두면서 헤이안시대가 끝나고 가마쿠라시대가 열린다.
7 겐페이 전투의 승패를 결정지은 1185년의 최후 결전. 단노우라는 지금의 시모노세키다.
8 다이라노 기요모리의 딸 다이라노 도쿠코平徳子의 원호院号.

대어 번역도 출판되어 있지요. 원문은 평범한 현대 일본인들이 읽을 수가 없어요. 그러나 전부 완전히 이해할 수는 없다 해도 이 오리지널판의 일본어가 대단히 좋다는 점은 알 수 있습니다. 그래서 실은 원문을 읽는 게 좋다고 봅니다. 하지만 의미를 몰라서는 어떻게 할 수 없으니까, 대부분 사람들은 현대어 번역본을 읽을 수밖에 없지요.

그 밖에도 이 책장에는 『무키다마[9]』라든가 『난운』 같은 고전적 명저라 할 만한 에로물들이 갖춰져 있어요. 이런 계통의 책들은 이곳 말고도 고양이 빌딩 옥상하고 산초메에도 상당수 있습니다.

전설의 편집부

소위 에로물과는 다른 것들로, 성의 역사에 관한 책도 있습니다. 예를 들면 이 『오르가슴의 역사』 같은 것이죠. 사쿠힌사作品社는 『버자이너 문화사』 『페니스 문화사』 『엉덩이와 그 구멍의 문화사』처럼, 동일한 형식으로 이런 종류의 책을 몇 권 냈지요. 하나같이 다 재미있습니다. 또 직접적으로 여성 성기를 해설한 책으로는 가와데서방河出書房에서 나온 『바기나』가 탁월하지요. 이 책은 인간 여성의 바기나(질)만이 아니라 빈대의 바기나까지 소개하고 있습니다.

게이에 대한 책도 있어요. 『프라이빗 게이 라이프』나 『욕망 문제』 등이 그런 책이죠. 저자 후시미 노리아키伏見憲明는 그 자신이 게이로 게이 관련 책 필자로도 유명한 사람입니다. 게이오 대학 법학부를 나와 지금은 신주쿠에서 게이바를 운영하고 있습니다. 이 사람에게는 『성의 향연—대화편』이라는 인터뷰집이 있습니다. 성을 주제로 안노 모요코[10]나 마쓰오 스즈키[11]에서부터 야마다 마사히로[12] 같은 학자에 이르기까지 다양한 사람들을 인터뷰한 책으로, 이 책을 읽으면 현대의 성이 자연스레 시야에 들어옵니다.

미국에서 사온 서양 책도 몇 권 있어요. 이 『일본판 올 섹스 카탈로그』는 밀리언출판ミリオン出版이 낸 일본어판이에요. 원래는 프랑스에서 나와 화제가 된 바 있죠. 소위 성에 관한 카탈로그인데, 성인용품 가게 소개부터 모든 가격대의 성인용 장난감까지 총망라되어 있습니다. 정가는 2000엔이라고 되어 있네요.

이쪽에 있는 건 역사적으로도 대단히 유명한 『피와 장미』[13]입니다. 시부사와 다쓰히코[14]가 책임편집을 맡았던 전설의 잡지입니다. 지금 이 잡지를 인터넷에서 검색해보면 엄청난 가격이 붙어 있어 눈이 휘둥그레집니다. 출판사는 덴세이출판天声出版입니다. 이 잡지가 간행

---

9 무키다마むき玉子는 껍질을 벗긴 알이나 달걀이란 뜻으로, 여성의 전라를 뜻하는 은어다.

10 安野モヨコ(1971~). 여성 만화 분야에서 주로 활동하는 만화가로, 대표작으로 『러브 마스터』 『뷰티 마니아』 『슈가슈가 룬』 등이 있다. 〈에반게리온〉 시리즈로 유명한 애니메이션 감독 안노 히데아키와 결혼했다.

11 松尾スズキ(1962~). 배우이자 연출가, 각본가, 영화감독 등으로 활동한다. 영화 〈지금 만나러 갑니다〉, 드라마 〈아타미의 수사관〉 등에 출연했고, 영화 〈사랑의 문〉 〈콰이어트 룸에서 만나요〉 등을 연출했다. 영화 〈도쿄 타워〉로 2008년 일본 아카데미 최우수각본상을 수상했다.

12 山田昌弘(1957~). 도쿄 대학원 사회학연구과 석박사과정을 수료하고 사회학자로서 가족사회학과 감정사회학에 대한 연구를 꾸준히 해오고 있다. 나이가 들어서도 부모에게 경제적으로 의존하는 젊은이를 칭하는 '패러사이트 싱글', 양극화 현상을 표현한 '격차사회' 같은 신조어를 만들어 정착시켰다. 국내에 출간된 저서로는 『우리가 알던 가족의 종말』 『더 많이 소비하면 우리는 행복할까?』 등이 있다.

되기 시작했을 때 사실은 제가 이 회사에서 편집 일을 돕고 있었어요. 말하자면 이 전설의 잡지의 '집안'사람이었던 거죠.

마침 문예춘추사를 그만둔 직후였습니다. 가끔 이 잡지의 편집 일에 관여하곤 하던 어떤 사람과 친한 사이라서 이 잡지 편집부에 드나들게 되었던 거죠. 그러다가 돕게 된 거고요. 하지만 잡지는 세 권 내고 종쳐버렸던가 그래요. 정가는 당시 1000엔이었습니다. 1968년부터 1969년까지라는 간행 시기를 생각해보면 잡지 가격으로는 전대미문의 가격이죠. 이 정도로 비싼 잡지는 이거 말고는 없었죠.

이 『피와 장미』는 미시마 유키오[15]가 사진 모델을 맡은 것으로도 유명합니다. 촬영은 사진작가 시노야마 기신篠山紀信이 했고요. 이 사진의 내용 또한 무시무시합니다. 일단은 누드고요. 그리고 미시마가 좋아하던 〈성 세바스티아누스의 순교〉와 동일한 포즈입니다. 이런 화제성도 있고 해서 지금도 고서적 시장에서 한 권에 10만 엔 안팎이라는 놀라운 가격이 붙어 있습니다.[16]

어쨌거나 시부사와 다쓰히코의 어떤 광기 같은 것이 배어나오던, 참말이지 흥미진진한 편집부였습니다. 최소한 『문예춘추』와는 아주 달랐던 곳이지요.(웃음)

참고로 이 잡지는 본래 고 요시오[17]의 기획에 의해 간행이 시작됩니다. 고 요시오는 프로복싱 헤비급 세계 챔피언이었던 무하마드 알리와 일본의 프로레슬러 안토니오 이노키의 '격투기 세계 제1 결정전'을 기획한 인물입니다. 이노키가 시합 내내 바닥을 뒹굴며 대결했

던 전설의 이종격투기 결전이었죠. 요시오의 사무실에는 미시마 유키오가 만든 무장 조직 '방패회楯の会' 멤버들이 드나들었습니다. 그래서 미시마와 인연이 있었던 것이죠.

미시마가 이치가야의 자위대 기지에서 할복자살했을 때, 미시마의 목을 쳐준 것은 모리타 마사카쓰森田必勝라는 남자인데요, 이 모리타도 『피와 장미』 편집부에서 만난 적이 있습니다. 당시에는 편집부에 자주 왔었는데요, 그래서 저도 그 사람과 인터뷰를 해서 기사를 쓴 적이 있어요.

—

13 일본 아마존에서 『피와 장미-전3호 복원』을 찾아보면 이 잡지는 스스로를 이렇게 설명한다. "본지는 문학이든 미술이든 과학이든 인간 활동으로서의 에로티시즘 영역에 관한 일체의 문제를 편견 없이 정면에서 다루는 것을 목적으로 하는 잡지다. 따라서 여기서는 모럴의 견지를 일체 고려치 않고 일관되게 아모럴amoral의 입장을 취한다. 그것이 이 잡지의 기본 성격이다."

14 澁澤龍彦(1928~1987). 소설가이자 불문학자로서 사드, 바타유, 콕토 등의 프랑스 문학작품을 일본에 번역 소개했다. 환상소설과 중세 악마학에 관심을 가졌으며, 미술과 문예 평론계에서도 활약했다. 사드의 작품을 번역했다가 외설죄로 재판을 받았으며, 굉장히 대담하고 노골적인 성 담론을 펼친 인물로 유명하다.

15 三島由紀雄(1925~1970). 열세 살 무렵부터 조숙한 재능을 발휘해 창작 활동을 하다가 1946년 가와바타 야스나리의 추천을 통해 단편 「담배」로 문단에 데뷔한다. 『가면의 고백』 『사랑의 갈증』 『푸른 시절』 등의 수작을 잇달아 발표했으며 『금각사』로 서른한 살의 나이에 문학적 절정기를 맞는다. 1970년 11월 25일, 마지막 원고를 잡지사에 넘긴 뒤 일본 육상자위대 이치가야 주둔지에서 자위대의 궐기를 촉구하는 연설을 한 뒤 할복자살로 생을 마감한다.

16 이 그림은 미시마 유키오가 작가로서 지위를 확립하게 된 작품 『가면의 고백』(1949)에서 주인공이 처음으로 수음에 눈떴을 때 보고 있던 순교도殉教圖이다. 이 그림과 동일한 포즈를 취해 사진을 찍고 2년 뒤(1970) 미시마 유키오는 숙원을 이루기라도 하듯 할복자살한다.

17 康芳夫(1937~). 1960~70년대에 걸쳐 TV방송국과 협력해 진기한 기획으로 전 일본을 열광시킨 인물이다. 인간과 매우 흡사한 행동 양식을 보이는 미스터리 침팬지 '올리버'와 스코틀랜드의 전설적 괴물 '네시'에 관한 프로그램, 톰 존스 공연 등을 기획했다. '전설의 프로듀서'로 불렸지만, 자신은 스스로를 '허업가虛業家'라 칭했다.

신기한 인맥

요시오와 같은 이런 흥행 기획자들의 세계에 진 아키라神彰라는 사람이 있었습니다. 전후 부흥기에 소련에서 볼쇼이 서커스나 레닌그라드 필하모니 등을 불러들인 역사에 남을 유명인사입니다. 요시오도 진 아키라의 제자가 되면서 흥행 기획을 시작했지요. 이런 진 아키라에게 부인이 있었는데요, 바로 작가 아리요시 사와코有吉佐和子입니다. 나중에 사업은 파탄이 납니다. 이혼을 하게 되고요, 만년에는 대규모 이자카야 체인 '북의 가족北の家族'을 성공시켰습니다. 젊은 시절에는 가부키초에 가게를 냈었는데, 정말이지 양산박梁山泊 같은 느낌이 들 정도로 대단한 면면들이 출입하던 곳이었습니다. 그가 만년에 이자카야로 성공할 수 있었던 것도 그런 경험이 바탕이 된 게 아닌가 싶습니다.

시부사와 다쓰히코에게는 여동생이 있었습니다. 그리고 이 여동생이 바로 고단샤講談社 출입 작가였습니다. 문예춘추사를 그만두고 한동안 저는 고단샤의 『영 레이디』라는 여성주간지 앵커(앵커맨은 데이터맨의 자료를 바탕으로 원고를 집필하는 사람이다)를 하고 있었는데요, 당시 『영 레이디』의 필자 중 한 사람이 바로 시부사와 다쓰히코의 여동생이었던 겁니다. 그런 일도 있고 해서 그쪽 사람들과 여러 가지로 교류가 있었습니다. 나중에는 제가 신주쿠에서 바를 열게 되었는데요, 비록 시간차는 있지만 어쨌든 간에 여러 가지 면에서 인맥으로 연결이 되어 있었죠.[18]

중국 방중술의 깊이

이쪽에는 『Sexual Symbolism』 등 문화인류학적인 접근법으로 성의 비밀에 다가간 책들이 모여 있습니다. 이 『남근 신화』도 그런 책 중 하나죠.

이 책들은 중국의 성애에 관한 책입니다. 중국에는 무시할 수 없을 정도로 깊이 파고들어가 발견해낸 독특한 성애 문화가 있습니다. 예를 들자면 스즈키 히로시鈴木博라는 사람이 번역한 『중국 성애 문화』, 또 이쪽에 있는 『중국 성애 박물관』, 이렇게 두 권은 모두 필독서입니다. 옮긴이 스즈키 히로시는 실은 도쿄대 교양학부 시절에 저의 동급생이었습니다. 졸업 후에도 몇 번 만난 적이 있는데요, 그 친구 얘기가 참 재밌었어요. 중국 방중술의 독특한 역사에 대해 상세히 가르침을 받았죠.

지금에 와서 생각해보니 옛날에는 이런 에로스에 관한 출판물이 일본에서는 나올 수 없었더랬는데, 어느 시기부터인가 일본에서도 완전히 자유로이 출판할 수 있게 되었네요.

지금까지 거론한 책들도 전전戰前이라면 아마도 거의 발매금지 처분을 받았을 겁니다. 그렇지만 지금은 진짜 뭐든지 오케이가 되는 상황이죠. 예를 들면 우키요에[19] 활자본도 어느 시기까지는 검열 먹

—

18 이 시절, 특히 『영 레이디』의 앵커맨 시절과 관련해서는 다치바나 다카시, 『피가 되고 살이 되는 500권, 피도 살도 안 되는 100권』(박성관 옮김, 청어람미디어, 2008) 54~62쪽에 좀더 상세한 회상이 있다.

칠이 되어 있었는데, 지금은 전혀 수정하지 않습니다.

야스다 이치로安田一郎가 번역한 이 『일본인의 성생활』은 그런 오래전 시기의 출판물입니다. 이시카와 히로요시石川弘義의 이 책 『일본인의 성』도 그렇지요. 이시카와 선생에 대해서는, TV에 함께 출연한 적이 여러 번 있었기 때문에 잘 압니다. 이시카와 선생은 원래 사회학자지만 대단히 폭넓은 분야를 다루는 분인지라 성 문제 또한 그의 관심사에 포함되어 있었지요.

밀교적인, 좀 수상쩍은 성애술이라는 의미에서는 다치가와류[20]를 빼고는 이야기할 수가 없습니다. 다치가와류에 관한 모든 것이 『사교·다치가와류』라는 이 책에 다 적혀 있습니다. 성교를 통해 즉신성불[21]에 이르려고 하는 진언밀교의 일파라고 되어 있는데요, 이것은 단적으로 말하자면 호색好色종교라고 할 수 있겠습니다.

『의심방—방내편』 같은 책도 대단히 유명하지요. 중국 고전 중의 고전입니다. 요컨대 섹스하는 여러 방식을 모은 책이에요. 중국 5000년의 성 문화사를 다루는 책들은 대개 이 책을 소개하면서 시작하지요.

---

19 浮世絵. 에도시대에 성립된 회화 장르. 연극, 고전문학, 와카和歌, 풍속, 지역의 전설과 기담, 초상, 정물, 풍경, 문명개화, 황실, 종교 등 다채로운 제재를 취한다. '우키요浮世'라는 말에는 '현대' '당대'라는 의미도 있어 당대의 풍속을 그리는 풍속화를 의미하기도 한다.

20 立川流. 가마쿠라시대에 발생해 남북조시대에 대성한 밀교의 일파. '진언다치가와류真言立川流'라고도 한다.

21 卽身成佛. 불도를 깨우쳐 중생을 교화하려는 마음인 보리심菩提心을 일으켜 헤아릴 수 없는 아주 긴 시간인 삼대아승지겁三大阿僧祇劫의 수행 과정을 거쳐 부처가 되는 것이 아니라, 현재의 몸 그대로 바로 부처가 되는 것을 말한다. 마음과 부처와 중생, 이 세 가지가 별개가 아니라 그 본성은 다 같은 진여眞如라는 생각이 깔려 있다. 한 생각 사이에 큰 깨달음을 얻을 수 있음을 의미하기도 한다.

프로이트는 픽션으로 읽는다

그 아래쪽은 심리학이나 정신의학에 관한 책들입니다. 이것 또한 성과 깊은 관계가 있습니다. 우선 카를 융이 보이네요. 『타입론』『개성화와 만다라』『사람과 상징』『기억 꿈 사상』 등이 보입니다.

그리고 분야가 좀더 넓어지면서 이쪽에는 망상에 관한 저작들이 꽂혀 있습니다. 프로이트의 제자였던 정신분석가 빌헬름 라이히의 것은 얼추 다 갖추고 있습니다. 『라이히의 생애』『빌헬름 라이히 저작집』(타이헤이출판사太平出版社가 'W. 라이히 저작집'이라는 제목하에 여러 권 출간했다) 『라이히—성의 억압과 혁명의 논리』 등등.

이쪽에 있는 프로이트의 오래된 책들은 학생 시절에 산 겁니다. 『프로이트 선집』에 들어 있는 것 중에 『자아론』『나를 말한다』『애정의 심리학』『성욕론』 등이 있습니다. 저는 프로이트의 이론을 기본적으로 픽션이라고 봅니다. 곧이곧대로 믿는 분들께는 『프로이트 선생의 거짓말』이라는 책을 읽으시라고 권하고 싶네요. 그렇기 때문에 젊었을 때는 '이런 건 과학의 자격이 없다'며 업신여기던 시기도 있었지요. 하지만 지금은 '문학이나 예술과 같은 것이라 생각하고 읽어보면 제법 즐거움을 준다' 정도의 입장입니다. 픽션이라 생각하고 읽어도, 재미없는 건 재미없잖아요? 그런 의미에서 프로이트는 재미있습니다.

여기부터는 정신병 관련 책으로 이어지는데 심지어 대니얼 키스Daniel Keyes의 『마음의 거울』 같은 픽션들도 여기에 두고 있어요. 대니얼 키스의 책은 진짜로 픽션이지만, 역시나 재미있습니다.

원숭이 인터뷰를 시도했다

다음은 원숭이학[22] 관련 서가입니다. 원숭이학 취재는 꽤나 오랫동안 했기 때문에 책도 많이 갖고 있습니다. 원숭이학에 관한 모든 걸 놓치지 않으려 하고 있어요.

처음에는 예전에 헤이본샤平凡社에서 나오던 『아니마』라는 잡지에 원숭이학 연구자 연속 인터뷰를 연재했었어요. 제 기억에는 1986년부터 5년 정도 이어진 것 같아요. 원숭이 종류로 치자면 침팬지, 고릴라, 일본원숭이 등 모든 종류를 소개했지요. 또 원숭이학이라는 것은 거의 인간에 대한 과학과 마찬가지로, 소위 동물행동학이나 생태학 등에 국한되지 않는 광범위한 연구 분야를 갖고 있습니다. 그리고 뇌과학, 유전자학과도 통하는 바가 있지요. 그런 연구 수법에 대해서도 모두 파악해두었습니다. 이 연재를 묶은 결과가 『원숭이학의 현재』(1991)라는 책이지요.

어쩌다가 제가 원숭이 연구에 빠졌는가 하면, 인간 연구와 원숭이 연구가 서로 통하는 관계라고 생각했기 때문입니다. 원숭이 뇌 연구는 인간의 뇌 연구와 이어집니다. 그러니까 원숭이 뇌 연구가 진전

22 여기서 원숭이는 'サル(사루)'를 번역한 것이다. 'サル'는 일상 용법에서는 인간을 제외한 원숭이목(영장목) 전체를 가리키지만, 생물학적 관점에서 보자면 사람도 'サル'의 일종이다.

되면 인간의 뇌 연구도 진전되지요. 물론 원숭이 자체에도 흥미가 있었음에는 틀림없습니다만, 역시 뇌나 인간 연구와도 겹치면서 이중으로 흥미로웠다는 점이 컸다고 봐야겠죠.

재미있는 책 몇 권 소개해볼까요?

우선 이 『Ape Language: From Conditioned Response to Symbol(영장류 언어)』부터 보죠. 저자 수전 새비지럼보Susan Savage-Rumbaugh는 조지아 주립대학 선생이었는데, 컴퓨터를 사용해서 원숭이에게 언어를 가르치려고 시도한 사람입니다. 좀더 구체적으로 말하자면, 렉시그램이라는 그림문자 판넬 입력장치와 컴퓨터를 사용해서 1000개나 되는 영어 단어를 철저히 가르친 겁니다. 그림문자 판넬을 들이밀면 원숭이가 의사를 전달받게 되는 그런 메커니즘을 만든 거죠. 그렇게 해서 원숭이에게도 언어 능력이 있다는 걸 증명했어요. 이 실험을 통해 그녀 자신도 유명해졌지만, 보노보 칸지도 유명해졌습니다. 이 실험의 경위는 일본과 미국의 TV방송을 통해 몇 차례 전파를 탔죠. 〈NHK 스페셜〉에서도 소개했는데, 이 프로그램 내용을 정리한 『칸지―언어를 가진 천재 원숭이』라는 책도 출판되었습니다. 연재를 한창 하던 중에 미국까지 가서 그녀를 취재하기도 했습니다. 사실 이 『Ape Language: From Conditioned Response to Symbol』도 그때 받은 거예요.

『AMERICAN SIGN LANGUAGE(미국의 수화)』라는 이 책은 미국의 수화 사전입니다. 왜 이런 게 여기 있냐 하면, 결국 언어 능력이 있는 원숭이라는 것은 손을 다양한 형태로 움직여서 상대 인간에게 말을 전하는 존재다, 혹은 의사소통을 꾀하는 존재다, 뭐 이런 식으로 이해됐었기 때문입니다. 한마디로 수화를 할 수 있다는 거죠.

당시 미국에는 말을 배운 원숭이가 이미 몇 마리 있었습니다. 그래서 모처럼 취재하러 미국까지 가는 김에 그런 원숭이들을 인터뷰해보는 것도 좋겠다 싶었던 거죠. 제가 수화 지식을 습득하면 그들과 의사소통이 가능하지 않을까 판단했어요. 일을 확실히 하는 차원에서 아예 수화를 할 수 있는 사람을 고용했고, 또 사람을 상대로 할 때와 마찬가지로 예상 문답집까지 꼼꼼히 만들어서 미국행 비행기를 탔는데요, 실제로 미국에 가서 해보니 잘 안 됐어요. 상대 원숭이의 상태가 좋지 않은가 싶기도 했습니다만, 아무래도 그건 아니었던 것 같아요. 충분히 친숙한 상대가 아니어서 그랬던 것 같습니다. 『침팬지 코코와의 대화』에 그려져 있는 정도의 관계라면야 친밀하게 대화를 할 수 있었을지도 모르겠지마는, 갑자기 나타난 외국인 인터뷰어에게 마음을 열어주진 않더라고요.

『침팬지는 말한다』『침팬지의 언어 학습』『님—수화로 이야기하는 침팬지』 등은 모두 그때 취재를 위해 사용했던 자료입니다.

A. J. 프리맥의 『침팬지, 읽기 쓰기를 익히다』라는 이 책도 같은 시기의 자료입니다만, 이것은 수화가 아니라 기호를 사용해서 의사를 전달할 수 있는 침팬지에 관한 책입니다.

일본의 침팬지 연구자들 가운데 마쓰자와 데쓰로松沢哲郎라는 분이 있습니다. 『어머니가 된 아이—침팬지 엄마와 아들, 그리고 문화』[23]를 저술한 분으로, 지금은 교토 대학의 '영장류 연구소' 소장입니다. 일본 영장류 연구의 핵심적인 역할을 담당하고 있다고 해도 과언이 아니죠. 그 마쓰자와 선생이 당시 미국에 있으면서 '프리맥 연구소'에서 공동 연구에 참가하고 있었습니다. 프리맥과 마쓰자와 선생은 둘이서 함께 수화를 사용하지 않고 원숭이와 인간이 의사소통을 할 수 있는지에 관해 연구했습니다.

결국 원숭이가 인간과 커뮤니케이션을 할 수 있다는 이야기가 세간에서 화제가 되면서, 수화를 통해 대화를 주고받는다는 점에 새삼 의문이 일게 되었습니다. 요컨대 원숭이들은 언어를 이해하고 있는 게 아니라 단지 인간의 손동작을 흉내내고 있는 데 불과한 건 아닐까 하는 의문이 들게 된 것이죠. 게다가 아무리 커뮤니케이션을 할 수 있다고 해도 수화로는 기록을 남길 수가 없지 않습니까? 그래서 프리맥은 수화가 아니라 더 기호적인 전달 방법이 없을까 생각했습니다. 그래서 사용된 것이 색깔과 형태가 모두 다른 플라스틱 조각이었습니다. 그걸 단어 대신 배열함으로써 의사소통을 하려고 시도했던 것이죠.

이 프리맥이 있는 곳에 유학을 가 있던 사람이 바로 마쓰자와 선

23 이 책은 침팬지 '아이'가 임신했을 때부터 1년 동안의 모습을 소개하고 있다. 한국어로 번역된 같은 저자의 책 『공부하는 침팬지 아이와 아유무』(장석봉 옮김, 궁리, 2003)에는 '아이'가 아들 아유무를 낳은 후 3년 동안의 모습이 담겨 있다. 참고로 '아이'는 일본어로 사랑을 의미한다.

생이었어요. 그래서 제가 미국에서 취재를 할 때 아예 마쓰자와 선생 집에 묵으면서 상세히 취재를 할 수 있었는데, 그때의 기억이 아직도 생생합니다.

이 책 『원숭이에게 배우는 자연육아법』의 저자인 오카야스 나오비岡安直比 선생은 저의 『원숭이학의 현재』의 첫 장에서 소개한 인물입니다. 그 무렵 그녀는 원숭이학 연구자로서의 경력을 막 시작한 참이었습니다. 저의 당시 연재는 그런 젊은 연구자들이 실제로 현장에서 어떻게 연구를 가동시키는가 하는 지점에서부터 시작했습니다. 지금 와서 돌이켜보니 일본 원숭이학의 주요 학자들은 당시에 거의 다 취재한 셈이네요.

그런데 원숭이 연구만이 아니라 자연과학 연구라는 것은 연구비가 끊기면 곧 끝장납니다. 연구비가 끊어지면 연구의 진척 상황과 무관하게 그 연구는 끝난 거나 마찬가집니다. 미국과 일본에서 원숭이 연구를 하는 다양한 사람들을 모조리 취재했습니다만, 실제로 방문해보면 그 연구소나 대학에서는 원숭이 연구 자체가 이미 끝난 경우도 있었어요. 그야말로 '아, 그 원숭이는 어디로 갔을까' 같은 심정이 되곤 했죠. 그러니까 본래 저는 연구자 본인만이 아니라 연구 대상인 원숭이도 만나서 수화로 직접 대화를 나눠보겠다는 기대를 품고 다양한 상상의 나래를 폈던 것인데, 타이밍이 잘 맞지 않아 실제로는 하지 못했습니다.

이런 원숭이학 코스를 밟은 사람들, 특히 원숭이에서 인간에 이르는 유인원의 진화 같은 주제로 연구를 한 사람들은 대부분 역시 나 인간에게 관심이 있었던 것입니다. 그러니까 이름은 원숭이학이라고 붙어 있지만, 필연적으로 인간학이 되는 경우가 대부분입니다. 만일 돈을 대는 쪽이 그런 걸 이해하지 못하고, '세상 어떤 놈이 원숭이한테 돈을 뿌린단 말인가!' 하는 이유로 연구비를 쳐낸다든가 했다면, 그건 아주 큰 착각이었다고 할 수 있겠지요.

가와이 하야오 선생과의 술자리

원숭이와 인간을 잇는다는 의미에서 볼 때, 영장류학자 가와이 마사오[24] 선생과, 심리학자이자 전 문화청 장관이기도 했던 가와이 하야오河合隼雄 선생이 형제라는 점은 재미있지요. 동생인 하야오 선생은 돌아가셨습니다만, 저는 이 형제분들과 대단히 친하게 지냈어요. 저작집을 포함해서 이분들의 저서는 거의 다 가지고 있습니다. 가와이 하야오 선생과는 시인이신 다니카와 슌타로谷川俊太郎 선생과 셋이서 『읽기의 힘 듣기의 힘』(2006)이라는 공저를 낸 적도 있지요.

하야오 선생은 연구 주제의 폭이 무지 넓었어요. 카를 융 소개에서부터 민화 분석에 이르기까지, 다양하게 연구를 했습니다. 또 하

24 河合雅雄(1924~). 원숭이류의 사회생태학 연구를 통해 일본 원숭이학의 선구자로 알려져 있으며, 아동문학 작가이기도 하다. 국내에 출간된 저서로는 『동물의 손과 발』(김창원 옮김, 진선북스, 2006)이 있다.

야오라는 인간 자체가 진정으로 폭넓은 사람이었습니다.

술도 같이 자주 마셨죠. 그분은 평상시 얘기할 때도 재미있는 사람이지만, 취하면 옛날 고등학교旧制高校 시절의 기숙사 노래寮歌를 연속으로 뽑는다든가 해서 더 재미있어집니다.

모래놀이 치료법(상자정원 요법)[25]을 추천해주시기에 해본 적이 있습니다. 하지만 프로이트 얘기할 때도 말했듯이 저는 정신분석의 세계를 기본적으로 믿지 않기 때문에, 솔직히 말해서 어떤 느낌이 오지는 않았습니다. 뭐랄까, 갖다붙이는 논리들이 너무나 지당한 것들이라서 도대체가 믿음이 안 생겨요.(웃음) 융의 사고방식에도 그런 면이 있었기 때문에, 저로서는 융에게 일정하게 거리를 두는 관계를 유지했지요. 결국 정신분석의 세계는 믿는 사람은 강하게 믿지만, 믿지 않는 사람은 그다지 믿질 않습니다. 그런 정도의 분야가 아닐까 싶습니다.

아시모는 라디콘에 불과했다

이번에는 분위기가 갑자기 바뀌네요. 로봇이나 컴퓨터와 관련된

25 상자정원 요법箱庭療法은 가와이 하야오가 모래놀이 치료법Sandspiel Therapie을 일본에 도입하면서 번역한 말이다. 심리 치료의 일종으로, 환자는 치료사가 지켜보는 가운데 모래가 담긴 상자 안에 나무, 꽃, 탈것, 건물 등의 모형을 자유롭게 넣는다. 치료사는 작품의 통합성, 공간 배치, 상징성 등으로 환자의 심리 상태를 해석한다. 본래는 유아들을 위한 유희 요법으로 시작했지만, 현재는 성인들의 치료에도 사용되고 있다.

책장입니다. 『노이만과 컴퓨터의 기원』 『온라인 커뮤니티가 비즈니스를 변화시킨다』 『컴퓨터 설계와 테스트』 『컴퓨터는 무엇을 할 수 없는가?』 등이 꽂혀 있네요.

1991년부터 1992년에 걸쳐 『과학 아사히科学朝日』에 슈퍼컴퓨터에 관해 연재(이는 1993년에 『컴퓨터 진화론』으로 출간됐다)한 적도 있고 해서, 컴퓨터에 대해서라면 소프트웨어고 하드웨어고를 가리지 않고 다양한 각도에서 다룬 책들이 여기에 갖춰져 있습니다. 브레인-머신 인터페이스, 인공지능, 인공생명 등에 관한 서적들도 많이 있지요.

나름대로 컴퓨터에 대해 다양하게 조사해온 입장에서, 이거 한 가지는 확실하게 말할 수 있습니다. 인간과 같은 인공지능을 제작하는 것은 당분간 절대로 불가능합니다.

컴퓨터와 인간의 뇌는 전혀 차원이 다릅니다. 그러니까 컴퓨터의 인공두뇌가 인간과 같은 사고 과정을 밟을 수 있게 될 거라느니 뭐니 하는 얘기는 언감생심 무리라는 것입니다. 가능한 것이라고 한다면 어디까지나 대규모의 계산을 고속으로 처리하는 것, 뭐 그 정도입니다.

기본적으로 유닛의 수가 너무 달라요. 뇌세포는 100억 단위인데, 그런 수의 칩을 갖춘 컴퓨터는 도저히 만들 수가 없는 거죠. 물리적으로 불가능해요. 최첨단 슈퍼컴퓨터로도 역부족입니다. 인간 뇌의 작용을 모방하는 소프트웨어를 짜는 것도 불가능한데다가, 하드웨어로서 뇌와 동일한 규모의 초복잡계 회로를 제작하는 것도 불가능합니다.

로봇 개발이 어느 정도 진전된 단계에 이르렀을 때 로봇 학자들이 이야기를 꺼낸 것은 '3세 아동과 같은 지능을 가진 로봇을 빨리 만들고 싶다'는 것이었습니다. 하지만 더 연구가 진전되자 '3세 아동 수준? 택도 없다'는 사실이 밝혀진 겁니다. 3세 아동은커녕 2세 아동도 어렵습니다. 요컨대 인간이 할 수 있는 것과 인간이 로봇 같은 것을 만들어 실현할 수 있는 것 사이에는 천양지차가 있다는 게 드러난 것이죠.

인공지능으로 할 수 있는 최대치는 기껏해야 혼다가 만든 아시모 같은 로봇이었습니다. 아시모는 외견상으로는 자못 로봇이 자발적으로 행동을 하는 듯 보이지만, 실은 전부 무대 뒤에서 사람이 조작하고 있는 것과 마찬가지입니다. 말하자면 라디콘(무선 조종)과 같습니다. 물론 라디콘보다는 수준 높은 일을 합니다만, 원리적으로는 동일합니다. 무대 위에서 로봇이 움직이고 있어도 그것은 로봇이 자발적으로 움직이는 게 아닙니다. 하물며 로봇의 뇌 자체가 무엇을 생각한다든가 하는 것은 말할 필요도 없습니다. 뭔가를 생각하는 것은 무대 뒤의 인간인 겁니다.

물론 '장애물이 일정한 거리까지 접근해오면 어느 쪽인가로 피한다'는 정도의 프로그램을 설정해두어, 그 반사행동을 연속적으로 함으로써 제법 자율적으로 연속 동작을 하고 있는 듯한 느낌을 만들 수는 있습니다. 하지만 그런 정도로는 미리 상정되지 않은 일이 발생했을 때 대처하기가 불가능합니다.

인간의 뇌와 컴퓨터를 연결하자

그렇다면 어떻게 되는 걸까요?

사실 지금은 아무도 인간과 같은 인공지능을 만들려는 짓 따위는 하지 않습니다. 그 대신 차라리 인간의 뇌를 그대로, 말하자면 로봇의 부품으로 사용하자는 쪽으로 나아가고 있습니다.

그것이 '브레인-머신 인터페이스'라 불리는 기술입니다. 브레인-머신, 즉 뇌와 기계를 서로 접속시켜버리자는 것이지요. 신경접속이라고도 합니다. 뇌에 입력되는 것은 어떤 감각기관으로부터 감각신경(시각, 청각, 미각 외에도 촉각, 평형감각, 내장감각 등)을 통해 신체 각 부분에 전달되는 미약한 전기신호입니다. 한편 뇌에서 나오는 출력은 운동신경에 의해 신체 각 부분에 전달되는 운동신호(주로 근육세포를 움직이는 근전신호筋電信號)입니다. 뇌에 출입하는 감각신경과 운동신경을 모니터해보면, 뇌와 신체 각 부분을 이어주는 정보를 모아서 해독하는 것이 가능합니다. 다음에는 이 정보를 바탕으로 정보회로를 구성해내는 겁니다. 그리고 뇌에서 나와 팔다리를 움직이게 하는 정보로는, 로봇의 팔다리를 움직인다든가 망막으로 들어오는 시각신호를 직접 뇌 속에 넣는다거나, 외부 모니터에 연결해서 다른 화상 정보로 변환시키는 등등 여러 가지 일을 할 수 있습니다.

뭣 때문에 이런 일을 하는가 하면 세상에는 뇌의 감각계, 혹은 뇌의 운동계에 장애가 있는 사람들이 많이 있습니다. 또 망막에 장애가 있어서 보지 못하는 사람들도 많이 있습니다. 그런 사람들의 시각신경로에 외부의 시각 정보를 제공해줄 수 있다면, 그 사람들은 볼 수 없었던 것들을 볼 수 있게 되는 겁니다.

현재 그런 연구가 전 세계에서 이루어지고 있습니다. 아직 지극히 원시적인 단계입니다만, 어느 정도는 성과가 쌓이고 있습니다. 예컨대 몇 화소에서 몇십 화소 정도의 광점은 이미 보이게 할 수 있는 단계에 와 있습니다. 언젠가는 그것이 수천, 수만, 수십만, 수백만 화소가 되겠지요. 그리되면 문자를 읽을 수 있게 됩니다. 저는 브레인-머신 인터페이스에 의해 몇 화소 정도나마 볼 수 있게 된 환자를 취재한 적이 있습니다만, 그는 '지금까지 아무것도 보이지 않았던 세계에 살다가 처음으로 빛을 보게 되었다, 그 기쁨은 그 무엇에도 비할 수 없을 정도로 큰 것이었다'고 말했습니다.

그뒤에도 이러한 세계를 취재한 적이 있는데요, 그렇다면 당연히 그와 관련된 서적들이 여기에 있지 않을까 싶으시겠지만, 사실 여기에는 전혀 없습니다. 최신 기술의 세계는 그게 뭐가 되었든지 간에 책 형태로 나오기까지는 시간이 걸립니다. 하지만 그사이에도 기술 현장은 하루가 다르게 발전하기 때문에 책이 제작되었을 시점에는 이미 현실과의 차이가 발생해버립니다. 결국 이런 세계는 인터넷 쪽이 빠르고 정확한 정보가 많이 있기 때문에, 정보교환의 장은 이미 완전히 인터넷으로 이행해버렸습니다. 간행물로 남아 있는 것이라면 일간지, 과학잡지 정도겠지요.

의료, 돌봄에서 군사 문제까지

어쨌든 인공지능 연구는 뇌와 로봇을 선wire으로 연결하는 쪽으로 방향을 틀었습니다. 더 구체적으로 말하자면 뇌 안에 전극을 넣습니다. 그리고 뇌 시스템을 사용하여 외부의 다양한 하드웨어를 조작합니다. 이 연구는 현재 엄청난 기세로 발전하고 있습니다.

앞서도 말했지만 뇌의 작동을 흉내낼 수는 없습니다. 물론 뇌 자체를 만드는 것도 전적으로 불가능합니다. 하지만 뇌가 반응하면 그 반응을 이용해 컴퓨터나 로봇을 움직이게 할 수는 있습니다. 실제로 뇌가 어떻게 작동하는가는 잘 알지 못한다고 해도 말입니다. 그러므로 아직도 부분적이긴 합니다만, 인간의 신체를 이용해서 구체적으로는 인간 신체의 여러 부분에서 신호를 끄집어내어 로봇을 움직이려고 하는 쪽으로 진전되고 있는 것입니다. 바꿔 말하자면 인간 신체의 다양한 부분을 하드웨어로 대체하려는 시도입니다.

예를 들자면 쓰쿠바 대학에서 산카이 요시유키山海嘉之 선생이 연구하고 있는 외골격형 로봇 같은 것은 바로 이 브레인-머신 인터페이스의 응용입니다. 평범하게 걷는 게 불가능한 사람의 경우, 그의 뇌나 사지의 말단에서 전극 등으로 신호를 일단 수집합니다. 그리고 그 신호를 수신함으로써 움직이는, 한마디로 의족 대체장치 같은 걸 개발하고 있습니다. 물론 평범하게 걸을 수 있는 사람들이 꽤나 무거운 물건을 들어올리는 것도 가능하게 되지요.

NHK가 〈클로즈업 현대〉를 통해 산카이 선생의 작업을 처음 소개했을 때, 제가 도우미로 출연한 적이 있습니다. 그런 인연도 있고 해서 산카이 선생의 작업은 거의 놓치지 않고 알아두고 있습니다. 이 분야의 연구는 북유럽 국가들이 정부 차원에서 상당히 주목하고 있고, 실제로 의료 현장을 비롯해 다양한 현장에서 사용되고 있는 상황입니다. 일본도 지금 그뒤를 따르고 있습니다. 이것은 산업으로서도 점점 더 발전해갈 겁니다.

왜냐하면 돌봄노동을 해보면 알 수 있듯이, 인간은 대단히 무겁습니다. 예를 들자면 장기간 같은 자세로 누워 있으면 욕창이 생기니까, 자리보전을 하고 있는 노인들 경우에는 정기적으로 옆으로 누운 자세에서 드러누운 자세로 바꿔준다든가 하는 식으로 신체의 위치를 변화시켜주어야만 합니다. 그렇지만 인간의 신체를 움직인다는 게 그렇게 간단치가 않습니다. 그런데 산카이 선생이 개발하고 있는 장치의 힘을 빌리면, 그게 가뿐히 해결되는 거예요. 일본 같은 고령화사회에서는 돌봄이 중요한 산업이 될 수밖에 없기 때문에 이후 더욱 수요가 증가할 거라고 생각합니다.

다만 이 연구는 돌봄이나 복지, 혹은 의료적인 측면만을 갖고 있는 게 아닙니다. 인간의 힘을 증가시킬 수 있는 거니까, 군사적으로도 이용가능합니다. 그럴 경우에도 외부 장치를 조작하는 메인 컴퓨터의 역할은 인간의 뇌가 담당합니다. 역시 이 부분만은 인간이 만든 인공지능이 대체할 수 없으니까요. 실제로 미 국방부가 크게 흥미를 보인다고 하고요, 이미 대테러전쟁 현장에서는 비슷한 것이 사용되고 있기도 합니다.

물론 이는 산카이 선생이 관여한 것은 아니라고 생각합니다. 다만 산카이 선생의 연구에서 힌트를 얻어 미국방위고등연구계획국DARPA이 출자해 로봇을 만드는 일 같은 것은 있겠지만요.

이라크 전쟁에서는 많은 병사들이 죽었습니다. 그런 희생자들을 줄이기 위해서라도 인간이 아니라 로봇 같은 것을 대신 사용하는 쪽으로 방향을 잡는 것은 어찌 보면 자연스러운 일입니다.

앞으로는 테러리스트를 무인비행기로 추적하여 공격하는 식으로 전쟁 전체가 로봇화되어가겠지요. 실제로 무인비행기 분야는 엄청나게 발달하고 있습니다.

핵발전소 사고 현장에 들어간 로봇이 미국제였던 이유

일본은 로봇 분야에서 최첨단을 달리고 있었습니다. 하지만 2011년 핵발전소[26] 사고가 일어났을 때, 현장에 들어간 로봇은 미국 로봇이었습니다. 이점에 대해서는 일본 국내에서만이 아니라 세계적으로도 '일본은 로봇 대국인데 뭘 하고 있는 걸까?' 같은 의문이 제기되었습니다.

하지만 이것은 실은 연구비 배분의 문제입니다. 과학기술의 세계는 기본적으로 돈이 듭니다. 사비로는 연구할 수가 없으니, 어딘가로부터 연구 자금을 받아와야만 합니다. 그래서 연구계획서를 쓰는 것이죠. 문부과학성의 '과학연구비 보조금' 제도를 이용하려는 경우가 가장 많은데요, 경쟁이 치열하다보니 연구자는 자기가 하는 연구가 어떤 점에서 유용하고 또 사회에 도움이 되는지, 그 장점을 많이 늘어놓은 계획서를 씁니다. 그리고 자신이 연구자로서 얼마나 괜찮은 경력을 쌓아왔는지를 쓰고, 공동 연구자로 어떠어떠한 사람들이 있는지도 씁니다. 대규모 연구는 팀 단위로 하니까 좋은 아이디어를 내고 좋은 동료들을 모집하기 위해, 연구회에서 시작할 필요가 있는 겁니다. 실은 핵발전소 현장의 작업 로봇은 이미 몇십 년 전에 '극한 환경 로봇'이라는 산관학 연합 대규모 프로젝트가 발족해 그 성과의 하나로 미국보다 좋은 로봇을 만들었더랬습니다. 그런데 핵발전소 로봇 같은 건 시장에 내놔봤자 팔리는 것도 아니어서, 프로젝트가 끝나자 연구팀은 해산되었죠. 그런 수준의 로봇은 예산만 있으면 일본에서도 금세 만들 수 있습니다.

---

26 한국에서는 흔히 '원자력발전' '원자력발전소'라고 하고, 일본에서도 '원발原発'이라 줄여 부르지만, 이것은 틀린 용어다. 실제로 이 발전 방식은 원자력을 이용하는 게 아니라 원자 안에 있는 핵의 분열을 이용해 발전을 하는 것이기 때문이다. 핵분열 연쇄반응을 통해 발생한 에너지로 물을 끓여 그 수증기로 터빈발전기를 돌려 전기를 생산하는 것인데, 한마디로 그 원리가 핵폭탄과 같고 위험성 역시 마찬가지다. 그런데 이러한 사실을 숨기기 위해 일본과 한국은 핵분열 발전이 아니라 원자력 발전이라 부르는 것이다. 상대적으로 영어권에서는 좀더 적합한 표현을 쓰고 있다. 우리가 '원자력 발전소'라 번역하는 것은 'nuclear power plant', 원자력 발전은 'nuclear power generation'이라 지칭하고 있다. 'atomic'이 아니라 'nuclear'인 것이다. 그런 의미에서 이 책에서는 핵발전, 핵발전소로 번역한다. 더 정확히 표현하자면 핵분열발전, 핵분열발전소지만 말이다. 자세한 내용은 『최무영 교수의 물리학 강의』(책갈피, 2008) 499쪽 참조.

처음엔 애플의 맥을 사용했다

슈퍼컴퓨터나 로봇 이외에 인터넷에 대한 책들도 있습니다. 제가 『컴퓨터 진화론—기가·테라·페타』(1993)나 『인터넷은 글로벌 브레인』(1997) 등을 쓰기 위해 모은 자료들이지요.

제가 '도쿄대 첨단연(도쿄대 첨단과학기술연구센터)'에 있던 1995년부터 1997년은 일본의 인터넷 원년이라 불리던 시대였습니다. 1995년에 마침 윈도95가 등장한 것이죠. 윈도95가 나오기 전에는 적어도 컴퓨터를 자주 이용하는 사람들 세계에서는 애플이 우위에 있었습니다. 저도 그 시대에 컴퓨터와 친해지기 시작했기 때문에 처음엔 애플의 맥을 사용하고 있었죠.

그러저러하던 중에 인터넷 원년을 맞이한 것을 계기로 『인터넷은 글로벌 브레인』이라는 인터넷 관련 책을 쓰게 되었습니다. 인터넷 여명기에 개인 홈페이지 같은 걸 만든 사람들 중에는 이 책에 자극받아 만들기 시작했다는 사람들도 꽤 있었던 것 같습니다.

그 무렵은, 5세대 컴퓨터(1982년에 통상산업성이 꾸린 프로젝트는 종래의 컴퓨터를 4세대라 명명하고, 인공지능을 탑재한 5세대 컴퓨터 개발에 거액의 예산을 투입했다.—일본어판 편집자주)적인 세계가 컴퓨터의 최전선이었습니다(물론 이런 5세대 컴퓨터가 실제 만들어지진 못했지만요). 그리고 그에 자극받아 첨단연 등에서는 가상현실virtual reality 연구가 단숨에 활성화됩니다. 실제로 일본에 가상현실학회라는 본격적인 학회가 생기기도 했고요. 이 학회가 생긴 시기는 제가 첨단연에 있던 해였습니다. 저는 그 가상현실학회 발족식에서 강연을 했습니다.

이 책장을 죽 보고 있자면 슈퍼컴퓨터를 이용한 시뮬레이션, 그리고 사람과 사람을 이어주는 인터넷, 인공적인 세계를 창조하는 가상현실과 컴퓨터를 통해 새로운 과학기술이 확산되어가는 흐름이 잘 드러납니다. 나아가 그런 흐름으로부터 마이크로머신이나 인공생명까지 이어집니다. 앞으로 어디까지 갈지는 지금으로서는 예측도 할 수 없습니다.

인터넷 사전은 쓰지 않는다

이 책장에는 사전들이 모여 있네요. 시라카와 시즈카白川静의 『자통』이라든가 다이슈칸서점大修館書店의 『일본어 대 시소러스』라는 유의어 사전(시소러스) 등이 놓여 있습니다.

한일漢和사전으로는 이 『광廣한화사전』을 줄곧 사용해왔습니다만, 이것은 솔직히 말해서 쓰기 불편합니다.(웃음) 대개 한일사전이라는 것은 쓰기 불편하지요. 찾으려는 페이지를 곧장 갈 수 있으면 좋을 텐데, 꼭 그렇게 되질 않는단 말씀입니다. 한자를 어떻게 읽는지 모르고, 또 부수도 모르고, 글자 모양도 어렴풋할 경우에는 찾을 방법이 없어요. 그럴 경우 우선 이 『광한화사전』의 별권에 실려 있는 색인을 펴고 거기서 숙어 색인을 찾아보게 됩니다. 이 숙어 색인은 사용하기 편리한 체제로 되어 있습니다. 사용하기 쉽다고나 할까, 어쨌거나 비교적 쓸 만합니다. 다만 이 색인에서 예컨대 주 1264라고 쓰여 있는 걸 발견한 다음, 그 주를 또 찾아가서…… 뭐 이런 수순을 밟아야만 하기 때문에, 역시나 사용하기 아주 편하다고는 할 수 없습니다.

이점에서 인터넷 포털 사전이 더 사용하기 편리할 거라고들 합니다. 입력기에 비슷한 글자를 입력하면 닮은 글자들을 검색해주니까요. 하지만 저는 현시점에서는 인터넷 사전을 쓰지 않습니다. 어째서 쓰지 않느냐면 제가 찾으려고 했던 정보가 들어 있지 않기 때문입니다. 인터넷으로 검색할 수 있는 사전적 정보라는 건 대개 이와나미서점岩波書店의 『고지엔広辞苑』 정도까지일 텐데, 『고지엔』 정도의 정보로는 일을 할 수가 없습니다.

직업으로서 글을 쓰게 된 이후로는 『고지엔』은 거의 쓰질 않습니다. 어느 시기에는 쓴 적도 있지만, 그리 애용하지는 않았지요. '『고지엔』에 따르면'이라는 표현을 안이하게 쓰는 사람들이 있는데요, 저는 원래부터 그런 게 싫었거든요. 한마디로 '『고지엔』에 따르면' 같은 표현만은 쓰지 않겠다고 생각했었죠. 참고로 일본어 사전 중에서 괜찮은 것은 역시 『신명해新明解 국어사전』이라고 봅니다. 문장으로 밥을 먹으려는 사람으로서, 그 사전을 보면서 '오호! 재미있네'라고 생각하지 않으면 '꽝!'입니다.

한편, 한자에 대해 조사하려면 시라카와 선생의 사전이나 『광한화사전』의 바탕이 된 모로하시 데쓰지諸橋轍次의 『대大한화사전』 정도의 정보가 필요합니다. 『고지엔』 수준으로는 부족합니다.

한일사전의 경우는 방대한 수의 이체자를 무시할 수가 없기 때문에, 전자화하기 위해서는 컴퓨터로 문자를 표시할 때 잘못되지 않도록 만들어야 하는데, 이게 보통 일이 아닙니다. 이 문제를 해결하지 않는 한, 이체자는 모두 물음표로 표시되어버리지요. 그래서는 사전이 될 수가 없습니다. 이 문제를 중국에서는 어떻게 하고 있을까요? 중국 사람들도 모로하시 데쓰지의 『대한화사전』을 이용하고 있습니다. 타이완은 또 다르지만 말이죠.

제가 지금 말은 이렇게 했지만 최근에는 유료 사전 사이트 재팬놀리지JapanKnowledge에서 『자통』을 이용할 수도 있게 되었고, 또 인터넷은 점점 진화하고 있기 때문에 가까운 장래에는 인터넷을 사용해서 조사를 하게 될 것 같기는 합니다.

더러운 라틴어 교과서

그리고 이쪽에는 『싱할라어[27] 사전』 『피진어[28] 사전』 『이누이트어[29] 사전』 등 여러 나라 언어의 사전들이 있습니다. 물론 마이너한 언어들만이 아니라 라틴어도 있고 중국어도 있지요. 그중 오래된 사전은 대체로 학생 시절부터 썼던 것입니다. 싱할라어라든가 피진어 관련해서는 특별히 어떤 의미가 있어 샀다기보다, 엉뚱한 사정으로 산 것들이 많습니다. 진보초[30]를 거닐다보면 싸구려 코너에 묘한 책들이 있는데, 순간적으로 흥미가 발동해 사고 말죠…… 그런 식으로 샀던 책들에 속한다고 할 수 있습니다.

이 『피진어 소사전』도 그렇게 지름신에 씌어서 산 책이죠. 가격표를 보면 800엔이라 되어 있네요. 언제 샀는지는 기억나지 않습니다. 참고로 피진어라는 것은 피진 잉글리시를 말합니다. 참 재미있는 언어죠. 피진 잉글리시는 파푸아뉴기니 등지에서 사용됩니다. 영어를 바탕으로 중국어, 포르투갈어, 말레이어 등이 혼합된, 독특한 지역 영어입니다. 이 피진어에 신체 표현을 가미하면 대체적인 의사소통은 가능합니다. 예컨대 'Me, You, Pren'이라 하면, '나와 너는 친구다'라는 문장이 됩니다. 이 pren은 영어의 friend에서 파생된 말입니다. 어떻습니까? 문법이 극히 간단하죠? 일본에서도 메이지시대에 외국인 상대로 인력거꾼들이 쓰던 영어가 있었습니다만, 이 피진 잉글리시에는 그와 비슷한 면이 있어요. 어쨌거나 문법은 간단합니

—

27 싱할라어sinhala語는 스리랑카에서 가장 다수 종족인 싱할라인들의 언어로, 스리랑카의 공용어 중 하나다.

28 피진어는 서로 다른 언어를 사용하는 사람들이 의사소통을 위해 만들어내는 '임기응변적인 혼성어'다. 피진어는 제2언어지만, 피진어의 발화 환경이 확대되고 안정되어 이를 일상적으로 말하는 부모 밑에서 성장한 아이들은 피진어를 모어로서 습득하게 된다. 이것이 크리올이다. 피진어는 대체로 문법이 간략하고 어휘가 극도로 제한되어 있다. 이에 대해서는 이후 본문에서 다치바나 다카시가 자세히 설명해준다.

29 이누이트Innuit는 북극, 캐나다, 그린란드 등지에서 어로와 수렵 등을 하며 사는 인종이다. 우리가 흔히 에스키모라고 부르는 사람들인데, 이 명칭은 캐나다 인디언이 '날고기를 먹는 인간'이라는 뜻으로 이름 붙인 것이라고 한다. 그들 스스로는 이누이트(인간)라고 한다.

30 도쿄 도 치요다 구의 간다 지역에 있으며 간다진보초라고도 한다. 서점과 출판사 등이 많고 특히 세계 최대 규모의 고서점가가 있는 지역으로 유명하다.

다. 그리고 단어도 정확히는 몰라도 잘 생각해보면 알 수 있습니다. 그런 언어인 겁니다.

그 옆에 있는 『Speculum Latinum(스페쿨룸 라티눔)』은 라틴어 교과서입니다. 라틴어는 학생 시절에 꽤나 본격적으로 공부했습니다. 한번 펼쳐볼까요? 상당히 착실하게 메모가 적혀 있죠? 당시에 사용했던 사전이 여기에 있는 『New Latin Dictionary』입니다. 이것은 라틴어-영어 사전입니다. 사전 자체의 언어가 그래서였겠지만, 저도 메모를 영어로 했네요. 교과서는 수업 때 쓴 것 같네요. 책 안의 판권을 보면 발행 연도가 쇼와 39년, 즉 1964년으로 되어 있습니다. 저는 1959년에 입학해서 1년을 유급해 5년을 다녔으니까 1964년이라면 도쿄대를 졸업한 해입니다. 얼추 그 시절의 책이네요.

그리스어 학습 때 사용한 것은 옆으로 쌓아놓은 더미 위쪽에 놓여 있는 검은색 책 『Greek English Lexicon』입니다. 아까 라틴어 교과서는 상당히 더러워져 있었는데, 이쪽은 그렇지도 않네요. 그리스어는 게을리했었던가.(웃음)

유용한 시소러스

유용한 사전이라면 다이슈칸서점이 펴낸 『일본어 대 시소러스』를 우선 꼽을 수 있습니다. 이 사전은 정말로 유용해요. 그에 비하면 여기에도 있는 고단샤의 『유어대사전』은 진짜 쓸모가 없어요. 사전으로서 무서우리만치 꽝이죠.(웃음) 간행 직후에 잠시 화제가 되었는지는 몰라도, 이런 걸 사전이랍시고 만들다니 참 얼굴 두껍네요.

영어의 세계에서는 시소러스(유의어 사전)가 필수품이죠. 영국인이나 미국인 중 뭔가 쓰는 사람으로서 시소러스를 사용하지 않는 사람은 없습니다. 그런데 일본어 세계에서는 유의어 사전이라는 게 기본적으로 존재하지를 않았습니다. 다이슈칸서점의 시소러스가 최초의 본격적인 일본어 유의어 사전이었죠.

이것은 『로제 시소러스Roget's Thesaurus』입니다. 영미인이라면 누구나 갖고 있지요. 갖고 있는 게 상식적인 그런 책으로, 영어 표현 중 가장 좋은 표현을 찾으려 할 때는 이걸 씁니다. 다이슈칸서점의 일본어 시소러스는 이걸 본받아서 만든 것으로 비유컨대 『로제 시소러스』는 다이슈칸서점 시소러스의 어머니라고 할 수 있습니다. 『로제 시소러스』 같은 이런 사전을 학생 시절부터 알고 있었더라면 좀더 나은 논문을 쓸 수 있지 않았을까 싶기도 합니다. 다이슈칸서점의 시소러스도 좀더 빨리 나왔더라면 좋았겠지요. 이 사전은 또 이 사전 나름대로 엄청난 편집 과정이 필요했겠지만요.

하지만 최근에는 이러한 시소러스도 전자사전에 많이들 수록되어 있습니다. 그렇지만 역시나 사용하기는 불편합니다. 요컨대 사전 중에서도 유의어 사전은 한눈에 쫙 들어오는 일람성一覽性이 중요하지 않겠습니까? 책의 체재로 말해보자면, 책을 펼쳤을 때 좌우 양면에 걸쳐 두 페이지 분량의 정보를 일거에 통람할 수 있어야겠죠. 일본어 시소러스도, 비록 『로제 시소러스』만큼 글자가 작지는 않지만, 역시나 한눈에 쫙 들어옵니다. 그런데 전자사전의 경우에는 검색성이 우수하다 해도 역시나 일람성이라는 점에서는 아무래도 종이책보다 못합니다. 정보가 한눈에 들어오고 페이지를 쭉쭉 넘겨가면서 약간이라도 눈에 띄는 곳이 있으면 곧장 그곳을 펴서 또 한눈에 살펴보고…… 이런 식으로 하기가 전자사전은 힘듭니다. 결과적으로 시소러스도 저는 결국 인터넷이나 전자사전이 아니라 종이사전을 사용하고 있습니다.

반면 이제는 종이책으로 존재할 의미가 없겠구나 하고 느꼈던 것은 영일사전 『리더스 플러스』입니다. 이것은 같은 출판사에서 발간하는 『리더스 영일사전』보다 더 상세한 정보가 실려 있는 것인데요, 이런 것은 말 그대로 전자사전을 사용해야겠지요. 어떤 단어가 무슨 의미인지만을 알고 싶다면 일람성도 필요 없고, 검색도 전자사전 쪽이 간단합니다. 예전의 포켓판 사전 급으로 영일사전을 포함해 독일사전, 불일사전까지 10개국어 정도가 들어 있는 전자사전도 저렴한 가격에 지천으로 깔려 있으니까 종이사전은 어지간한 생각 갖고 만들어서는 쉽지 않을 겁니다.

돋보기보다 확대복사

그리고 그쪽의 『옥스퍼드 잉글리시 딕셔너리Oxford English

Dictionary』는 상자 안에 돋보기 같은 전용 확대경이 세트로 들어 있습니다. 『OED』라고 하면 영어사전 중에서 가장 상세하다고 알려져 있습니다만, 제가 갖고 있는 버전은 『콤팩트 옥스퍼드 잉글리시 딕셔너리Compact Oxford English Dictionary』라는 것입니다. 요컨대 한 페이지에 오리지널 판의 4페이지 분량을 수록한 축쇄판인 거죠. 이런 방식으로 한 권 안에 『OED』 전권을 다 싣고 있어요. 그 대신 글자 크기는 정말 작아서 확대경으로 보지 않으면 알아먹을 수가 없을 정도죠. 그런 까닭에 확대경이 세트로 들어 있는 거고요. 맨눈으로 보면 마이크로필름처럼 보이지만 내용은 전부 들어 있습니다.

이런 책은 특별히 진귀한 것은 아닙니다. 오히려 전통적으로 존재하던 것이지요. 실제로는 확대복사를 해서 사용합니다. 물론 확대경을 사용하면 볼 수야 있겠지만, 그러기보다는 확대복사를 하는 게 훨씬 편리합니다. 그렇지만 이렇게 작은 글자로 된 사전을 교열 보는 것은 보통 일이 아니겠지요.(웃음)

현재 헤이본샤에서 나오고 있는 『대사전』의 모체라 할 수 있는 전전에 간행된 『대사전』도 이 『콤팩트 옥스퍼드』와 동일한 형식의 버전이 있습니다. 모두 26권에 달하는 『대사전』의 원본을 4권으로 축쇄했는데, 확대경이 세트로 달려 있는 점까지 동일합니다. 초판은 1936년입니다. 여기에 있는 것은 1974년에 간행된 것으로 복각판입니다. 원래의 전26권은 대학도서관 규모의 장서를 갖춘 도서관이라면 대개 구비하고 있습니다. 다양한 내용을 조사하는 데 아주 편리하고 내용도 현재까지 통용되는 수준입니다. 요즘 세대는 도서관에 가면 이 『대사전』이 여러 권 죽 늘어서 있는 광경을 본 적이 없을지도 모르겠군요.

그 밖에도 사전 중에서 의외로 쓸 만한 것이 『분류어휘표』입니다. 이 『분류어휘표』는 국립국어연구소가 만든 겁니다. 초판은 1964년입니다. 제가 갖고 있는 것은 1979년에 간행된 17쇄입니다.

2004년에는 시디가 포함된 『분류어휘표 개정증보판』이 간행되었습니다. 필시 일본어 전체를 시야에 넣기 위해 제작된 것일 텐데, 시소러스가 아직 없었던 시절에는 시소러스 대용으로 편리하게 사용했습니다.

포퍼의 주저가 어디 갔지?

이쪽 책장은 아주 뒤죽박죽이네요.(웃음) 문화인류학자 레비스트로스가 있는가 하면 물리학자 슈뢰딩거가 있고…… 체계가 하나도 없구만요.

다만 저자별로라도 뭉뚱그려놓으면 뭐가 어디에 박혀 있는지는 쉽게 알 수 있으니까 크게 괘념치는 않습니다. 어! 저기에 같은 책이 두 권 있네요. 제 경우에는 이런 일이 종종 있습니다. 만일 어떤 책이 필요한데 찾아도 보이지 않으면 예전에 산 책이라 해도 또 사고 또 사고 그럽니다. 시간이 아까우니까요. 정리가 안 되어서 그런 거지만 저자나 서점, 출판사 입장에서는 훌륭한 고객님이 되는 셈이죠.

어쨌거나 여기에는 『역사주의의 빈곤』 『끝없는 탐구—내 삶의 지적 연대기』 『객관적 지식—진화론적 접근』 『실재론과 과학의 목적』 『열린 우주』 등 철학자 칼 포퍼의 책들이 모여 있는 듯하니, 포퍼 얘기를 좀 해봅시다.

저도 열심히 읽었습니다만, 포퍼는 한마디로 말해서 독특한 인물입니다. 그가 대단한 것은 과학론이나 공동체론을 튼튼히 확보한 위에서 마르크스주의와 공산주의 문제에도 대응할 수 있었다는 점입니다. 학문 세계 전체를 한 덩어리로 사유해갈 수 있었던 드문 인물이었죠.

포퍼의 주저는 『열린사회와 그 적들』이라는 책입니다. 일본어 번역본도 여기에 최소한 두 종, 아니 어쩌면 세 종 정도의 판본이 있었을 텐데…… 없네요. 다 어디로 갔을까요. 대단히 중요한 책인데 말씀이죠.

릿쿄 대학 수업에서 사용했으니 릿쿄 대학 책장에 있는 건지…… 보이지 않으면 또 살 수밖에 없을지도 모르겠네요.

그런데 아까 같은 책을 두 권 산다는 이야기를 했었는데요, 없어졌다 싶었던 책이 나중에 발견되면 결국 두 권이 되는 거죠. 그럴 경우 중복되게 갖고 있는 책은 팔아버리느냐 하면, 그렇지는 않습니다. 그건 그것대로 놓아둡니다. 여러 권이 되는 경우에는 다른 사람한테 주기도 합니다. 특히 젊은 친구들에게.

사제이자 과학자

이쪽 서가는 저자별로 되어 있어요. 리처드 도킨스, 칼 세이건, 에드워드 윌슨 등 과학론이 모여 있습니다.

과학론 관련해서 조금 색다른 인물을 소개해볼까요. 테야르 드 샤르댕[31]이라는 프랑스 사람이 있습니다. 『현상으로서의 인간』을 쓴 사람이지요. 일본에서는 별로 알려져 있지 않은 듯하지만, 그와 같은 해(1955)에 사망한 아인슈타인에 비견되는 동시대 위인으로, 사후 10년 되던 해에 유네스코 주최로 국제 컬로퀴엄이 개최되었을 정도의 인물입니다(참고로 두 사람이 죽은 날짜는 일주일 상관밖에 안 된다). 그 컬로퀴엄의 성과를 정리한 것으로 『과학과 종합』이 있고, 또 드 샤르뎅에 대한 책으로는 『어떤 미래의 좌표—테야르 드 샤르댕』을 비롯해서 비교적 최근 것으로는 『신부神父와 두개골—베이징원인을 발견한 '이단자'와 진화론의 발전』 등이 있습니다.

이 테야르 드 샤르댕이라는 인물은 본래 예수회 사제입니다. 하지만 예수회와 충돌해 활동을 금지당하죠. 다른 한편으로는 베이징원인 발견자의 한 사람으로도 이름이 올라 있는 등 과학 세계에서는 세계적으로 평가가 높은 사람이었습니다. 이런 사정에 대해서는 『과학과 종합』에도 언급되어 있습니다.

---

31 Teilhard De Chardin, Pierre(1881~1955). 프랑스의 가톨릭계 신학자이자 고생물 지질학자. 중국과 남아프리카 등지에서 생물학을 연구하면서 수많은 발굴 작업에 참여했고, 베이징원인을 발견했다. 과학과 종교의 조화를 지향했으며, 구석기시대 문화와 극동 지질 연구에 공헌한 인물이다.

어쨌거나 『과학과 종합』이라는 이 책의 바탕이 된, 유네스코가 주최했던 국제 컬로퀴엄의 높은 수준은 장난이 아닙니다. 루이 드 브로이, 메를로 퐁티, 하이젠베르크 등 쟁쟁한 멤버들이 과학이란 무엇인가에 대해 대단히 본질적인 논의를 벌입니다. 목차만 봐도 결정론과 비결정론 같은 지적 매력 넘치는 제목들로 가득차 있습니다.

고서점의 상술

여기에 있는 『멋진 신세계』 등 올더스 헉슬리의 책들은 고서점에서 세트로 산 겁니다. 그 고서점에서는 낱권으로 팔지를 않았거든요. 본격적인 고서점들 중에는 그런 곳이 꽤 됩니다. 세트로 한꺼번에 팝니다. 원래 책 좋아하는 사람이 세트로 샀던 것을 고서점에 또 세트로 판 것이죠. 그걸 또 세트로 사고 싶은 책 애호가에게 통으로 팝니다. 그런 식으로 장사를 하는 거죠. 낱권으로 파는 쪽보다 값이 더 나가는 경우도 있습니다. 물론 반대로 세트를 낱권으로 파는 곳도 있습니다만.

어쨌거나 뇌는 아직 모른다

원숭이 뇌에서 인간의 뇌까지 관련 서적들을 얼추 이쪽에 모아뒀습니다. 『라마찬드란 박사의 두뇌 실험실—우리의 두뇌 속에는 무엇이 들어 있는가?』『책 읽는 뇌』『파괴된 뇌 생존하는 앎』『보이지 않는 고릴라—우리의 일상과 인생을 바꾸는 비밀의 실체』『대뇌변연계와 학습』『신경심리학 입문』『신경심리학의 국재局在 진단』『신은 왜 우리 곁을 떠나지 않는가—인간과 과학』『기억 리라이팅—다중인격과 마음의 메커니즘』 등이 있습니다. 아사쿠라서점朝倉書店에서 출간한 『스트레스와 뇌』와 『뇌와 성』은 좋은 책이지요.

뇌에 대해서는 지금까지 다양한 형태로 관여해왔습니다. 연재도 해왔고요. 그와 관련된 자료들이 여기에 모여 있습니다.

이 책 『뇌와 마음—NHK 〈사이언스 스페셜〉 경이로운 소우주, 인체 II』는 아까 의학 관련 서가에서 소개했던 대로, NHK에서 방송된 〈사이언스 스페셜〉의 내용을 책으로 만든 것입니다. 저는 이 프로그램의 자문위원을 맡았었죠. 다른 위원들은 가와이 하야오 선생 외에도 안노 미쓰마사安野光雅 선생, 이토 마사오伊藤正男 선생, 요로 다케시養老孟司 선생 등 모두 잘 알려진 분들입니다. 뭐, 이 프로그램이 뭔가 있어 보이려고 모신 분들 같기도 합니다만.(웃음)

뇌에 대해서는 아직 전혀 밝혀지지 않았다고 말씀드렸죠? 물론 뇌 연구가 진전됨에 따라 조금씩 밝혀지는 것도 있습니다. 예컨대 거울 뉴런mirror neuron 같은 것이 그렇죠. 거울 뉴런은 뇌 신경세포의 한 종류인데, 이 세포는 자신이 손을 드는 행동을 할 때와 누군가 다른 사람이 손을 드는 걸 볼 때 동일한 반응을 보입니다. 처음에는 원숭이 뇌에서 발견되었지만 나중에 더 연구를 해보니 인간에게도 같은 부위가 있다는 게 밝혀진 겁니다. 거울 뉴런이 왜 주목받게 되었느냐 하면, 그게 혹시 사람이 상대방의 마음을 읽어낼 때 사용하는 신경이 아닐까 여겨졌기 때문입니다.

이렇듯 특정한 연구 주제가 유행처럼 화제에 오르는 일은 있어도, 근본적인 차원에서는 지금도 별로 밝혀진 게 없다고 봐야겠습니다.

밝혀진 게 별로 없다는 게 어느 정도냐면, 뇌 용량이 너무 커서 혹은 너무 복잡해서 모르는 게 아니라, 지금은 아직 어디를 모르는지도 모른다는 수준입니다. 가령 이후에 뇌과학 연구가 진전되어 그 전체상을 파악할 수 있게 되었다고 해봅시다. 그렇게 파악된 뇌과학 전체가 1미터라고 한다면, 현상황은 1센티미터의 반쯤에도 못 미치는 수준이라 할 수 있습니다. 아직 멀고도 먼 길이 우리 앞에 있는 것이지요. 뇌가 수행하는 기능만을 생각하더라도 엄청나게 다양합니다. 이 책장에도 있는 '뇌과학 시리즈'는 전25권인데요, 뇌 공부를 하겠다고 하면 최소한 그 정도로 다양한 각도에서 접근해가지 않으면 안 됩니다.

'배선과 회로의 구조가 밝혀지면 거의 이해할 수 있게 될 것이다'라고 생각되던 시기도 있었습니다만, 실제로는 그렇지 않습니다. 뇌라는 것은 배전반配電盤 같은 게 아니라 더 케미컬한 것이라는 사실이 점점 더 드러나게 되었지요. 요컨대 유전자나 신경전달물질의 기능을 알지 못하면 뇌에 대해서는 모르는 겁니다. 하나하나를 각각 안다 해도 그것들을 어떻게 연결시켜야 옳을지는 알 수 없습니다. 그러니까 결국 뇌에 대해서는 모르는 거지요. 뇌는 인간의 육체 안에 있는 우주라고도 합니다만, 실제로는 우주에 대해서보다 더 모릅니다.

파괴된 뇌가 힌트!

그렇게 까다로운 뇌를 연구하는 데는 몇 가지 방법론이 있습니다. 그 하나가 신경심리학입니다. 여기에는 『신경심리학』이나 『인지신경심리학』 등 제목에 신경심리학이라는 용어가 들어간 책이 몇 권 있습니다. 이 '신경심리학 컬렉션'은 좋은 시리즈입니다. 『눈과 정신』 『두정엽』 『신경심리학의 도전』 등 시리즈 구성도 재미있게 되어 있어요.

뇌라는 것은 다양한 요인에 의해 상해를 입을 수가 있습니다. 그 때 도대체 어떤 손상을 입은 건지 연구함으로써 뇌의 메커니즘을 탐구합니다. 그것이 신경심리학의 사고방식입니다. 『뇌졸중과 신경심리학』 등은 실로 이 분야의 전형적인 연구서입니다. 뇌졸중은 한마디로 말하면 뇌가 고장나는 병이니까, 당연히 CT로 환부를 촬영하면 어디가 어떻게 되었는지 알 수 있습니다. 동시에 몸 한쪽이 마비되거나 말이 안 나오거나 하는 등 그 환자의 행동에 이상이 발생합니다. 뇌의 어느 부위가 고장나서 어떤 증상이 야기되었는가를 알 수 있는 것이죠. 이런 식으로 사람의 고장난 뇌를 연구함으로써 뇌의 정체가 드러나는 경우가 있습니다.

뇌의 일부가 고장나면 지능, 기억, 감정情動 등 다양한 종류의 장애가 일어납니다. 언어장애가 일어나는 방식도 종류마다 차이가 꽤 큽니다. 이야기할 수는 있는데 읽고 쓰는 문제에서만 비정상으로 변한 경우도 있습니다. 그런 다양한 상황과 요소들을 하나하나 맞추어 가며 뇌의 어느 부위가 어떠한 기능을 갖고 있는지 서서히 밝혀온 것이 뇌과학의 역사입니다.

다만 뇌는 어느 일부가 고장나면, 본래는 그런 작용을 하지 않는 부위가 망가진 부위의 기능을 대신하는 묘한 특징이 있기 때문에, 연구가 상당히 까다로운 측면도 있습니다.

신기한 것은 뇌 관련 서적들은 엉터리 책일수록 잘 팔린다는 겁니다. 예컨대 이 책『뇌내 혁명—뇌 분비 호르몬이 당신의 인생을 바꾼다』같은 책은, '와! 이런 말도 안 되는 책을 내놓고도 정말 아무렇지도 않나?' 하는 신비감이 들 정도로 엉터리 책입니다만, 어처구니없게도 마구 팔려나가 한때 베스트셀러가 되기도 했죠.

이 책『뇌가 돌연 예리해지는 우뇌 자극법』도 제목만 보면 엉터리 책 같지만,『뇌내 혁명』만큼 심하진 않습니다. 게다가 이 책의 저자인 시나가와 요시야品川嘉也 선생은 뇌과학자로서 튼튼한 백그라운드가 있는 상당히 재미있는 분입니다. 취재한 적도 있는 분이에요. 뭐, 책 자체가 시덥잖다는 것은 사실이지만요.

의학 계열의 심리학과 문과 계열의 심리학은 다른 것

여기 책장에는 인지과학 서적들이 모여 있어요. 인지과학은 뇌과학과 비슷한 것 같지만 다른 분야입니다. 뇌과학이 뇌란 어떤 것인가를 탐구하는 데 반해, 인지과학은 인간이 뇌를 이용해서 세계를 인지하는, 그 세계 파악 방식을 해명하고자 하는 분야입니다. 그러니까 같은 학문의 세계라 해도 전혀 다른 분야로서 성립되어 있습니다. 또 연구하는 사람들도 전혀 다른 관점을 취하고 있지요.

책등을 보면 인지심리학이라는 말이 몇 차례 눈에 띄는데요, 그렇듯 이 인지과학이라는 건 어떤 의미에서는 심리학이라는 범주에 넣는 편이 더 정확한 그런 분야입니다.

다만 심리학 자체도 의학 계열 심리학과 문과 계열 심리학으로 크게 나뉩니다. 의학 계열 심리학이란, 물론 연구자에 따라 차이는 있습니다만 기본적으로 확실한 근거를 바탕으로 과학적 사고를 누적시켜나가는 학문입니다. 한편 문과 계열 심리학은 역시나 여러 종류가 있습니다만, 대비를 선명하게 하기 위해 여기서는 소위 프로이트나 융의 심리학을 생각해보면 좋을 듯합니다. 이처럼 의학 계열 심리학과 문과 계열 심리학은 전혀 별개의 학문이라 해도 과언이 아닐 정도로 다른데요, 인지심리학은 그 양쪽에 모두 중심축을 두고 있는 학문입니다.

보고서 자체가 상품이 되는 우주물

이쪽은 우주에 관한 책들을 모아둔 서가입니다. 우주론에도 다양한 측면이 있습니다만, 여기에는 특히 NASA미 항공우주국 취재시에 사용했던 자료들과 그후 일본의 로켓을 취재할 때 사용했던 자료들이 메인입니다.

저는 NASA 취재를 상당히 집중적으로 했었어요. 다양한 프로젝트를 진행하는 과정에서 몇 차례나 취재하러 갔습니다. NASA를 구성하는 연구기관은 미국 전체에 산재되어 있는데요, 그중 상당수 기관들을 취재했습니다. 그런 바탕 위에서 TBS의 아키야마 도미히로秋山豊寛 선생 등과 함께 소련의 우주 사업을 세세하게 취재한 것입니다. 소련의 우주 연구는 서방과는 또 전혀 다른 역사를 갖고 있습니다.

물론 NASA 취재도, 또다른 프로그램과 손을 잡으면서 계속하고 있었습니다. 예컨대 NASA의 '화성 이주 계획Mars Direct' 취재는 흥미진진했죠.

미국의 휴스턴에는 우주 관련 서적들을 모아놓은 고서점이 있는데요, 거기서 산 책들이 꽤 됩니다. NASA의 역사를 연구중인 학자한테서 그 고서점이 좋다는 얘기를 듣고 가보았더니 정말 좋더라고요. 더 빨리 그곳을 알았더라면 자료 찾는 데 허비한 시간이 얼마나 줄었을까 싶었지요. 서점 아주머니는 비교적 친절한 편인데다가 "이 책 괜찮아요"라고 추천을 해주시곤 하는데 그 조언이 정말이지 적확하더라고요. 이쪽의 좀 오래된 책들은 모두 그 고서점에서 산 겁니다.

이 세계에선 말이죠, NASA의 보고서 자체가 고서점에서 유통됩니다. 예컨대 이 「아폴로 16호와 17호 보고서」라든가 「NASA 뉴스 NASA NEWS」 같은 게 매물로 나오는 세계인 거죠.

일본 것도 있습니다. 「방송위성(유리)의 실험 성과」라든가 「실험용 통신위성 '사쿠라'—4년간의 성과」 등등. 요컨대 이쪽 동네는 이런 보고서가 책보다 가치가 있는 마니악한 세계입니다.

또 이쪽은 소련 자료들입니다. 러시아 문자로 'KOCMOC'는 '코스모스'라 읽습니다. 이쪽은 독일입니다. 『헤르만 오베르트Hermann Oberth』. 이것들이 『우주로부터의 귀환』(1983)을 쓸 때 자료가 되었지요.

거짓말이 재미있다

이쪽은 분위기가 싹 바뀌어 수상한 책들, 의심스러운 책들로 가득합니다.

『초월명상과 깨달음—영원한 진리의 서 『바가바드 기타』 주석』 이나 『텔레파시의 세계—인간 심리의 신비적 현상』 같은 책은 믿어선 안 되는 책입니다.(웃음)

단, 재미있는 건 재미있습니다. 방금 전에 말한 『초월명상과 깨달음』이라는 책의 저자는 인도인인데요, 이 동네의 수상쩍은 책들을 쓴 사람들 중 몇 사람과는 직접 만난 적도 있답니다.

역사를 거슬러올라가 괴이한 것들을 발굴해 소개하는 책들도 있습니다. 『중세의 요괴, 악마, 기적』이라든가 『요괴 및 정령 사전』 같은 책들이 그렇지요. 『신지학 대요』(전5권+별권 1권)도 재미있으니 기회가 있으면 꼭 읽어보시기 바랍니다. 이런 책들은 수상쩍은 것일수록 재미있지요. 역시 거짓말이 재미있죠.(웃음)

하지만 이런 이야기의 바탕에는 어느 정도 진실이 깔려 있기도 합니다. 예를 들자면 예전에 미군이 특수 비행기의 실험기實驗機를 날린 적이 있어요. 스텔스 비행기 같은 것이지요. 헌데 이게 어떤 각도에서 보면 원반같이 생긴 비행체가 날아다니는 것처럼 보이는 겁니다. 의심의 여지 없이 그렇게 보이는 거예요. 하지만 미군으로서도 군 기밀을 누설할 수는 없는 노릇이라 아무리 이상한 물체를 보았다는 목격 제보가 잇따르더라도 진상을 드러내는 일은 결코 없습니다. 이 실험기의 경우에는 뉴멕시코 주의 로즈웰 육군비행장이 깊이 관여되어 있었기 때문에, 로즈웰 사건이라고 불립니다. 그런 사건의 경우에는 설령 누군가가 추적을 한다 해도 어느 지점부터는 완전히 캄캄한 미궁 속으로 빠지게 됩니다.

실제로 로즈웰 사건 등이 보고된 시기와 장소는 미군의 최첨단 실험기가 제작된 시기 및 장소와 미묘하게 포개집니다. 하지만 진짜 그런 건지 조사하려고 들면, 군 비밀 보안부대가 나서서 방해합니다.

그러므로 거짓이나 진짜 중 어느 한쪽이라고 단언할 수 없는 미묘한 상황들이 이 세상에는 의외로 꽤 존재하는 셈입니다.

어라! 『초대국 일본의 도전』 같은 책이 왜 여기 있지? 이런 종류의 세계 미래예측서들은 에스라 보걸의 『세계의 넘버원 일본—미국에 주는 교훈』 등과 함께 산초메에 모아두었을 텐데……

부시의 하루

일전에 내셔널지오그래픽 채널에서 〈9·11 이후 10년〉 같은 검증 프로그램들이 방송되었죠? 그중에 〈부시의 하루〉라는 엄청나게 긴 인터뷰 특집이 있었어요. 부시 본인이 아침에 일어나서 다음날까지 하루 동안 자신의 눈으로 본 것을 모두 이야기한다는 콘셉트의 프로그램이었습니다. 다양한 자료영상들도 보여주는 등 상당히 잘된 프로그램이었어요.

9·11, 그러니까 바로 테러가 수행되던 순간, 부시는 플로리다의 초등학교에서 아이들과 만나고 있었습니다. 그러고 있는데 보좌관이 다가와서 한두 마디 속삭입니다. 그러자 부시의 표정이 변하면서 약간 넋이 나간 듯 보입니다. 그 낭패한 표정이 얼마나 인상적이었던지 영화감독 마이클 무어는 그걸 소재로 영화를 만들기까지 했습니다.

물론 이 프로그램에서는 그런 식으로 가볍게 처리하지 않습니다. 그때 부시가 무엇을 들었는지, 무엇을 생각했는지, 그다음에 어떻게 행동했는지 등을 우선 부시 자신이 이야기하고, 취재반이 그 발언을 검증해갑니다. 9·11에 대한 TV프로그램은 여럿 있었지마는, 이렇게까지 철저하게 조사한 것은 이 프로그램이 처음일 겁니다.

부시 일행은 서둘러 방문처인 초등학교를 나와 공항으로 향합니다. 그리고 그들이 에어포스원에 탑승을 완료하고 이륙하는 순간, 이번에는 여객기가 펜타곤(미 국방부 청사)을 들이받았다는 소식이 날아듭니다. 그뒤에도 비행기 안에는 계속 추가정보가 들어옵니다. 하지만 날고 있는 장소에 따라 TV 전파를 수신할 수 있는 지역과 그렇지 않은 지역이 있습니다. 수신할 수 없는 지역을 날고 있을 때는 기내 TV 화면이 꺼져버립니다.

결국 플로리다에서 워싱턴으로 직행하지를 않습니다. 공군기지를 두 군데 정도 경유한 뒤 워싱턴으로 돌아가지요. 하지만 그날 당일은 어디로 가야 하는지조차 알 수 없는 상태였다고 합니다. 최종적으로 군과 국가보안기관의 의견에 따라 곧장 워싱턴으로 돌아가는 것은 위험한 것으로 판단하고, 그래서 이쪽으로 갔다가 저쪽으로 갔다가 한 후에 결과적으로 방금 말한 경로를 밟게 된 것이죠.

한편 그날 저녁에는 백악관을 노린 또하나의 공격이 탐지되었다는 경보가 나옵니다. 물론 부시의 부인과 자녀들을 필두로 워싱턴에 있는 고위 관리들의 가족은 모두 몸을 피합니다. 하지만 얼마 뒤에 그 경보는 적의 공격이 아니라 미군의 항공기를 적의 공격으로 오인해서 울렸던 것으로 밝혀집니다. 그것으로 9월 11일은 드디어 종료됩니다.

다음날 부시는 뉴욕으로 가서 파괴된 현장에 섰습니다. 그리고 "국민 여러분, 오늘 우리의 자유가 의도적이며, 또 정확하기 이를 데 없는 테러리스트들로부터 공격을 받았습니다"라는 연설을 합니다.

프로그램에서는 그 장면에 이르기까지의 과정 일체를 관계자에게 캐물어 알아냅니다.

그리고 마지막으로 9·11과 그 정확히 60년 전에 해당하는 진주만 공격을 결부시킵니다. 진주만 때 미국이 경험한 패닉 상태와 9·11 때의 패닉 상태가 오버랩된다는 점을 잘 느낄 수 있도록 짜인 구조였습니다.

10년 뒤에는 일본에서 3·11이 일어났습니다. 간 나오토[32]가 부시와 같은 일을 할 수 있었을지 생각해보면 조금 불안한 바도 있습니다만, 이런 문제는 단순히 예단할 것이 아니라 확실히 검증되었으면 좋겠습니다. 실제로는 이미 조금씩 진상이 밝혀지고 있습니다. 도쿄전력 사장하고 어떠한 대화를 나눴는지, 실제로 도쿄전력에 가서 무엇을 이야기했는지, 나아가 간 나오토만이 아니라 각료들 각각이 신문사에 이야기를 했습니다. 에다노 유키오[33]에 관해서는 요미우리신문이 뽑아냈지요. 에다노 유키오는 "철수하게 해달라는 요구가 있었지만, 역시나 그건 안 된다"고 답했습니다. 현장 소장에게 물으면 아직 버틸 수 있다고 말한다면서. 간 나오토는 "관저에서, 사장한테 절대로 철수하지 말라고 전했지만, 상대는 말을 흐렸다. 그냥 놔두면 철수해버릴 태세여서 직접 그쪽으로 건너가 간부한테 고함을 쳤다"고 이야기했다고 말합니다.

이 이야기가 진실인지 아닌지는 좀더 시간이 흐르면 밝혀지겠지요. 하지만 만일 이 이야기가 진실이라고 한다면 간 나오토가 옳습니다. 그것은 당연합니다. 그 상황에서 도쿄전력이 달아나버렸다면, 다른 일본 국민들은 어찌할 수가 없었습니다. 기본적으로 현장에서 무엇을 해야 하는가에 대한 판단도 도쿄전력 이외에는 누구도 내릴 수 없으니까요.

미국에 부는 핵발전소 개발 붐

2011년 3월의 핵발전소 사고는 일본의 전력산업에 커다란 상처를 남겼습니다.

본래 이런 정도의 국면에서라면, 전신전화공사를 불하해서 NTT[34]를 세웠을 때처럼 근본적으로 판을 새로 짜지 않을 수 없을 겁니다. 그리고 이 기회를 이용해 단숨에 해치울 가능성도 없지는 않습니다. 그렇긴 하지만 각각의 전력회사들이 현재 가지고 있는 발전기가 저마다 다른 게 문제입니다. 게다가 핵발전소만이 아니라 화력발전소도 있고 수력발전소도 있지 않습니까? 새로 판을 짠다는 것도 간단치 않은 상

---

32 菅直人(1946~). 일본의 10선 중의원으로 민주당 대표를 지냈고, 2010년에 제94대 총리로 지명됐다. 시민운동가 출신 총리로서 많은 지지를 얻었지만, 재임 당시 일어난 3·11 동일본 대진재와 민주당 선거 참패의 책임을 지고 취임 1년 3개월 만에 퇴진했다.

33 枝野幸男(1964~) 일본 민주당 소속 의원. 동일본 대진재 발생 두 달 전 관방장관에 취임해 당시 사태 해결 지휘와 정부 대변인 역할을 맡았다. 간 나오토 총리 내각 퇴진으로 자리에서 물러난 후 제16대 경제산업대신에 임명됐다.

34 일본전신전화주식회사Nippon Telegraph and Telephone Corporation. 1985년 일본의 국영 통신사업을 민영화하는 전신전화개혁법으로 인해 일본전신전화공사가 주식회사로 탈바꿈한 것이다. 이동통신, 도시개발, 비즈니스 분야 등으로 사업을 확장해 세계적 규모의 기업으로 자리잡았다.

황인 것이죠. 실제로 어떤 발본적인 개혁이 행해질 낌새는 없습니다.

하지만 이러한 와중에 최대 전력회사인 도쿄전력은 이번 사고의 배상을 하려 해도, 그 기초자금을 전기요금 인상으로 조달할 수밖에 없는 비참한 상태에 직면해 있습니다.

기본적으로 현재의 전력 10사 체제라는 것부터가 어떤 합리적 이유에서 만들어진 것이 아니라, 역사의 흐름 속에서 그렇게 된 것에 불과합니다. 전시 총력전 체제의 영향으로 발전發電을 맡았던 회사가 송전도 겸하게 되었습니다. 나아가 전쟁에 패한 후 발전 및 송전을 한 세트로 해서 저마다의 담당 지구를 분할하는, 일련의 흐름의 산물인 것이죠.

총력전 체제 이전에는 발전회사와 송전회사들이 아주 많이 있었으니까, 일단 총력전 체제 이전으로 돌아가 완전히 자유화시키는 건 어떨까 싶습니다. 그러고 나서 발전기를 갖고 있는 많은 전력회사들을 모두 독립된 형태로 만드는 것이죠. 이런 것도 충분히 가능한 방법입니다.

유럽에도 이런 형태를 취하고 있는 나라가 있습니다. 또 현재 미국 등도 이런 형태입니다. 그런 까닭에 미국에는 전력회사들이 매우 많습니다. 지역마다 전력회사들이 여럿 있고, 핵발전소 한 기 한 기가 각각 다른 회사의 것인 경우도 있습니다. 그러므로 미국에 100기의 핵발전소가 있다고 해도, 도쿄전력이 그런 것처럼 초특대급 핵발전소가 여기저기에 있다는 얘기는 아닙니다. 기본적으로는 소형이고요, 또 군사용이기도 합니다. 그러한 작은 단위에서 다양한 유형의 핵발전소를 병행적으로 소유하는 방향으로 나아가고 있는 미국은, 새로운 소형 핵발전소를 만들어낼 가능성이 있습니다.

스리마일 섬에서 일어난 핵발전소 사고 이후 동결되어 있던 핵발전소 신설을 최근 일제히 인가해주고 핵발전 르네상스 찬가가 울려퍼지게 된 것도 그런 맥락이 있는 것입니다. 일본의 도시바東芝, Toshiba가 웨스팅하우스라는 거대 핵발전 기업을 매수한 것도 그 흐름을 탄 것이고요. 이 흐름 속에서 미국에서는 독특한 특성을 가진 핵발전소 개발이 몇 가지 시작되고 있습니다. 그중에서 가장 유명한 것이 도시바와 빌 게이츠가 함께 개발을 추진하고 있는 소형 핵발전소입니다.

최신 핵발전 기술

후쿠시마 제1핵발전소 사고의 경우에도 사용후핵연료봉의 뒤처리가 문제였습니다. 사용후, 즉 사용이 끝났다고 해도 냉각수가 증발해버릴 정도의 열을 띠고 있기 때문에, 그것을 노심에서 꺼내서 어쨌든 간에 대량의 물로 냉각시키지 않으면 안 됩니다. 또 마지막에 남은 폐기물은 막대한 시간과 품을 들여서 처리해야만 합니다. 이러한 것이 기존의 핵발전이었으니, 엄청나게 비효율적이라고 하지 않을 수 없었지요.

그래서 우리나라의 도시바와, 빌 게이츠가 자금 원조를 하는 벤처기업인 테라파워는 사용후핵연료를 아예 다 태워버리자고, 연소시켜버리자고 생각했던 겁니다. 그렇게 하면 기존 방식보다 연소시킬 수 있는 시간이 더 길어집니다. 또 완전히 다 연소시켜버리면 연소된 후의 방사성 폐기물이 거의 없어집니다. 그러한 새로운 핵발전 기술을 그들은 시작하고 있어요. 이렇게 새로운 유형의 핵발전이 전 세계에 보급되면, 이번 같은 사용후핵연료봉 냉각 부족에 의해 야기되는 사고는, 그야말로 천년에 한 번 일어날까 말까 한 대지진이나 쓰나미가 일어나지 않는 한은 발생하지 않게 됩니다.

실제로 이번 사고를 일으킨 것은 전부 1세대, 2세대 핵발전소, 즉 낡은 유형의 핵발전소였습니다. 현재는 3세대, 3.5세대까지 실용화되어 있고 4세대, 5세대에 대해서는 아직 구상중이긴 합니다만 꽤 실용화에 근접한 상황입니다.

그렇긴 하나 원자로를 가동한 뒤 남는 방사성 폐기물 문제는 여전히 해결되지 않은 최대의 문제로 남아 있습니다. 이 문제를 해결하기 위해 유럽에서는 '10만 년 보관'이라는 방법이 도입되고 있습니다. 그러나 10만 년은 정말이지 긴 시간입니다. 그때까지 인류 문명이 현재 같은 형태로 지속될 수 있을지도 미지수입니다. 물론 10만 년이라는 보존 요구 기간이 지나기 전에 아예 그걸 처리해버릴 수 있는 방법이 나올 가능성도 충분히 있습니다. 하지만 그렇다 해도 그다지 현실적인 방책으로 보이지는 않습니다.

그렇다면 현실적인 방법은 존재하는가? 예컨대 현재 이바라키 현 도카이무라에 있는 대강도大强度 양성자 가속기 시설인 J-파크[35]에서는 뉴트리노[36]를 발생시켜 그것을 기후 현 히다 시 가미오카초에 있는 슈퍼 가미오칸데Super-Kamiokande를 향해 쏘아보내는 실험이 계속되고 있습니다. 그러나 J-파크의 가속기의 주목적은 뉴트리노를 만드는 것이 아니라, 뉴트론 즉 중성자[37]를 만드는 것입니다. 그래서 '중성자 공장'이라는 별명이 붙은 것입니다만, 이 실험을 일본인들 대부분이 알지 못하지요. 물론 이 슈퍼 가미오칸데와 연관된 실험도 중요한 것인데, 잘되면 아마 노벨상이 또하나 나오는 겁니다. 그러나 지금 일본 입장에서는 또하나의 중성자 공장으로서의 의미가 대단히 강해졌습니다. 왜냐하면 사용후핵연료에 중성자를 충돌시키면 그것이 다른 물질로 변해가기 때문입니다. 단지 잠재우는 것이 아니라, 인위적으로 계속 변화시켜갈 수 있습니다. 그러면 보관해야 하는 기간이 크게 단축됩니다. 이런저런 시도 없이 아무것도 하지 않으면 현재 유럽에서 하고 있듯이 10만 년이 필요합니다. 그러나 잘만 하면 그보다 훨씬 단시간 내에 처리가 가능해질 수도 있습니다.

---

35 J-PARC(Japan Proton Accelerator Research Complex). 고에너지가속기연구기구KEK와 일본원자력연구개발기구JAEA가 공동으로 건설한 시설. 양성자를 높은 에너지로 가속시켜 재료과학, 생명과학, 핵물리학, 입자물리학 등의 연구를 수행한다.

36 중성미자라고 한다. 전기를 띠지 않는 중성이며 질량이 0에 가까운 미미한 알갱이(입자)다. 중성자neutron와 구분하기 위해 '작다'는 뜻의 이탈리아어 접미사 'ino'를 붙여 뉴트리노라고 칭한다.

37 양성자와 함께 원자핵을 구성하는 요소로, 양성자나 전자와 달리 전기를 띠지 않는다. 물질 투과력이 좋아 원자핵 파괴에 이용된다.

유럽에서 10만 년이라는 유장한 얘기를 늘어놓을 수 있는 것은 북유럽에 마침 적당한 토지가 있기 때문입니다. 좋든 싫든, 앞으로 세계적인 차원에서 이 방사성 물질의 처리 기간을 단축하는 연구를 진전시키는 이외에 다른 길은 없습니다. 현재는 지진이나 쓰나미 때문에 멈춰 있지만, 이 분야의 연구는 꽤 괜찮은 방향으로 나아가고 있습니다.

도쿄전력이 아니라 GE에게 손해배상을 청구해야 한다

프랑스에서 핵분열과 관련된 사업에 종사하는 사람들이 쓴 『핵발전은 정말 위험한가—프랑스의 제언』은 대단히 흥미로운 책입니다.

이 책에도 쓰여 있지만 수소 폭발을 일으킨 후쿠시마 제1핵발전소의 1호기와 3호기는 모두 발생한 수소를 외부로 빠져나가게 하지 못한 탓에 대참사로 이어졌습니다. 그러나 현재의 핵발전소들은 모두 수소가 발생한 단계에서 촉매를 사용해 다른 물질로 전환시키는 장치가 갖추어져 있습니다. 그러니까 후쿠시마 같은 사고는 결단코 일어나지 않습니다. 그리고 체르노빌 정도의 위협적인 사태가 발생할 가능성은 체르노빌 이후 전 세계의 핵발전소에서 이미 대비 태세가 완료되어 있습니다. 그리하여 이후 체르노빌 유형의 심각한 사고는 일어날 가능성이 없었고요, 또 실제로 지금까지 전혀 일어나지도 않았습니다.

그건 그렇다 하고, 이번 사고에서 일본이 가장 나빴던 것은 발생 초기에 사고 수준을 레벨 5라고 발표했다는 것입니다. 그러더니 갑자기 레벨 7로 격상시켰어요. 저 체르노빌과 동일한 게 되어버린 것입니다. 거기에다 방사능까지 많이 누출됨으로써 일본인 전체가 패닉 상태에 빠져버렸습니다. 그 결과 '이제 핵발전은 절대로 안 돼!' 같은 분위기가 조성되었습니다. 최악이었죠.

핵발전 불필요론은 요컨대 핵발전이라는 것은 인간이 온전히 통제할 수 없는 메커니즘이라는 주장인데, 현실적으로는 그건 너무나도 케케묵은 옛날이야기입니다. 인간의 통제가 미치지 않는 것은 오히려 이번 후쿠시마에서 사고를 일으킨 구형 핵발전소 정도입니다. 기본적으로 후쿠시마 유형의 핵발전소는 설계상 대단히 큰 문제를 안고 있었습니다. 무슨 문제냐? 설계자인 미국인 입장에서 핵발전소와 관련하여 예기치 못한 사태를 초래할 수 있다고 생각된 요소는 토네이도였습니다. 그런 토네이도에 의해 냉각과 관련된 원자로 장치가 파괴되어버리면 멜트다운으로 이어지기 때문입니다. 그러니까 어찌되었든 토네이도에 의해 파괴되지 않도록 지하에 예비 전원을 배치했던 것입니다.

실제로 미국 내에서 토네이도가 자주 지나가는 지역에서는 보통 가정에서도 지하실을 보유하고 있습니다. 토네이도가 덮쳐오면 지상은 이번 쓰나미에 습격당한 것처럼 괴멸 상태로 빠져버립니다만,

지하실에 들어가 있기만 하면 아무 일도 없습니다. 제 딸이 어쩌다 보니 토네이도가 발생하던 시기에 미국에 체류한 일이 있었습니다. 실제로 토네이도가 닥쳐오면 모두 곧장 지하실로 피신합니다. 그리고 지나가기만을 기다릴 뿐이었다고 합니다. 그 느낌은 일본인이 태풍에 대해 가지는 감각과 가까울 겁니다. 태풍에 의해 때때로 심각한 피해가 나지만, 일본인들은 그것이 일과성一過性이라는 걸 알고 있기 때문에, 기본적으로는 그리 무서워하지 않습니다. 몇 년에 한 번 태풍으로 피해를 입는 것은 어쩔 수가 없다고 생각하지, '이제 이런 태풍이 오는 나라는 싫어! 다른 나라로 도망가자' 이런 식으로 생각하지는 않습니다.

원래 이야기로 돌아가자면, 어쨌거나 후쿠시마의 케이스는 전원만 확보할 수 있었다면 문제가 없었습니다. 그러나 미국인 설계자는 토네이도가 덮쳐도 괜찮도록 예비 전원을 지하실에 설치해버렸습니다. 모든 문제는 거기서 발생한 것입니다.

실제로 일본 측에서 '그건 일본 실정에는 맞지 않는다'고 주장해도 설계자인 GE 측은 '우리가 짠 설계도면대로 해야 해, 조금이라도 변화시키면 안 돼! 그러지 않으면 안전은 보장할 수 없어'라고 했나 봅니다. 그런 의미에서 보자면 이번 후쿠시마 사고 원인의 상당 부분은 GE의 설계 착오에 기인하는 것으로, 도쿄전력이 아니라 GE에 배상 요구를 해야 합니다. 일본항공 점보기 오스타카 산山 추락 사고[38]와 마찬가집니다. 그 경우에도 사고 책임은 보잉 측에 있었기 때문에 제대로라면 보잉 사에 배상을 요구해야 했겠지요. 물론 그 사건은 또다른 문제를 안고 있었지만 말입니다.

도리어 핵발전의 안전성을 증명하는 사건이 될 수 있었다

이번 사고는 어떤 의미에서는 핵발전의 안전성을 증명했다고 하는 일면도 있습니다. 말하자면 지진 발생시에 가장 먼저 이루어져야 할 작동 즉 '멈춤'은 완벽하게 수행된 것입니다. 스크램[39]이라는 긴급정지 장치가 모두 유효하게 작동해 전체가 정상적으로 정지했습니다. 그때 만일 전부 정지하지 못해서 운행중에 수소 폭발이나 혹은 수증기 폭발 등이 일어났더라면, 그야말로 체르노빌과 같은 사태가 되는 겁니다. 그런 의미에서 보더라도 이번 사고는 도쿄전력의 다양한 사후 처리 실수나 GE의 설계 착오가 없었다면, 오히려 핵발전의 안전성을 증명하는 사건이 될 수도 있었습니다.

이번 사고로 독일, 이탈리아, 스위스는 패닉에 빠져 나라 전체에

---

38 1985년 8월 12일, 도쿄 국제공항을 출발해 오사카 국제공항으로 향하던 일본항공 여객기가 일본 군마 현 오스타카 산에 추락한 사고를 말한다. 탑승객 524명 중 520명이 사망해 역대 가장 많은 사망자를 낸 단일 항공기 사고로 기록되어 있다. 사고 규모가 굉장히 컸기 때문에 보통 '일본항공기 추락 사고'라고 하면 이 사고를 가리킬 정도다.

39 reactor scram 혹은 scram. 원자로가 긴급정지한 상태 혹은 원자로를 긴급정지시키는 것을 말한다. 원자로의 종류에 따라 긴급정지를 일컫는 용어가 달라지기도 하지만 스크램이라고 하면 통상적으로 원자로 정지 수순을 말한다.

서 반反핵발전 방향으로 크게 흔들리고 있습니다만, 그 이외의 나라에서는 전혀 다른 방향으로 움직이고 있습니다.

유럽 각국의 송전망은 국경을 넘어 연결되어 있기도 하고, 그래서 핵발전을 그만두어도 프랑스 핵발전소에서 전력을 사면 됩니다. 프랑스는 핵발전을 전력의 중심에 놓는 나라이기도 하고, 다중 방호 시스템의 주도면밀함도 일본과는 차원이 다릅니다. 이런 사정에 대해서는 아까 언급한 『핵발전은 정말 위험한가—프랑스의 제언』의 저자 중 한 사람인 클로드 알레그르Claude Allègre가 지적하고 있습니다. 나아가 프랑스는 핵발전을 전력의 중심에 놓고 있는지라 전력 요금이 국제 표준의 40퍼센트밖에 안 됩니다. 그리고 다른 유럽 국가들은 그걸 살 수도 있기 때문에, 자국의 핵발전을 포기하고 대신 품질 대비 다소 비싼 가격의 대체 전원으로 바꾸더라도 전력 자체는 끊기는 일이 없습니다.

태양광 발전의 가능성

태양광을 이용한 발전은 비용이 매우 많이 듭니다.

태양광을 이용하는 방식에는 태양전지와 태양열이라고 하는 상이한 두 시스템이 있습니다. 태양열은 어떤 물건에 볼록렌즈로 태양광을 집광시키면 그 물건이 타는 원리를 이용합니다. 태양광을 거울로 모아, 그 광열光熱을 집중시켜 고열을 산출합니다. 그리고 그 고열을 이용해서 물을 끓이고 여기서 발생한 수증기로 수증기 터빈을 회전시켜 발전기를 움직이는 겁니다. 이 방식은 태양광이 강한 지역이라면 대단히 효율이 높습니다. 실제로 사우디아라비아는 지금 이 방식의 발전소를 엄청 거대한 규모로 조성하려 하고 있습니다. 핵발전보다 싼 요금으로 발전을 할 수 있는 것 같더라고요. 또 동일한 시스템을 사하라사막 전체에 지으려는, 장대한 메가 솔라Mega Solar 계획이 있습니다. 정식으로 누가 발기하고 또 일이 어떤 식으로 진행될지는 아직 모르겠습니다만, 알제리 혹은 모로코 등지에서 발생시킨 전기를 송전망을 이용해 유럽 전체에 운반하려는, 그런 계획도 있나봅니다.

이런 것들은 모두 사막지대의 강렬한 태양광을 전제로 하니까 경제적으로 수지타산이 맞는 겁니다.

또 동시에, 물론 이것은 어디까지 실현가능한지 현시점에서는 알 수 없지마는, 송전선에서의 전력 손실을 극도로 감소시키는 연구도 진척되고 있어요. 전기가 송전선을 타고 흐를 때는 커다란 전력 손실이 발생합니다. 그런데 하이테크 초전도 배전망을 쓰면 송전 과정에서 발생하는 전력 손실을 거의 제로로 만들 수 있습니다. 물론 제로라고 말했지만 초전도 상태로 만들기 위해서는 송전선의 온도를 크게 낮추지 않으면 안 되니까, 그만큼의 전력 손실은 피할 수 없지요. 하지만 이론적으로는 크게 경감시킬 수 있어요. 초전도 케이블은 특히 일본이 강한 분야입니다. 실제로 몇몇 실험을 일본 기업들이 미국에서 하고 있습니다.

이 전력망을 계속 확장해가는 과정이 누적되면 결국 지구 전체가 하나의 초전도 송전선 네트워크로 덮이게 됩니다. 그리고 전 세계 모든 장소에서 발전된, 자연 에너지를 이용한 이 기술이 소위 스마트 그리드smart grid(차세대 전송망) 등과 결부되면, 현재 불가피하게 손실되고 있는 전력의 상당 부분을, 장소에 따라서는 절반 이상 살릴 수가 있습니다. 전기라는 것은 아무리 많이 생산되더라도 축전지 이외에는 남겨둘 방법이 없으니까, 남으면 버릴 수밖에 없습니다. 이런 상황을 효율화함으로써 손실을 피한다는 발상이죠.

참고로 축전지에 대해 말하자면, 대규모 축전지는 아직 실용화되지 않았습니다. 그렇지만 같은 정도의 축전 능력을 가진다고 할 수 있는 것은 있어요. 그게 바로 양수揚水발전입니다. 전력이 남는 시간대에 낮은 위치의 물을 높은 곳으로 길어올려, 전력이 필요할 때 그 물을 낙하시켜 발전을 합니다. 요는 잉여전력을 위치에너지로 바꿔 보존해둔다는 것입니다. 이는 일본에서도 실제로 행해지고 있어요. 핵발전처럼 24시간 내내 계속 가동하는 편이 득이 되는 시스템의 경우에는, 야간이라고 해서 발전량을 줄이는 일은 하지 않습니다. 그 대신 잉여발전되는 심야 전력을 양수발전에 이용하는 겁니다. 축전지 자체를 사용하는 방법도 있겠습니다만, 축전지는 아직 값이 비싸죠.

동시에 또하나의 방향으로 생각되고 있는 것이 소형 축전지를 전국에 뿌린다고 하는 겁니다. 앞으로 전기자동차가 점점 더 보급돼

각 가정에 널리 퍼지게 되면, 전국에 소형 고성능 축전지가 분산 배치되는 것과 마찬가지인 상황이 됩니다. 바로 이 전국적 시스템을 이용해 엄청나게 효율적으로 전력을 보관할 수 있도록 하는, 그런 방향의 연구도 진행중에 있어요.

연구의 자유는 현대 사회에서 가장 중요한 것

이런 이야기는 SF 같은 게 아닙니다. 저마다 나름대로 현실적 가능성이 있는 이야기들입니다. 하지만 '그럼 지금 어떻게 되고 있나요?'라고 질문을 한다면, 현실적으로 선택지는 별로 없습니다.

다만 핵발전을 포함해 이 연구들 자체를 금지하는 그런 일은 있어서는 안 됩니다. 연구의 자유라는 것은 현대 사회에서 가장 중요한 것입니다. 그야말로 전쟁중이거나 독재국가가 아니라면, 연구의 자유를 제한하는 일은 있을 수 없으며 또 있어서도 안 됩니다. 이런저런 온갖 일들을 연구하는 사람들이 늘 존재하지 않는다면, 그 나라에 미래 따위는 없습니다. 지금까지 핵발전과 관련된 연구는 전력회사들이 연구자금을 계속 대왔기 때문에 발전해온 측면이 있습니다.

전력회사 입장에서 볼 때 핵발전이라는 것은 비록 초기 비용은 막대하게 들지만, 일단 가동이 시작되면 그다음부터는 정지시키지 않고 계속 가동하는 편이 득이 되기 때문에, 그렇게 해온 것입니다. 문제는 그런 식으로 계속 가동시켜온 초기 1세대부터 2세대에 해당하는 핵발전소들이 가동된 지 벌써 30~40년씩이나 되었다는 점입니다. 본래 설계 차원에서 핵발전소의 내용연수는 40년 정도니까, 이 연수를 초과한 핵발전소들은 위험을 안고 조심조심 사용했던 셈입니다. 그러면 아슬아슬하게 가동되는 동안에, 중성자와 충돌해서 이미 약화되어 있는 부분들은 어떻게 보강하면 좋을까요?

프랑스의 경우에는 그런 부분들을 차근차근 교체해가고 있다고 합니다. 겉으로는 같아 보이더라도 실제로 노후된 것은 없다고 그들은 단언합니다. 아울러 프랑스의 경우에는 기록을 살펴봐도 쓰나미가 없습니다. 지진이 일어나는 것도 내륙부일 뿐이며, 진도 5 이상의 지진은 몇십 년에서 100년에 한 번의 확률로밖에는 일어나지 않기 때문에 기본적으로 지진을 무서워할 필요가 없습니다. 그리고 설령 전원이 어떤 이유로 상실되었다고 해도, 아까 언급했듯이 다중 방호 시스템의 최종 단계는 전원 없이 작동하게 되어 있으며, 수소 폭발의 원인이 되는 수소가 발생해도 수소를 흡착하는 장치에서 처리해 버리기 때문에 문제가 일어나지 않게 되어 있습니다. 그러니까 이번 후쿠시마에서 발생한 형태의 사고는 일어날 수 없는 것이라고 아까 언급했던 『핵발전은 정말 위험한가』에 명쾌하게 적혀 있습니다.

퀴리 부인의 나라

프랑스가 핵발전 분야에 압도적인 자신을 갖고 있는 것은 핵발전을 이용해온 역사가 길다는 점도 있습니다만, 무엇보다도 방사능에 관한 과학이 모두 프랑스에서 발전해왔기 때문입니다.

이점을 모르는 사람들이 많은데요, 프랑스는 뭐니 뭐니 해도 퀴리 부인의 나라입니다. 베크렐이라는 방사능 단위도 퀴리 부부와 함께 노벨 물리학상을 수상한 앙리 베크렐의 이름을 따서 지은 것입니다. 퀴리 부인이나 베크렐이 적을 두고 있던 연구소는 현재도 소르본 내에 있습니다. 그것도 단순히 보존되어 있는 게 아니라 현재도 계속해서 연구자들을 배출하고 있기 때문에, 유럽의 원자력 혹은 원자핵 분야의 연구자들은 이쪽 학맥에 연결되어 있습니다. 이 분야의 연구에는 프랑스의 학맥 이외에 영국의 케임브리지 학맥이 또 있습니다. 그렇지만 그들은 일종의 패밀리 같은 면이 있기 때문에 결국은 압도적으로 유럽세가 강합니다. 또 영국, 프랑스에 못지않게 독일도 환경보호를 호소하는 녹색당이 세력을 신장하기 이전에는 연구가 활발했고, 3세대, 4세대, 특히 5세대를 향한 새로운 핵발전 연구가 상당히 진전되어 있었습니다.

4세대 중에서도 가장 우수한 유형은 긴급시에 다중 방호 시스템이 전원 없이 가동됩니다. 완전 안전 체제를 갖춘 것을 3.5세대, 혹은 3세대 플러스라고 합니다만, 이것이 더 발전한 3세대 플러스 플러스에는 AP-1000이라는 대단히 유명한 시스템이 장착되어 있어, 현재는 이것이 기본으로 되어 있습니다. 이점에서 볼 때 후쿠시마 핵발전소는 2세대를, 그러니까 지금 시대에 걸맞지 않은 옛날 것을 쓰고 있었던 셈입니다.

참고로 요 몇 년간 중국이 엄청난 기세로 건설을 추진하고 있는 것이 바로 이 3세대 플러스 플러스 유형입니다. 일거에 60기를 도입하겠다는 계획하에 지금 공사에 들어가 있는 참인데요, 앞으로 몇 년 안에 완성이 될 예정입니다. 따라서 조만간 중국은 단숨에 핵발전 대국이 되는 겁니다.

중국은 지금까지 화력발전이 중심이었습니다. 게다가 기술 수준이 낮았기 때문에, 공해에 의한 건강 피해가 어마어마했죠. 그래서 화력발전을 그만두고 핵발전으로 전환하면 국민 건강도 지킬 수 있고, 또 이산화탄소 배출 관련해서 세계로부터 손가락질 받을 일도 없어집니다. 모든 것이 단숨에 개선됩니다. 그런데 이처럼 중국이 핵발전 대국 쪽으로 방향을 틀자마자, 후쿠시마에서 사고가 발생해 버린 겁니다. 그러니까 중국 내에서 핵발전에 반대하는 기운이 고조되기라도 하면 큰일이라고 생각하는 거지요. 원자바오 총리가 후쿠시마를 몸소 시찰하러 온 것도 핵발전 대국으로서의 의사 표명이라는 측면이 없지 않은 것입니다.

핵발전 연구에 적극적인 러시아

확실히 일본에는 지진도 많습니다. 그러니까 여러 가지로 걱정도 되고 해서 핵발전에 소극적으로 되는 것은 당연합니다. 또 독일 등에서 탈핵발전 노선으로 급속히 돌아선 일도 많은 사람들의 기억에 남아 있을 겁니다. 하지만 전 세계가 다 이런 분위기인가 하면 그건 또 전혀 그렇지가 않습니다.

특히 러시아 쪽은 엄청납니다. 러시아는 핵 연구를 일관되게 추진해온 나라로, 실질적으로 핵발전 연구도 상당히 진척되어 있습니다. 체르노빌 같은 대형 사고를 일으켰다고 해서 러시아의 핵발전이 낮은 수준일 거라 생각하면 그건 오산입니다. 체르노빌 핵발전소는 극히 초기에 건설된 낮은 수준의 것이었을 뿐, 그 외의 발전된 측면을 보면 엄청난 수준입니다.

이런 핵발전의 하이테크화에 커다란 영향을 미친 것이 바로 원자력 잠수함의 존재입니다. 그것은 미국도 마찬가지입니다. 가장 초기에 출현한 미국의 상업용 핵발전은 원자력 잠수함용 원자로에서 전용轉用된 것이었습니다. 원자력 잠수함에 탑재가능하도록 점점 더 소형화해간 것을, 그것을 만들던 회사가 민생용 원자로로 전환 판매한 것, 그것이 바로 핵발전의 시작입니다. 그리고 미국이 원자력 잠수함을 건조하던 당시 소련도 어렵지 않게 잠수함을 건조할 수 있었습니다. 그들은 그들 나름대로 원자력에 관한 기술을 엄청 발전시켰던 것입니다. 러시아의 경우는 국토에 '벽지僻地'가 지천에 깔려 있어서 핵발전소 입지를 찾는 데 하등 곤란을 느끼지 않았다는 점도 한몫했겠지요.

중국이 핵발전 대국이 된다

현재 가장 진보한 유형의 원자로임에도 불구하고 일본에서는 그런 식으로 알려지지 않은 것이 바로 고속증식로입니다. 영어로는 'Fast Breeder'라고 합니다.

일본에서는 몬주 사고[40]로 널리 이름이 알려지게 되었습니다. 나트륨은 열전도성이 높고 열을 빨리 운반해주기 때문에 고속증식로에서는 나트륨을 열교환을 위한 매체로서 사용합니다. 액체 상태로 말이죠. 물론 나트륨은 기본적으로 물에 닿으면 폭발하는 특성이 있어 위험하다는 것은 처음부터 알고 있었습니다. 하지만 열효율이 좋기 때문에 사용되기 시작했고 한때는 그것이 세계의 기술적 조류의 주류가 되었습니다만, 미국은 비교적 초기에 방향을 전환했고 유럽이 그뒤를 이었습니다. 그리고 일본도 몬주 사고 이후에는 연구가 사실상 중단되어 있는 상태입니다.

그런데 사실 러시아는 고속증식로에 관한 연구 개발을 줄곧 계속해왔습니다. 그 과정에서 몬주와 마찬가지의 사고를 수차례 일으켰던 것 같습니다만, 당시는 소비에트시대인지라 모두 은폐해버렸습

---

40 もんじゅうの事故. '몬주'는 후쿠이 현에 있는 일본원자력연구개발기구의 고속증식로를 말한다. 몬주라는 이름은 불교의 문수보살에서 가져왔다(몬주는 문수의 일본어 발음이다). 몬주 사고는 1995년 2차 냉각계통에서 온도계 파손으로 금속 나트륨 640킬로그램(추정치)이 누설되면서 화재가 발생한 일을 말한다. 이 사고는 0부터 7까지의 국제원자력사고 등급 중 운전을 제한할 수준의 큰 문제가 아닌 1등급을 판정받았지만, 늑장 대응과 동력로 및 핵연료 개발사업단에 의한 사고 은폐로 상황이 심각해졌다. 이 사고 이후 몬주는 운전 휴지 상태에 들어가 2010년까지 운전이 정지되었다. 2010년 5월 6일에 운전을 재개했지만, 같은 해 8월 26일에 원자로 용기 내 중계 장치가 낙하하는 사고가 발생해 다시 운전을 정지했다. 원자로 내 낙하시설물은 오랫동안 회수되지 못하다가 2011년 6월 24일 회수에 성공한다.

니다.(웃음) 무리에 무리가 겹치면서도 어찌어찌해서 러시아가 고속증식로를 완전히 정복하게 되었다는 점에는 의심의 여지가 없습니다. 실제로 30년 이상 안정되게 가동중인 고속증식로를 여럿 보유하고 있습니다. 몬주처럼 나트륨이 원인이 되는 사고를 여러 번 일으켰지마는, 처음 1~2년간 모든 실패를 경험하고 난 후에는 십몇 년에 걸쳐 사고가 한 건도 일어나지 않은, 말 그대로 완전히 완성된 시스템이 되어 있습니다.

그리고 러시아는 지금 그것을 외국에 내다파는 단계에 접어들었습니다. 실은 일본에도 한 번 팔러 왔던 것 같습디다만, 일본은 독자 기술을 개발중이라며 사양했어요. 일본 대신 그걸 산 것이 중국입니다. 소련에서 러시아로 이행하면서 국가가 요동치면서도 30년이라는 시간에 걸쳐 단련 숙성시킨 시스템 전체를 중국은 통째로, 그것도 여러 기를 일거에 사서 현재 한창 건설중인 것입니다. 비록 기술면에서는 러시아로부터 이식된 것이긴 하지만, 완전 민생용 고속증식로가 중국에서 머잖아 가동되기 시작할 겁니다. 일본에서는 '고속증식로는 쓸모없으니 집어치워'라는 식의 논리가 횡행합니다만, 사실 전 세계의 관점에서 보자면 기대를 받고 있는 기술입니다.

한국도 핵발전 개발에 대해 일본인이 생각하는 것보다 활발합니다. 전 세계의 1세대, 2세대의 핵발전이 이미 내용연수를 넘어서 다시 바꿀 시점에 해당하는 현재, 최신예 차세대 핵발전소를 둘러싸고 국제적인 수주 경쟁이 벌어지고 있는 이런 상황에서, 한국은 지금이야말로 시장점유율 확대의 찬스라며 국가적인 목표를 세우고 있습니다.

실제로 중동 어딘가에서 일본 기업과 한국 기업이 붙었는데, 한국 쪽이 좋은 조건을 제시했기 때문에 한국에게 패배한 예도 있습니다. 베트남에서 벌어진 수주 경쟁에서는 일본이 낙찰에 성공했지만, 이번 후쿠시마 사고가 웬수덩어리라…… 지금까지의 실적이나 신뢰가 한순간에 상실될 수도 있는 상황에 있는 것 또한 사실입니다.

이들 나라에서는 여러 서방 국가들로부터, 예를 들자면 미국으로부터 수입하게 되면, 군사적인 이유부터 해서 여러 가지로 불편하다고 합니다. 이용에 각종 제한이 있다든가 블랙박스인 부분이 많다든가 수입국의 기술자들을 육성하지 않는다든가 하는 문제도 있습니다. 일본은 그런 점에 대해 오픈하는 쪽이기 때문에 상대방으로부터 호감을 삽니다. 이러한 강점을 살려서 도시바 등은 앞으로 핵발전으로 살아갈 심산이었던 것입니다. 앞으로 만회한다는 게 보통 일은 아니겠지만, 그렇다고 완전히 체념하고 물러나기에는 너무나도 애석합니다.

핵발전이 무섭다고 해도, 주변 국가들은 모두 핵발전 대국을 지향하고 있습니다. 일본만이 탈핵발전을 해봤댔자 완전히 핵발전의 리스크로부터 벗어날 수 있는 것도 아닙니다. 그렇다면 적어도 우리가 컨트롤할 수 있는 기술을 갖고 있는 편이 좋습니다. 이후의 핵발전 정책은 국내 사정만이 아니라, 국제적인 관점도 아울러 견지하면서 결정해야 한다고 저는 생각합니다.

2장

고양이 빌딩 2층

2층 동쪽 서가와 남쪽 서가

이 서가 위에 놓여 있는 책들은 라틴아메리카 관련 자료로 갖춰놓은 것입니다. 『라틴아메리카 사전』 등을 비롯해서 여기에 모아놓은 책들은 모두 NHK 스페셜 〈다치바나 다카시의 사색기행〉의 라틴아메리카 편(콜럼버스의 아메리카 대륙 발견 500주년을 기념하여 라틴아메리카를 다양한 각도에서 분석한 연속 다큐멘터리)을 제작하기 위해 모은 자료들입니다. 라틴아메리카의, 특히 파라과이의 성립에는 그리스도교의 수도회, 그중에서도 예수회가 깊이 관련되어 있기 때문에, 언어나 역사에 관한 책들뿐만 아니라 신학이나 그리스도교 관련 서적들도 모아두었습니다.

143쪽 사진 확대. 토착종교였던 그리스도교가 라틴아메리카에서 어떻게 포교되어갔는가? 이 점을 생각하지 않고서는 라틴아메리카를 이해할 수 없습니다.

예를 들자면 서가 위에 있는 『황금전설』이라는 책은 유럽에서 옛날부터 전해져온 여러 성자들의 전설을 모은 책입니다. 진위가 의심스럽다⋯⋯ 기보다는 솔직히 말해서 수상한 이야기들이 많이 섞여 있는 책입니다만, 어쨌든 간에 읽어보면 상당히 재미있습니다. 가톨릭 성인 전설은 그리스 로마 신화가 고전고대에 수행한 것과 동일한 역할을 중세 및 근세 유럽 문명 세계에서 수행했기 때문에, 유럽 문화를 진정 깊은 수준에서 알고 싶다면 『황금전설』은 빼놓을 수 없는 필수 아이템입니다. 일본 문화의 가장 오래된 층위를 알고 싶다면 『고사기』의 일본 신화를 읽는 것이 필수인 것과 마찬가지라고 이해하시기 바랍니다. (2장 본문에서)

물론 라틴아메리카에 대해 알기 위해 조사한 것이 언어만은 아닙니다. 이쪽에 있는 『Historia del Cusco Incaico』는 잉카 문명의 역사에 대한 문헌입니다. 잉카 유적을 취재할 때 구입했지요. 쿠스코는 잉카의 역사 속에서도 가장 오래된 도시입니다. 일본으로 치자면 나라나 아스카쯤에 해당하는 곳이죠. 잉카 문명은 그리 오래된 문명은 아닙니다. 그렇지만 콜럼버스 이후 스페인 사람들이 침략해서 잉카의 왕족과 귀족을 몰살하기 전까지는(살아남은 사람도 있었다. 스페인 사람과 결혼한 왕녀도 있었다), 제국으로서 훌륭하게 존속하고 있었던 것입니다.

(2장 본문에서)

142쪽 사진 확대. 사라져버린 잉카 문명이 얼마나 멋진 것이었는지는 마추픽추의 유적을 보면 금세 알 수 있습니다.

129쪽 사진 확대. 파일의 등에는 대략적인 주제명과 날짜를 적어놓았습니다.

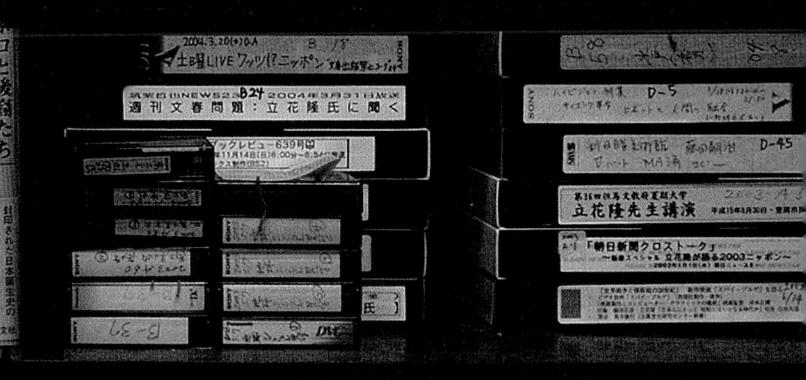

134쪽 사진 확대. 취재할 때 촬영했던 것이나 제가 출연했던 TV프로그램의 비디오도 모아두었습니다.

2층 동쪽 서가
이중 슬라이드 서가 안쪽

134쪽 사진 확대. 일본 고대사는 각각의 설마다 이야기들이 있기 때문에, 읽기 시작하면 재미납니다.

134쪽 사진 확대. 일본 고대사 연구자로 다소 흥미로운 사람은 오와 이와오大和岩雄입니다. 실은 이 사람은 다이와서방大和書房과 세이슌출판사青春出版의 창업자입니다.

134쪽 사진 확대. 일본의 황통皇統은 앞으로 어떻게 되어갈까요.

134쪽 사진 확대. 책 내용을 간추려 말하자면 '일본에는 한자 이전의 고대 문자가 있었다'는 얘깁니다. 어떻습니까, 믿기지는 않지만 재미있지 않습니까.

『후지 문헌』이나 『가미 문헌』 『다케우치 문헌』 『우에쓰후미』 등등 수상한 고사고전은 정말이지 엄청 많이 있습니다. 진보초에는 이런 유의 책을 역사 및 종교 서적과 함께 전문적으로 취급하는 책방이 있습니다. 저도 그 책방에는 몇 번 방문해서 책을 산 적이 있습니다. 그쪽 어딘가에 카탈로그도 꽂혀 있을지 모르겠군요. 놀라운 것은 언제 가도 손님들이 적잖이 있다는 거예요. 확실히 수상한 것을 좋아하는 독자들이 의외로 많은 것 같습니다. 얘기가 나온 김에 한 권 더 재미있는 책을 소개하기로 하죠. 이쪽 책장은 모두 '호쓰마쓰타에 ホツマツタヱ'에 대해 쓰인 책들입니다. 이 책 『'호쓰마쓰타에'를 해독한다 – 일본 고대문자가 이야기하는 조몬시대』는 여간 흥미로운 책이 아닙니다. (2장 본문에서)

KODANSHA

立花隆
の
東大講義
思考の

SAINTS
LA ECONOMIA COLONIAL
THE ART OF MESOAMERICA

129쪽 사진 확대. 가끔 다른 작업을 하다 우연히 제가 쓴 책을 손에 드는 일도 있는데요,
막상 읽기 시작하면 상당히 재미있어요.(웃음)

토착종교로서의 그리스도교

이 2층은 지금 비서 일을 해주고 있는 여동생이 사무 작업을 하는 데 사용하고 있습니다. 그래서 커피머신하고 컴퓨터도 있는 거고요, 책이나 자료들도 물론 있지요.

(2층 맨 끝의 서가를 가리키면서) 이 책 『교토 고양이타운 블루스』는 단코사淡交社에서 발행한 책입니다. 저자 가이 후사요시甲斐扶佐義 선생은 사진가이자 교토의 유명한 문예찻집…… 이랄까요 혹은 문예술집의 주인입니다. 이건 산 게 아니고 선물받은 겁니다. 이쪽 서가는 전부 그렇지요. 서평을 하다보면 증정본이 많이 생깁니다. 대부분은 처분하지만 그중에서 어쩨 좀 마음에 걸리는 책들은 나중에 훑어보자는 심정으로 놓아두는 서가입니다.

이 서가 위에 놓여 있는 책들은 라틴아메리카 관련 자료로 갖춰놓은 것입니다. 『라틴아메리카 사전』 등을 비롯해서 여기에 모아놓은 책들은 모두 NHK 스페셜 〈다치바나 다카시의 사색기행〉의 라틴아메리카 편(콜럼버스의 아메리카 대륙 발견 500주년을 기념하여 라틴아메리카를 다양한 각도에서 분석한 연속 다큐멘터리. 2004년에 서적정보사에서 『사색기행—나는 이런 여행을 해왔다』로 출판됨.-일본어판 편집자주)을 제작하기 위해 모은 자료들입니다. 라틴아메리카의, 특히 파라과이의 성립에는 그리스도교의 수도회, 그중에서도 예수회가 깊이 관련되어 있기 때문에, 언어나 역사에 관한 책들뿐만 아니라 신학이나 그리스도교 관련 서적들도 모아두었습니다.

예를 들자면 서가 위에 있는 『황금전설』이라는 책은 유럽에서 옛날부터 전해져온 여러 성자들의 전설을 모은 책입니다. 진위가 의심스럽다…… 기보다는 솔직히 말해서 수상한 이야기들이 많이 섞여 있는 책입니다만, 어쨌든 간에 읽어보면 상당히 재미있습니다. 가톨릭 성인 전설은 그리스 로마 신화가 고전고대에 수행한 것과 동일한 역할을 중세 및 근세 유럽 문명 세계에서 수행했기 때문에, 유럽 문화를 진정 깊은 수준에서 알고 싶다면 『황금전설』은 빼놓을 수 없는 필수 아이템입니다. 일본 문화의 가장 오래된 층위를 알고 싶다면 『고사기古事記』의 일본 신화를 읽는 것이 필수인 것과 마찬가지라고 이해하시기 바랍니다.

라틴아메리카에 대해 알기 위해 어째서 유럽의 전설까지 알아야 하느냐고 생각하실 분들도 계시겠죠? 하지만 실은 이 방면의 지식이 없으면 그리스도교가 유럽에서 토착종교적인 방식을 통해 수용되었다는 것이 어떤 의미를 갖는 건지 알 수가 없습니다. 그리스도교라고 하면 이슬람교, 불교와 함께 세계 3대 종교이고, 또 그점이 강조되는 경우가 많다보니 현대인, 특히 유럽 이외의 지역에 살고 있는 사람들은 그리스도교의 원점을 놓쳐버리는 경우가 많습니다. 그리고 유럽인의 경우에도 추상적인 종교 논의가 특기인 지식인들은 머리에서 곧장 그리스도교로 날아가버립니다만 그리스도교의 원점은, 본래 토착종교였다는 사실 속에서 찾을 수 있는 겁니다.

진언종의 호마분을 쏙 빼닮았다

무슨 얘기인가? 그리스도교는 종이 위에 쓰인 교의를 추상적으로 이해하는 것만으로는 전혀 이해할 수 없는 세계라는 말입니다. 요컨대 그 땅에 사는 사람들의 일상생활과 밀착되어 있는 그 지역의 모든 문화적 전통 및 일상적인 공동 행동과 뗄 수 없는 것입니다.

저는 그리스도교 집안 출신으로 어릴 때는 주일학교에 보내졌습니다. 어느 정도 성장한 뒤로는 그리스도교 해설서를 읽기도 하면서 그 역사와 교의에 대해 나름 상당히 알고 있다고 생각했습니다. 그러나 유럽에 가서 다양한 종파의 교회, 사원 등을 찾아보고, 미사 같은 전례에도 참석해보는 가운데 제가 머릿속에서 이해하던 그리스도교와 리얼한 서구 문명 세계에 존재하는 현실의 그리스도교가 이질적인 것임을 어느 날 홀연히 깨달았습니다.

이점을 처음 깨달았던 것은 예루살렘의 골고다 언덕에 있는 성분묘聖墳墓 교회(그리스도가 십자가에 걸린 장소가 훗날 큰 교회가 된 것으로, 다양한 교파에 의해 공동 관리되고 있다. 세력이라는 차원에서 보면, 서방 교회보다 동방 교회〔그리스정교〕의 영향이 강하다)에 갔을 때입니다. 그때 저는 아, 그리스도교는 토착종교구나…… 하고 직감했지요.

다음으로 이점을 강하게 느낀 것은 스페인의 세비야 대성당에서였습니다. 그때 저는 미사의 1부를 처음부터 끝까지 관찰하고 있었어요. 현지 아주머니들의 일거수일투족을 세세하게 좇던 중에 '아, 역

시 이것은 토착종교구나' 하고 느꼈습니다. 일본인에게 그리스도교는 뭐랄까 모던하고 이국적이고 지적이며 세련된 느낌이 있는 것 같은데요, 직접 가서 보니 그런 느낌은 전혀 없었습니다. 그 땅에 뿌리박은 저 옛날 그대로의 종교예식이라는 느낌이 들었어요. 참으로 촌스럽고도 오래된 밀교적 요소를 짙게 품고 있었습니다. 연기가 뭉게뭉게 피어오르는 향로를 사제들이 긴 사슬 끝에 늘어뜨리고, 그걸 세차게 흔들면서 회당 안을 빙글빙글 돌며 걷습니다. 주문 같은 말을 계속 웅얼거리면서요. 그때 제 뇌리를 스치고 지나간 것은 진언종의 호마분護摩焚き[1]이었습니다. 아, 똑같구나! 그대로야 그대로!

그리고 이것은 그리스도교를 생각할 때 절대로 빼놓을 수 없는 요소입니다. 토착종교였던 그리스도교가 라틴아메리카에서 어떻게 포교되어갔는가? 이를 생각하지 않고서는 라틴아메리카를 이해할 수 없습니다.

참고로 일본 불교를 연구하다보면 가장 이해하기 어려운 것이 진언종입니다. 왜 이해하기 힘든가 하면 진언종도 그리스도교와 마찬가지로 토착종교적 요소가 크기 때문입니다. 진언종은 새롭게 들어온 불교와 일본 토착종교가 연결되어 성립된 것입니다. 특히 밀교 부분의 핵심을 형성하는 것은 토착종교의 요소입니다. 그러니까 진언밀교에서는 호마목護摩木을 태우거나 염불을 외거나 하는, 합리성으로는 도저히 설명할 수 없는 수상한 의식적儀式的 요소가 큰 의미를 가진다거나, 특별한 경의의 대상이 된다거나 하는 것입니다.

이렇게 밀교와 유사한 토착 민중종교적인 측면이 가톨릭의 역사에도 존재합니다. 더 나아가서는 사실 동방 교회 쪽이 그 성격이 더 강하고, 토착종교의 요소가 더 짙다고까지 말할 수 있습니다. 그리고 이러한 지식은 신학적 해석에 대해 분석한 책을 아무리 많이 읽어도 얻을 수가 없습니다. 그러니까 『황금전설』 같은 책이 필요해지는 겁니다. 지금도 일반 대중은 그러한 요소들을 철석같이 믿고 있습니다. 그리고 이것은 대체로 그 지역의 문화 중에서도 가장 고층대에 속하는 아주 옛날부터 있었던 요소입니다.

종교라는 것은 흥미롭게도 어떤 곳에서 태어나 그것이 주변 문화권으로 확산되며 전파되는 과정에서 반드시 그 땅에 옛적부터 있던 다른 종교와 격렬하게 충돌하고, 그 충돌 과정에서 서로 영향을 주고받습니다. 상대를 변화시키면서 동시에 자신도 변화해가는 현상이 발생합니다. 이것이 접촉과 변용이라 불리는 현상입니다.

성모상의 비밀

그러면 토착종교인 그리스도교는 라틴아메리카에 어떠한 영향을 끼쳤는가?

---

1 호마護摩란 '불태운다'는 뜻의 산스크리트어 호마homa를 음역한 말이다. 호마분護摩焚은 호마로護摩炉 안에 가늘게 자른 나무를 태우면서 공물을 함께 넣는 것이다. 그러면 불의 신이 연기와 함께 공물을 천상으로 옮겨준다고 믿으며 하늘의 은총을 기원하는 소박한 신앙이다. 불속을 청정한 장으로 삼아 부처를 관상한다.

『황금전설』에 나오는 예는 아닙니다만, 이러한 문제를 생각함에 있어서 흥미로운 예가 멕시코에 있습니다. 멕시코에는 과달루페 성모라 불리는, 범국민적인 신앙의 대상으로 자리잡은 갈색 성모상이 있습니다. 멕시코에 가면 과달루페 성모상을 도처에서 볼 수가 있어요. 토산물 가게에서도 판매되고, 또 이 성모상이 그려진 티셔츠도 많은 사람들이 입고 다니죠. 이 성모상을 집에 (혹은 직장에) 장식하고 그 앞에 제단을 쌓아 매일 기도를 올리는 사람들도 많습니다.

1531년 멕시코시티 교외의 테페야크 언덕이라 불리는 장소에서 성모가 현지인들 앞에 출현했다고 합니다. 그리고 사람들 앞에서 '나는 성모 마리아다. 나를 위해 이 땅에 사원을 지으라'고 고지했다고 하는데요, 사람들이 그것을 현지의 주교에게 알려주려고 가봤자, 주교는 전혀 믿지를 않고, '진짜 마리아가 맞다는 증거를 어떤 것이든 갖고 오라!'는 명령만 내렸다는 겁니다. 그러자 다음날 마리아는 다시 한번 모습을 드러내고는 '거기에 피어 있는 꽃을 꺾어 그걸 사람들이 입고 있는 망토에 싸서 주교에게 전해주라'고 했다고 합니다. 사람들이 그대로 하자 망토 안에는 어느새 꽃에 덮인 성모상의 형태가 떠오르고 있었습니다. 그 성모상을 본 주교는 너무나도 거룩한 그 모습에 경탄하며 그것을 진짜 마리아가 출현한 것이라고 인정, 로마교황청에 보고했다고 합니다. 성모상을 앞에 두고, 그 출현 전후의 사정을 세세하게 조사한 로마교황청은 이를 성모가 출현한 진정한 기적이라고 공식 인정했습니다. 지금까지 로마교황청이 공식적으로 기적의 성모 출현으로 인정한 사례는 전부 세 번 있었는데요, 그 최초의 사례가 바로 이 과달루페 성모였습니다(다른 두 사례는 프랑스의 루르드에 나타난 성모, 그리고 포르투갈의 파티마에 나타난 성모다). 이렇게 로마교황청이 공인한 뒤, 과달루페 성모를 기려 멋진 성당이 지어진 것입니다.

전 세계 신자들이 이곳을 방문하여, 지금도 당시 그대로 보관 전시되어 있는 기적의 성모상을 삼가 배관합니다. 2005년에 돌아가신 선대 교황(요한 바오로 2세)도 이곳을 방문했습니다.

그런데 사실 이 성모상에 관해서는 전혀 다른 해석이 있습니다. 그것은 바로 그리스도교가 포교 과정에서 토착종교와 융합을 일으킨 예라고 보는 견해입니다. 왜 이 성모는 갈색인가? 이 견해에 따르면 성모 마리아가 구원의 손길을 라틴아메리카 원주민들에게 뻗기 위해, 자신의 몸을 원주민과 같은 피부색으로 바꾸어 이 땅에 출현한 것이라는 겁니다. 당초 로마교황청은 이 기적의 성모에게 멕시코의 수호성모라는 위상을 부여했습니다만, 지금은 라틴아메리카 전체의 수호성모로 그 위상을 격상시켜주었습니다.

이 성모가 출현한 테페야크 언덕은 원래 다른 의미에서 성스러운 장소였습니다. 스페인 사람들이 찾아오기 이전, 이 땅(멕시코)은 아즈테카 문명의 중심지였습니다. 그리고 테페야크 언덕은 아즈텍의 지모신地母神이라 할 수 있는 토난친Tonantzin('우리 어머니 신'이라는 의미)의 영물이었다고 합니다. 『마야와 아즈텍』 같은 책에 아주 상세히 기술되어 있습니다만, 아즈테카 문명은 무시무시한 종교를 갖고 있었습니다. 기본은 태양신앙으로서, 태양이 차질 없이 운행토록 하기 위해 정기적으로 태양에게 젊은 처녀들을 인신 희생물로 바쳐야만 했습니다. 그 심장을 꺼내 혈액을 땅바닥에 뿌리는 의식이 필요했던 것입니다.

스페인 사람들이 이 땅에 들어온 다음 어떻게 했을까요? 아즈텍 왕국을 멸망시킴과 함께 그러한 풍습을 악마적 소행이라 규탄하고 단호히 중지시킵니다. 토난친은 풍요와 다산의 여신이며, 아기들의 생과 사를 담당한 신이기도 했습니다. 이 여신은 사람의 산목숨을 희생물로 요구하는 신은 아니었습니다만, 무시무시한 풍습이 만연했던 아즈텍 왕국의 상황 탓에, 스페인 사람들로부터는 지모신 토난친도 괴이한 신으로 비쳐졌고 심지어 악마와 같은 부류로 간주한 가톨릭 지도자도 있었다고 합니다.

『마야와 아즈텍』 같은 책들을 읽어보면 곧 분명해집니다만, 아즈텍에서는 다신교적 자연신앙이 중심이었습니다. 모든 자연 현상을 주재하는 자연신이 있다고 생각했던 것이지요. 그 기본적인 발상은 일본 800만의 신[2]과 같은 것으로, 신들의 수가 엄청나게 많았습니다. 스페인 사람들의 멕시코 정복은 식민지 확대를 위한 무력 제압이었을 뿐만 아니라, 동시에 원주민에 대한 그리스도교의 포교 전도이기도 했기 때문에, 그 소임을 맡은 수도사나 주교 등이 함께 활동했습니다. 종교생활, 신앙생활에 관한 것에 있어서는 그들이 전면적으로 지도를 했습니다.

그런 연유로, 멕시코의 테페야크 언덕에 성모 마리아가 현현하셨다는 주민들의 보고를 받고 수도사들이나 주교들 사이에서는 그 진위를 둘러싸고 크게 논란이 일었습니다. 그런 분규를 겪은 뒤에야 성직자들이 이를 어떻게 처리할지 결정했다고 합니다. 실제로 주교들 중에는 악마라고 여긴 사람들도 있었다고 합니다. 이 경우도 결과적으로는, 로마교황청에 보고를 한 다음 그뒤 어찌어찌해서 진짜 성녀라고 간주했기 때문에, 그 땅에 성당이 지어진 것입니다. 이것이 현지 주민들의 신앙심을 광범위하게 끌어들였고, 주변 일대의 주민들로 하여금 과달루페 성모에게 경배를 하러 찾게 만들었던 것입니다. 지금은 과달루페 성모가 라틴아메리카 전체의 수호성모로서 로마교황청으로부터 공식적으로 인정받고 있습니다만, 동시에 이는 초기(즉, 교황청의 인가 이전)에는 일부 주교들로부터 악마 취급을 받는 일까지 있었다는 걸 말해줍니다. 그것은 테페야크 언덕이 일찍이 아즈텍의 토난친 여신에게 기도를 올리는 성역이었기 때문입니다. 과달루페 성모의 현현은 사실 스페인 사람들이 아즈테카를 멸망시키고 아즈테카의 다신교 신앙을 전면 금지하고 나서, 약 10년 뒤에

---

2 전통적으로 일본인들은 자연물 전체에 신이 깃들어 있다고 믿는다. 산신, 밭신, 뒷간신, 부엌신 등 수많은 신들이 있으며, 이는 우리의 전통적인 믿음과도 유사하다. 서양의 사전에는 이러한 믿음의 대표 격으로 일본의 민족신앙인 신도神道를 소개하는 경우가 종종 있지만, 아마도 전 세계에 유사한 믿음이 두루 퍼져 있을 것이다.

일어난 일입니다. 스페인 사람들이 아즈텍의 전통적인 종교를 금지한 일은 원주민들을 커다란 욕구불만 상태에 빠뜨렸습니다.

그래서 이런 생각을 하는 사람들도 있습니다. 원주민들이 성모 마리아의 현현을 테페야크 언덕에서 보았던 것은, 심리의 심층에서 두 신(토난친 신과 성모 마리아)이 오버랩되어 있던 것이 배경으로 작용한 게 아닐까? 그 둘이 융합되어, 말하자면 토난친이 성모 마리아로 환생한 듯한 이미지의 전환이 사람들의 마음 깊숙한 곳에서 일어난 것이 아닐까?

혹은 더 나아가 다음과 같은 가설을 제기하는 사람들도 있습니다. 당시에 원주민들을 무력으로 제압하는 일은 간단히 가능했지만, 그 뒤 그들의 마음을 사로잡아 그리스도교 신앙으로 유도하는 일은 매끄럽게 진행되지 않았습니다. 토난친 신앙과 성모 마리아 신앙을 매끄럽게 결부시키기 위해, 성모 마리아 현현 신화를 가톨릭이 은밀히 만들어내 이를 유포했는데, 이것이 멋지게 성공을 거두어 사람들이 열렬한 가톨릭교도가 되었다…… 뭐 이런 얘깁니다. 저는 이 설도 충분히 가능한 이야기라고 봅니다.

과달루페 성모의 기원에 대해서는 역사적으로 다양한 사람들이 조사를 했지만, 최초의 정황에 대해서는 사실 잘 알려져 있지 않습니다. 기록도 확실한 게 남아 있지 않은 관계로 어느 설이 옳고 어느 설이 그르다는 식으로 이야기하기는 간단치 않습니다.

그러나 두 유력 종교가 충돌했을 때, 두 신이 사실은 동일한 신의 다

른 모습이라고 보면서 두 종교를 함께 합리화하는 현상을 습합習合이라고 하는데, 이런 현상은 종교의 역사에 자주 나타납니다. 특히 일본에 불교가 들어왔을 때 불교의 부처ホトケ佛는 실은 신도의 신カミ이 모습을 바꾼 것이라고 보는 본지수적설[3]에 의해, 혹은 부처님이 신도의 신이라는 형태를 취하셔서 아주 옛날부터 일본 땅에 독특한 방식으로 현현하셨다는 식으로, 불교와 신도를 일체화시킨 것도 그와 동일한 일이라 할 수 있겠습니다.

그리스도교가 널리 전파되어가는 가운데 각처에서 옛적부터 신봉되어오던 종교와 접촉해, 일종의 습합 현상이 일어나는 것은 그리 드문 일이 아닙니다. 그리스도교와 토착종교의 융합 및 일률화가 일어나는 것이죠. 과달루페 성모는 그 전형적인 예입니다만, 실은 스케일이 훨씬 더 큰 융합 및 일체화가 성모 마리아 신앙을 낳은 것이라고 보는 견해도 있습니다.

마리아 신앙

그리스도교의 성모 마리아 신앙은 사실 처음부터 있었던 게 아닙니다.

3 本地垂迹說. 불교가 흥성하던 시대에 불교와 신도가 융합된 신불습합적 사고의 하나로, 일본의 800만 신들은 사실 다양한 부처들(보살이나 천부天部 등도 포함)이 화신으로 일본 땅에 나타난 권현權現이라고 보는 사고방식이다.

일단 기본적으로 신약성서에 나타나는 마리아는 그다지 신적인 존재가 아닙니다. 신약성서에 나타나는 신적 존재는 어디까지나 그리스도입니다. 마리아는 그리스도의 어머니로서 공경받는 일은 있어도 그녀 자신이 신적 존재로서 존숭되는 일은 없었습니다. 실제로 그리스도의 어머니에 대한 공경 방식도 조금 묘한 데가 있습니다. 그리스도가 골고다 언덕에서 십자가에 걸렸을 때 마리아도 그 곁에 와 있었고, 자신의 아들이 죽어가는 모습을 보고 있었습니다. 그때 십자가 위의 그리스도는 어머니를 보고 이렇게 말했다고 합니다. "부인이여, 보시오. 당신의 아들입니다."(요한복음 19:26)[4] 아무리 보아도 자신의 죽음을 앞두고 자기 어머니를 향해 하는 말이라고는 생각되지 않습니다. 예수와 어머니의 관계는 젊었을 때부터 뭔가 이상합니다. 요한복음 2장 4절의 소위 「가나의 혼례」 장에서 어머니와 나누는 대화도 이상합니다. 이렇게 소리치잖아요. "부인이여, 저랑 무슨 상관이 있습니까?"[5] 이 말투 하나만 봐도 마리아가 신적인 존재로 보이지 않았다는 건 분명합니다.

성모 마리아에 대한 숭배는 시대의 흐름에 따라 점점 더 고양되는데, 아무리 고양되어도 삼위일체의 신과 동격이라는 지점까지는 오르기 힘듭니다. 그러나 토마스 아퀴나스의 가르침에 따르면, 마리아는 그리스도에 대한 숭배보다는 떨어지지만, 천사나 성인보다 더 숭배받는 특별한 존재가 되었습니다. 거의 신적인 존재라는 얘기죠.

마리아가 그토록 높고 특별한 숭배를 받게 된 최대의 계기는 431년에 열린 에페소스 공의회에서 '신의 어머니Theotokos'라는 칭호를 정식으로 부여받은 사건입니다. 그리스도교에는 본래 아버지 신(성부), 아들 신(성자), 성령 신(성령), 이렇게 세 가지 신 개념이 있습니다. 이 세 신이 셋이자 하나라는 것 즉, 세 신의 본질은 전적으로 동일하며, 다른 것은 위격位格뿐이라는 것이 소위 삼위일체론입니다. 여기서 이해하기 어려운 것이 위격이라는 말입니다. 이것을 원어(그리스어)로는 '페르소나'라고 합니다. 페르소나란 그리스 연극에서 배우가 쓴 가면을 가리키는 말이었습니다. 배우는 여러 가지 가면을 씀으로써 다양한 극중 인물이 됩니다. 그것과 마찬가지로 신은 다양한 가면을 쓰고 인간계로 나옵니다. 어느 가면을 쓰고 있든 간에 신의 본질은 동일하지만, 인간이 인식할 수 있는 모습이랄까, 외관상의 모습은 다릅니다. 이를 위격이라고 하는 겁니다. 그러면 성모 마리아가 삼위일체의 신과는 다른 또하나의 페르소나인가 하면, 그렇지는 않습니다. 마리아와 신 사이에는 위격의 차이가 아니라 본질적 차이가 있는 것이죠.

---

4 대한성서공회의 표준새번역 개정판 『성경전서』에는 19장 26절과 27절이 이렇게 번역되어 있다. "예수께서는 자기 어머니와 그 곁에 서 있는 사랑하는 제자를 보시고, 어머니에게 어머니, 이 사람이 어머니의 아들입니다 하고 말씀하시고, 그다음에 제자에게는 자, 이분이 네 어머니시다 하고 말씀하셨다. 그때부터 그 제자는 그를 자기 집으로 모셨다."

5 대한성서공회의 『성경전서』에는 이 구절의 전후 대목(1~5절)이 이렇게 번역되어 있다. "사흘째 되는 날에 갈릴리 가나에 혼인 잔치가 있었다. 예수의 어머니가 거기에 계셨고, 예수와 그의 제자들도 그 잔치에 초대를 받았다. 그런데 포도주가 떨어지니, 예수의 어머니가 예수에게 말하기를 포도주가 떨어졌다 하였다. 예수께서 어머니에게 말씀하셨다. 여자여, 그것이 나와 당신에게 무슨 상관이 있습니까? 아직도 내 때가 오지 않았습니다. 그 어머니가 일꾼들에게 이르기를 무엇이든지, 그가 시키는 대로 하세요 하였다."

마리아는 신이 아니라 인간이지만, 예수 그리스도를 낳은 특별한 존재입니다. 그러니까 테오토코스(신의 어머니)라 불리는 것이지요. 이 테오토코스라는, 신과 인간 사이에 있는 독특한 존재 유형을 인정하는 것은 그리스정교와 가톨릭뿐으로, 프로테스탄트는 인정하지 않습니다. 성모 마리아를 테오토코스로 인정한 것이 에페소스 공의회였던 것입니다.

그리스도교가 오늘날 알려져 있는 교리로 안착되기까지는 교회 규율이나 의식 전례, 계율 등에 관해 다양한 이견들이 나왔으며, 과연 뭐가 옳은 것인가를 둘러싸고 혼란이 일었던 적이 한두 번이 아니었습니다. 이러한 상황이 발생했을 때, 가톨릭 세계의 유력한 교회 대표자들을 소집해 충분히 논쟁하고 논의하게 한 다음 투표로 결정하자고 하는, 그런 취지로 열렸던 것이 바로 공의회입니다. 다수의 지지를 모은 쪽이 정통이 되고, 소수의 지지밖에 얻지 못하고 배척당하는 쪽이 이단이 됩니다. 니케아에서 열린 제1회 공의회에서는 아리우스파가 이단이 되었습니다. 아리우스파는 삼위일체설에 반대하여 아버지 신(즉 성부)만이 참된 신이고, 아들 신(성자) 그리스도는 신이 아니라고 생각했던 사람들입니다.

그러면 이 공의회에서 삼위일체를 정통으로 삼는 교의가 확립되었느냐 하면 꼭 그렇지는 않습니다. 삼위일체설이라는 것은 잘 생각해보면 이해하기 힘든 부분이 있습니다. 게다가 단순히 아버지 신만이 신이고 아들 신인 예수 그리스도는 인간이라고 생각하는 아리우스파 쪽이 깔끔하게 잘 이해되는 주장이기도 했지요. 이런 몇 가지 상황으로 인해, 사실 아리우스파적인 주장은 그후에도 되풀이해서 출현합니다. 제1회 니케아 공의회를 소집했던 당시 동로마제국의 황제 콘스탄티누스 1세 자신이 니케아 공의회가 끝나자, 실은 아리우스파가 옳은 것 같다는 이야기를 꺼내기도 했습니다. 그후에도 아리우스파적 주장은 대가 끊이지를 않았습니다. 현대에도 미국에서 특히 지식인층을 중심으로 적잖은 지지자를 모으고 있는 유니테리언 교회도, 예수는 사람이라는 주장을 하고 있습니다. 예수에게는 인성과 신성 두 가지 성격이 있다고 보는 것이 그리스도 양성론兩性論이고, 그리스도는 신이 아니라 인간이라고 보는 것이 그리스도 단성설(즉 유니테리언)인 것입니다.

그후에도 공의회는 여러 가지 다양한 문제들이 발생할 때마다 개최되어(예컨대 십자군 문제라든가 프로테스탄트 문제 등) 지금까지 도합 21회가 열렸습니다. 그리스도교의 기본적인 교의는 초기인 8회 공의회 무렵에 거의 결정되었다고들 하는데, 그중에서도 커다란 분기점이 된 것은 앞서 언급되었던 성모 마리아 문제를 다룬 제3회 에페소스 공의회였습니다. 이 공의회에서 앞서 말했던 것처럼 마리아를 신의 어머니로 인정한 것인데요, 여기에 최후까지 반대한 네스토리우스파는 이단이 되어 결국 그리스도교의 주류에서 밀려나고 맙니다. 네스토리우스파는 그후에도 중동 지방에서 뿌리깊은 지지를 계속 모았습니다만, 다음 공의회 즉 칼케돈 공의회(451)에서도 패배해 최종적으로 교회에서 쫓겨납니다. 그러나 네스토리우스파는 그후 페르시아를 거쳐 중국에까지 가르침을 전파, 당 태종 치세에 수도 장안에 사원을 세우고 스스로를 대진경교大秦景教라고 이름합니다. 이 가르침은 일본에도 전해졌는데요, 미륵보살 반가사유상으로 유명한 교토의 고류지廣隆寺가 바로 이런 흐름의 사원이라 여겨집니다.

그런데 에페소스 공의회에서 마리아를 신의 어머니로 보는 결정이 내려졌을 때, 에페소스는 도시 전체가 환호성을 질렀다고 합니다. 이 도시에는 옛날옛적부터 고대 세계에서 세계 7대 불가사의 중 하나로 불리던 지모신 아르테미스 대신전이 있고, 거기에는 어마어마하게 큰 여신상이 있었는데, 에페소스라는 이 도시는 바로 그 여신상에 절을 하러 먼 데서부터 모여드는 사람들 덕에 번성했기 때문입니다. 이 여신상은 가슴에 유방이 무수하게 달린 대단히 불가사의한 여신상으로, 풍요와 다산의 상징으로서 고대 세계에서 가장 널리 신앙의 대상으로 받들어진 여신상이기도 합니다.

저는 젊었을 때 중근동 지역을 계속 방랑하며 여행을 한 적이 있습니다만, 그때 목적 중 하나가 아르테미스 상을 보는 것이었습니다. 그때 이야기는 『에게—영원회귀의 바다』(2005)에 상세히 적혀 있습니다. 그 상(높이가 15미터였다고 전해지는 아득한 옛날의 거대 여신상은 현존하지 않고, 대신 작은 크기의 모상模像이 박물관에 있다)을 보았을 때 정말이지 커다란 충격을 받았습니다.

실은 이 에페소스의 아르테미스 상과 그 신전에 관해, 신약성서

사도행전에 재미있는 이야기가 실려 있습니다. 그리스도교는 우상 숭배를 절대 금지한 종교였기 때문에, 그리스도교가 성립되고 얼마 되지 않아 거의 폭동을 방불케 하는 사태가 발생하고, 바울은 살해 당할 뻔합니다.

그러나 중동에 그리스도교의 가르침이 확산되고 오래지 않아 아르테미스 신에 대한 신앙도 완전히 사라진 듯한 상황으로 바뀌어버립니다(동로마 황제가 그리스도교에 귀의하고, 아르테미스 신앙을 실제로 금지해버립니다). 하지만 에페소스 공의회가 마리아를 테오토코스로 인정하자 에페소스에서부터 마리아 신앙이 고조되기 시작해서, 결국 옛날의 아르테미스보다 더한 신앙의 대상이 되었습니다. 이 또한 그리스도교가 토착종교와 결부되어 번영한 또하나의 사례가 되겠습니다.

부정한 여인의 남자 요셉

실은 이 위 3층 끝 쪽에 마리아 신앙에 관한 책이 열 권 정도 있습니다. 열 권 모두 흥미로운 책입니다. 프랑스 갈리마르 사에서 나온 '앎의 재발견 총서' 중 하나인 『성모 마리아』 같은 책은 유럽의 표준적 마리아 상을 구석구석 충실히 전해줍니다. 그렇지만 역사적으로는 조금 벗어난 마리아 상도 현실적으로 많이 존재하는데요, 그쪽이 꽤나 재미있습니다.

예컨대 클라우스 슈라이너의 『마리아—처녀, 모친, 여주인』은 온갖 마리아 전설들을 모아 해설을 붙인 엄청 방대한 책인데요, 유대교도들이 마리아를 어떻게 보는지에 대해서도 상세히 기술하고 있습니다. 유대교도는 예수가 신의 아들이라든가 구세주라고는 믿지 않습니다. 그러니까 마리아를 신의 어머니라고도 믿지 않죠. 유대교에서 가장 중요한 경전은 구약성서의 모세5경(토라)인데요, 그다음으로 소중히 여기는 것은 랍비들의 구전을 모은 『탈무드』입니다. 마리아가 예수를 낳은 이야기는 『탈무드』 속에 나옵니다. 그러나 그것은 처녀수태에 의한 신성한 신의 아들의 탄생으로 그려져 있지 않습니다. 행실이 좋지 못했던 갈릴리의 처녀 미리암이 펜테라라는 이름의 로마 병사와 정을 통해 사생아를 낳고 말았는데, 그녀는 이 못된 짓을 은폐하기 위해 자신을 수태시킨 것이 신이지 인간이 아니라는 주장을 계속했고, 그 결과 처녀수태 전설이 태어났다고 되어 있습니다.

이 문제에 관해 또하나 흥미로운 것은 마리아의 남편 요셉의 입장입니다. 요셉은 마리아와 결혼은 했지만 마리아와 동거하기 전이었습니다. 아직 부모님의 슬하에 있는 동안, 즉 마리아에게 손끝 하나 건드리지 않은 동안에(유대인의 풍습에서는 결혼과 동거는 별개라서, 이런 상태는 흔히 있을 수 있다) 마리아가 임신을 해버린 셈이죠. 이러한 경우 당연히 의심할 수 있는 것은 여자 측이 다른 남자와 정을 통해 아이를 뱄을 가능성입니다. 요셉이 소위 코퀴cocu(부정한 여인의 남자)가 되는 것입니다. 마리아에게서 임신했다는 말을 들었을 때 그럴 만한 일을 한 기억이 없는 요셉은 의심하고 질투하느라 애가 다 탔을 겁니다.

이 문제에 대해 다룬 책이 바로 이 『신의 어릿광대—성 요셉의 초상』입니다. 중세의 사극 중에는 부정한 여인의 사내 요셉을 소재로 한 것이 많았는데, 그가 왜 마리아에게 손을 대지 않았는지 설명하기 위해 흔히 요셉은 나이들어 성적 불능자가 되었다는 식으로 상정이 되곤 했습니다. 어떤 장면에서는 "아, 어찌하면 좋을꼬! 마리아를 임신시킨 자 그 누구뇨! 나는 이미 연로하여 마리아의 상대가 될 수 있는 나이가 아니다. 게다가 여자와 희롱하는 일 따위는 오래도록 격조했는데……"라고 말하기도 하고, 아이의 아버지가 누구냐고 마리아에게 추궁했을 때 그녀로부터 "천사의 고지告知로 신의 아들임을 알게 되었다"는 답을 얻자, "신께서는 처녀들을 희롱하는 짓 따위 하지 않으신다"고 반박을 하기도 합니다. 또한 "천사라고! 아, 이 무슨 소리냐! 부끄러운 줄 알라. 필시 화려하게 차려입은 애송이였겠지. 그놈을 너는 천사라고 하는 것이냐!"라고 노발대발하는 장면들도 있습니다.

검은 마리아

한편 실비 바르네이의 『마리아의 출현』은 성모 마리아가 기적적으로 출현했다고 하는 다양한 사례들이 요 2000년 동안 수천 건이나 있다고 논하면서, 그 사례들을 고대, 중세, 근세로 나누어 세세하게 분석하는데, 이 또한 실로 흥미로운 책입니다. 루르드, 파티마 등지에서의 출현부터 중세 혹은 근세의 신비주의자들이 환시중에 본 성모 마리아(이 사례도 대단히 많다)를 포함해 실로 많은 마리아 출현이 있습니다.

그리고 그에 필적할 정도로 유럽에 많이 있는 것이 검은 마리아입니다. 앞서 언급한 클라우스 슈라이너의 『마리아의 출현』은 「검은 마리아가 왜 이토록 많은가?」라는 한 장을 할애해, 에티오피아의 시바 여왕이 솔로몬 왕을 방문했다는 구약성서의 기술을 바탕으로 에티오피아 여왕의 피부색을 표현한 것일지 모른다는 설과 함께, 실은 마리아 숭배의 기원이 된 에페소스의 아르테미스 상이 검은색이었다고 하는 설도 거론하고 있습니다. "에페소스의 검은 디아나(아르테미스)는 유명하다. 중세에 검은 마리아상이 조각되거나 그림으로 그려진 것도 그런 것이니, 요컨대 성처녀는 슬픔의 대지의 여신, 밤의 여신으로서 출현하는 것이다."

참고로 예수의 어머니 마리아는 예수가 죽은 뒤, 에페소스로 거처를 옮겨 거기서 요한복음의 성 요한과 함께 죽을 때까지 살았다고 하는 전승이 있고, 또한 아르테미스 신전의 유적 근처에는 성모 마리아가 죽을 때까지 살던 집의 유적도 있습니다. 그것이 역사적 진실이었는지 여부는 확실히 알 수 없습니다만, 그곳을 방문해보니 로마 교황이 방문했을 때 그런 내용의 연설을 했다고 하는 명판도 남아 있더라고요.

성모 마리아의 죽음을 둘러싸고도 역시나 다양한 전설들이 있습니다. 사후에 그 시신이 부패되었다고 하면 환멸스러우니까, 가톨릭 정통 신앙에서는 마리아가 죽음을 맞이하던 침상에 그리스도가 나타나 성모 마리아의 육체를 그대로 하늘로 끌어올렸다고 하는 '성모피승천聖母被昇天'을 가톨릭의 정식 교의(1950)로 인정하고 있습니다.

또 성모 마리아에게 원죄가 있었는지 여부는 진즉부터 신학상의 대논쟁이 있었는데요, 그래서 아주 옛날부터 주구장창 논쟁이 계속돼왔습니다만, 1854년에 성모 마리아의 무원죄 수태설(수태되었을 때부터 원죄 없음)이 공식 교의로 인정되었습니다. 보통 사람은 성교(죄가 되는 행위)가 있고서야 비로소 수태를 하므로 모든 사람들은 태어난 순간부터 원죄를 지닌다고 가르치고 있는데, 성모 마리아는 그렇지 않았다는 것입니다.

일본과 예수회 선교사의 깊은 관계

그리고 이 『황금전설』 옆에 있는 것은 예수회, 특히 예수회의 일본 포교 양상을 전해주는 책입니다. 일본의 승려들과 예수회 신부들은 전혀 관계가 없다고 생각하는 사람들이 많은 것 같습니다만 실은 그렇지가 않습니다. 양자 간에는 심지어 논쟁의 역사까지 있거든요. 그리고 당시 실제로 벌어졌던 논쟁의 기록을 모은 책도 있습니다. 재미있는 책이에요. '대항해시대 총서' 중 제2기 6권 『예수회와 일본 1·2』이라든가 그 밑에 있는 주앙 로드리게스의 『일본 교회사』가 그런 책들이죠.

그 옆에 있는 것은 실제로 일본을 방문했던 선교사 프란시스코 사비에르[6]라든가 루이스 프로이스[7]에 대한 책입니다. 사비에르는 사망한 후, 자연스레 미라가 되었습니다만, 그 진짜 미라가 인도 서부의 고아Goa 주에 남아 있습니다. 예외적인 기후 조건과 적절한 사체 처리에 의해 자연스레 미라가 되어버린 것이지요. 가톨릭에서는 이를 기적으로 인정합니다. 저는 실물을 꼭 봤으면 해서 인도까지 취재하러 간 적이 있었습니다. 이 미라는 보통 공개되지 않지만, 때때로 성스러운 의식의 일환(성체례의聖體礼儀)으로서 공개되기도 합니다. 1994년의 성체 공개 때가 바로 그랬습니다. 미라가 공개되는 것은 이때뿐이라서, 절호의 기회를 놓칠세라 전 세계에서 엄청난 수의

---

6 Francisco de Xavier(1506~1552). 스페인 가톨릭 사제이자 예수회 창설자 중 한 명이다. 인도에 파견되었다가 1549년 일본에 최초로 그리스도교를 전파했으며, 아시아 각국에서 선교 활동을 펼쳐 '동양의 사제'로 불린다.

7 Luís Fróis(1532~1597). 포르투갈의 가톨릭 사제. 1563년에 일본에서 선교를 시작했고, 나가사키에서 생을 마감할 때까지 전국시대의 정치적 격변기를 몸소 겪은 인물로서 오다 노부나가, 도요토미 히데요시 등과 회견했다. 당시 일본의 역사를 기록한 『일본사』는 전국시대 연구의 귀중한 자료다.

신자들이 경배하러 모여들었습니다. 당시 취재는 TV방송 관계자 및 스태프들이 함께했기 때문에 그 신자들이 모여드는 장면을 찬찬히 촬영할 수 있었습니다.

현지인과 친해지는 요령

(서가 위를 가리키면서) 거기 제일 위에 『El Idioma Guaraní』라는 책이 있습니다. 과라니 족Guarani의 언어Idioma. 그러니까 이것은 파라과이의 수도 아순시온에서 발행된 과라니어의 구어 관용어법 문법서입니다.

파라과이 사람들은 민족으로 보자면 기본적으로 인디오인 과라니 족의 과라니인이며, 언어도 과라니어를 씁니다. 이는 라틴아메리카에 있어서 극히 특이한 경우입니다. 남미 여러 국가들은 일반적으로 스페인어를 사용하니까요. 브라질에서는 포르투갈어가 사용되지만, 이것은 예외이고 문화는 모두 스페인에서 건너왔기 때문에 문화를 전하는 언어는 스페인어밖에 없다고 생각되고 있었지요. 그렇지만 파라과이만은 스페인어와 함께 인디오어인 과라니어를 공용어로 사용합니다.

왜 그렇게 되었을까요?

일반적으로 라틴아메리카에서는 스페인 사람들이 현지인(인디오)을 전제주의적으로 폭력 지배하면서, 그 어떤 인간적 권리를 보장하지 않는 완전 수탈국가가 구축되었습니다. 인디오가 인간이냐 동물이냐 하는 대논쟁이 장기간에 걸쳐 벌어졌을 정도니까요. 인디오는 정치적으로나 경제적으로, 또 문화적으로도 인간다운 대접을 받지 못했습니다. 그러나 파라과이만은 달랐습니다. 여기에 포교하러 들어간 예수회가 신 앞에서는 스페인 사람도 인디오도 같은 인간이라는 일념하에, 인디오를 인간으로서 대접하고 학교를 짓고 문화를 가르쳤습니다. 농장을 지어 본격적인 농업을 가르쳤을 뿐만 아니라 각종 공예를 가르치고, 경제활동을 활성화시켜(마테 차는 이렇게 해서 생겨난 것이죠) 일종의 수도원 공화국 같은 자치공동체(코뮨)를 만든 것입니다. 예수회는 인디오의 문화를 파괴하지 않고 소중히 다뤘기 때문에, 과라니어와 과라니 문화가 모두 오늘날까지 남아 있습니다. 그러나 스페인 사람, 포르투갈 사람들이 통치하던 라틴아메리카의 여러 나라에는 현지어와 현지 문화가 거의 남아 있지 않습니다.

파라과이를 취재하면서 대형 차량으로 이동할 때 과라니인 운전수를 고용했습니다. 그때 현지어를 단편적이나마 자연스레 익히게 되었습니다. 아주 단편적으로라도 현지어를 섞어서 소통하면 금세 친해지더라고요. 현지인과 친해지는 요령은 이렇게 물어보는 겁니다. '아이 러브 유'는 뭐라고 합니까? 혹은 '씹' 같은 외설적인 단어는 또 뭐라고 합니까? 뭐, 이런 질문을 던져보는 것이죠. 이렇게 하면 어느 나라에서든 또 어느 지역에서든 현지인과 금세 친해질 수 있습니다. 파라과이에 갔을 때도 이런 수법이 주효해서 여러 가지 외설적인 표현을 과라니어로 어떻게 표현하는지 많이 배웠습니다. 그 과정에서 알게 된 것이 지금 소개한 『El Idíoma Guaraní』라는 책입니다. 서점에서 발견했을 때는 '일본에 돌아가면 과라니어 입문서라도 써볼까……' 생각하며 샀지요. 결국 책은 아직 쓰지 못했지만요.(웃음) 이 책 아래에 있는 『Literatura Guaranídel Paraguay』는 파라과이의 과라니어 문학에 관한 입문서인데요, 이 책도 포함해서 이쪽에 모아둔 책은 과라니어 입문서를 집필할 요량으로 산 것들입니다.

이렇게 새삼 서가를 둘러보니 꽤나 진심으로 과라니에 관한 책을 쓰려고 했던 시기가 있었구나 싶네요. 이 책 『Civilisation Guaranie(과라니 문명)』도 물론 과라니 관련 자료입니다.

순교자의 역사

거기에 기대어 세워놓은 서적(『Misiones Guaraní(과라니 선교)』)은 잡지 비슷한 체제로 되어 있는데, 이 책은 예수회가 과라니족에게 펼친 포교 활동과 그 순교자의 역사에 대한 책입니다. 로버트 드니로가 신부 역을 맡았던 영국 영화 〈미션〉에도 그려져 있듯이, 과라니 땅에서 원주민들의 저항에 부딪쳐, 혹은 인디오를 전제적으로 지배하려는 스페인 사람들 및 포르투갈 사람들과 대립하다가 순교한 신부들이 실제로 많이 있었습니다. 일본 사람들에겐 대부분 알려져 있지 않지만, 구미에서는 포교 활동 과정에서 목숨을 잃은 이러한 이들은 극히 높은 평가를 받습니다. 지금까지도 이에 대해 모르는 사람이 없을 정도입니다. 전설도 무수히 남아 있지요.

거기에 있는 『Martyr』라는 책도 같은 주제로 쓰인 책입니다. Martyr라는 영어는 번역하면 순교자가 됩니다. 『Jesuit Reductiones』라는 책도 있는데요, 이건 파라과이 각지에 지금도 남아 있는 포교 활동의 거점이었던 전도소에 대한 책입니다. 참고로 Jesuit는 예수회를 말하는데, 영화 〈미션〉에서 그려졌던 시대의 유적이 어떻게 오늘날까지 남아 있게 되었는지에 대해 적혀 있습니다.

이 예수회의 포교 활동이 벌어지던 바로 그 시기에 일본에서는 사비에르를 비롯한 스페인 사람들이 포교 활동을 했고, 이때 기리시탄[8] 다이묘[9]가 생겨났습니다. 기리시탄 학교(세미나리오)가 생기고 기리시탄에 의해 활판인쇄 기술이 도입되기도 하면서 '기리시탄 판'이라 불리는 서적들이 제작된 것도 이때입니다. 일본에 건너온 스페인 수도승들도 거의가 예수회였습니다. 비유적으로 말하자면 〈미션〉의 세계는, 일본에서 기리시탄 다이묘가 만든 독특한 종교국가의 라틴아메리카 판이라고 생각해도 좋겠습니다.

일본 내에서 〈미션〉 상영이 결정되었을 때 영화사 측에서 제게 홍보의 일환으로 파라과이 유적을 보러 가서 그 견문기를 잡지에 써주지 않겠느냐고 제의해왔습니다. 그 제의에 솔깃해 파라과이를 방문한 것이 일련의 라틴아메리카 취재를 시작하게 된 계기입니다. 이때 사사키 요시로佐々木芳郎라는 카메라맨과 각지를 돌며 유적 사진들을 찍어댔어요. 그걸 한 권의 책으로 묶어낼 계획이었는데요, 도중에 원래 정해져 있던 마감 시간이 지나버려 중단된 상태입니다. 사진은 다 마무리되었고 레이아웃도 다 끝났어요. '인디오의 성상聖像'이라는 제목도 지었고 가제본한 견본을 만드는 데까지 진척되었습니다만, 본문 원고를 너무 세세하게 공들이는 바람에…… 그러니까 예컨대 이쪽을 좀더 조사하고 나서…… 라든가 이곳은 조사가 부족한데…… 하고 앉아 있는 사이에 마감이 지나버린 것이지요. 이건 곧 재개해서 완성시킬 생각입니다.

잉카의 혈통

과라니어 외에도 라틴아메리카에서 사용되는 몇몇 언어에 대해 공부를 했어요. 그중 하나가 페루에서 사용되고 있는 케추아어[10]입

---

8 일본의 전국시대부터 에도시대, 나아가서는 메이지시대 초엽까지 사용되던 말이다. 본래는 포르투갈어('크리스탕Cristão')로 그리스도교도라는 의미이며 영어로는 크리스천이다. 또한 원래는 그리스도교도 전반을 가리키지만, 실제로는 전국시대 이후 일본에 전래된 그리스도교 신자와 전도자 및 그들의 활동을 가리키게 되었다. 그래서 예컨대 무역에 관계하던 네덜란드인은 그리스도교도(프로테스탄트)이지만, 기리시탄이라고는 간주되지 않았다. 우리말로 크리스천이라고 번역하지 못하는 이유도 이점과 관련이 있다.

9 大名. 넓은 영지를 가진 무사. 특히 에도시대에 봉록이 1만 석 이상인 무사를 가리킨다.

10 남미에서 쓰이는 언어 그룹(또는 매크로 랭귀지)으로, 현재는 볼리비아, 페루, 에콰도르, 칠레 북부, 콜롬비아 남부 등 주로 남미 대륙에서 약 1300만 명이 사용하고 있다. 볼리비아와 페루의 공용어 중 하나이고, 과거에는 잉카 제국의 공용어였다. 그런데 언어학적으로 엄밀하게 분류하면 '케추아어'라는 단일 언어는 존재하지 않는다. 일반적으로 케추아어라 불리는 언어는 크게 나눠도 열 가지 이상, 세분하면 60가지 이상의 어족으로, 그 어족들 간에는 어휘와 문법이 다르다.

니다. 『케추아어 입문—남미 안데스·잉카의 언어』『실용 케추아어 입문—문법·일상회화·단어집』 등을 교과서 삼아 공부했지요. 케추아어는 현재도 사용되는 확실히 살아 있는 실용 일상어입니다. 살아남은 잉카 사람들을 중심으로 600~700만 명이 쓰고 있어요. 현존하는 잉카인들은 사회적으로는 하층민입니다. 사회적 상층부에 있던 사람들은 스페인 사람들한테 모두 살해당했고, 권력도 스페인에 의해 전부 빼앗겨버렸기 때문입니다. 그렇기 때문에 정치적인 힘은 없습니다. 그렇지만 수가 많기 때문에 현대의 선거제도하에서는 무시할 수 없는 힘을 가지고 있습니다. 2011년 6월의 대통령 선거에서도 유력 후보 한 사람은 확실히 잉카인의 얼굴이었습니다. 잉카 혈통의 사람들은 보통 사람보다 상하로 다소 긴 멋진 얼굴을 갖고 있어요. 페루의 공항에 처음 내렸을 때 나타난 짐꾼이 바로 그 멋진 얼굴을 하고 있길래 깜짝 놀랐습니다. 그렇지만 익숙해진 뒤에는 그런 유형의 얼굴이 어디든 있다는 걸 알게 되었죠. 잉카인의 얼굴에는 잉카골骨이라고 해서 두개골의 일부에 보통 사람에게는 없는 뼈가 하나 들어 있어서 그만큼 상하로 길게 뻗어 있는 것입니다.

물론 라틴아메리카에 대해 알기 위해 조사한 것이 언어만은 아닙니다. 이쪽에 있는 『Historia del Cusco Incaico』는 잉카 문명의 역사에 대한 문헌입니다. 잉카 유적을 취재할 때 구입했지요. 쿠스코[11]는 잉카의 역사 속에서도 가장 오래된 도시입니다. 일본으로 치자면 나라나 아스카쯤에 해당하는 곳이죠.

잉카 문명은 그리 오래된 문명은 아닙니다. 그렇지만 콜럼버스 이후 스페인 사람들이 침략해서 잉카의 왕족과 귀족을 몰살하기 전까지는(살아남은 사람도 있었다. 스페인 사람과 결혼한 왕녀도 있었다), 제국으로서 훌륭하게 존속하고 있었던 것입니다. 잉카의 황제(잉카라 불렸다)는 태양의 화신으로 간주되어 절대적 권력을 갖고 있었지만 군대가 약했기 때문에 피사로[12]가 이끄는 겨우 200명의 스페인군에게 깡그리 멸망해버렸습니다. 잉카는 서구 문명과 달리 문자를 갖지 않았기 때문에 역사가 없는 것처럼 여겨지지만, 독특한 기록법을 갖고 있어서 구두 전승과 함께 상세한 역사가 확실히 남아 있습니다. 앞서 「일본과 예수회 선교사의 깊은 관계」에서 언급했던 이와나미 서점의 '대항해시대 총서'에도 잉카의 왕녀가 쓴 회상록이 들어 있습니다. 아타우알파[13]가 13대째니까 꽤나 긴 역사가 있는 것이지요. 사라져버린 잉카 문명이 얼마나 멋진 것이었는지는 마추픽추의 유적을 보면 금세 알 수 있습니다.

---

11 안데스산맥 중 표고 3600미터 높이에 있는 페루 남동쪽의 도시. 쿠스코는 케추아어로 '배꼽'을 의미하며 옛 잉카 제국의 수도이자 문화의 중심지였다. 현재도 페루 유수의 도시 중 한 곳이다. 현재 인구는 약 30만 명 정도다.

12 Francisco Pizarro(1470~1541). 스페인 출신으로 잉카 제국을 정복했다.

13 Atahualpa(1502~1533). 실질적으로 잉카 제국의 마지막(13대) 사파 잉카(황제).

수상쩍은 글들을 즐긴다

(2층으로 가서 좌측, 커피머신 뒤쪽을 가리키며) 이쪽은 히미코[14]라든가 야마타이국[15]에 대한 책들이 모여 있어요.

또 우메하라 다케시梅原猛의 저작들도 여기에 있지요. 『전쟁과 불교』 『교토 발견』 『고전의 발견』 『야마토다케루』[16] 『신란과 제아미』[17] 등등. 우메하라 선생은 신간이 나오면 지금도 책을 보내줍니다. 무지하게 친하다고 할 수는 없겠지만, 오랫동안 사귄 사이입니다. 『다치바나 다카시의 모든 것』(1998)에는 에세이를 기고해주기도 했지요. 우메하라 선생은 1925년생이니까 벌써 팔십대 후반입니다만, 아직도 정력적으로 활동하시는 분입니다.

이 서가에는 수상한 책이나 비디오가 몇 가지 있지요. 예컨대 이 〈지구 낭만地球浪漫〉이라는 CD는 고대 문명의 수수께끼를 추적한(혹은 추적했다고 자처하는) 다큐멘터리 비디오입니다. 그리고 수상한 이

---

14 卑弥呼. 출생년도는 불명이며 사망은 248년경이다. 『위지왜인전』 등 중국의 역사서에 기록되어 있는 왜국의 왕(여왕)으로, 야마타이국에 도읍을 두었다고 한다. 봉호는 친위왜왕親魏倭王이다. 『삼국사기』 『신라본기』에도 등장하는데 기록은 다음과 같다. "여름 5월에 왜국 여왕 히미코가 사신을 보내어 예물을 가지고 왔다.二十年 夏五月 倭女王卑彌乎 遣使来聘"(『신라본기』 제2 「아달라이사금」 20년(173년)). 참고로 일본에서는 『삼국사기』의 이 대목을 "왜국 여왕 히미코가 보낸 사신이 찾아왔다"고 번역한다. 또한 「벌휴이사금」 10년(193년)에는 "여름 6월에 왜국에 큰 흉년이 들어 먹을 것을 구하러 오는 사람이 1000여 명이었다六月倭人大饑。来求食者千余人"라는 기록이 있다. 이상은 김부식, 『삼국사기 1』(이재호 옮김, 솔, 2003, 75~78쪽)을 참고했다.

15 耶馬台国. 2~3세기 무렵 일본 열도에 존재했다고 하는 나라의 하나.

16 우메하라 다케시는 한 극단을 위해 『야마토다케루』 등 가부키 대본을 써줬는데, 이것이 예능화된 근대 가부키의 낡은 껍질을 깼다고 해서 '슈퍼 가부키'라 일컬어진다. 참고로 '야마토다케루'는 『일본서기』와 『고사기』에 등장하는 황자皇子다.

17 제아미世阿弥는 일본 무로마치시대 초기의 사루가쿠사猿楽師다. 사루가쿠는 헤이안시대에 성립한 일본의 전통 예능으로, 전통 가면극 노能를 에도시대까지는 사루가쿠라 불렀고, 이것이 교겐狂言과 함께 노가쿠能楽라 총칭되게 된 것은 메이지 이후의 일이다.

야기에 대해 얘기할 때 빼놓을 수 없는 것이 무크 『'고사고전'[18] 논쟁』입니다.

현대에는 검증하기 상당히 어려운 옛적의 일들과 관련해서, 실은 이러이러한 비밀 고대 문헌이 있는데 본서는 그것에 의거한 것이라고 자처하는 의심스러운 전승들이 남아 있습니다. 고사고전 논쟁은 그런 전승들의 실체가 어떤 것인가를 둘러싸고 논쟁을 벌이는 것입니다. 이런 부류의 고사고전들은 거의 수상한 것이라고 보면 틀림없습니다.

예컨대 『다케우치 문서竹内文書』라는 것이 있습니다. 이것은 진무 천황[19] 이전에 천신天神 7대, 황통皇統 25대, 그리고 아에즈 조不合朝 73대(이에 따르면 73대째가 진무 천황이라고 한다)가 있었다고 하는 문서를 말합니다. 지금은 일단 위서로 간주되는데, 1937년에는 이 고문헌의 소유주인 다케우치 기요마로竹内巨麿가 불경죄로 체포되는 대사건으로까지 비화되었습니다. 천황가보다 이쪽이 더 오래되었고 정통이라고 주장했기 때문입니다.

위서 중의 위서로 유명한 『쓰가루 밖 삼군지』[20]라는 고문서도 있습니다. 이 『쓰가루 밖 삼군지』에 대해 현지 언론 도오일보[21] 기자

---

18 일본 고대사의 주요 자료인 『고사기』 및 『일본서기』와는 현저히 다른 내용의 역사를 전하는 문헌들을 일괄해 고사고전이라 지칭한다. 종류가 많으며 초고대문헌, 초고대문서라고도 한다. 학계의 주류로부터는 위서로 간주되고 있다.

19 神武天皇. 일본 신화에 등장하는 인물로 『고사기』와 『일본서기』에 따르면 일본의 초대 천황에 해당된다.

사이토 미쓰마사斎藤光政가 쓴 책이 『위서 「쓰가루 밖 삼군지」 사건』입니다. 면밀한 취재에 입각해 이 위서가 어떻게 해서 태어났는지 알기 쉽게 해설해줍니다. 위작이 만들어진 현장을 확실히 파악한 다음, 그것을 바탕으로 어떤 사람이 이런 일을 했는지 해명하는 것이라서, 이 책은 상당한 설득력을 갖추고 있습니다. 너무나 재미있어서 이전에 제가 연재하던 『주간문춘週刊文春』의 「나의 독서일기」에서 다루었더니 그가 대단히 기뻐했습니다. 그 무렵 저는 고단샤 논픽션상 선고위원을 하던 때라서 이 책을 후보에 넣으라고 추천한 적도 있습니다. 그 정도로 재미있는 책이에요.

그리고 이런 수상쩍은 설을 예리하게 배격하는 것으로 잘 알려져 있는 사람이 야스모토 비텐安本美典입니다. 제가 읽어본 한에 있어서 그는 대단히 진지한 지적을 하는 사람입니다. 그의 책에 대해서도 몇 차례 「나의 독서일기」에서 거론한 일이 있습니다. 그뒤로 야스모토 씨는 새로운 책을 쓸 때마다 보내주고 있지요.

『후지 문헌』이나 『가미 문헌』 『다케우치 문헌』 『우에쓰후미』[22] 등등 수상한 고사고전은 정말이지 엄청 많이 있습니다. 진보초에는 이

---

20 고사고전의 하나로 고대 일본 도호쿠 지방의 알려지지 않은 역사가 기록돼 있다고 알려진 소위 와다가 문서를 대표하는 문헌. 단, 학계에서는 위작임이 확실시되고 있다. 단순한 위작이 아니라 고문서학에서 정의되는 고문서의 양식을 갖추지 않았다는 점에서 아예 고문서라 일컫기 어렵다고 평가받는다. 내용은 고대 쓰가루津軽(이 위서에서는 쓰가루가 '東日流'라고 표기되어 있다) 지방에 야마토 조정으로부터 탄압을 받은 민족의 문명이 번창하고 있었다는 것이다.

21 東奥日報. 아오모리 현 지방신문.

22 上記(うえつふみ). 우가야후키아에즈 왕조를 비롯한 고대 일본의 역사 등이 고대 일본 문자 신대문자神代文字 중 하나인 도요쿠니 문자로 쓰여 있다.

런 유의 책을 역사 및 종교 서적과 함께 전문적으로 취급하는 책방이 있습니다. 저도 그 책방에는 몇 번 방문해서 책을 산 적이 있습니다. 그쪽 어딘가에 카탈로그도 꽂혀 있을지 모르겠군요. 놀라운 것은 언제 가도 손님들이 적잖이 있다는 거예요. 확실히 수상한 것을 좋아하는 독자들이 의외로 많은 것 같습니다.

얘기가 나온 김에 한 권 더 재미있는 책을 소개하기로 하죠. 이쪽 책장은 모두 호쓰마쓰타에ホツマツタエ에 대해 쓰인 책들입니다. 이 책 『'호쓰마쓰타에'를 해독한다—일본 고대 문자가 이야기하는 조몬 시대』는 여간 흥미로운 책이 아닙니다. 책 내용을 간추려 말하자면 '일본에는 한자 이전의 고대 문자가 있었다'는 얘깁니다. 어떻습니까, 믿기지는 않지만 재미있지 않습니까?

이런 종류의 책은 큰 출판사에서는 잘 손대지 않는 것입니다만, 마이니치신문사는 제법 출판을 합니다. 마이니치신문사에는 이런 걸 좋아하는 기자나 편집장이 많다는 얘기겠지요.

도중에 끊긴 천황의 계보

여기는 야마타이국에 대한 책들이 모여 있습니다. 야마타이국에 대한 전설도 다양하게 구전돼왔습니다만, 각각의 설마다 이야기가 있기 때문에 읽기 시작하면 재미가 쏠쏠합니다.

고대사 연구자로서 다소 흥미로운 사람은 오와 이와오大和岩雄입니다. 사실 이 사람은 다이와서방大和書房과 세이슌출판사青春出版社의 창업자입니다. 지금도 회장을 맡고 있으면서 취미로 고대사 연구를 하며 그것을 계속 책으로 출간하고 있어요. 예컨대 『유녀遊女와 천황』이라든가 『십자가와 소용돌이—상징으로서의 생과 사』 등의 저서가 있습니다.

그는 자기 저서를 자기 회사에서도 내지만, 다른 회사에서도 냅니다. 그런 걸 보면 자신의 출판사를 독단적으로 운영하는 것은 아니라는 걸 알 수 있습니다. 이 책 『텐구[23]와 천황』도 출판사가 하쿠스이샤白水社입니다. 게다가 최근에는 일본 역사만이 아니라 유럽 역사에 대해서도 책을 내고 있습니다. 책이 다루는 범위가 대단히 넓어서 여간 재밌는 게 아닙니다. 그래서 저는 그의 책을 따로 구입해서 갖고 있지요.

그쪽 서가에는 세키 유지関裕二의 『사라진 왕권·모노노베 씨의 수수께끼—귀신의 계보로 풀어보는 고대사』 『말살된 고대 왕권의 비밀—'신神과 귀鬼'의 알려지지 않은 이형異形의 일본 고대사를 탐구한다!』 등이 있습니다. 이 사람도 재미있어요. 지금 제 사무실에서 일을 도우면서 공부를 하고 있는 미도리 군이라고 있습니다. 여기 오기 전에 어떤 출판사에서 일한 적이 있는데, 이 세키 유지 씨의 책을 몇 권 만든 적이 있다고 하더라고요.

이런 책을 엉터리라고 제쳐버리는 건 어렵지 않습니다. 하지만 실제로 일본 고대사에는 이해하기 힘든 대목이 많은 것도 사실입니다.

학문적으로 정통이라 인정받고 그래서 교과서에도 게재되어 있다고 해서 그것이 반드시 진실이라고는 할 수 없습니다. 이러한 관점은 중요하다고 생각합니다.

예컨대 천황가의 지배가 확립되는 과정에서 한 번 천황의 혈통이 끊어져버린 적이 있거든요. 그래서 지방에 있던 외척을 데려와 그 자리에 앉힌 일이 있어요. 이 대목은 역대 천황의 계보 중에서도 가장 잘 드러나 있지 않은 부분입니다. 그렇기 때문에 이 부분을 꼬치꼬치 다시 캐들어가는 과정에서 다양한 이설들이 나오는 것이지요.

이 책 『수수께끼의 대왕 게이타이継体 천황』은 게이타이 천황을 둘러싼 수수께끼에 대한 기본적인 도서입니다. 천황의 핏줄이 거의 끊어지려 하는 상황에서 기내[24]에서 멀리 떨어진 오우미[25], 에치젠[26]에 살던, 오진応神 천황(15대 천황)의 5대손이라 칭하는 인물을 데려와 천황에 앉혔고 '그가 게이타이 천황'이라는 것이 이 책의 주된 요지입니다.

상당히 재미있는 지적입니다. 5대손이라고 하면 1대를 30년으로 쳤을 때 150년 정도 시간이 경과한 셈이 됩니다. 요컨대 천황의 혈통이 단절되려 하자 그 혈통을 계승할 사람을 대를 거슬러올라가 찾게 되는 겁니다. 그렇게 하면 이상한 사람이 섞여버릴 가능성이 비

---

23 텐구는 일본의 민간신앙에서 전승되어온 신이나 요괴로, 전설상의 생물이다.
24 畿内. 수도나 황제의 거처에서 가까운 지역.
25 近江. 지금의 시가 현에 해당하는 옛 지명.
26 越前. 지금의 후쿠이 현 동북부에 해당하는 옛 지명.

약적으로 높아지지요.

그런 의미에서도 남계男系만으로 천황의 계통을 이어가려 한다는 것은 보통 일이 아니게 됩니다. 이렇게 생각하다보면 일본의 황통이 앞으로 과연 어떻게 이어져갈지도 주목됩니다. 고대사에서 일어났던 일이 반복되지 않는다고 단정할 수가 없지요.

내가 쓴 책을 다시 읽는 일은 별로 없지만

이 책장은 저의 저서들과 자료 파일, 그리고 취재시 녹화한 비디오 등이 놓여 있습니다. 파일에는 '유전자 연구' '해외' '뇌사' '교육문제' '재정/예산' '클론' '쓰레기/폐기물/리사이클'처럼 크게 크게 대략적인 주제명과 '○년 ○월~○년 ○월' 하는 식으로 날짜를 적어놓았습니다.

이렇게 제가 쓴 책을 서가에 두긴 하지만 다시 읽는 일은 별로 없습니다. 하지만 가끔 다른 작업을 하다 우연히 손에 드는 일도 있지요. 막상 읽기 시작하면 상당히 재미있어요.(웃음) 하긴 뭐 어떤 책이든지 간에 독자들이 재미있게 읽을 수 있도록 나름 노력해서 쓰는 법이니까요.

여기에도 놓여 있습니다만, 저는 이 『다나카 가쿠에이田中角榮 연구』(1976)를 쓰기 위해 취재를 시작한 뒤로 오래도록 다나카 가쿠에

이를 추적해왔습니다만, 지금 와서 돌아보니 가쿠에이 시대라는 게 참 긴 시간이었던 것 같습니다. 너무 길었죠. 가쿠에이는 지금의 총리대신과는 비교조차 안 될 만큼의 기간을 권력자로서 보냈습니다. 『정치가 다나카 가쿠에이의 패배—록히드 재판 방청기 4』(1985)의 권말에는 그때까지 가쿠에이가 정치가로서 살았던 역사가 모두 연표로 정리되어 있습니다.

요컨대 1972년의 다나카 내각 성립에서부터 나카소네中曾根 내각이 끝날 때까지가 전부 사실상 가쿠에이의 시대였던 것입니다. 그는 총리대신을 그만둔 이후에도 줄곧 무대 뒤에서 정치를 움직이는 힘을 갖고 있었지요. 신문이나 잡지 등 일반 미디어에서도 다나카소네田中曾根(나카소네 수상은 다나카 가쿠에이가 조종하는 인형이라는 의미) 같은 말이 흔히 회자되곤 했으니까요. 그림자장군[27]으로서의 기간도 포함시키면 적게 잡아도 10년간은 다나카의 시대가 이어진 셈입니다.

요시다 시게루吉田茂도 권력을 장악한 기간은 10년이 되질 않았죠. 10년간 권력을 계속 장악할 수 있다는 것은 대단한 일입니다. 미국 대통령을 생각해보더라도 임기 4년, 그러니까 법적으로 최장인 연임을 하더라도 도합 8년입니다. 그리고 마지막 2년은 거의 권력을 쓸 수 없는 레임덕이니까, 실질적으로는 6년입니다. 게다가 정계를 떠난 후에도 영향력을 미칠 수 있는 사람이라니…… 세계를 둘러봐도

27 闇将軍. 막후 실력자.

그런 사람은 정말 드물지요.

나아가 오자와 이치로小沢一郎 같은 사람을 보면, 다나카 가쿠에이의 영향력은 오자와라는 인간을 통해서 현재도 계속 이어진다고 말할 수 있습니다. 오자와 이치로가 다나카 가쿠에이를 따라다니던 시기는 가쿠에이가 정권에서 한 걸음 물러선 형태로 실권을 장악하고 있던 때입니다. 지금의 오자와 이치로는 그것을 흉내내고 있는 것이겠지요. 오자와 이치로는 총리대신 다나카 가쿠에이의 훈도薰陶를 받았다고나 할까요? 아니 그보다는 막후 실력자 다나카 가쿠에이의 훈도를 받았다고 하는 편이 옳겠습니다. 총리대신이 되려고 마음만 먹으면 될 수 있는 기회가 여러 번 있었지만, 오자와는 굳이 그러지 않고 정계를 뒤에서 조정하는 길을 택했습니다.

가쿠에이는 말하자면 쇼와라는 시대에 그림자장군에 의한 막부시대를 실현시킨 것입니다. 이러한 이상異常 권력 시기(비공식적 실력자에게 실질적 권력이 이행해버린 시기)는 헤이세이平成 시절에는, 아니 사실은 일본 역사 전체를 통틀어봐도 손에 꼽을 정도밖에 안 됩니다. 강하게 말하자면 전전 시기와 전쟁중에 육군이 거의 막부처럼 되어 있던 육군 막부시대 정도나 그렇다고 할 수 있지 않을까요?

그러나 관점을 바꿔보면 일본 정치의 역사는 권력이 공식적 최상위자로부터 비공식적 실력자로 이행해버리는, 그 과정의 연속이었다고도 말할 수 있겠습니다. 일본의 정치권력은 천황제의 성립 이래로 천황을 최상위자로 우러러보는 제도였습니다만, 천황제가 생겨나고 시간이 좀 지나자 섭정이나 관백[28] 같은 실력자 고관이 정치를 좌우하게 되고(헤이안시대), 그런 뒤에는 정이대장군征夷大将軍에 임명된 자가 정치적 실권을 장악해버리는 시대가 되기도 하고(가마쿠라, 무로마치, 도쿠가와 시대), 쇼군 및 막부가 있는데 막부의 고관인 실력자가 '집권執權'이라 칭하며 정치를 쥐고 흔들기도 했었죠(호조시대北条時代). 도쿠가와시대에는 중기 이후 쇼군의 파워는 이름만 남고 막부 관료의 최고위급(로주老中, 다이로大老) 등이 정치를 움직이거나 소바요닌[29] 등의 비공식적인 실력자들이 정치를 뒤흔들기도 했고요…… 일본의 정치는 권력이 공식적인 곳에서 비공식적인 실력자가 있는 곳으로 이행해온 과정의 연속이었다고도 할 수 있겠습니다.

---

28 關白. 정무를 총괄하는 일본의 관직으로 메이지유신 이전까지는 사실상 최고위직이었다.
29 에도시대의 직책 중 하나.

3장

고양이 빌딩 3층

펼침 사진 1 앞 확대. 서양 철학이 들어온 후로 약 120년이 경과한 뒤에야 비로소 소크라테스 이전의 철학을 일본어로 자유롭게 읽을 수 있게 되었습니다.

제가 불문과를 졸업할 때 제출한 논문의 제목부터가 「멘드비랑의 『요한복음 주해』에서 보이는 신비 사상에 대하여」입니다. 신비 사상 자체를 다룬 것이지요. 그 무렵 멘드비랑의 문헌은 일본에 거의 없었고요, 프랑스에서도 20권으로 구성된 전집이 겨우 막 나왔던 그런 상황이었습니다. 그리고 바로 그 전집이 불문佛文 도서관에 갓 들어온 참이었지요. 그 책을 보니 아직 칼질이 되어 있지 않더라고요. '이거다!' 싶어 그 마지막 권을 집어들었어요. 제가 왜 '이거다!' 싶었느냐면, 당시 졸업논문으로 무엇을 쓸까 줄곧 고민을 하고 있었는데, 누구나 알고 있는 그런 작가는 다루고 싶지 않았었거든요. (3장 본문에서)

펼침 사진 1 뒤 확대. 우주론에서 특히 흥미로운 분야는 지구 바깥에 생명체가 정말로 존재하는가에 관한 연구입니다.

The Great Equations
世界でもっとも美しい10の物理方程式
現代科学にもとづく形而上学
最先端の存在論
水声社
原子を飼いならす
素粒子
〈物質〉という神話
唯物論の死
形・モデル・構造
宇宙には意志がある
桜井邦朋
クレスト選書
巨大分子雲と恐竜絶滅
星間分子物語
ファジィ・ロジック
波瀾万丈！日米ハイテク戦争物語
新曜社
宇宙の正体
時間と空間の誕生
ゲーザ・サモシ
転生するコスモロジー
青土社
セカンド・クリエイション
天才たちの饗宴
早川書房
セカンド・クリエイション
現代物理学の足跡
早川書房
エレガントな宇宙
11次元のひもが宇宙をつくる！
草思社
非合理の誘惑
科学論の最先端
科学にわからないことがある理由
ジョン・D・バロウ
〈不可能〉は素晴らしい
青土社
現代物理学にとって実在とは何か
培風館
宇宙創成はじめの三分間
人は原子、世界は物理法則で動く
社会物理学で読み解く人間行動
朝永振一郎 量子力学的世界像
開かれた研究所と指導者たち
重力の再発見
新編 素粒子の世界を拓く
クォーク 第2版
南部陽一郎
ダークマター
宇宙を支配する6つの数
M・リース
宇宙の年齢がわかった日
宇宙は自ら進化した
ダーウィンから量子重力理論へ
The Life of the Cosmos
リー・スモーリン
NHK出版
宇宙の誕生
生命圏
宇宙のはじまり
科学と幸福
物理学の果て
L・スモーリン

『에로스의 나라 구마노熊野』도, 『그리스도와 대국주大国主』도, 이 책 『하치만신이란 무엇인가』도, 『일본인의 우주관-아스카에서 현대까지』도 맞고 틀리고 간에 어쨌든 읽어보면 즐겁습니다. 참고로 『일본인의 우주관』 목차를 죽 보면 「아스카인과 중국의 우주론」 「수직의 우주」 「수평의 우주」 같은 장 제목이 이어집니다. 독서욕을 자극당하죠.

물론 이처럼 일본 문화의 곁길 같은 곳에서 사태를 보게 될 경우, 예컨대 나카가미 겐지가 소설에서 표현하려 했듯이 그렇게 일본에 대한 이해가 깊어지기도 하지만, 그게 또 언제나 그렇다고는 단언할 수 없는 면도 있습니다. (3장 본문에서)

펼침 사진 1 뒤 확대.
'자연 숭배'라는 종교의 가장 오래된 원형을 보존하고 있는 것이 거석문화입니다.

펼침 사진 1 뒤 확대.
그리스도교의 세계와 마찬가지로 일본 신들의 세계도 역시 위전僞典들이 차고 넘칩니다.

Dawn of the Gods

193쪽 사진 확대. 범인은 생각조차 할 수 없는 일을 가볍게 성취하는
그런 이상 능력자가 여러 분야에 있곤 한데, 이즈쓰 선생도 그런 사람 중 한 분일 겁니다.

コーランを読む
井筒俊彦
岩波セミナーブックス 1
イスラーム辞典
決定版!
岩波書店
ルーミー語録
神秘と詩の思想家メヴラーナ
トルコ・イスラームの心と愛
知の連鎖 イスラームとギリシアの饗宴
五十嵐一
存在認識の道
啓示と実践 イスラーム
世界の宗教
前嶋信次編
イスラム教史
世界宗教史叢書 5 イスラム教史
はじめてまとめられた世界の宗教史
山川出版社
対談鼎談集・著作目録 井筒俊彦著
第12回配本 別巻
ルーミー語録 井筒俊彦著
第11回配本 第11巻
存在認識の道 井筒俊彦著
第10回配本 第10巻
東洋哲学 井筒俊彦著
第6回配本 第9巻
コーランを読む 井筒俊彦著
第2回配本 第8巻
コーラン 井筒俊彦著
第3回配本 第7巻
意識と本質 井筒俊彦著
第7回配本 第6巻
イスラーム哲学 井筒俊彦著
第8回配本 第5巻
意味の構造 井筒俊彦著
第4回配本 第4巻
中央公論社

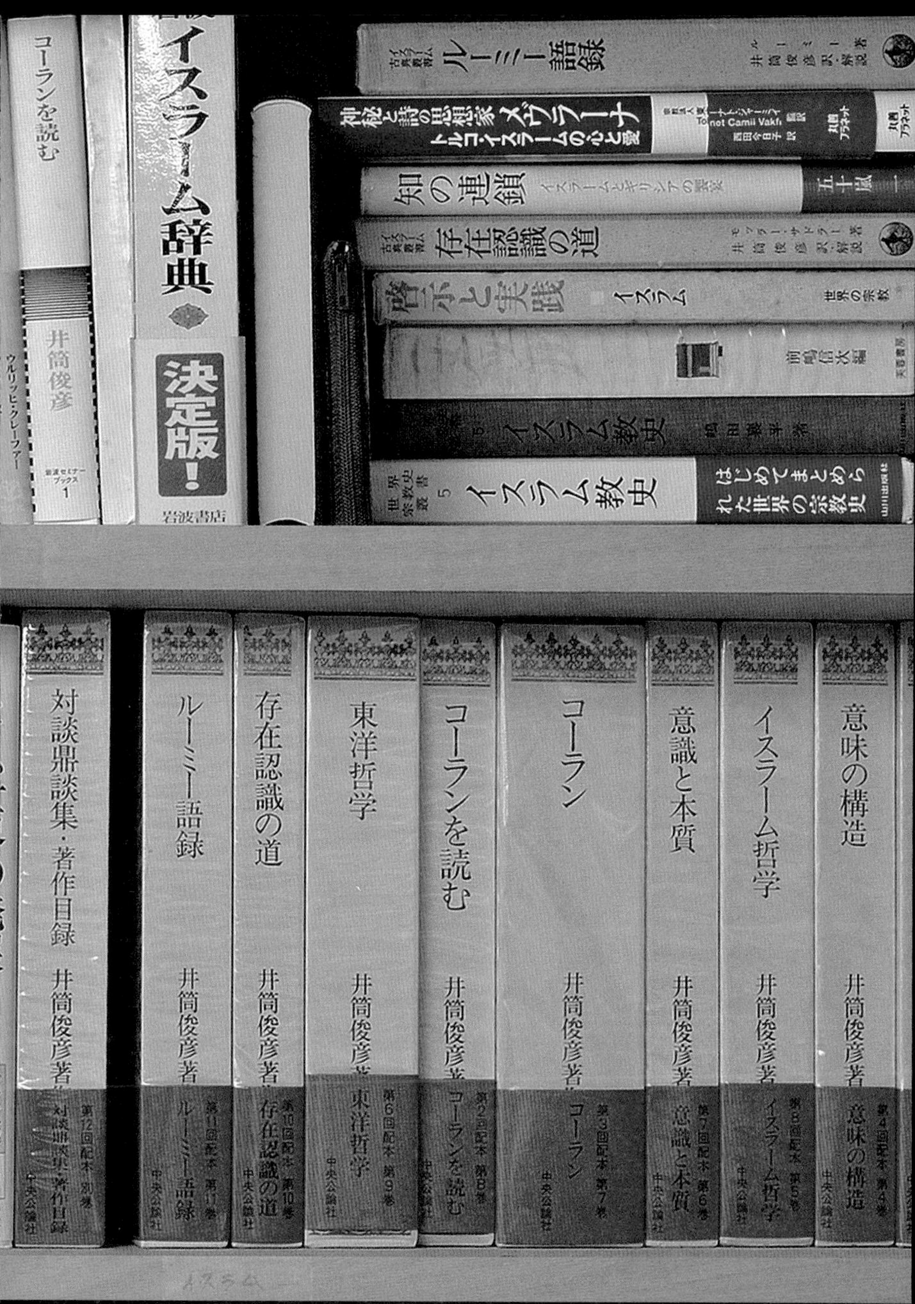

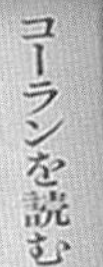

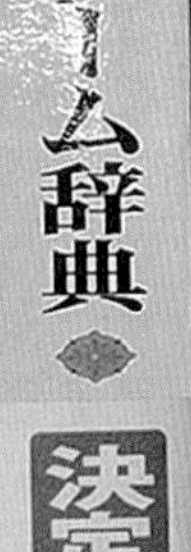

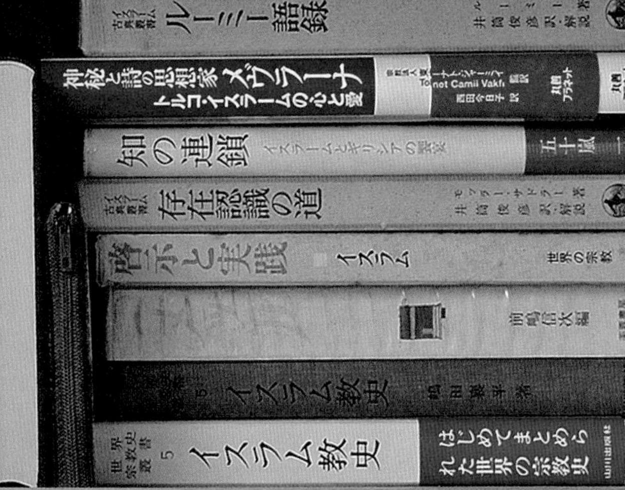

193쪽 사진 확대. 제가 권하고 싶은 건 주석서를 옆에 끼고 원문을 읽는 것입니다.

192쪽 사진 확대. 초기 그리스도교가 사상을 형성된 경위를 알기 위해서는 위전이나 외전을 접해야 합니다.

펼침 사진 1 뒤 확대. 과학을 언어로 '표현'하는 데 있어 천재인 리처드 파인먼.

펼침 사진 1 앞 확대. 아서 왕 관련 서적이 서점에 많이 깔려 있는 것은 영화나 만화, 게임 등의 영향도 클 것입니다.

유럽 문화를 알기 위해 성서를 읽는 것은 물론 필수지만, 아서 왕 전설이나 성배 전설도 또 아주 중요합니다. 실제로 읽어보면 이 설화들이 유럽 문화의 다양한 곳에 영향을 끼치고 있다는 게 일목요연하지요. 예를 들면 여기 맬러리의 『아서 왕의 죽음』이 있네요. 프랑스어 원서의 제목은 『Le Morte d'Arthur』입니다. 맬러리의 이 책 『아서 왕의 죽음』을 읽으면 아서 왕 전설이 그리는 세계의 전체상을 틀어쥘 수가 있어요. 만일 이것을 틀어쥐지 못하면 유럽 문명의 다양한 측면을 잘 알 수가 없지요. (3장 본문에서)

서양 문명 이해에 성서는 필수

그리스도교에 관한 서적들은 릿쿄 대학 연구실에도 많이 있습니다. 다만 이 고양이 빌딩 3층의 서재를 둘러보기만 해도 『유다복음 추적기』 『원전 유다복음서』 『사해문서의 모든 것』이라든가, 신을 믿지 않는 크리스천을 자처하는 일본의 특이한 성서학자 다가와 겐조田川建三의 『예수라는 사나이』와 『텍스트로서의 신약성서』 등 정통적인 연구서 이외에 좀 색다른 책들이 놓여 있다는 걸 알 수 있을 겁니다.

그리스도교를 확실히 이해하는 것은 꽤나 힘든 작업입니다. 기본적으로 무엇이 정전이고 무엇이 위전이나 외전인지가 확실치 않습니다. 그러므로 알아두어야 할 지식의 양이 방대합니다. 적어도 바울 등장 이전의 초기 그리스도교에서 어떤 과정을 거쳐 그 사상이 형성되었는지 알기 위해서는 아무래도 위전이나 외전을 접하지 않을 수 없는 것이지요.

일단 소위 정통이라고 하는 구약성서와 신약성서를 통독하는 것부터가 간단치 않습니다. 연구자가 될 것도 아닌 일반인이 전혀 가이드 없이 맨땅에 헤딩하듯 처음부터 죽 읽어나간다는 것은 권할 바가 못 됩니다. 그런 반면, 우선은 처음부터 죽 읽어보지 않고서는 알 수 없는 그런 면도 있습니다. 참고로 저는 고교 시절부터 구약과 신약은 철저히 들이팠습니다. 이 성서는 학생 시절부터 갖고 있던 것이라서 너덜너덜한데요, 이렇게 페이지를 술술 넘겨보면 도처에 줄이 그어져 있고 메모도 되어 있습니다.

일본어로 번역된 성서 외에도 다양한 성서를 접해왔습니다만, 가장 인상적인 것은 이 히브리어 성서입니다(『OLD TESTAMENT HEBREW & ENGLISH』). 이것은 문예춘추사를 퇴사하고 도쿄대에 다시 들어갔을 때 이수한 히브리어 수업에서 사용한 영어-히브리어 대역 성서입니다. 수업은 히브리어 부분을 읽어나가는 형식으로 전개되었습니다. 히브리어 원전 성서라면 뭐든지 괜찮습니다만, 당시에는 이것이 가장 구하기 쉬웠고 또 영어가 딸려 있으면 이해하기 수월하니까 이걸 주로 사용했었지요.

그러면 구약성서의 챕터 원, 제1장인 창세기를 조금 읽어볼까요? 히브리어니까 텍스트는 오른쪽에서 왼쪽으로 '베레쉬트 바라 엘로힘 에트 핫쇄마임 브에트 하아레츠'라고 읽어갑니다.

'베레쉬트'는 'In the beginning(처음에)'이라는 의미입니다. '바라'가 '창조한다'이고, '엘로힘'이 '신'입니다. '에트'는 목적어를 가리키고 '핫쇄마임'은 '하늘'이고 '하아레츠'는 '땅'입니다. '처음에 신께서 천지를 창조하셨다'라는 의미지요.

구약성서에는 사실 천지창조 신화가 둘 있습니다. 하나가 이 1장 1절에 나오는 대로 신(엘로힘)이 하늘과 땅을 창조하셨다는 구절입니다. 여기서는 신을 엘로힘이라고 한다는 점에서 E자료[1]에 의한 천지창조 신화라고 부릅니다. 또하나의 천지창조 신화는 2장 4절 이하, 즉 에덴동산과 아담과 이브가 나오는 대목입니다. 이쪽은 신의 이름을 야훼JHWH라고 한다는 점에서 J자료에 의한 천지창조 신화라고 합니다.

구약성서는 사실 E자료, J자료, P자료, D자료 이렇게 네 가지 자료가 편집된 것인데요, 내용상 서로 완전히 이질적입니다. 역사적으로 볼 때 가장 오래된 것은 J자료로 바벨탑, 노아의 방주 등 잘 알려진 신화·전설들은 거의 이쪽에 있습니다.

엘로힘은 사실 엘의 복수형으로 엘은 중동의 셈족(히브리, 악카드 등) 사이에서 널리 사용되던 신의 이름입니다. 복수형은 다신교의 흔적이라고 보는 사람들도 있습니다만, 고대에는 신성한 존재는 모두 복수형으로 취급되었다는 설이 있는데, 이쪽 해석이 옳지 않나 싶습니다. 근세의 왕권신수적인 군주들도 모두 1인칭의 복수형을 사용했었지요.

이 창세기 1장 1절이 '처음에 신께서……'로 시작되고 있다는 것을 가지고 '이것은 천지에 앞서 신이 존재하고 있었다. 즉 '신 선재설先在設'의 올바름을 설명해준다'고 보는 사람들이 있습니다만, 그것은 히브리어 원전을 알지 못해 저지르는 오류입니다. '처음에 신께서……'는 일본어 순서이고, 히브리어는 '처음에 창조했다, 신은, 하늘과 땅을'의 어순으로 되어 있어서 창조라는 행위 자체가 먼저입니다. 첫 순

---

1 구약의 모세5경이 모세의 저작이 아니라 J자료, E자료, D자료, P자료라 불리는 네 가지 문서의 짜깁기로 구성되었다는 가설이 있다. 5경의 '자료가설' '문서가설'이라 불린다. J자료는 하느님을 야훼JHWH라고 칭하는 문서로 야훼의 J를 따서 붙였다. E자료는 하느님을 엘로힘으로 칭하는 문서로 엘로힘의 E를 따서 붙였고, J자료보다 1세기 정도 후에 쓰인 것으로 여겨진다. D자료는 신명기적 문서로 신명기를 뜻하는 'Deuteronomy'의 D를, P자료는 제사 의례와 제사장에 관한 문서로 제사장을 뜻하는 'Priest'의 P를 따서 붙였다.

간에는 아직 무엇이 창조되었는지 알 수가 없습니다. 그러므로 2절이 '땅은 혼돈이어서 깊은 어둠이 심연의 표면에 있고, 신의 영靈이 수면 위를 움직이고 있었다'라고 이어지는 것입니다. 최근의 우주론에서도 빅뱅 후 곧 물질이 태어나는 것이 아니라, 그것이 형태를 취해 존재하기까지 미소한 시간이 걸리고 그래서 우주가 맑게 개기까지 기다리지 않으면, 만물이 존재를 개시해도 아무것도 보이지 않는 비가시의 시간대가 있다고 보는 것과 유사합니다.

그런데 히브리어 성서를 읽으면 어떠한 좋은 점이 있을까요? 우선 유대인과 사이가 좋아질 수 있습니다.(웃음) 일본에 있는 미국인을 주의깊게 관찰해보면 일본인과 비교적 친한 관계인 사람들 중 다수가 실은 유대인인 경우가 많습니다. 제가 아는 미국인 중에서도 상당수가 유대계입니다. 언젠가 그들에게 이 부분을 읽어보인 일이 있는데요, 깜짝 놀라더라고요. 일본인 중에 히브리어 성서를 읽을 수 있는 사람이 있을 거라고는 생각도 못했기 때문이지요. 그렇게 읽고 나서 사이가 단숨에 깊어졌어요.

일부 일본인들 사이에서는 세계사적으로 큰 사건들이 모두 유대인들이 꾸민 음모의 결과로 발생한다는 음모론이 암암리에 돌고, 또 그걸 믿는 일본인들도 적지 않은 것 같습니다만, 유대인 음모설은 기본적으로 오류입니다. 이 세상은 그렇게 단순한 세계가 아닙니다.

다만 유대인들이 독특하게 강한 민족적 유대를 가진 사람들이고 구미 사회에서는 각별히 강한 존재감을 드러내고 있다는 점, 특히 금융계, 저널리즘계, 언론계, 정계, 예술문화계에서 두드러지고 있다는 점은 부정할 수 없는 사실입니다. 그 민족적 유대의 중핵에 있는 것이 유대교이고, 유대교와 유대 문화의 축으로 기능하고 있는 것이 바로 구약성서라는 경전이니까, 이 세계의 현실을 알기 위한 기초 지식의 하나가 구약성서라는 사실은 알아두어야 한다고 생각합니다. 그리고 유대교도 입장에서 구약성서는 유대교의 최고 경전이지만, 신약성서는 반드시 그렇지도 않다는 점 또한 알아두어야 합니다. 유대교의 신은 어디까지나 야훼이며, 그리스도는 신이 아니라는 겁니다. 유대인들에게 그리스도란 뭐냐 하면 '기원 0년 전후에 자신이 신의 아들이라고 칭하는 사람이 갈릴리에서 나타났다가 예루살렘에서 십자가에 매달려 죽었다나봐' 정도의 인식으로, 반드시 역사적 사실이라고 인정하는 것도 아니고, 그러니 그가 신의 아들이라든가 신 자신이었다는 식의 신화는 전혀 믿지를 않아요. 그러한 신화를 믿는 사람들이 그리스도교도라 불린다는 것은 알고 있지만, 그런 신화 따위를 믿다니, 하며 우습게 보지요.

그러니까 당연하게도 2장에서 이야기한 그리스도교 교의의 핵심인 삼위일체설(아버지 신, 아들 신, 성령 신, 이 셋은 같은 신의 다른 모습이다) 따위는 믿지 않습니다. 아들 신이나 삼위일체 따위의 개념이 필요해지는 것은 그리스도교뿐이고, 유대교는 그럴 필요가 없습니다. 이슬람교에서도 예수는 예언자의 한 사람으로 등장하지만, 알라 신과는 전혀 비교가 안 되는 존재입니다.

문장 하나하나 파고들기

그러나 역시 서양 사회를 진심으로 이해하고자 한다면, 신약, 구약 모두 필독서입니다. 읽지 않으면 서양에 대해서는 전혀 이해할 수 없다고까지 말해도 과언이 아닐 정도입니다.

그런데 그러한 서양의 가치관이나 문화의 근저에 있는 성서나 그리스도교에 대한 일본인 전반의 지식은 얼마나 빈약한지…… 아예 말이 안 되는 수준입니다. 그런 의미에서 대부분의 일본인들은 사실 서양에 대해 아무것도 모르면서 자못 뭐라도 아는 듯이 이야기하고 있을 뿐입니다. 저와 함께 『우리가 뇌를 단련하는 방법—교양 필독서 400권』(2009)이라는 공저를 낸 사토 마사루佐藤優 선생처럼 진정으로 서양을 이해하고 있는 사람은 극히 소수라고 저는 봅니다. 사토 마사루 선생은 신학 전문가입니다. 그 정도 수준까지 파고들 필요는 없다고 해도 서양의 문학이나 철학 등을 조금이나마 알려고 한다면 일단 성서는 읽어두어야 합니다.

지식을 글로벌 수준으로 끌어올린다는 의미에서는 과학 계열 쪽이 간단합니다. 지금 일본 대학은 톱 레벨일 경우 충분히 세계와 동등한 수준의 지식도 축적하고 있고 또 새로운 연구도 하고 있으니까, 대학에서 웬만한 것들을 배우면 일단 세계 수준에 도달은 합니다.

그러나 문과 계열의 지식은 깊이가 전혀 다릅니다. 특히 문학과 철학에 관해서는 정말이지 제대로 된 자세로 독자적으로 공부해가지 않으면 안 됩니다. 기껏 대학 수업을 소화한 정도로는 서양인의 극히 평균적인 수준의 지식조차 익힐 수가 없습니다.

이런 이야기를 하면 '물론 서양의 문학이나 철학에 관해서는 일본인의 이해가 얕을 수도 있지. 그렇지만 동양에도 독자적인 동양 철학과 동양 사상이 있으니, 그리 비관할 건 없지 않나'라는 사람도 있을지 모르겠습니다.

그러면 일본인이 동양의 철학이나 사상에 대해 얼마큼 알고 있는가? 중국의 사상에 관해 혹은 불교에 관해, 인도 사상사부터 확실히 아는 사람은 어느 정도나 있을까? 이슬람교, 이슬람 문화에 대해서도 사정은 다르지 않을 겁니다.

정직하게 말하자면 일본인, 특히 현대 일본인은 거의 아무것도 모른다고 말해도 과언이 아니라고 봅니다. 이슬람은 둘째 치고 중국 사상에 대해서 말하자면, 인터넷은커녕 서적도 입수하기 어려웠던 메이지 초기나 에도시대 사람들이 오히려 상당히 깊은 지식이 있었어요. 시대를 더 거슬러올라가면 더 깊은 수준에서 동양을 이해하고 있었다고 생각합니다. 한적漢籍을 통해서 얻어지는 중국 사상은 나라시대부터 일본 문화인의 기초 교양이었으며, 구카이[2] 등은 중국으로 유학을 가서 현지의 고승들과 대등하게 논의를 할 수 있을 정도였으니까요. 역사상 어느 시기까지는 지식인이라 불리는 사람들이라면 모두 한문을 읽고 쓸 수 있었지요. 모리 오가이[3]도, 나쓰메 소세키도…… 아, 물론 구카이는 말할 필요도 없고요, 이들은 모두 오리지널 한문을 그대로 읽고 쓸 수 있었습니다.

그런데 어느 시기부터 일본인은 한문에 순서점[4]을 찍어 일본어 어순으로 고쳐 읽는 소위 내리읽기를 하게 되었습니다. 이로써 동양에 대한 일본인의 이해 수준이 크게 하락했습니다. 문법도 다르고 구문론syntax도 다른 외국어 문장은 어순이 다르니까 쓰인 순서대로 읽으려고 하면 아무래도 무리가 와서 의미를 이해하기가 어렵습니다. 그 때문에 의미가 통하는 걸 우선시하고 또 그러면서도 원문의 표기 체제는 유지할 수 있는 방법을 고안하게 되는데, 그런 목적으로 고안된, 읽는 순서 표시법이 바로 순서점입니다. 一, 二, 三, 四 하는 식으로 순서를 표기했지요. 그것은 어떤 의미에서는 천재적인 발명품입니다. 히라가나와 가타카나의 고안에 필적하는 그야말로 일본 문화의 일대 혁명이었지요. 그것이 있었기 때문에 중국 문화 수입이 대중화되고 또 일본 사람 대부분이 한문을 쉽게 쉽게 읽을 수 있게 된 것입니다. 하지만 그와 동시에 희생된 것도 있었어요. 일본인 대다수가 원래의 한문(순서점이 없는 문장)을 읽을 수 없게 되어버린 거예요.

그리고 현재에 이르러서는 고등학교 교육 현장에서 한문 수업조차 없어지고 대학 입시에서도, 아, 물론 도쿄대의 경우에는 그나마 조금이라도 출제는 된다고 합니다만 사립대에서는 한결같이 한문

---

2 空海(774~835). 헤이안시대 초기의 명승으로, 진언종의 개조開祖다. 31세에 득도하고 견당사선遣唐使船을 타게 되는데, 득도하기 전 7년의 세월에 대해서는 전해지는 바가 없다.

3 森鷗外(1862~1922). 나쓰메 소세키와 함께 일본 근대문학을 대표하는 작가로 『아베 일족』 『기러기』 『무희』 등이 우리말로 번역되어 있다.

4 일본에서 한문을 훈독할 때, 한자 왼쪽에 붙여 읽는 차례를 나타내는 기호.

문제는 출제하지 않나보더라고요.

결국 지금 일본인들은 동양 사상도, 서양 사상도 뼛속 깊이 이해하지는 못하는 것입니다. 이런 시대에 제가 권하고 싶은 것이 주석서를 옆에 끼고 원문을 읽는 방식입니다.

예컨대 원문과 현대어역과 주석서를 동시에 읽을 수 있는 책으로는 메이지서원明治書院에서 간행되고 있는 『신석新釋 한문 대계』 시리즈(전11권+별권 1권) 등이 있는데 퍽 잘되어 있습니다. 그리고 상급자들께는 중국어 해석서를 권하고 싶습니다. 중국 고전이라면 어느 시대에나 역사적 명저로 평가받는 주석서가 반드시 있거든요. 그 주석서들을 옛날 것부터 죽 모은 책이 '집해集解'라 불리는 책입니다. 어떤 고전을 읽을 때도 첫걸음은 정평이 난 집해본에 해당하는 것을 읽는 것입니다.

장자라면 『장자집해 내편보정』 같은 게 좋겠지요. 이 『장자집해』는 『장자』의 원문(『장자』에는 『내편』과 『외편』이 있는데, 일반적으로 잘 알려진 장자는 『내편』)과 그 텍스트에 대한 다양한 학자들의 주석 및 해석을 시대를 초월해 모은 것입니다. 예를 들자면 『장자』 『내편』의 「소요유 1」의 첫 대목은 "北冥有魚 其名爲鯤(북쪽 바다에 물고기가 있는데 그 이름을 곤이라 한다)"인데요, '北冥有魚'나 '其名爲鯤' 같은 문장 하나하나에 대해 과거 학자들이 어떠한 해석을 해왔는가, 그 주석들이 주구장창 기록되어 있습니다. 참고로 이 『장자집해 내편보정』은 청나라 말기 유가儒家였던 왕선겸王先謙이 보완한 청나라 최고의 주석서 『장자집해』와 타이완 건국 초기의 학자 류우劉武의 보완을 아우른 것입니다. 이 『장자집해 내편보정』은 대학 시절에 중국 철학 학부와 대학원의 합동 연습교재로 읽었습니다.

이런 책을 한 번 수업할 때 4행 정도씩 문장을 하나하나, 한자를 한 글자 한 글자 꼬치꼬치 고찰해가면서 꼼꼼히 읽어가는 것이 대학원 수업입니다. 이런 건 줄거리 정도만 알면 된다고 생각하는 사람들도 있습니다만, 공들여 텍스트를 파고든 적이 있는 사람과 줄거리만 알고 머릿속에 들어왔었다는 느낌만 있는 사람은 세상사에 대한 이해의 깊이가 전혀 다릅니다.

마찬가지 얘기를 아까 소개한 성서에 대해서도 할 수 있습니다. 예컨대 『구약성서 약해—구어口語』라는 성서 주석서는 한문 주석과 마찬가지로 구약성서 창세기의 첫 구절인 "태초에 신께서 천지를 창조하셨다"의 '창조하셨다' 부분에만 3000자 이상의 엄청나게 상세한 주석을 달아놓았습니다. "땅의 티끌로 사람을 만들고"의 '사람'은 아담을 말하는데 이는 아다마(흙)에서 파생된 말이라는 식으로 그야말로 세세하게 한 글자 한 구절 해석을 해가는 겁니다. 이 주석을 참조하면서 텍스트를 들이파면 상당히 깊은 이해에 도달하게 됩니다.

철학에 관해서도 플라톤이나 아리스토텔레스 입문서를 설렁설렁 읽어치운 사람과 주석이 많이 달린 전집 등을 가지고 진정 깊이 읽은 적이 있는 사람은 이해 수준이 전혀 다릅니다.

그런 의미에서는 같은 ○○대학을 나왔다고 해도 어떤 학부, 학과를 나왔느냐에 따라 그 사람의 지식의 폭, 깊이가 전혀 다를 수 있습니다. 적어도 문학부의 철학과에 입학해 플라톤, 아리스토텔레스의 텍스트를 읽는 그런 수업을 받아왔다면, 이렇게 매우 깊은 수준까지 파고들며 읽어본 경험이 있을 터입니다. 하지만 같은 대학의 문학부라도 심리학과를 나온 사람이라면 그러한 경험이 없지 않을까 싶습니다.

저는 학부 졸업 후 같은 대학 문학부 철학과에 재입학했는데, 그 덕에 책을 깊이 읽는 경험을 많이 쌓을 수 있었습니다. 거기에 쌓여 있는 토마스 아퀴나스의 『존재자와 본질에 대하여』도 대학 시절 세미나(대학원과 합동으로 진행된 세미나. 출석자가 10명 이하인 수업은 대개 대학원과 학부 합동으로 진행되었다)에서 읽었던 텍스트입니다. 제대로 제본된 교과서가 없었던 관계로 이런 수업에서 사용하는 텍스트는 대개 이 프린트물처럼 원서를 복사한 걸 썼지요. 후에 토마스 아퀴나스는 그리스도교 신학을 체계화한 대저 『신학대전』을 씁니다만, 이것은 그의 초기 철학의 대표작입니다. 이 텍스트로부터 그의 철학이 시작되었다고 해도 과언이 아닙니다. 한 글자 한 구절 의미를 곱씹는 식으로 정독했습니다. 그리운 추억이지요.

학부 학생들과 대학원 학생들이 함께 진행하는 이런 수준의 수업을 이수하고 싶은 학생들 수는 극히 적지요.(웃음) 토마스 아퀴나스나 아까 소개했던 장자의 원전 강독 수업 등은 도쿄대에서도 대여섯 명에서 일고여덟 명 정돕니다. 같은 원전 강독이라도 비교적 대중적인 플라톤을 다룬다고 하면 좀더 늘어 스무 명 이상 되지요.

신의 존재를 소박하게 믿는 미국 사람들

이 책 리처드 도킨스의 『만들어진 신』은 해외에서 베스트셀러가 되었습니다만, 일본인의 감각에서 보자면 '21세기씩이나 돼서 왜 이딴 식의 이야기를 해야 한단 말인가' 하며 약간은 놀랄지도 모르겠습니다. 일본 지식인 대다수가 무신론자니까요. 실제로 지식인 계층을 기준으로 보자면 미국인과 일본인의 감각은 완전히 다릅니다. 미국인 태반은 지금도 신의 존재를 진심으로 믿고 있습니다.

일반적으로 신을 믿는다고 해도 원리주의적으로 성서에 쓰인 것을 글자 그대로 진실이라고 믿는 사람과 그 내용을 이리저리 비틀어 해석하거나 현대적으로 합리화한 위에서 믿는 이신론자理神論者가 있습니다. 그 외에 신이 있는지 여부는 알 수 없다고 보는 불가지론자들은 소수파이고, 신은 확실히 존재하지 않는다고 보는 무신론자들은 사실상 극히 적습니다.

일본인의 경우, 사토 마사루 선생 등은 전형적으로 신의 존재를 믿는 사람입니다. '이런 방식으로 읽는다면 신의 존재도 가능할 것'이라고 성서를 이신론적으로 재해석하거나 주석서에 쓰인 지식을 배경으로 성서를 텍스트로서 평가하면서 읽는, 극히 소수에 속하는 사람입니다. 미국인들 대부분은 더 소박하게 읽습니다. 소박하게 읽고 그 말 그대로 믿는 사람이 압도적으로 많습니다. 그러니까 도킨스가 쓴 책이 충격적인 내용으로서 주목받는 것이지요.

한데 묶어 그리스도교라고 하지만, 프로테스탄트와 가톨릭은 성서 해석도 다르고, 또 신자들에게 요구하는 바도 전혀 다릅니다. 거의 별개의 다른 종교라고 해도 과언이 아닐 정도죠. 그리고 프로테스탄트 중에서도 교파마다 사고방식이 무지하게 달라요. 유럽의 프로테스탄트와 미국의 프로테스탄트 역시 별개의 종교라고 해도 좋을 정도로 차이가 납니다. 만일 이런 사정도 포함해서 그리스도교를 이해하고 싶다면, 대충 적당한 책 한 권 읽어서는 안 되겠지요. 많은 책을 접해야 하고, 게다가 그 한 권 한 권을 상당히 깊게 파고들면서 읽어야만 합니다.

아서 왕 전설

유럽 문화를 알기 위해 성서를 읽는 것은 물론 필수지만, 아서 왕 전설이나 성배 전설도 또 아주 중요합니다. 실제로 읽어보면 이 설화들이 유럽 문화의 다양한 곳에 영향을 끼치고 있다는 사실이 일목요연하지요.

예를 들면 여기 맬러리Thomas Malory의 『아서 왕의 죽음』이 있네요. 프랑스어 원서의 제목은 『Le Morte d'Arthur』입니다. 맬러리의 이 책 『아서 왕의 죽음』을 읽으면 아서 왕 전설이 그리는 세계의 전체상을 틀어쥘 수가 있어요. 만일 이것을 틀어쥐지 못하면 유럽 문명의 다양한 측면을 잘 알 수가 없지요.

맬러리의 『아서 왕의 죽음』에 비어즐리Aubrey Beardsley가 삽화를 그런 것이 이쪽에 있는 『아서 왕 이야기』입니다. 원서는 산초메에 보관하고 있어요. 비어즐리의 저작권은 이미 만료됐기 때문에 삽화를 자유롭게 사용할 수 있다는 면도 있지만, 역시나 아서 왕 텍스트에 붙이는 그림으로는 비어즐리가 회화사적으로도 가장 유명하고 또 아주 적격인 것 같습니다. 게다가 사실 유럽 미술사의 상당 부분이 『아서 왕의 죽음』이 들려주는 세계의 단편들을 그림으로 표현하는 데서 시작되는 것이니까……

예컨대 윌리엄 H. 헌트[5]의 〈샬럿의 여인〉 같은 작품은 그러한 회화들 중에서도 가장 유명한 것의 하나입니다. 또 미술사에 라파엘전파라는 유파가 등장했을 때도 그렇습니다. 그들이 그린 그림들이 바로 『아서 왕의 죽음』을 모티프로 한 것들이거든요. 이 책의 권두화로 실려 있기도 한 존 W. 워터하우스 의 〈샬럿의 여인〉[6]도 그렇습니다.

또 〈속임수에 걸려든 멀린〉[7]이라는 작품도 아서 왕 전설을 바탕에 깔고 있습니다. 에토 준江藤淳이 쓴 『소세키와 아서 왕 전설—『해로행薤露行』의 비교문학적 연구』에도 자세히 쓰여 있듯이, 이 라파엘전파의 그림이 소세키의 시대에 일본에 소개되자마자 당시 일본의 문화인 및 지식인들에게 다대한 영향을 끼칩니다. 그 시대의 일본인들은 라파엘전파의 그림과 『아서 왕의 죽음』의 다양한 장면에 엄청난 영향을 받았던 것이죠. 이런 상황은 아직도 이어지고 있다고 할 수도 있겠습니다.

아서 왕 관련 서적이 서점에 많이 깔려 있는 것은 영화나 만화, 게임 등의 영향도 클 것입니다. 예컨대 리안 아이슬러의 『성배와 칼—여성의 관점으로 본 인류의 역사, 인류의 미래』라든가 피터 디킨슨의 『아서 왕 이야기 전설—마술사 멀린의 꿈』을 비롯해 하라서방原書房에서 출간된 일련의 시리즈 등은 영화나 게임 때문에 흥미를 갖게 된 독자들이 읽는 게 아닐까 싶습니다.

한편 일본인 저자가 쓴 책으로는 왕비 기네비어의 결혼과 성배 탐색의 여정 등 아서 왕 이야기의 에피소드들을 모은 이무라 기미에井村君江의 『아서 왕 로망스』를 비롯해 다카미야 도시유키高宮利行의 『아서 왕 이야기의 매력—켈트에서 소세키로』 등이 출판되어 있습니다. 아무튼 이 동네에 관한 지식이 없으면 유럽의 회화도 음악도 문학도 느낌이 오지를 않으니까, 유럽 문화에 흥미가 있는 사람이라면 꼭 접해보시기 바랍니다.

책은 종합 미디어다

고승 구카이에 대해서는 지금까지 『청춘 표류』 후기라든가 시바

---

5 William Holman Hunt(1827~1910). 영국 화가로 라파엘전파의 일원으로 꼽힌다.

6 이 그림은 아서 왕 시대를 배경으로 한 앨프리드 테니슨의 시를 토대로 한 그림이다. 샬럿의 여인은 어두운 탑 안에 갇혀 세상을 거울로만 보도록 허락받은 여인이었다. 그러던 어느 날 그녀는 거울에 비친 원탁의 기사 랜슬럿 경을 본 순간 사랑에 빠지고 만다. 그러나 랜슬럿 경은 이미 아서 왕의 부인 기네비어를 사랑하고 있었다. 결국 랜슬럿은 떠나고 샬럿의 여인은 사공도 없는 배를 타고 사랑하는 이의 궁전 카멜럿으로 향한다. 그러나 배가 랜슬럿 경이 살고 있는 카멜럿에 다다랐을 때 기사들이 발견한 것은 샬럿의 여인의 아름다운 주검이었다.

7 영국 화가 번존스(1833~1898)의 작품. 아서 왕 전설에 등장하는 멀린은 아서 왕을 명군으로 기른 마법사다. 그러나 최후에는 연인이자 제자였던 호수의 처녀 니무에(또는 비비언)에게 유폐당한다.

료타로 선생과의 대담(대담집 『8인과의 대화』 중 「우주비행사와 구카이」)에서도 거론한 바 있고요, 그런 관계로 입문서에서부터 전문서까지 다양한 수준의 책을 갖추고 있습니다. 예를 들자면 가장 윗단 우측에 있는 다소 두꺼운 저 책은 『고보대사[8] 전기집람』이라는 책인데 고보대사의 전기를 모은 것입니다. 재미있는 것은 여기 담긴 내용이 모두 출전 정보라는 겁니다. 『도다이지 요록』 『호린지 연기』 등 사지寺誌에서부터 『신황 정통기』[9] 『겐페이 성쇠기』 같은 역사서에 이르기까지 구카이의 생애에 관해 조금이라도 기술된 책이라면 하나도 빠뜨리지 않고 어떤 책에 무엇이 기술되어 있는지를 모두 모아놓은 책입니다. 이 책 한 권을 읽으면 '구카이는 이런 사람이었다'는 것이 그 시대배경과 함께 확실히 잡힌다는 걸 알 수 있을 겁니다. 어떤 주제라 하더라도 이런 종류의 대단한 책은 대체로 몇 권씩은 있는 법입니다.

이런 책 덕분에 어지간히 시간을 거슬러올라가야만 알 수 있는 사실에 대해서도, 적어도 활자화된 문헌이라면 우리는 거의 다 모을 수가 있습니다. 게다가 지금은 구글이 온갖 텍스트를 데이터화해서 검색가능하도록 하는 사업도 추진중에 있습니다. 활자화되어 있지 않은 것을 활자화해서 입력하려면 엄청난 품이 들지만, 활자화된 것을 데이터화하는 데는 그리 많은 노력이 들지 않습니다. 구약성서 주석이든, 구카이 에피소드든 이미 방대한 정보가 활자화되어 있으니까 머잖아 검색어 하나만 입력하면 그 단어에 관한 동서고금의 온갖 정보를 컴퓨터상에서 참조할 수 있게 되겠지요. 학술논문의 세계에서는 이과와 문과를 불문하고 이미 상당한 문헌이 검색가능한 데이터베이스로 구축되어 있지요.

다만 인류가 얻은 지식이 모두 데이터화되면, 언젠가는 데이터 양이 너무 많이 증가해버려 무엇이 중요하고 무엇이 중요치 않은지 분간하기 힘들어질 거라 생각됩니다. 데이터를 통해 거기에 숨겨진 의미를 읽어내는 게 중요한 법인데, 장차 데이터의 홍수 속에서 허우적대는 사람들이 점점 더 많아지게 될 겁니다.

그러면 그런 상황을 앞두고 지금까지의 전통적인conventional 종이사전, 종이책이라는 것은 어떠한 역할을 하게 될까요? 홍수 속에서 허우적대는 사람들을 위한 배 같은 역할을 하게 될까요? 모두 온라인으로 대체될까요? 책의 미래를 예측하는 것은 대단히 어려운 일입니다. 하지만 저는 당분간 혼돈스러운 세계가 계속 이어지리라고 봅니다.

저를 포함해서 '올드 제너레이션'에게는 전자책보다 종이책이 더 편리합니다. 심리적으로 잘 맞고요. 종이책이 아니면 자유자재로 줄을 긋거나 메모를 할 수가 없습니다. 전자책으로도 그런 비슷한 일을 할 수 있겠지만, 실제로 해보면 아무래도 종이책이 훨씬 융통성이

---

8 구카이의 시호諡號다.

9 남북조시대의 공경公卿인 기타바타케 치카후사가 어린 황제 고무라카미 천황을 위해 요시노 조정(소위 남조南朝)의 정통성을 기술한 역사서다.

있습니다. 종이책이라면 자기 나름의 방식으로 뭐든지 할 수 있지만, 전자책으로 그와 비슷한 일을 하려면 반드시 그 포맷을 따라야만 하고…… 뭐 여러 가지로 자유도가 낮습니다. 그리고 종이책에는 뭐니 뭐니 해도 존재감이 있습니다. 손에 닿는 감촉, 질감, 중량감. 게다가 디자인, 책의 만듦새, 종이, 인쇄 등등 종이책이기에 느껴지는 감각 질적인qualia 요소들은 정말이지 말로 충분히 표현할 수가 없습니다. 물론 시시한 책은 전자책이어도 좋고 종이책이어도 상관없지만, 내용이 좋은 책! 그런 것만은 종이책으로 읽고 싶습니다. 책이라는 것은 텍스트만으로 이루어진 것이 아닙니다. 좋은 책일수록 텍스트나 콘텐츠 이상의 요소가 의미를 갖게 되고, 그 요소들이 모두 독자적인 자기표현을 하는 종합 미디어가 됩니다. 그런 책의 세계를 좋아하는 사람들이 책을 가장 많이 사서 읽습니다. 책의 세계를 경제적으로도 떠받치고 있는 사람들이지요. 이 구조가 계속되는 한, 종이책의 세계가 끝나는 날은 아직 멀었다고 생각합니다.

이슬람 세계를 '읽는다'

이쪽(3층 문을 열고 맞은편 정면에 있는 서가의 오른쪽)에는, 이슬람 관련 서적들이 진열되어 있습니다. 이슬람 세계, 그리고 그 근간을 이루는 이슬람교를 이해하기 위해서는 역시 아랍어로 코란을 읽지 않으면 안 됩니다. 그래서 저는 아랍어를 배웠고, 나아가 『루바이야트』 등의 시를 읽기 위해 페르시아어를 공부해왔습니다. 이슬람 세계에는 아랍어 세계만이 아니라 페르시아어 세계 또한 존재하니까요.

이슬람권 중에서도 페르시아어의 세계는 독특합니다. 그런데도 일본 사람들은 페르시아를 가장 모릅니다. 일본인이 알고 있는 페르시아는 페르시아고양이 정도겠지요. 하지만 페르시아는 세계사에 있어서나 정치사에 있어서, 또 문화사에 있어서도 특기할 만한 존재입니다. 서양사는 모두 고전고대 그리스의 역사에서 시작됩니다만, 그리스의 역사란 결국 고대 세계의 패권을 페르시아제국과 어떤 식으로 다투어왔는가 하는 이야기가 시종일관 이어지는 것입니다.

페르시아는 고대 세계의 대제국이니까 그 군사적 위세는 언제나 강력했습니다. 페르시아가 대군을 몰고 공격해왔을 때 약소국 그리스가 어떻게 맞서 이를 격퇴했는가 하는 영웅 이야기가 바로 그리스의 역사입니다. 마라톤전투라든가 살라미스해전 같은 게 모두 그런 얘기죠. 그리스 역사가 시종 이런 패턴으로 일관하는 것은 고대 세계에서 페르시아가 압도적으로 강했기 때문입니다. 페르시아는 고대 세계에서 최초로 만들어진 대제국입니다. 제국이란 많은 왕국들을 그러모은 통합체로서 그 통합체의 우두머리를 황제(엠퍼러 emperor, 페르시아어로는 샤헌샤[샤 중의 샤])라고 했습니다. 황제는 왕보다 한 단계 높은 존재입니다.

페르시아에 계속 패하던 그리스 세계가 최종적으로 페르시아에 승리하게 된 시기는 알렉산더대왕이 페르시아를 멸망시키고 페르시아의 수도 페르세폴리스에 들어가 페르시아 황제(샤힌샤)의 권좌에 앉았을 때입니다. 이 페르세폴리스의 왕궁이 이란의 남부, 그중에서도 사람들이 사는 인가에서 멀리 떨어진 곳에 남아 있습니다. 그러나 너무나도 퇴락한 장소인지라 막상 가보면 이곳이 그토록 영화롭던 페르세폴리스의 자취란 말인가…… 하며 심히 놀라게 됩니다. 저는 중근동의 유명한 유적들 대부분을 직접 걸어보았습니다만, 이 자취야말로 기억에 가장 깊이 남아 있습니다.

페르시아인은 언어적으로 인도 아리아 어족에 속합니다. 따라서 언어학적으로 볼 때 혹은 문화적 전통에서 볼 때 유럽 세계와 커다란 공통점을 갖고 있습니다. 페르시아어는 문자어로서는 아랍어와 같은 표기법을 채용했기 때문에 텍스트 등을 보면 일견 아랍어(셈어)처럼 보이지만, 실제로는 전혀 다른 언어입니다. 구조적으로는 인도의 산스크리트어, 그리스어와 라틴어 등 고전어, 혹은 서구 근대어에 가까운 언어입니다. 그러므로 이란 사람들은 영어, 프랑스어를 어렵지 않게 합니다. 페르시아어가 그런 독특한 존재였기 때문에 페르시아인들은 세계 문화사에 대단히 큰 공헌을 하게 되었지요.

서구 문화는 그리스 및 라틴 고전 시대에 하나의 정점에 도달하는데, 군사적/정치·경제적 관점에서 보면 그뒤 유럽은 민족 대이동에 의해 밀려온 게르만족에 의해 완전히 지배당하게 됩니다. 이 시대의 게르만족은 미개하고 야만적인 존재였기 때문에 유럽의 문화 수준은 일거에 하락합니다. 유럽은 한동안 암흑시대라 불리는 중세를 맞이합니다. 유럽에서 다시 한번 사상·문화의 꽃이 피어나는 것은 르네상스시대입니다.

르네상스란 글자 그대로 하면 재생이라는 것입니다. 're'가 '다시', 'naissance'가 '태어난다'는 의미입니다. 결국 다시 태어나는 걸 말하는데요. 무엇이 다시 태어나는가 하면 사상, 문화의 꽃이 다시 태어나는 겁니다. 고전시대에 크게 개화했던 사상과 문화는 한동안은 중세 암흑시대의 어둠 속에서 슬그머니 모습을 감추었던 것입니다. 그것이 다시 태어나 다시 한번 크게 꽃을 피웁니다. 이것이 르네상스입니다. 문제는 그 기나긴 암흑시대 속에서 고도로 발달했던 고전고대의 문화를 보존한 것, 그리고 후세에 그것을 전하는 역할을 수행한 것은 누구냐는 겁니다. 그것이 바로 페르시아였던 것입니다.

서로마제국이 야만족에 멸망당한(476) 후, 고전 문화는 우선 비잔틴(동로마제국. 공용어는 그리스어)에 의해 지탱됩니다. 그러나 이윽고 비잔틴도 쇠퇴하고 세계의 패권이 이슬람으로 옮겨가는 가운데 고전 문화의 담당자가 된 것이 페르시아인들이었습니다. 그들은 그리스, 라틴의 고전을 총망라해 번역을 해나가면서(처음에는 페르시아어로, 다음에 아랍어로), 고전 문화를 사라센 문화에 접목시켜갔던 것입니다. 이로써 사라센 문화(아랍어 문화)의 수준이 단숨에 향상되어 세계의 일류 문화가 됩니다. 그래서 11세기부터 12세기에 걸쳐 서구 세계에서 아리스토텔레스 철학으로 가장 유명했던 사람들은 아비센나[10]와 아베로에스[11]인데요, 이 두 사람은 실은 아랍인이고 그들의 아랍식 이름은 각각 이븐 시나Ibn Sīnā와 이븐 루시드 Ibn rušd입니다.

페르시아, 아랍 세계에 전해진 그리스 철학은 사실 그리스 문명 말기의 신플라톤주의 철학이 중심이었고, 이는 두드러지게 신비주의에 경도된 것이었습니다. 신비주의는 언어나 언어에 의한 개념 조작을 초월한, 뇌 안의 더 직접적인 체험을 중시하는 것으로, 직관적인 인식을 대단히 중요시합니다. 이것이 종교의 세계로 옮겨가면 신도가 신과 합일하는 체험 속에서 경험하는 법열경法悅境을 의미하는데, 이를 엑스터시(망아, 탈자)라 부르기도 합니다. 역사적으로는 고대에서 현대에 이르기까지 다양한 종교사상과 철학사상 속에 신비주의적 체험을 중요시하는 흐름이 일관되게 존재합니다.

신비주의

3층의 책들을 찬찬히 훑어가다보면, 다양한 의미에서 신비주의에 관한 문헌들이 참으로 많다는 걸 알 수 있습니다. 이는 제가 학생 시절 신비주의에 큰 흥미를 느껴 그에 관한 문헌을 상당히 의식적으로 수집했고, 그후에도 기회 닿을 때마다 사 모았기 때문입니다. 그러므로 신비주의라는 관점으로 이 서가를 조망하면 여러 가지 다양한 것들이 보이기 시작합니다. 여기에는 그리스도교 관련 책뿐 아니라

이슬람 관련 책들도 있는데요, 이 책들은 하나같이 신비주의적 요소를 상당히 포함하고 있습니다. 저는 근대 철학자들 중에서도 그와 같은 요소를 지닌 철학자를 좋아했었지요.

제가 불문과를 졸업할 때 제출한 논문의 제목부터가 「멘드비랑[12]의 『요한복음 주해』에서 보이는 신비 사상에 대하여」입니다. 신비 사상 자체를 다룬 것이지요. 그 무렵 멘드비랑의 문헌은 일본에 거의 없었고요, 아니 프랑스에서도 20권으로 구성된 전집이 겨우 막 나왔던 그런 상황이었습니다. 그리고 바로 그 전집이 불문佛文 도서관에 갓 들어온 참이었지요. 그 책을 보니 아직 칼질이 되어 있지 않더라고요.[13] '이거다!' 싶어 그 마지막 권을 집어들었어요. 제가 왜 '이거다!' 싶었는가 하면, 당시 졸업논문으로 무엇을 쓸까 줄곧 고민을 하고 있었는데, 누구나 알고 있는 그런 작가는 다루고 싶지 않았었거든요. 그런 작가라면 교수들은 이미 많은 문헌을 읽었을 것임에 틀림없고, 따라서 교수들한테 질 거라고 생각했던 것이죠. 어쨌든 간에 논문을 쓸 때는 지도교수가 끽소리도 못하게 할 만한 논문을 쓰고 싶잖아요? 그렇잖아도 멘드비랑에 대해서는 해설서를 한 권 읽은 적이 있었는데 꽤 재미있더라고요. 그래서 멘드비랑으로 써도 좋지 않을까 생각하던 중이었기 때문에 '딱!'이었다는 거죠.

---

10 Avicenna(980~1037). 페르시아를 대표하는 지식인으로 철학자, 의사, 과학자.
11 Averroes(1126~1198). 스페인 코르도바 출신의 철학자.
12 Maine de Biran(1766~1824). 프랑스 유심론의 시조로 불리는 철학자다.
13 예전 책은 두 페이지씩 붙어 있어서 칼로 일일이 잘라주지 않으면 전체의 반밖에 볼 수가 없었다. 따라서 아직 칼질이 안 되어 있다는 것은 아무도 읽지 않았다는 얘기다.

멘드비랑의 사상은 크게 세 시기로 나누어 생각해볼 수 있습니다. 각 시기마다 쓰는 주제와 사색의 내용이 현격히 달라요.

『습관론』 등 심리학에 열중하던 1기. 이어서 2기는 형이상학과 인간론에 열중하던 시기. 그리고 3기는 인간의 영적인 측면에 강하게 관심을 가진 시기입니다. 이 세번째 시기를 대표하는 것이 만년 중에도 만년에 쓴(죽기 직전까지도 이 작업을 계속했다) 『요한복음 주해』입니다. 요한복음 서두의 저 "태초에 말씀이 있었고, 말씀은 신과 함께 있었다. 말씀은 신이었다"로 시작되는 수수께끼 같은 글에, 한 글자 한 글자, 한 구절 한 구절 그것이 무엇을 의미하는지 일일이 주를 단 것입니다. 그런데 바로 이 과정에서 멘드비랑은 신비주의로 크게 경도돼갔다고들 합니다. 이 측면을 저는 논문에 쓰려고 했던 것입니다.

멘드비랑의 생애를 추적하기 위한 주요 자료 가운데 『Journal intime(내적 일기)』이라는 것이 있습니다. 매일매일의 일상적인 행동은 일체 적지 않고 오로지 자신의 내면만을 관찰한 일기예요. 저작 이외에 이 일기도 참고하면서 만년 중에서도 만년에 멘드비랑이 어떠한 신비주의에 도달해갔는가를 써나갔습니다. 논문 제출 마지막 날, 밤을 꼬박 새워 글을 썼고 밤이 하얗게 밝아올 무렵 '어지간히 물건이 되었군' 하는 자기만족을 느끼면서 펜을 내려놓았던 기억이 납니다. 나쁘게 보이지는 않았던지 나중에 받아본 성적표에는 '우優'라고 되어 있었습니다. 어쨌거나 『요한복음 주해』 같은 책은 교수고 대학원생이고 할 것 없이 아무도 읽지 않았다는 것이 책 상태를 보면 분명했으니까

(실은 『요한복음 주해』만이 아니라 전집의 본문 종이 대부분이 잘려 있지 않았어요), 선생님도 평가할 방법이 없지 않았을까 싶습니다. 다소 갸우뚱한 구성이 있었다 해도 자신 있게 마이너스 평가를 매길 수는 없었겠지요(그걸 노리고 이 주제를 선택한 측면도 어느 정도는 있었지요).

그건 그렇고 어쨌든 저는 이 시기에 신비주의에 대해 꽤나 깊숙이 파고들어갔습니다. 그런 배경이 있었기 때문에 나중에 콜린 윌슨의 『종교와 반항아』를 거쳐 신비주의자로서의 비트겐슈타인과 조우하는 묘한 체험을 하게 되기도 했습니다(이에 관해서는 6장에 쓰여 있다).

신비주의에 대해서 또 한 가지 말하지 않을 수 없는 것이 있습니다. 그것은 철학사에서 원조 신비주의자 급의 위치를 부여받는 사람이 바로 신플라톤주의의 플로티노스라는 점입니다. 그래서 신비주의에 대해 알고 싶다면 우선 그의 주저인 『에네아데스』를 읽으라고들 했던 것인데요, 하지만 그 무렵 일본에서는 『에네아데스』를 읽고 싶어도 읽을 수가 없었습니다. 각종 철학사를 읽어보면 플로티노스에 대한 언급이 여러 번 나오기 때문에 이 사람이 중요하다는 것은 알 수 있습니다만, 정작 중요한 플로티노스의 작품 자체를 일본에서는 읽을 방법이 없었던 것입니다.

그쪽 창가 위 서가 한가운데 있는 것이 『플로티노스 전집』(전4권+별권 1권)인데 그 네번째 권이 바로 『에네아데스』입니다. 이것은 1986년에 중앙공론신사에서 간행되었습니다. 신비주의에 관심 있는 사람에게는 기다리고 또 기다리던 출간이었고, 저도 좀더 이전에 이 책이 간행되었더라면 학창 시절에 읽을 수 있었을 텐데…… 하는 심히 분한 마음이 들었습니다. 이 『플로티노스 전집』을 만든 편집자가 제 편집 담당자이기도 했습니다. 제가 중앙공론신사에서 낸 책이 여럿 있는데, 가장 많이 팔린 책은 『우주로부터의 귀환』(1983)입니다.

『우주로부터의 귀환』에 등장하는, 아폴로 우주선을 타고 달에 간 우주비행사들 중 상당수가 이야기한 것 중에 '달에서 신과 만났다'는 식의 발언이 있었습니다. 물론 눈앞에 신이 생생하게 물리적으로 출현했던 것은 아닙니다. 신이 거기에 있다, 나는 지금 신과 함께 있다 등등의 감각을 대단히 리얼하게 느꼈다는 얘기였습니다. 이것이야말로 실로 신비주의 철학에서 말하는 신과의 합일 체험 자체일 것이라고 저는 생각합니다. 저의 『우주로부터의 귀환』은 『플로티노스 전집』 번역본이 출간되기 무려 3년 전에 간행되었기 때문에 그로부터 어떤 영향도 받을 수 없었습니다만, 어쨌거나 나중에 『플로티노스 전집』 일본어판을 출판사에서 보내왔을 때는 신기한 인연 같은 것을 느꼈습니다.

이즈쓰 도시히코 선생과의 만남

또 한 가지 플로티노스와 신비주의 하면 생각나는 분이 이즈쓰 도시히코[14] 선생입니다. 학생 시절에 진보초의 고서점에서 1949년에 발행된 『신비 철학』이라는 이상한 책이 눈에 띄기에 잠깐 펼쳐보니

"신비주의는 플로티노스가 말하듯이 '유일하게 홀로이신 신 앞에 인간이 오직 홀로' 섬으로써 시작된다. 그리고 '오직 홀로이신 신'은 인간을 무한히 초절超絶하는 먼 신임과 동시에, 인간에게 자기 자신의 저 깊은 마음속보다 더 내밀한 가까운 신이다. 한없이 멀고 게다가 한없이 가까운 신, 분노의 신과 사랑의 신—신적 모순의 비의를 구성하는 이 양극 사이의 가공할 만한 긴장 위에 소위 인간의 신비주의적 실존이 성립한다. 고로 신비주의는 하나의 근원적 모순이다" 라는 문장이 퍼뜩 눈에 들어왔습니다. 이것을 읽고 와, 대단한 문장이구나 싶어 바로 무릎을 꿇었습니다. 이런 책은 대체 어떤 사람이 썼을까 하며 책 속 판권을 보니 게이오기주쿠 대학교 조교수라고 되어 있더라고요. 그래서 그 대학의 아는 사람에게 물어봤더니 "그 사람은 어학의 천재로 그리스어, 라틴어는 물론 히브리어부터 아랍어, 페르시아어까지 모든 언어를 할 수 있는 사람인데, 이슬람 철학 분야에서 세계에서 손꼽히는 학자가 되어 캐나다 맥길 대학으로 가버렸어. 지금은 이란 왕립철학연구소에 있다는 것 같아"라는 대답을 들었습니다. 아까 말했던 『신비 철학』이라는 책의 표지 안쪽 날개에는 근간 예고로 같은 이즈쓰 선생의 『신비 철학—히브리 편』 예고가 이렇게 되어 있었어요. "1권(『그리스 편』)을 완성한 저자는 병약한 몸을 이끌고 약 1000매에 달하는 방대한 2권(『히브리 편』)의 원고 집

—

14 井筒俊彦(1914~). 『의식과 본질』, 『의미의 깊이』, 『이슬람-종교, 법 그리고 정신의 내면』 등이 우리말로 번역되어 있다.

필에 전념하고 있다."

이 책도 읽고 싶어서 이렇게 저렇게 찾아보았지만 구할 수 없었어요. 아무래도 예고만 하고 실제로는 나오지 않았던 것 같아요. 어쨌거나 이란에서는 페르시아 철학을 논할 때 이만한 학자는 전 세계 어디에도 없다고 해서, 팔레비 국왕이 아예 연구소를 하나 만들어줄 만큼, 대단한 후대厚待를 받아 당분간 일본에 돌아올 생각이 없는 듯하다는 등의 얘기를 들었습니다.

그 무렵 저는 아랍어 공부를 시작할까 생각하던 참이어서 고서점에서 『아랍어 입문』이라는 책을 샀어요. 그랬는데 이 책의 저자가 또 이즈쓰 도시히코라고 되어 있는 거예요. 정말 놀랐죠. 이 책을 쓴 것은 『신비 철학』보다 무려 8년 전인 1941년이었다고 하는데 『아랍어 입문』 서문에 보면 이렇게 적혀 있습니다. "그 무렵 나는 아랍어로 생활을 했다. 말하자면 문자 그대로 아랍어를 살고 있었던 것이다. 아침에 일어날 때부터 잠자리에 들 때까지 아랍어를 읽고, 아랍어를 쓰고, 아랍어를 말하고, 아랍어를 가르치는 (…) 지금 생각하면 완전히 거짓말처럼 아랍어로 날이 새고 해가 지는 생활을 했다." 이 책은 막 창설된 게이오기주쿠 어학연구소가 발행하는 어학 입문 총서의 첫번째 책으로 나온 것이었는데요, 이어서 히브리어, 그리스어, 페르시아어, 터키어 등의 입문서도 낼 것이며, 그 모두를 이즈쓰 선생이 쓰실 예정이라는 것이었습니다. 그런 일을 혼자서 해낼 수 있단 말인가 하고 심히 놀랐습니다. 물론 이즈쓰 선생은 그뒤의 이력이 보여주는 대로, 진정한 언어의 천재였습니다. 때때로 뇌가 이상 발달을 보이면서 범인들은 생각조차 할 수 없는 일을 가볍게 성취하는 그런 이상 능력자가 여러 분야에 있곤 한데, 이즈쓰 선생도 그런 분 중 한 명일 겁니다.

그렇게 여러 어학에 손을 뻗치는 와중에도 이즈쓰 선생이 특히 힘을 쏟은 언어가 페르시아어였습니다. 아마도 페르시아어의 세계가 신비주의와 관련이 깊었기 때문일 것입니다. 유독 페르시아어는 시와 철학 분야에서 신비주의에 경도된 언어였습니다. 그것이 이슬람교 안에서 수피즘이라는 특별한 신비주의의 흐름을 만들어냈지요.

이즈쓰 선생은 이 연구 분야의 대가가 되어 세계의 연구를 선도해 갔습니다. 그러나 1979년 이란에서 종교혁명이 발발하고 호메이니가 권력을 장악하면서 팔레비 국왕이 실각하자, 이즈쓰 선생은 귀국해 일본에서 연구 생활을 계속 이어갑니다. 처음에는 이와나미서점에서 잇달아 책을 냈는데, 나중에는 중앙공론사에서도 책을 내고 1991~1993년에는 『이즈쓰 도시히코 저작집』(전11권+별권 1권)도 출간합니다. 이 서가에는 그가 이와나미에서 낸 책이나 중앙공론사에서 낸 저작집이 모두 갖춰져 있습니다.

이즈쓰 선생이 귀국하고 얼마 안 되던 무렵, 선생을 두 번 정도 뵌 적이 있습니다. 한 번은 선생의 자택에서, 또 한 번은 연구실에서였을 겁니다. 이란에서 가져오신 거대한 문헌들이 산처럼 쌓여 있는 걸 보며 압도당했던 기억이 생생합니다.

루미의 묘소

제가 페르시아 신비주의 시인과 처음 만난 것은 1964년에 치쿠마서방筑摩書房에서 펴낸 『세계문학 대계』의 68권 『아랍/페르시아 편』을 통해서입니다. 총 11편의 시와 다양한 글들이 소개되어 있었는데, 뭐라고 말할 수 없는 어떤 느낌에 매료되었습니다. 그때가 대학을 졸업하던 해였기 때문에 훌훌 넘겨보기만 했을 뿐 깊이 읽어볼 수는 없었습니다만, 1967년에 대학으로 돌아왔을 때 페르시아어 초급 강좌가 열렸기 때문에 곧 수강 신청을 했습니다. 페르시아어를 신청한 학생은 언어학과 학생과 문화인류학과 학생 등 다섯 명으로 철학과 학생은 한 명도 없었습니다. 치쿠마서방의 책으로 루미[15]를 읽었기 때문에 언젠가 루미를 원문으로 읽을 수 있게 된다면 얼마나 좋을까…… 하는 마음이었는데, 몇 개월 뒤 도쿄대에서 학생 시위가 발생하고 학원 폐쇄, 그리고 '야스다 강당 사건'이라는 소동으로 비화되어 공부를 계속할 수 없게 되었고, 저도 저널리즘 세계로 다시 돌아오게 되었습니다.

페르시아어 공부는 그것으로 중단되었지만, 그뒤 좀더 페르시아어를 확실히 공부해보고 싶은 마음에 고마바[16]의 유학생들을 전부 수소문했습니다. 그 과정에서 이란에서 온 유학생이 있다는 걸 발견하고 '아르바이트를 하지 않겠느냐'고 꼬셔서 페르시아어 가정교사로 모셨습니다. 그 공부를 반년 정도 했습니다만, 당시에는 세상이 시끄러웠던지라 결국은 포기하게 되었습니다. 그뒤 1972년에 저널리즘 작업을 하는 과정에서 터키 각지를 돌았는데요, 그때 코니아[17]를 방문했다가 우연히 이슬람 성인의 묘소를 찾게 되었는데 그곳이 실은 루미를 모신 곳이었다는 사실을 나중에야 알았습니다. 정말 아무것도 모른 채 거기에 갔었던 거죠. 그래서 너무나 애석한 마음에 그로부터 반년 정도 지난 뒤에 다시 한번 기회를 만들어 코니아를 방문했습니다. 그러나 루미의 사상을 본격적으로 알 수 있었던 것은 이즈쓰 선생이 귀국하시고 나서 『루미 어록』 등의 저서를 통해 루미의 사상을 본격적으로 소개해주신 이후의 일입니다. 이 서가의 한쪽에 자료적인 성격의 다양한 텍스트들을 마구 쑤셔넣어뒀는데요, 아마 거기에 코니아에서 루미의 묘를 방문했을 때 입수했던 팸플릿도 있을 겁니다.

저는 대학 시절 이래로 이슬람 세계에 적잖은 흥미를 계속 품어왔기 때문에, 관련한 책들이 많이 있습니다. 왜 이슬람에 관심이 있었는가 하면 우선 아랍어에 관심이 있었기 때문입니다. 그 이상한 문자를 반드시 읽을 수 있게 되기를 바랐습니다. 도쿄대에서는 제3외국어라는 수업을 통해 다양한 외국어를 배울 수 있었습니다. 제1외국어, 제2외국어는 필수였고요, 제3외국어는 하고 싶은 사람이 하고 싶은 만큼 했어요. 메뉴도 풍성했지요.

---

15 MawlānāJalāl ad–Dīn Muhammad Rūmī(1207~1273). 페르시아어 문학사상 최대의 신비주의 시인. 이슬람 신학과 수피즘 관련해서 가장 중요한 인물 중 하나다. 그의 사상의 하나로, 선회무답旋回舞踏에 의해 '신 속으로 소멸'한다고 하는 죽음과도 유사한 상태에 빠지는 신비 체험의 실행을 들 수 있다. 주요 저서로는 페르시아어 시집 『정신적 마스나비Masnavī–ye Ma'navī』가 있다.

16 도쿄 도 메구로 구의 지명으로, 도쿄대 교양학부가 있다.

17 터키의 도시. 1273년 루미가 사망한 뒤, 코니아의 묘를 팽이처럼 돌며 춤을 추는 의식으로 유명한 메블레빌리크 교단이 형성되었다. 이 교단의 시조는 물론 루미다.

그래서 저는 여러 가지 외국어를 공부했습니다. 러시아어, 스페인어, 이탈리아어, 거기에 라틴어, 그리스어를 했지요. 전부 초보 입문 코스였어요. 모두 고마바 캠퍼스에서 배웠지요. 그뒤 혼고[18]에 와서는 히브리어, 아랍어, 페르시아어를 공부했습니다. 히브리어에 흥미를 가졌던 것은 구약성서를 원어로 읽고 싶었기 때문이지요.

실은 부모님이 우치무라 간조內村鑑三의 뜻을 따르는 무교회주의 크리스천입니다. 무교회주의는 전통적으로 교회를 짓지 않고 대신 사적인 성서 공부 모임이나 연구 집회를 엽니다. 교회 대신 그런 집회에서 모이는 것이지요. 무교회주의 연구회가 만드는 잡지에는 다양한 종류가 있는데 우리집은 그중 두세 종류를 받아 보았습니다. 그래서 저도 중학생 때부터 그것들을 주워 읽곤 했습니다. 잡지 내용은 기본적으로 전부 성서에 대한 연구입니다. 이런 사정도 있고 해서 저는 기본적으로 구약성서는 히브리어, 신약성서는 그리스어로 읽고 평가할 수준이 되지 않으면 소용없다는 걸 깨닫게 되었습니다. 무교회주의자 중에는 인텔리들이 많기 때문에 실제로 그 수준까지 가는 이들이 많습니다. 사실 도쿄대에는 무교회주의 크리스천이 많습니다. 전쟁 직후 첫 총장이었던 난바라 시게루南原繁도 그렇고, 전후 최초의 교양학부장으로 16대 총장이었던 야나이하라 다다오矢内原忠雄도 그렇습니다. 두 사람 모두 개인적 집회를 주재하고, 개인 강화록講話錄을 출간하기도 했습니다. 그 책들이 우리집에도 있었지요.

관련된 인맥도 있고 해서 저는 도쿄대에 입학하자마자 대학 게시판에서 무교회주의 학생 기숙사가 생겼다는 걸 보고 거기에 들어갔습니다. 오다큐선小田急線의 노부토 역 가까운 곳에 위치해서 여러 대학의 학생들이 모여 있었습니다. 그러나 뭔가 생활하는 데 잘 안 맞는 바가 있어 반년 뒤에 나왔습니다. 그리고 고마바 기숙사駒場寮에 다시 들어간 거지요. 그런 인연도 있고 해서 무교회주의 신자들과 적잖은 관계가 있습니다. 무교회주의 학생 기숙사는 사립대 학생들이 많아서 반드시 진지하게 공부하고 싶은 학생들만 모여 있던 것은 아니었습니다. 하물며 히브리어를 공부하고 싶어하는 학생 따위는 있질 않았죠. 그렇지만 저는 역시나 그 이상한 언어를 확실히 공부해보고 싶다는 마음이 강했습니다. 그래서 혼고 캠퍼스에 돌아온 뒤 히브리어를 공부했습니다.

예컨대 히브리어로 신이라는 단어는 네 글자로 표현하는데, 이는 신성사자神聖四字라고 해서 발음은 되지 않는 거였어요. 너무나도 신성하여 이걸 소리 내서 읽어서는 안 된다는 것이었지요. 지금은 야훼라고 읽히고 있습니다만, 옛날에는 이걸 굳이 읽어야 할 때만 '아도나이'라고 읽었습니다. 아도나이란 '주主'라는 의미입니다. 히브리어에서는 통상 자음만 기록되고 모음은 기록되지 않습니다. 이것은 아랍어도 동일합니다. 문자로서 기록된 것은 자음뿐으로, 모음은 문자 표기상으로는 생략되어 있습니다. 그때 그때 적당하다고 생각되

---

18 도쿄에 있는 일본 굴지의 문교지구文教地区다. 일대에 출판사와 연구소 등이 많고 학자들도 많이 거주하고 있다. 북동부에는 도쿄대 혼고 캠퍼스가 있다.

는 모음을 붙여 읽는 것입니다.

히브리어 선생은 무교회주의 크리스천 나카자와 고키中沢治樹 선생이었습니다. 아랍어는 『하디스』[19]를 완역 출간(『하디스—이슬람 전승 집대성』, 전6권)했던 마키노 신야牧野信也 선생. 페르시아어는 구로야나기 쓰네오黒柳恒男 선생이었던 것으로 기억합니다. 그런데 히브리어, 아랍어, 페르시아어 모두 1968년의 도쿄대 분쟁으로 도쿄대가 전학全學 시위를 벌이게 되어 수업이 중단된 상태로 끝나버렸습니다.

그러나 그뒤 저는 1972년에 정부가 초대하는 형식으로 구성된 저널리스트 시찰단의 멤버로 이스라엘을 방문하게 되었습니다. 그 준비로서 현대 히브리어를 공부할 때, 대학 시절의 고전 히브리어 지식이 크게 도움이 되었어요. 현대 히브리어는 이스라엘이 건국 이후 공용어를 어떻게 할까 하다가 여타의 근대어를 도입하지 않고 고전 히브리어(구약성서의 히브리어)를 현대에 부활시켜 탄생하게 된 언어입니다. 현대 히브리어는 구약성서와 시너고그에서의 유대교 예배 속에서만 살아 있던 고전 히브리어에 이리저리 수정을 가해 만들어낸 일종의 인공 언어이기 때문에, 고전 히브리어에 대한 지식이 힘이 됩니다. 일상어 어휘 등은 구약성서 그대로입니다. 실은 그리스어에도 동일한 측면이 있어요. 현대 그리스 시민들이 사용하는 현대 그리스어는 플라톤, 아리스토텔레스 시대의 고전 그리스어와 골격은 거의 같습니다(발음은 상당히 다르죠).

이스라엘을 방문하고 돌아오는 길에, 모처럼의 기회라는 생각에 지중해 주변을 찬찬히 돌았습니다. 이탈리아, 스페인 각지를 돌고 오스트리아의 빈을 경유해 그리스로 들어가 그리스 전체를 일주했습니다. 크레타, 산토리니, 델로스 등 여러 섬들을 돈 뒤에는 이스탄불로 들어가 터키도 완전히 일주했습니다. 그다음 이란에 가서 이란도 일주하고 이라크까지 발걸음을 옮겨 이라크도 일주했습니다. 그리고 다시 한번 이란으로 돌아왔을 때 일어난 일이 바로 텔아비브 사건[20]이었습니다. 이 사건을 계기로 1971년 이래 그만두었던 저널리즘 관련 일로 돌아오게 되었습니다. 그리고 그후 저널리즘과의 인연이 계속 끊이지 않는 인생이 되고 말았지요.

제 마음속 깊이 자리잡은 기억은 아까 말씀드렸듯이 이 방랑 속 터키 일주 과정에서 코니아를 방문했던 일입니다. 거기야말로 신비주의 수피 교단이 발전해나간 장소였습니다. 이점을 저는 그 어떤 예비지식도 없이, 일종의 박물관 체험처럼 알게 된 것입니다. 거대한 이슬람 성인의 묘소가 있고 그곳에서 현지인들이 모두 삼가 기도하고 있었습니다. 묘소엔 그 사람과 관련된 물건들도 여럿 전시되어 있었습니다. 물론 그 사람의 생애에 관한 해설 패널 같은 것도 있었지요. 하지만 페르시아어로 써 있어서 전혀 알아먹을 수가 없었습니다. 어쨌거나 대단한 사람인 듯하다는 것은 알 수 있었지만, 그때는

---

19 이슬람교의 개조인 무함마드의 언행록을 집대성한 것으로, 신께서 무함마드에게 내리신 계시를 모은 코란과 함께 이슬람 세계를 움직이는 양대 성전이다.

20 1972년 일본의 적군파 청년 세 명이 이스라엘 텔아비브의 로드 공항(현 벤구리온 공항)에서 총기를 난사한 사건.

그 정도가 전부였습니다. 그런데 그곳이 바로 아까 이야기했던 루미의 묘소였던 것입니다.

코란의 가장 유명한 구절

영어나 중국어라면 다소 친숙한 일본 사람들도 많겠습니다만, 아랍어나 페르시아어의 경우는 전혀 모르는 사람이 대부분일 겁니다. 헌데 코란을 읽어보면 그 독특한 세계관이 여간 흥미로운 게 아닙니다. 조금 소개해볼까요.

코란의 가장 유명한 구절이자 가장 오래된 문장은 코란 마지막 권의 제일 마지막에 쓰여 있습니다. 이 서가에 있는 이와나미문고의 코란(전3권)은 이즈쓰 도시히코 선생의 번역인데요, 문장이 이런 식입니다. "요령妖靈도 속삭인다, 사람도 속삭인다, 그 속삭임의 악으로부터 달아나라." 이 요령 혹은 악령이라고도 번역되는 '진Jinn'이라는 개념의 의미나 뉘앙스 그리고 존재감을 느끼는 사람과, 읽기는 읽었지만 코란을 번역으로 슬쩍 접해본 사람은 이슬람 세계에 대한 이해의 깊이가 전혀 다릅니다.

이 거무스름한 가죽 장정본은 아랍어 코란입니다. 요요기우에하라에 가면, 도쿄에서도 가장 오래된 유서 깊은 모스크가 있습니다. 그 모스크에는 이슬람교 사제가 있고, 이슬람교의 휴일에 해당하는 금요일에는 도쿄 주변의 이슬람 교도들이 빠짐없이 모여 기도를 올

럽니다. 저는 학생 시절(1960년대)에 거기에 가서 사제에게 "코란을 공부하고 싶습니다만, 코란 텍스트는 없나요"라고 물었더니, 이 책을 주더라고요. 가죽으로 만든 좋은 책입니다. 그 무렵 일본인 중에는 모스크를 찾는 사람 자체가 거의 없었고, 하물며 '코란을 공부하고 싶다'는 식의 이야기를 입에 올리는 일본인조차 없었던 터라, 기쁜 마음에 이리도 좋은 책을 준 게 아닌가 싶습니다.

그런저런 연유로 저는 젊은 시절부터 성서와 코란 양쪽을 모두 상당히 찬찬히 읽어왔는데요, 제 생각에는 앞으로도 그리스도교와 이슬람교가 서로 이해하는 시대는 오지 않을 것 같습니다. 절망적이라고까지 느껴집니다. 일신교라는 점에서는 같지만 서로 전혀 다른 것을 가장 신성한 존재라 생각하는 사람들이니까, 의견이 맞을 턱이 없습니다. 어차피 상호이해가 불가능한 것이라면, 최소한 싸움은 일어나지 않도록 서로 가능한 한 거리를 두는 것이 어쩌면 가장 현명한 방법일는지도 모르겠습니다.

『고사기』『일본서기』 이외의 수상쩍은 계보

아까 그리스도교를 알기 위해서는 정전만이 아니라 외전이나 위전을 읽어야 한다고 했었는데요, 일본 신들의 세계에도 마찬가지로 위전들이 차고 넘쳐 대단히 흥미롭습니다. 한마디로 '이런 세계'라고 잘라 말할 수가 없어요. 연구하는 사람마다 모두 얘기가 다르니까요. 오노 시치조大野七三 같은 연구자들이 쓴 책을 죽 넘겨보면, 대단히 수상쩍은 세계가 펼쳐지고 있어요. 엉터리 같은 일도 진심으로 믿는 사람들이 참 많은 그런 세상이지요. 여기에 있는 『마침내 베일을 벗은 수수께끼의 가미 문서—이제 대본교의 최고 비밀이 밝혀진다』 같은 책도 그런 의미에서 상당히 의심스러운 책입니다.

『고신도의 계보』 『우두천왕과 소민장래 전설—사라진 이신들』 『미호 신사 연구』 등은 수상한 책은 아니고 확실히 연구서의 범주에 드는 책입니다. 『고신도의 계보』는 이 자체가 연구서는 아니고 많은 학자들이 수많은 연구들을 모아 엮은 총람적 성격의 책입니다만, 『미호 신사 연구』는 이 세계에서는 정본이라고 해도 좋을 만큼 유명한 연구서입니다. 이 책은 고서점에서 상당한 가격이었던 것으로 기억합니다.

그 밑에 있는 『일본이 모시지 않는 신들』이나 『위서의 정신사』도 제목상으로는 자못 정도에서 벗어난 것처럼 보입니다.(웃음) 그보다 더 위쪽에 뉘여놓은 『신도神道 비밀집전』도 표지를 봐서는 수상한 책 같은 분위기가 배어나오는데, 내용도 기도태점祈禱太占(주술) 연구라든가 아베노 세이메이[21]에 대한 것 등 통상적인 상식으로는 믿기지 않는 이야기들이 산처럼 쌓여 있습니다. 그리고 이 '일본 고전 위서 총간'이라는 시리즈는 지금까지 소개한 부류의 다양한 위서들을 모은 것입니다.

---

21 安部晴明(921~1005). 헤이안시대의 음양사陰陽師. 가마쿠라시대부터 메이지시대 초까지 음양료陰陽寮를 통괄한 아베 가문의 시조다.

이런 이야기들은 의심스럽기는 해도 막상 읽어보면 실로 재미있습니다. 『에로스의 나라 구마노』도, 그 오른편에 있는 『그리스도와 대국주大国主』도, 이 책 『하치만신이란 무엇인가』도, 『일본인의 우주관—아스카에서 현대까지』도 맞고 틀리고 간에 어쨌든 읽어보면 즐겁습니다. 참고로 『일본인의 우주관』 목차를 죽 보면 「아스카인과 중국의 우주론」 「수직의 우주」 「수평의 우주」 같은 장 제목이 이어집니다. 독서욕을 자극당하죠.

물론 이처럼 일본 문화의 곁길 같은 곳에서 사태를 보게 될 경우, 예컨대 나카가미 겐지가 소설에서 표현하려 했듯이 그렇게 일본에 대한 이해가 깊어지기도 하지만, 그게 또 언제나 그렇다고는 단언할 수 없는 면도 있습니다. 단순한 망상을 늘어놓은 게 전부인 것도 있기 때문에, 현명하게 거리를 두고 즐기는 편이 좋을 것입니다.

파워 스폿의 원류

일전에 오키나와에 취재를 다녀왔는데요, 오키나와에는 여기저기에 샤머니즘의 흔적이 남아 있습니다. 따라서 오키나와에 가면 일본 종교의 원류적인 것을 실로 잘 알 수가 있습니다.

그리스도교나 이슬람교 등을 조직종교 혹은 '오거나이즈드 종교organized religion'라고 부릅니다. 이런 종교들은 여러 차례의 논의를 거쳐 세련된 교의가 형성되고, 그래서 그 가르침을 전하는 교단 등의 집단이 고도로 오거나이즈되어(조직되어) 있습니다. 그런 조직종교들의 경우에는 교의 자체가 각각의 교단 조직을 영속시키기 위한 룰처럼 되어 있기도 한데, 그러한 조직종교들의 세계와는 전혀 다른 자연종교가 오키나와에는 있는 것입니다. 이에 대해 쓴 책이 풀빛 표지의 『오키나와의 신사』입니다.

요컨대 오키나와에는 가는 곳마다 자연종교적인 성소sanctuary가 곳곳에 깔려 있습니다. 현지인들이 '기도하는 곳拝み場所' 등으로 표현하는 장소입니다. 신적인 존재에게 간절히 비는 장소인 것이지요. 일본 본토에서는 보통 뭔가를 비는 장소라고 하면 신사거나 절이거나 그런 곳이죠. 요컨대 종교적인 배전拜殿이 조성된 곳에서 기도합니다. 그러나 오키나와에서는 그렇지를 않습니다. 전적으로 자연적인 공간인데, 커뮤니티 성원들 모두가 '여기는 성스러운 곳이다'라고 인정하는 장소가 있습니다. 거기에 가면 자연스레 사이교[22]가 이세신궁을 찾았을 때 읊었던 "어찌된 일인지는 알 수 없으나 송구스럽게도 눈물이 넘쳐 흐르네" 같은 심정이 됩니다. 그러한 장소를 오키나와에서는 '우타키御嶽'라고 합니다.

후텐마 기지 바로 옆에 있는 후텐마궁에도 우타키, 즉 기도하는 곳이 있습니다. 현지인들로부터 "이곳 모든 사람들이 가서 기도하는 장소가 있는데 함께 가보시겠습니까?"라는 권유를 받고 실제 가보았는데요, 한눈에 봐도 '아, 그렇구나!' 싶었습니다. 신사 지하에 있는 동굴로 아주 오래전에 석회암 지층이 바다의 침식을 받아 자연스레 만들어진 곳 같았습니다. 거대한 종유동굴에 들어갈 때 느껴지는 신비한 분위기로 인해, 아! 바로 이것이 후텐마궁의 본래 신체神體인가, 이 우타키가 자연스레 신사로까지 발전했단 말인가 하는 느낌이 이내 들었습니다. 사무소에 아주 약간의 배관료를 내면 누구나 안내를 받고 원하는 만큼 그곳에 있을 수 있습니다.

세파우타키처럼 국보급의 유명한 장소도 있지만, 사람들이 다니는 거리에도 곳곳에 산재해 있습니다. 일반인들은 그런 거리에 있는 특별한 장소에 가서 특별한 경험을 합니다. 이런 통과의례를 거치면서 종교적인 감정이 각성되어간 듯합니다.

파워 스폿power spot(영험한 장소)이라고 하면 흔히 신사가 거론되곤 하지만, 오키나와의 우타키를 걷다보면 신사도 본래는 후텐마궁처럼 우타키적인 장소였다는 사실을 알게 되지요. '아! 여기에 도리이[23]를 세우면 그것만으로도 자연스레 신사가 되겠구나……' 이런 식으로 신사의 기원이나 그 옛날의 오래된 종교 세계가 어떻게 성립되었는지 더 들어가다보면, 석기시대까지 거슬러올라갑니다. 이런 주제를 상세히 논구한 책이 『신도 고고학 논고』나 『제사 유적』 같은 책입니다.

이 책들에 따르면 원래 산이나 바위 같은 자연물 자체가 숭배 대상이었던 겁니다. 실제로 일본 각지에는 지금도 이런 영적인 기운이 있

---

22 西行(1118~1190). 헤이안시대 말기부터 가마쿠라시대 초기에 걸친 무사, 승려, 가인. 이세신궁을 참배하고 읊었다는 노래는 일본인의 종교관을 표현하는 일례로 거론되곤 한다.

23 鳥居. 신사 입구에 세운 기둥문.

다고 알려진 장소가 곳곳에 있습니다. 예를 들면 규슈의 유명한 신사인 구시후루 신사가 위치한 산은 전체가 신체(신의 몸)라고 알려져 있습니다. 석기시대까지 거슬러올라갈 수는 없지만, 『고사기』에 "니니기노미코토邇邇芸命가 내려선 땅"이라고 소개된 유서 깊은 신사입니다. 도리이는 산기슭에 있고요, 그 맞은편에 신체로서의 산이 보입니다.

그 밖에도 신께서 걸터앉으신 의자, 자연 거암 등 '과연 그럴 법하구나!' 싶은 이름을 가진 신체들이 이 책들에 소개되어 있습니다. 자연 거암이란 예컨대 자연석 네 덩어리가 무작위적으로 굴러왔다고 하는 뭐 그런 것입니다. 그것뿐입니다. 하지만 연기緣起를 따져 밟아 올라가면, 그러한 신사일수록 오랜 역사를 갖고 있습니다. 신께서 걸터앉으신 의자는 대지 자체가 신체로서, 그 위에 놓여 있는 의자에 앉아 기원을 한다고 합니다. 거목이 신체 자체가 된 케이스도 있습니다. 후시미이나리[24]나 스와 신사[25] 등 유명한 신사들은 대개 동일한 기원을 갖고 있습니다. 이런 점에서도 일본은 자연 숭배의 나라임에 틀림없다고 하겠습니다.

그리고 흥미롭게도 이 분야의 사정은 동양이고 서양이고 할 것 없이 비슷합니다. 모리스 바레스[26]의 『정령이 숨쉬는 언덕』은 서양의 우타키의 존재를 실로 꼼꼼히 그려내고 있습니다.

참고로 이 책의 번역자인 학습원대학 명예교수 시노자와 히데요篠沢秀夫는 한때 '탤런트 교수'로 유명했던 사람입니다만,[27] 저자 모리스 바레스 또한 프랑스의 우익으로서 그 이름이 알려져 있었지요.

그가 이미 사망한 뒤였지만, 2차대전 전야의 세계적인 규모를 과시하던 우익 사상 중에서도 그의 과격한 사상은 높이 평가받았습니다. 일본에서도 『뿌리 뽑힌 사람들』이나 『자아 예배』 등의 번역서가 간행돼 나름 읽혔던 사람이지요. 그러나 전쟁 이후에는 반유대주의적 발언을 했다는 사정도 있고, 또 프랑스 파시즘을 형성한 장본인이자 나치 협력자로 지목되기도 해서 한때는 심하게 비난당하고 평가도 전혀 받지 못하기도 했습니다.

이렇듯 정치적 사상적으로 훼예포폄毁譽褒貶이 널을 뛰었던 기묘한 프랑스 사람이 『정령이 숨쉬는 언덕』에서는 신성을 띤 거룩한 공간, 말하자면 프랑스에서의 우타키라 할 만한 토포스topos(장소)에 대해 구체적인 지명을 여럿 들어가면서 고찰한 것입니다.

바레스에 따르면 프랑스, 그리고 유럽에도 동일한 유형의 자연 숭배가 있습니다. 그중에서도 가장 유명한 것을 들자면, 프랑스의 루르드 샘이 되겠지요. 루르드는 스페인과 접한 국경 근처에 있는 순례지인데, 거기에는 기적을 일으키는 물이 솟아나는 샘이 있다고 합니다. 그냥 샘일 뿐이라고 하면 그뿐이지만, 세상에 드문 장소라고

---

24 伏見稲荷. 교토 시 후시미 구에 있는 신사. 일본 전국에 약 3만 곳 정도가 있다고 하는 이나리 신사의 총본사다.

25 신사의 이름이 '스와諏訪'인 신사. 일본 전국에 걸쳐 약 2만 5000사가 있고, 나가노 현 스와호 근처의 스와 대사를 총본사로 한다.

26 Maurice Barrès(1862~1923). 프랑스의 소설가이자 저널리스트, 정치가. 전통주의, 내셔널리즘, 반유대주의에 기반한 정치적 발언으로도 알려져, 프랑스에서 파시즘 사상이 형성되는 데 큰 역할을 한 것으로 평가된다.

27 시노자와 교수는 보수파 문화인의 한 사람으로, TV 등을 통해 좌파 비판 활동을 활발히 전개했다.

간주되어 지금도 많은 순례자들이 이곳을 찾고 있습니다.

신, 그리스도, 성령

지금 이 이야기는 이 방에 있는 책들을 관통하는 열쇠이기 때문에 좀더 깊이 들어가 해설해볼까 합니다.

우선 『정령이 숨쉬는 언덕』의 정령이라는 글자를 유심히 봐주세요. 그리스도교의 성스러운 영(영어로는 'Holy Spirit' 'Holy Ghost'라고도 한다)이라는 의미에서의 성령이 아닙니다.[28] 나아가 원서의 제목 『La Colline inspirée』을 직역하면 '숨쉬는 언덕'입니다. 정령이라는 말은 원서의 제목에는 포함되어 있지 않은 것이죠. 이 책을 읽을 때는, 일본어판의 '정령'이라는 말이 원문의 어떤 말을 번역한 것인지 생각하며 읽어야 합니다.

순번에 따라 해설해보겠습니다.

우선 Holy Spirit의 성령은 그리스도교의 사상적인 지주로, 중요한 삼위일체 교의에 등장합니다. 아버지 신과 아들 신 즉 신과 예수 그리스도에 이어 또하나의 위격이 성령입니다. 아시다시피 예수는 '나는 사흘 뒤에 부활한다'는 말을 남기고 죽은 후, 실제로 사흘 뒤에 부활했다고 하는 전설이 있습니다. 그렇게 부활한 뒤 예수는 승천하는데, 그의 가르침을 신봉하는 신자들은 예수가 진짜 부활했다고 지금도 믿고 있습니다. 이런 식으로 그리스도교라는 종교가 점점 형성돼갔습니다. 그러던 어느 날 성령 강림이 일어납니다. 집회 도중에 성령이 강림하사 거기에 모여 있던 사람들 속으로 들어왔다고 하는 것입니다.

신약성서 중 예수 제자들의 그후를 기록한 사도행전에는 성령이 강림하는 장면이 상세하게 그려져 있습니다. 그리고 그리스도교의 주장에 따르면 지금도 신자들이 모이면 자연스레 성령이 그곳에 강림해 신자들의 마음속에 깃들어 신의 가르침을 고한다고 합니다.

구체적인 대목을 들어볼까요? 사도행전 2장 서두는 이렇게 되어 있습니다. "그때 갑자기 하늘에서 세찬 바람이 부는 듯한 소리가 나더니, 그들이 앉아 있는 온 집안을 가득 채웠다." 그리고 "불길이 솟아오를 때 혓바닥처럼 갈라지는 것 같은 혀들이 그들에게 나타나더니, 각 사람 위에 내려앉았다." 이러한 일종의 초자연 현상을 야기하는 것을 성령이라고 불렀습니다. 그리고 그 성령이 깃든 사람은 모두 "'영'이 시키는 대로 다른 여러 나라의 말로 이야기하기 시작했다"고 이어집니다. 결국 비상한 말로 비상한 이야기를 했다는 것입니다.

요컨대 삼위일체의 신 중 하나인 성령이 강림하면, 모두 신들린 상태가 되었다는 이야기인 듯합니다.

동일한 현상이 그리스도교 이외의 종교에도 있습니다. 오소레잔[29]이라든가, 오사카와 나라 사이에 우뚝 솟은 이코마 산 부근에서 나타

---

28 일본어로는 성령聖霊과 정령精霊의 발음(せいれい)이 똑같다.

29 恐山. 아오모리 현에 있는 시모키타 반도의 중앙부에 위치한 외륜산이자 신불의 영험이 뚜렷한 영장靈場이다. 일본 3대 영장의 한 곳.

난 현상도 그러하고, 또 한국의 무녀들이 신들린 상태가 되는 현상도 그렇습니다. 그리고 어느 종교나 마찬가지로 그런 종류의 현상은 영이 벌이는 일로 생각합니다. 예를 들면 앞서 이야기한 코란의 구절 "요령도 속삭인다"의 요령, 즉 '진'도 그러한 영의 표현 중 하나입니다.

사도행전의 "그때 갑자기 하늘에서 세찬 바람이 부는 듯한 소리가 나더니"라는 구절에는 바람과 성령이 어떤 의미에서 동일시되고 있는 측면이 있습니다. 또 신약성서 요한복음 3장 8절에는 "바람은 불고 싶은 대로 분다. 너는 그 소리는 듣지만 어디에서 와서 어디로 가는지는 모른다. 성령으로(영으로부터) 태어난 사람은 다 이와 같다"라고 기록되어 있습니다. 그때 실제로 그 장소에서 일어난 일은 무엇이었던가? 바람과 구별되는 영이라는 것, 그것은 정녕 확실히 식별될 수 있는 것이었던가?

일본어에서는 바람과 영이 전혀 다른 말이기 때문에 핀트가 잘 안 맞을지도 모르겠습니다만, 사실 신약성서를 기술하는 데 쓰인 그리스어에서는 바람과 영이 같은 단어로 표현됩니다. 물론 제가 지금 그리스어라고 했지만, 이때의 그리스어는 플라톤이나 아리스토텔레스 등의 그리스 철학이 쓰인 고대 그리스어는 아니고, 코이네 Κοινὴ Ἑλληνική[30]라 불리는, 시대를 좀더 내려온 그리스어입니다.

—

30 알렉산더대왕의 제국과 그뒤를 계승한 헬레니즘의 여러 나라에서 공용어로 사용되던 그리스어. 코이네는 '공통의'라는 의미다. 고대 그리스어의 아티카 방언 및 이오니아 방언을 기반으로 하고 있으며, 현대 그리스어의 기초가 되었다.

신약성서를 코이네로 읽으면 이 두 단어는 똑같이 프네우마 Πνεύμα라는 단어로 표기됩니다.

그렇게 유럽에서는 본래 하나였던 낱말인데, 일본어로 번역될 때 각각 다른 단어를 적용해버렸습니다. 그래서 아주 이상한 느낌이 생겨버린 것입니다.

여기서 아까 나왔던 『정령이 숨쉬는 언덕』 이야기로 돌아갑시다. 일역본의 정령에 해당하는 말은 프랑스어 원문의 어떤 표현을 옮긴 것인가? 그게 바로 지금까지의 이야기와 상통하는 말입니다. 언덕에 부는 그 바람은 자연종교적인, 바꿔 말하자면 정령적인 바람인 것입니다. 그 장소는 자연 공간 중에서 영적인 분위기를 느끼게 하는 특별한 장소이고요. 이 책은 그러한 세계에 대해 썼습니다.

거석 문명과 비너스 신앙

이쪽 서가에는 거석 문화에 대한 책들이 있습니다. 누구나 알고 있는 거석 문화의 대표라고 한다면 영국의 스톤헨지일 겁니다. 하지만 스톤헨지적인 공간은 거기만이 아니라 유럽 일대에, 그 외부에도 많이 존재합니다. 『Prehistorical & Ancient Art(선사시대와 고대의 미술)』를 비롯해서 『Atlas culturel de la préhistoire et de l'Antiquité(선사시대와 고대 문명의 문화 지도)』라든가 『The Goddess of the Stones(거석의 여신)』 등에서 이야기되듯이, 거석 문화에서 성스럽고 신적인 것을 느끼고 우러러 받드는 것은 유럽의 도처에서 확인할 수 있는 현상입니다.

『Prehistorical & Ancient Art』에는 구체적인 지명이 많이 열거되어 있습니다. 루르드, 생트마리 해변, 생트빅투아르 산, 부르고뉴 베즐레, 퓌드돔 산[31], 에지 동굴, 카르나크 열석, 브로셀리앙드[32] 숲, 알리즈생렌과 오수아 산의 곶岬, 몽생미셸, 아르덴[33]의 검은 숲, 동레미 언덕에 있는 시뉴의 숲, '세 개의 샘', 벨몽의 예배당, 잔 다르크의 집 등등. 앞서 나왔던 루르드를 비롯해 프랑스-스페인 국경 부근에 오래된 거석 문화들이 남아 있는 걸 알 수 있습니다.

그리고 이 책을 보면 알 수 있듯이 거석 문화는 유럽에만 한정된 것이 아닙니다. 세계 역사를 더듬어보면 자연 숭배라는, 가장 오래된 종교의 원형인 거석 문화가 전 세계에 산재해 있다는 사실을 점점 더 확실히 알게 됩니다.

참고로 영어의 prehistorical이라는 표현은 대략 3만 5000년에서 8000년 정도 전의 시기, 그러니까 소위 석기시대에 해당하는 시기를 가리킵니다.

학문적으로 그 시대를 열렬한 연구 대상으로 삼는 나라 중 하나가 프랑스입니다. 국립박물관이나 루브르 미술관에도 상당한 자료를 모아두고 있습니다만, 샤요 궁[34] 안의 인류 박물관Musée de l'Homme에 이 시대에 관한 귀중한 자료들이 다수 수집되어 있는 것으로 알려져 있습니다.

중앙공론신서 『비너스 이전』에 상세히 쓰여 있습니다만, 그 안에는 여신을 표현한 가장 오래된 원형이라 일컬어지는 빌렌도르프의 비너스도 있습니다. 비너스 신앙에서 흥미로운 점은 로마 신화에 나오는 사랑과 미의 상징인 여신이 '비너스'의 원형이 아니라는 겁니다. 구석기시대의 것으로 보이는 빌렌도르프의 비너스 등이 여성을 표현한 것임에는 틀림없습니다만, 얼굴도 확실히 표현되어 있지 않고 비만한 신체인지라 아름답다고 하기는 힘듭니다. 그러나 오히려 이러한 여신들 쪽이 비너스의 원형에 가까운 듯합니다.

실은 '이것이 여신의 전형이다'라고 할 만한 것은 존재하지 않습니다. 옛 시대에는 다산이나 풍요를 상징하는 여신 같은 것은 전부 비너스라고 했습니다. 석기시대의 비너스라고나 할까요? 예컨대 로마에서 출토된 것으로 생각되는 사비냐노의 비너스Venus of Savinganano 등은 정식 명칭이 '미지의 비너스Venus of X'입니다.

이렇듯 제도화되기 이전의 신앙들의 양상을 보다보면, 아무리 유럽에서 조직종교가 발달했다 해도, 그것이 형성되기 전에는 역시 스톤헨지 같은 자연종교 단계가 있고, 또 비너스 신앙 단계도 있었다는 사실이 드러납니다. 그리고 그런 현상이 인도나 중국 같은 동

---

31 프랑스의 퓌드돔에 있는 표고 1467미터의 화산.

32 1160년 문학작품에 처음으로 등장하는 프랑스의 전설 속 숲. 브로셀리앙드의 숲은 아서 왕 전설의 발상지로 황야와 호수 사이에 펼쳐져 있는 아름다운 곳이다.

33 벨기에 남동부, 룩셈부르크 및 일부가 프랑스에 걸치는 지역.

34 프랑스 파리 16구에 있는 대형 전시회장. 센 강을 사이에 두고 에펠 탑 맞은편에 있다.

양에 있어서도 다르지 않다는 사실은 역시나 흥미롭지 않을 수 없습니다.

멘드비랑과 일본의 출판 문화

아까도 언급했듯이 제 대학 졸업논문 주제는 멘드비랑이었습니다. 그 멘드비랑에 관련된 서적은 일단 거의 가지고 있습니다.

예컨대 앙리 구이에Henri Gouhier의 책 『멘드비랑의 생애와 사상』 등은 비교적 알기 쉽고 재미있는 책입니다. 그러나 실은 이 책을 포함해 멘드비랑에 관련해서 제가 소장하고 있는 서적들은 대부분 일본에서 최근 간행된 것입니다.

제 학창 시절에 간행된 멘드비랑에 관한 연구서는 한 권밖에 없었습니다. '서양철학 총서'라는 시리즈의 한 권으로 중일전쟁이 일어나기 한 해 전인 1936년에 간행된 것입니다(『멘드비랑』).

저는 1940년, 쇼와 연호로 말하자면 쇼와 15년 출생으로, 1960년대에 학창 시절을 보냈습니다만, 당시는 고서점 같은 곳에 가봐도 가치가 있는 책이라고는 대개 그 시대에 간행된 책들뿐이었습니다. 이런 경향은 저의 학생 시절인 1960년대부터 1970년대까지, 아니 1980년대까지도 그랬던 것 같습니다.

그도 그럴 것이, 다이쇼시대(1912~1926)부터 쇼와시대(1926~1989) 초에 걸쳐 일본 출판계에 소위 엔본[35] 붐이 일거든요. 비록 일시적이긴 했지만 그때 강력한 기세로 서양의 기초 문헌에 해당하는 다양한 책들이 거의, 혹은 상당수가 번역되었습니다. 우선 문학 쪽이 그랬는데요, 사실상 연극에 관한 책이나 사상·철학 분야도 대개 그랬습니다. 물론 그런 붐도 그후 전쟁 시대에 이르러 전부 소멸되어버렸습니다만.

그리고 그뒤 일본 출판 문화가 방금 이야기한 다이쇼에서 쇼와 초기의 수준까지 다시 회복된 것은 훨씬 뒤인 아주 최근의 일입니다. 물론 요즘은 분명히 그 시대를 뛰어넘는 게 사실이지요. 이전이라면 번역되길 기대할 수도 없는 그런 책들이 엄청난 기세로 간행되고 있고요. 그러나 최근 직전까지, 일본 문화는 오래도록 전쟁 이전의 그 수준을 뛰어넘지 못했습니다. 이게 참모습입니다. 그러니까 요즘처럼, 간행되어 마땅한 책이라면 당연히 간행되게 된 것은 그렇게 오래된 일이 아닌 겁니다.

역시나 일본 전체의 경제 수준이 어느 정도 향상되지 않았다면, 아무도 살 성싶지 않은 책들까지 출판되기란 불가능했을 겁니다. 그리고 사회 전체의 경제 수준만이 아니라, 나라에서 여러 가지 형태로 출판 활동에 대해 보조나 원조를 하게 된 것도 영향을 끼쳤겠지요. 정부 등 공공기관으로부터 지원을 받을 때는 말할 것도 없겠지만, 그게 아니라도 예컨대 도요타재단 등의 민간기금으로부터 출판

---

35 円本. 한 권에 1엔 하는 전집류의 총칭. 1926년 말부터 가이조샤改造社가 이런 방식으로 간행하기 시작한 『현대 일본문학 전집』이 도화선이 되어 각 출판사들이 속속 엔본 출판에 가세했다. 서민들의 독서 욕구에 부응하면서 일본의 출판 능력이 정비되고 집필자들의 생활을 안정화하는 데도 기여했다.

지원금을 받는다고 할 때도, 그 책이 얼마큼 가치가 있는지 확실히 기술한 페이퍼를 작성해야 하지만요. 어쨌든 간에 출판 활동을 뒷받침하는 틀scheme의 성숙을 포함한 종합적인 의미에서, 일본의 문화 수준이 전쟁 이전 수준까지 회복된 것은 아직 20년도 채 되지 않았다고 할 수 있습니다.

소크라테스 이전의 철학

철학을 공부하고자 할 때 우선 뭐부터 손을 대면 좋을까요?

철학 공부는 상식적으로는 고대 그리스 철학에서 시작하게 됩니다. 그리고 그리스 철학은 일반적으로는 소크라테스, 플라톤, 아리스토텔레스에서 완성된다고 합니다. 하지만 실은 소크라테스 이전에도 다양한 진리를 모색하던 일련의 그리스 철학자들이 있었습니다. 그런 소크라테스 이전 철학자들의 텍스트를 모은 것이 헤르만 딜스·발터 크란츠 편 『소크라테스 이전 철학자들의 단편 선집』(전5권+별권 1권)입니다.

원서는 『Die Fragmente der Vorsokratiker』라는 책입니다. 일본어로 직역하면 '소크라테스 이전 철학자들의 단편집'이지요. 독일의 학자 헤르만 딜스와 제자 발터 크란츠가 편집했기 때문에 일반적으로 두 사람의 이름을 따서 '딜스-크란츠 편'이라고 합니다. 딜스와 크란츠는 전해내려오는 단편들 외에도, 소크라테스 이전(엄밀하게 말하면 소크라테스 이후도 포함해)의 사색가들의 말을 후세인들이 자신의 텍스트에 인용한 문장으로부터 발췌해 모았습니다.

이 책의 번역본이 간행되기 전에는, 그러니까 예컨대 저의 학생 시절에는 '소크라테스 이전'에 대해 알려고 해도 일본어로 번역된 책이 『초기 그리스 철학자 단편집』밖에 없었습니다. 150쪽 정도의 대단히 얇은 책입니다. 그러니 지금의 연구자들은 복 받은 겁니다.

소크라테스 이전의 철학자라고 하면 대단히 마이너한 사람들을 떠올리실지 모르겠습니다만, 실은 그렇지도 않습니다. 고교 교과서에도 실려 있는 헤라클레이토스 등이 바로 '소크라테스 이전 철학자'입니다. 그들이 쓴 것은 정리된 것으로 존재하지 않고 모두 단편으로만 남아 있습니다. 게다가 그 단편이란 것도 아주 조금밖에 없습니다. 하지만 그 단편들 하나하나가 모두 비상하게 심오합니다.

예컨대 헤라클레이토스의 "만물은 유전流轉한다" 같은 말은 누구나 알고 있을 겁니다. 교과서에도 나오지요. 딜스-크란츠에 따르면 이 말은 원래 그리스어로 '판타 코레이Πάντα χωρεῖ'라고 하는데, 플라톤의 『테아이테토스』에 나옵니다.

"어디에선가 헤라클레이토스는 모든 것은 나아가고 아무것도 제자리에 머무르지 않는다고 말한다. 그리고 존재하는 것들을 강의 흐름에 비유하면서 '너는 같은 강물에 두 번 들어갈 수 없을 것이다'라고 말한다." 이것은 플라톤의 말로 '모든 것은 흐른다'는 말의 원전에 해당합니다.

딜스-크란츠의 『소크라테스 이전 철학자들의 단편 선집』은 해외에서 원서를 들여오지 않는 한 당시의 일본 학생들은 읽을 수 없었습니다. 어떻게든 읽고 싶은 사람은 원서를 주문해서 독일어나 그리스어 사전과 격투하면서 읽을 수밖에 없었지요. 한편 일본어로 번역된 『초기 그리스 철학자 단편집』은 딜스-크란츠의 것과는 스케일이 다릅니다. 그런데 지금은 『소크라테스 이전 철학자들의 단편 선집』이 전5권에 더해 별권 1권으로 번역 출간되어 전부 일본어로 읽을 수 있게 되었습니다.

참고로 이 책 『소크라테스 이전 철학자들의 단편 선집』이 출간되기 시작한 해가 1996년이니까, 따지고 보면 비교적 최근의 일입니다. 1권의 간행이 1996년이고 별권은 1998년이니까, 1998년에 이르러서야 비로소 초기 그리스 철학의 전모를 일본어로 읽을 수 있는 환경이 갖춰진 셈입니다.

일본에 처음 서양 철학이 소개된 것은 1874년(메이지 7년), 니시 아마네[36]가 'philosophy'의 번역어로 '철학'이라는 말을 사용했을 때니까, 그후로 약 120년이 경과한 뒤에야 비로소 소크라테스 이전의 철학을 자유롭게 일본어로 읽을 수 있게 된 겁니다.

요컨대 일국의 문화가 발전한다 함은 이러한 것입니다.

일본도 이제 겨우 경제적으로 풍요로운 나라가 되어, 이렇게 내

36 西周(1829~1897). 에도시대 말기와 메이지시대의 사상가이자 교육가로, 서양 학문을 일본에 소개하는 데 있어 선구자 역할을 했다.

용이 딱딱한 기초 문헌을 누구라도 살 수 있게 되었습니다. 이것은 획기적인 일입니다. 1996년부터 간행이 시작되었다고는 해도 준비하는 데 5~6년은 걸렸을 테니, 기획이 시작된 것은 냉전이 종결된 1989년이나, 버블 경제 절정기인 1990년쯤이었다고 볼 수 있겠습니다. 즉 일본이 큰 부자가 된 무렵입니다. 그런 시기였기 때문에 이러한 기획도 가능해졌다는 얘기겠지요.

유럽 여러 나라에서도 돈이 있었던 시대, 제국으로서 번영했던 시대였을 때, 오늘날에도 자랑할 만한 다양한 문화유산을 남길 수 있었지요. 그런 의미에서 동서고금을 막론하고 문화가 자라나기 위해서는 역시나 경제적인 토양이 필요하다, 그렇게 말할 수 있지 않을까 싶네요.

프리먼 다이슨

장서는, 작업을 새로 시작할 때마다 책들을 이리저리 옮기기 때문에 늘 깔끔하게 진열되어 있을 수는 없습니다. 이전에는 이쪽에 제가 쓴 책들이 죽 늘어서 있었는데, 지금은 그렇게 되어 있질 않습니다.

예를 들면 고바야시 마코토와 마스카와 도시히데, 이렇게 두 분이 2008년에 노벨 물리학상을 수상했을 때, 저는 『고바야시·마스카와 이론의 증명—음지의 주역 B팩토리의 힘』(2009)을 출간했습니다. 이 책은 산초메에 있는 다른 작업장에서 썼어요. 따라서 소립자 물리학 관련 서적은 상당 부분을 산초메로 옮겼었지요. 그리고 또 바로 뒤의 작업은 여기서 했기 때문에 '아! 그때 그 책은 어디로 간 걸까'라는 식이 되곤 했죠. 게다가 이 고양이 빌딩에 출입하는 조수나 스태프 몇 사람 있는데요, 그들이 각기 다른 방식으로 정리를 한 시기가 있어, 더욱 알 수 없게 되어버렸지요. 그러니 제 장서라고 해도 반드시 어디에 어떤 책이 있는지 완벽히 파악하고 있는 건 아닙니다.

그렇긴 하지만 이 의자 뒤쪽의 서가를 죽 보시면, 대체로 우주 관련 서적이 많이 있습니다. 빅뱅에 관한 것이라든가 프리먼 다이슨 Freeman Dyson의 『우주를 뒤흔들까—다이슨 자서전』『과학의 미래』『가이아의 맨얼굴』『다양화 세계』 등이 눈에 띄네요. 『초끈이론이란 무엇인가』『초끈이론과 M이론』『엘러건트 유니버스』『슈퍼 스트링』『초끈이론의 진실』 등 초끈이론에 관한 책도 있습니다.

이 프리먼 다이슨이란 사람은 미국에서 가장 존경받는 물리학자 중 한 사람입니다. 헌데 그는 물리학밖에 모르는 사람이 아닙니다. 상대성이론과 양자역학을 통합하는 기초 물리학을 전문으로 하면서 우주 개발이나 생물학 혹은 원자력 개발 등 과학에 관한 온갖 분야에서 연구 활동을 해온 사람이지요. 또 문학이나 예술에도 관심이 많아서 『우주를 뒤흔들까』라는 제목만 해도 T.S.엘리엇의 유명한 시의 한 구절에서 따온 것입니다. 그의 저작들은 하나같이 흥미로우니 반드시 한번 책을 펼쳐보시기를 권합니다.

초끈이론이라는 것은 물질의 최소 단위를 입자가 아니라 끈이라고 보는 이론입니다. 다만 이 끈이라는 것은 보통 끈이 아니고 11차원의 끈입니다. 그러니까 실험을 통해 가설을 확인할 방법이 없는 세계이지요.

실제로 끈이론은 현시점에서는 증명할 방도가 없는 이론입니다. 그래서 물리학 이론으로서는 인정될 수 없다는 주장도 있습니다. 비록 당장은 증명법의 탐구나 제안이 이루어지지 않더라도 장차 '이러한 실험을 해서 이러이러한 사태가 관측되면 이론의 존재가 증명되는 셈이다'라는 식의 주장을, 아직 누구도 해내지 못하고 있는 것이지요. 그런 의미에서 끈이론은 아직 진위가 불분명한 이론입니다. 다만 내용적으로는 대단히 흥미로운 사고방식이기 때문에, 끈이론이 전 세계의 젊은 연구자들을 매혹하는 것도 사실입니다.

다이슨은 『다양화 세계—생명과 기술과 정치』라는 책에서 "배워야 할 주요한 교훈은 자연이 복잡하다는 것이다. 단순한 물질적 우주 따위는 존재치 않는다"고 했는데, 실로 20세기 이후의 과학은 이 복잡함과 맞닥뜨리면서 전진하지 않을 수 없습니다.

지구 바깥에 생명체가 존재한다?!

그렇지만 지금의 우주론이 상당히 흥미로운 이야기를 들려주는 것만은 사실입니다. 특히 흥미로운 것은 정말로 지구 이외에도 생물이 존재하는가에 관한 연구입니다. 현재 시점까지도 과연 이 우주에서 우리 지구인이 고독한 존재인가 아닌가는 늘 커다란 문제였습니다. 지구 이외에 다른 생명체가 있을 가능성에 대해서는 일반적으로 드레이크 방정식이라는 것이 알려져 있습니다. 1961년에 미국의 천문학자 프랭크 드레이크에 의해 고안된 방정식이지요. 드레이크 방정식을 비롯한 우주론 일반에 대한 책들은 고양이 빌딩 1층 벽면에 있는데요, 이쪽에도 약간 있긴 합니다. 『제2의 지구는 있는가』, 스티븐 웹의 『우주에 외계인이 가득하다면…… 모두 어디 있지?—페르미 패러독스와 외계 생명체 문제에 관한 50가지 해답』 등이 재미있는 책이지요.

드레이크 방정식은 7가지 계수係數를 곱함으로써 지구 이외에 생명이 발생할 확률을 계산하는 것입니다. 드레이크는 다음 7가지를 계수로 꼽았습니다.[37]

❶ 10: 은하계에서는 1년에 평균 10개의 별이 탄생하기 때문에.

❷ 0.5: 모든 항성 중 약 반수는 행성을 가지기 때문에.

❸ 2: 행성을 갖는 항성은 생명이 탄생가능한 행성을 둘 정도 가질 것이라는 이유로.

❹ 1: 생명이 탄생가능한 행성에서는 100퍼센트 생명이 탄생할 것이라는 이유로.

❺ 0.01: 생명이 탄생한 행성 중 1퍼센트에서 지적 문명이 획득될 것이라는 이유로.

❻ 0.01: 지적 문명을 갖는 행성의 1퍼센트가 통신가능할 것이라는 이유로.

❼ 10000 : 통신가능한 문명은 1만 년 동안 존속할 것이라는 이유로.

이상 7가지 계수들을 곱하면, 답은 10이 됩니다. 이 숫자 자체에 의미가 있는 것은 아닙니다. 드레이크의 이야기에는, 지구 외 생명체와 조우할 가능성이 극히 희박해서, 거의 현실화가 불가능하다는 희박성rareness이 배경에 깔려 있습니다. 하지만 중요한 것은 그것이 0이 아니라는 점입니다. 물론 최근까지도 과학자들은 이 우주에 인간 이외의 생명체가 있느냐는 질문을 받으면 이렇게 대답했습니다. 물론 있을수도 있다, 하지만 설령 그렇다 해도 인류와 마주칠 가능성은 너무나도 낮다.

그런데 최근 미국에서는 어쩌면 우주에 생명체가 엄청 많은 게 아닐까 하는 설이 계속 뜨고 있습니다. '제2의 지구는 있는가'라는 논의도 활발하게 이뤄지고 있고 또 관측천문학의 진보도 있고 해서 왠지 그런 생명체들이 있을 성싶다는 쪽으로 분위기가 조성돼온 것입니다.

그러면 무엇이 관측되면 거기에 생명이 있다고 할 수 있을까요?

『가이아』를 통해 가이아 이론을 제시한 제임스 E. 러브록이라는 사람이 있습니다. 그는 저에게도 큰 영향을 준 사람입니다만, 실은 그의 가이아 이론도 출발점은 우주를 관측했을 때 무엇이 관측되면 거기에 생명이 있다고 할 수 있을까 하는 것이었습니다.

---

37 이와 유사하면서도 다소 차이가 나는 내용이 제임스 N. 가드너, 『생명 우주』(이덕환 옮김, 까치, 2006) 27~28쪽에 쓰여 있다.

참고로 가이아 이론이란 지구 자체를 하나의 생명체로 보는 사고방식입니다. 지구는 실로 하나의 생명체라 할 만큼 내적 환경에 대한 자기조정 능력을 갖고 있습니다. 지구가 이렇게 안정되어 있다는 것은 인체가 갖고 있는 호메오스타시스(항상성) 기능 같은 것을 지구도 갖고 있다는 얘기가 아니겠느냐 하는 이론입니다. 이 가이아 이론이 태어난 경위에 대해서는 러브록의 『가이아의 시대』에 상세히 쓰여 있습니다.

생명이 존재하기 위해서는 우선 물이 틀림없이 필요할 것입니다. 물이 없는 곳에는 기본적으로 생명이 존재할 수 없으니까, 물이 액체로서 존재할 필요가 있습니다. 물이 잔뜩 얼어버리면 고체가 되고, 잔뜩 뜨거워지면 기체가 됩니다. 이런 관점에서 보면 태양계의 경우는 태양으로부터의 거리와 관련해 액체화된 물의 유무가 저절로 결정됨과 동시에, 생명의 유무도 결정됩니다.

태양계의 행성들 중 수성과 금성은 태양에 가까워 너무 뜨거운 관계로 생명이 존재할 수 없습니다. 한편 지구나 화성보다 훨씬 먼 목성, 토성 이후의 행성들은 반대로 물이 얼어버립니다. 그러니까 물이 액체 상태로 존재해 생명이 존재할 수 있는 행성은 지구와 화성뿐이라고 일반적으로는 생각되고 있습니다. 이것은 거의 정당합니다. 하지만 반드시 그게 전부라고만 단언할 수는 없습니다. 사실 목성이나 토성처럼 크기가 큰 행성의 경우에는 그 내부 구조를 생각하지 않으면 안 되기 때문입니다. 요컨대 표면은 얼어 있어도 그 안은 액체인 그런 상태도 있을 수 있습니다. 게다가 목성과 토성 각각에는 지구로 치자면 달에 해당하는, 주변을 도는 위성들이 있어요. 그 몇몇 위성의 땅속에는 물이 액체로 존재하는 경우가 있습니다.

그중 하나가 목성의 위성 에우로파Europa이고, 또하나가 토성의 위성 엔켈라두스Enceladus입니다. 이 두 위성에 대해 좀더 정밀한 조사가 이루어진다면, 우주에서 지구 이외에 생명이 존재한다는 증거가 발견될 가능성이 있습니다. 이것이 하나의 가능성입니다.

또하나의 가능성은 태양계 바깥에 생명이 있는 경우입니다. 이 우주에는 태양계의 태양에 해당하는 항성들이 그야말로 무수히 존재합니다. 밤하늘을 올려다보았을 때 별로 보이는 것은 전부 항성, 즉 태양과 같습니다.[38] 그렇다고 한다면 밤하늘에 보이는 별들의 주위에는 태양계와 마찬가지로 여러 개의 행성들이 펼쳐져 있다는 얘기가 됩니다.

그 무수한 행성들 중에는 '해비터블 존habitable zone'이라 불리는, 요컨대 생명이 생명으로서 존재할 수 있는 지대, 바꿔 말하면 물이 액체로 존재할 수 있는 지대에 포함된 행성들이 있으리라 예상할 수 있습니다. 실제로 그 해비터블 존의 범위에 들어 있는 행성들이 몇 개나 있을까에 대해서 예전에는 단지 개념적인 수준에서 검토할 수

---

38 천문학에서는 별을 스스로 빛나는 존재로 정의한다. 별은 말 그대로 '스타'인 것이다. 우리 태양계에서 스스로 빛을 내는 것은 태양뿐이다. 금성이나 목성, 혹은 달 등이 밝게 보이는 것은 태양에서 방출되는 빛을 반사하기 때문이다. 그러니까 천문학의 정의를 엄밀하게 따른다면 하늘에는 태양과 달과 별들이 있는 게 아니라, 별(즉 항성)들과 별 아닌 것들이 있는 것이다.

밖에 없었지만요, 최근에는 점점 더 관측가능해지는 추세입니다. 구체적으로 말해볼까요? 몇 년 전부터 하늘에는 케플러라는 인공위성이 떠 있습니다. 케플러는 태양계 바깥에 있는 항성의 행성계 안에 해비터블 존이 얼마나 존재하는지 조사하기 위해 제작된 미국의 인공위성입니다.

케플러는 한참 전부터 떠 있었기 때문에 데이터가 꽤 축적됐는데요, 그 결과가 2010년에 처음으로 발표되었습니다. 해석하기에 따라 견해는 달라질 수 있지만, 해비터블 존 안에 들어 있는 행성들은 거의 무수하다고까지 할 수 있다는 사실이 드러났습니다. 해석을 어떻게 하든 간에 엄청난 포텐셜이 있다는 사실이 밝혀진 것이죠. 그렇기 때문에 지금은 극단적인 얘기를 하는 사람들까지 있을 정도예요. 예컨대 '우주는 생명으로 충만하다'든가 혹은 '지금까지는 생명은 지구에만 존재하는 것이라고 여겨왔지만, 실은 지구야말로 생명의 변경이다'라는 식으로요.

2006년에 우리나라의 대학 공동이용기관 법인 '자연과학 연구기구'라는 조직이 생겼는데요, 그때부터 일관되게 저는 경영협의회 위원을 맡아왔습니다. 그런데 자연과학 연구기구의 주요 멤버가 바로 국립천문대니까, 우주탐사야말로 이 연구기구의 가장 중요한 임무 중 하나가 된 것이지요. 그런 연유로 이 연구기구는 몇 년 전부터 '우주와 생명' 연구회를 발족시켰고요, 그 외에도 '우주에 우리의 동료들이 존재하는가'라는 제목하에 태양계 외 우주탐사를 핵심 주제로 심포지엄을 매년 몇 회에 걸쳐 열어왔습니다. 케플러 발사도 있고 해서 관심은 계속 높아지고 있습니다. 몇 년 이내에 진짜로 생명이 있는 태양계 외 행성이 발견되지 않을까 생각합니다.

그러시면 곤란합니다, 이와나미 씨

저에게도 이 사람의 책이라면 거의 전부 갖고 있다, 이렇게 말할 수 있는 사람이 몇 명 있습니다. 그중 한 사람이 앞서 말했던 프리먼 다이슨입니다. 그의 책은, 비록 영어 원서로는 아니지만, 일본어 번역으로 출간된 책은 전부 가지고 있습니다. 그리고 또 한 사람이 천재 물리학자 리처드 파인먼Richard P. Feynman입니다. 그의 저작은 여기에 모아두었는데요, 파인먼의 경우 기본적인 저작에 대해서는 일본어판과 영어판 양쪽을 모두 갖추고 있습니다. 굳이 구별해서 말하자면 영어판 쪽이 많습니다만……

파인먼이라는 사람은 일본의 경우 이와나미서점에서 발행된 『파인먼 씨, 농담도 잘하시네!』가 베스트셀러가 되기도 했고 또 쉽게 접할 수도 있다보니, 교양 과학 에세이 저자로 유명한 사람 아닌가 싶기도 할 겁니다.

그러나 그는 1965년에 노벨 물리학상을 수상한, 명실상부한 물리학자입니다.

파인먼이 쓴 『파인먼의 물리학 강의』는 일본에서 가장 유명한 물리학 교과서입니다. 이와나미서점이 원저를 번역 출판한 것이 엄청 팔려서 지금도 『파인먼의 물리학 강의』를 교과서로 쓰는 대학이 적지 않습니다. 이 파인먼 교과서는 독자들에 대한 배려가 곳곳에 깨알같이 박혀 있어, 대단히 흥미롭게 읽을 수 있습니다. 그리고 통독하면 물리학의 본질에 눈을 뜬 듯한 느낌이 듭니다.

하지만 사실 이 파인먼이라는 사람은 자신이 직접 한 권의 책을 다 쓴 일이 없는 사람입니다. 『파인먼의 물리학 강의』 전5권도, 파인먼이 실제로 한 것은 강의일 뿐, 책은 제자인 로버트 레이턴과 매슈 샌즈가 강의 테이프, 속기록, 칠판의 판서 기록 등을 바탕으로, 잘 정리하여 책으로 펴낸 것입니다. 『파인먼의 물리학 강의』만 그런 게 아니라 『파인먼 강의—중력이론』 등도 그렇습니다. 서지 정보를 보면 모두 저자명 있는 곳에 '파인먼 편'이라고 되어 있는데, 바로 이런 사정 때문입니다.

물론 그가 직접 쓰지 않았다고 해서 파인먼이라는 인물의 대단함이 감소되는 것은 아닙니다. 강의록이 이만한 명저가 되는 데서도 알 수 있듯이, 실제 파인먼이라는 사람은 전해지는 이야기도 대단하고 그래서 미국에서는 『파인먼 물리학』 시리즈의 원천이 된 강의 자체가 카세트 테이프로 제작되어 판매됐는데, 이것도 또 엄청나게 팔렸습니다. 〈Complete Audio Collection(오디오 강의 전집)〉이라는 제목으로 모두 6개였는데요, 가격이 40달러니까 싼 편이었죠. 현재는 베이직북스에서 〈The Feynman Lectures on Physics on CD(파이먼 물리학 강의 CD》라는 이름으로 20개짜리 CD가 판매되고 있다고 합니다.

이렇게 많은 명저를 낳은 파인먼이지만, 일본인에게 가장 친숙한 『파인먼 씨, 농담도 잘하시네!』 시리즈에는 심각한 문제가 있습니다.

왜냐하면 이와나미서점은 『파인먼 씨, 농담도 잘하시네!』(전2권), 『곤란합니다, 파인먼 씨』, 『파인먼 씨 최후의 모험』, 『파인먼 씨의 유쾌한 인생』(전2권), 『파인먼 씨는 슈퍼 천재』를 단행본으로 출판했는데, 이 모두를 같은 번역자, 같은 장정으로 해서 시리즈로 만들었기 때문입니다.

실제로 파인먼이 직접 참여한 것(구술한 것)은 처음에 말한 『파인먼 씨, 농담도 잘하시네!』와 『곤란합니다, 파인먼 씨』뿐입니다. 반면에 『파인먼 씨 최후의 모험』 『파인먼 씨의 유쾌한 인생』 『파인먼 씨는 슈퍼 천재』는 각각 랠프 레이턴, 제임스 글릭, 크리스토퍼 사이크스 등 다른 저자들이 쓴 것입니다. 이렇게 전혀 다른 종류의 책들을 마치 같은 계열의 것인 양 출판한 이와나미의 처사는 거의 독자들에 대한 사기적 행위라는 얘기를 들어도 할말이 없습니다.

게다가 시리즈처럼 보이기 위해서인지 모든 책 제목에 '파인먼 씨'를 넣었는데요, 원서 제목에 '파인먼 씨'가 들어 있는 것은 『파인먼 씨, 농담도 잘하시네!』의 『Surely You're Joking, Mr. Feynman!』뿐입니다. 『곤란합니다, 파인먼씨』의 원서 제목은 『What Do You Care What Other People Think?』예요. 파인먼이라는 이름이 전혀 나오지 않고요, 다만 주석처럼 붙은 부제에 나올 뿐입니다.

이렇듯 실제로는 파인먼이 참여하지 않은 서적도 파인먼의 저서인 듯 만들어버리는 등 이와나미서점은 일본인들이 파인먼 관련 서적에 대해 심각한 오해를 하도록 해왔습니다. 이것은 정말이지 어처구니없는 짓입니다.

이와나미서점의 이러한 뒤죽박죽 처사에 대해서는 제가 이와나미 현대문고판 『곤란합니다, 파인먼 씨』 해설을 부탁받았을 때 거기에 상세히 해설해놓았습니다. 아니, 좀더 정확히 말하자면 이 해설을 읽지 않은, 일본 독자들은 파인먼의 저작에 대해 완전히 오해를 하게 되어 있습니다. 정말이지 '곤란합니다, 파인먼 씨'가 아니라 '곤란합니다, 이와나미 씨'입니다.(웃음)

파인먼 최대의 업적

제목도 그렇고, 다른 저자들의 책을 마치 같은 저자의 책인 것처럼 제멋대로 탈바꿈시켜버리는 것도 그렇고, 이와나미는 믿을 수 없을 정도로 웃기는 짓을 했던 것입니다만, 그중에서도 진짜 뚜껑 열리는 짓은 번역할 때 원서에서 가장 중요한 부분을 멋대로 빼버렸다는 것입니다.

파인먼이 쓴 것 중에서 세계적으로 가장 유명한 것은 「챌린저호 사고 조사위원회 보고서」의 「부록F」입니다.

1986년 1월에 NASA의 스페이스 셔틀 챌린저호가 발사 직후에 폭발하는 엄청난 사고를 일으켰습니다. 그뒤 '스페이스 셔틀 챌린저호 사고 조사 대통령 위원회'가 조직됩니다. 이 위원회는 위원장의 이름을 따서 '로저스 위원회'라 불렸는데요, 파인먼은 이 위원회의 가장 강력한 권한을 가진 멤버로 임명받습니다.

그리고 파인먼은 사고의 원인이, 외부 보조 로켓의 접합부에 가스 누출방지를 위해 붙어 있던 'O링'의 상태가 불량했기 때문임을 찾아냅니다. 사고의 원인을 찾아냈을 뿐만 아니라 더 나아가 빙점 이하 가까이까지 떨어져서 발생한 냉기 때문에 O링의 탄력성이 상실되어 밀폐성이 훼손되었음을, TV로 생중계되는 공청회장에서 컵에 담긴 얼음물에 시료를 넣는 실험을 통해 증명해 보였습니다.

그뒤 파인먼은 이러한 사고 원인을 결과적으로 방치했던 NASA의 조직적 병리를 밝혀내기 위해 '로저스 위원회'와는 별도로 독자적인 보고서 「셔틀 신뢰성에 관한 개인적 견해」를 제출합니다.

하지만 위원회 다수파는 그의 견해를 정식 보고서에 담기를 거부합니다. 그래서 파인먼은 위원회에 "제 보고서를 본 사람이 아무도 없는 것 같군요"라고 불만을 토로합니다. 이에 대해 위원회는 "그러면 이 보고를 어떻게 할지는 회의에서 결정하기로 하고, 그 회의는 다음주에 하도록 합시다"라는 식으로 답합니다. 그 결과, 일반 기자회견 때는 파인먼의 보고를 공표하지 않았던 것인데요, 소수파이긴 했지만 몇몇 위원의 강력한 요청에 따라 기자회견 한 달 후, 어디까지나 개인적 견해로서 보고서에 부록 형태로 파이먼의 보고서를 첨부합니다. 이 「부록F」는 그런 복잡한 사정이 있는 문서입니다.

이 문서는 본래 『파인먼 씨는 슈퍼 천재』의 원저인 『The Pleasure of Finding Things Out』에 들어 있었습니다. 하지만 그것을 이와나미는 웬일인지 번역할 때 누락시켜버리는 짓을 한 거예요.

그건 정말이지 웃기는 짓입니다.

왜냐하면 파인먼이 관여한 일 중에서 가장 유명한 것을 빼버린 행동이니까요. 왜 그런 일을 한 건지, 지금으로서는 진상을 알 길이 없습니다. 어쩌면 처음 펴낸 『농담도 잘하시네!』가 이런 유의 과학 에세이로서는 믿을 수 없으리만치 팔려버리니까, '이런 읽기 쉬운 과학 에세이 노선으로 일관하자'고 생각했을지도 모르지요. 그런 관점에서 보자면 「부록F」의 내용은 지나치게 전문적입니다. 그래서 '일반인들에게 읽히기에는 적당치 않다'고 이와나미가 멋대로 판단한 것이 아닐까 싶습니다.

「부록F」는 짧은 글이지만 알기 쉽고 또 중요한 글입니다. 그리고 챌린저호 사고의 근본 이유를 이해하려 할 때 우선 이것을 읽어야 한다고 할 정도의 글입니다. 사회적 영향이라는 관점에서 볼 경우 이 글이야말로 압도적으로 중요한 것입니다. 그리고 그뒤 챌린저호 사고에 관해 언급할 때, 반드시 인용되는 문서입니다. 이토록 중요한 「부록F」가 『파인먼 씨는 슈퍼 천재』 간행시에는 칼질을 당해버리고 그래서 「부록F」 발표 이후 15년 동안이나 일본에서는 줄곧 읽을 수가 없었던 것입니다. 2001년이 되어서야 겨우 이 글의 번역문이 수록된 『파인먼 씨 베스트 에세이』가 출간되었습니다. 기묘하리만치 어리석은 사건이라고 저는 생각합니다.

우수리셈 이론

앞서도 얘기했듯이 챌린저호의 사고 원인 규명에 관한 일화는 극적이라 할 수 있습니다. 그러나 물리학자로서의 파인먼을 얘기할 때 노벨상 수상도 빼놓을 수 없겠습니다.

파인먼은 도모나가 신이치로朝永振一郎와 1965년에, 노벨 물리학상을 공동으로 수상합니다. 공동 수상자에는 도모나가 신이치로와 파인먼 외에 미국인 줄리언 슈윙거Julian S. Schwinger라는 사람도 들어 있었습니다. 이 세 사람이 양자전기역학을 확립했다는 이유로 노벨 물리학상을 수상한 것입니다. 이쪽의 사정을 설명하려고 하면 무지하게 어렵기 때문에 생략하겠습니다만, 어쨌거나 당시 소립자 물리학은 어찌할 도리 없는 난제에 부딪힌 상태였습니다. 종래의 가설에 따라 계산을 하면, 어떻게 해도 발산發散을 해버리는 겁니다. 발산한다는 것은 계산을 진행하면 물리량이 무한대가 되어버리는 걸 의미하는데요, 그렇다는 것은 계산의 해답으로서는 절대적으로 틀렸다는 얘기가 됩니다. 왜냐하면 양자전기역학의 대상이 되는 그 어떤 물질이나 현상도 실제 실험을 보면 어떠한 의미에서도 발산 따위가 발생하지 않기 때문입니다. 그런데 계산상으로는 발산을 해버리는 거예요. 뭔가가 이상한 것이죠. 하지만 어디가 문제인지 알 수 없는 그런 상태였던 것입니다.

양자역학의 기본 개념에 입각해 계산을 진행하면, 현실적으로는 일어날 수 없는 결과가 도출되는 상황! 이 문제를 어떻게 해결해야 하는가? 그것이 그 무렵의 소립자 물리학 최대의 문제였습니다. 그리고 그 문제에 하나의 해결책을 제시한 것이 도모나가 신이치로였습니다. 그의 수상 이유가 된 이론을 일본어로는 '우수리셈(くりこみ 혹은 繰り込み) 이론'이라고 합니다. 그렇다면 우수리셈 이론이란 무엇인가? 이걸 설명하기 시작하면 그게 또 엄청난 일이 돼버리기 때문에 도모나가 선생 자신도 다양한 방법을 써서 알기 쉽게 쓰려고 시도한 책이 몇 권 있습니다만, 읽어도 대부분의 사람들은 알 수 없을 거예요. 『양자역학』 『물리학이란 무엇인가』 등 도모나가 신이치로의 책은 이쪽에 모아뒀는데요, 요컨대 우수리셈 이론은, 계산상으로는 발산을 일으키지만 현실적으로는 발산이 발생하지 않으니까, 그렇다면 그 문제되는 부분을 모두 더 큰 문제 안에 처넣어버리자, 요컨대 우수리셈을 해버리자는 것입니다. 물론 이것은 엄청나게 조야한 설명입니다.(웃음) 아무튼 이 이론을 통해서 소립자 물리학이 과학 이론으로서 생환한 것입니다.[39]

그런 도모나가 신이치로와 파인먼, 그리고 슈윙거는 모두 각각 독자적으로 수행한 연구 성과에 따라 노벨상을 수상했습니다. 하지만

'이들 세 사람이 이룩한 학술적 성과는 사실 실질적으로 동일한 것이다'라는 주장을 하고, 또 그것을 증명한 사람이 있습니다. 그가 바로 아까 소개했던 프리먼 다이슨입니다.

그리고 프리먼 다이슨은 그 사실을 증명함으로써 그해 도모나가 등 세 사람에 이어 네번째 노벨상 수상자가 되는 것이 당연하다는 이야기가 있었습니다. 하지만 프리먼 다이슨은 '어디까지나 이 세 사람이 나보다 한 수 위니까, 나는 상을 받지 않겠다'고 고사했습니다. 이렇게 고사함으로써 그에 대한 평가는 더욱 높아지고, 그는 프린스턴 고등연구소 명예교수로 남습니다. 참고로 노벨상은 복수 수상자를 허용하지만, 한 해에 각 부문마다 최대 세 사람까지 수여한다는 규정이 있습니다. 뭐 그건 그렇고 어쨌거나 그는 정말이지 매력적인 인물입니다.

과학을 '표현하는' 천재

파인먼도, 프리먼 다이슨도 진짜 독특한 천재입니다. '파인먼 씨' 시리즈 중 하나인 『파인먼 씨는 슈퍼 천재』라는 책은 BBC가 제작한 〈파인먼은 어떤 인물인가?〉라는 프로그램을 바탕으로 편집한 책입

---

39 '우수리셈 이론'은 좀더 보편적으로는 '재규격화 이론renormalization theory'에 포함된다고 할 수 있는데, 이 재규격화 이론에 대해 자세히 알 수 있는 국내 대중 과학서는 거의 없다. 참고로 다케우치 가오루, 『한 권으로 충분한 양자론』(김재호·이문숙 옮김, 전나무숲, 2011)의 3장 「'무한대 해'의 난제를 해결한 파인먼의 재규격화」는 재규격화 이론을 간략하고도 알차게 설명하고 있다.

니다만, 그 원저의 영문 제목은 『No Ordinary Genius』입니다. 즉 비범한 천재라는 말이지요.

과연 그는 어떤 면에서 어떻게 평범치 않은 것일까요?

그는 어떤 일에 대해서든 직관적으로 파악하고, 또 그것을 직관적인 언어로 표현함에 있어서 실로 천재적이라고 평가받아왔습니다. 그것도 천재들이 발에 채일 정도로 득시글거리는 커뮤니티에서 그를 제외한 많은 천재들에 의해, 그 사람은 진정한 천재다, 라고 일컬어졌던 것입니다.

실제로 그가 『파인먼 물리학』 강의를 한 곳은 캘텍CALTECH이라는 약칭으로 알려진 캘리포니아 공과대학입니다. 미국에는 ○○TECH라고 줄여 부르는 대학이 몇 군데 있습니다만, 그것은 소위 종합대학인 유니버시티와는 다른 공과대학을 가리킵니다. 그중에서도 캘텍은, (MIT라는 약칭으로 일본에서도 널리 알려져 있는) 매사추세츠 공과대학과 함께 미국에서 내로라하는 천재적인 이과 계열 학생들이 모인 것으로 유명한 자연과학대학입니다.

파인먼의 최대 업적은 파인먼 다이어그램[40]을 발명한 점에 있습니다. 그리고 이것이 노벨상 수상 이유와도 연관됩니다.

파인먼 다이어그램이란 하나의 도해를 말하는데요, 이 다이어그램을 사용하면 소립자 세계에서 일어나는 현상들을 모두 기술할 수

---

40 '파인먼 다이어그램'에 대해서는, 앞서 소개한 『한 권으로 충분한 양자론』의 3장 3절 「파인먼 다이어그램 입문」을 참고할 수 있다.

있습니다. 사실 전문서들을 훑어보면 소립자론에 관한 책들은 모두 이 다이어그램에 입각해 기술되어 있습니다. 소립자와 소립자가 충돌하면 다른 소립자로 모습이 변하거나 빛을 내거나, 아니면 에너지가 발산되거나 하는데요, 그러한 현상들이 모두 파인먼 다이어그램에 의해 기술 가능하다는 겁니다. 그리하여 아까 해설해드린, 당시 소립자 물리학 최대의 골칫거리였던 발산 문제도, 파인먼 다이어그램에 적용시키면, '아하, 이렇게 하면 되는군!' 하고 이해할 수 있었던 것입니다.

그러니까 기본적으로 과학은 논리가 중요합니다만, 또 한편으로는 그 이론을 기술하기 위한 과학 언어가 충분히 발달치 못한 경우도 있는 것입니다. 언어, 즉 표현 방법이 중요한 것은 철학이나 문학 같은 소위 문과 학문에서만이 아닙니다.

표현 방법이란 바꿔 말하자면 현상을 보는 방식입니다. 어떻게 해봐도 풀리지 않는 난제라고 생각되던 것이 문득 다른 각도에서 보면 문제조차 아니었다는 식으로 돼버린다거나, 다른 각도에서 봄으로써 그 문제의 근본적인 지점에서 지금까지 알아차리지 못했던 측면이 드러난다거나 합니다. 과학의 진보란 그러한 과정의 반복입니다.

어떤 경우에는 수학을 쓰지 않으면 안 되고, 또 어떤 경우에는 파인먼 다이어그램 같은 그림을 사용하지 않으면 안 됩니다. 수학이든 도해든, 그 시대의 진정 천재적인 두뇌를 가진 사람이 독특한 기술 방법을 생각해냅니다. 그리고 그 방법에 의해 새로운 과학의 세계가 표현됩니다. 그리하여 학문이 진화해가는 것이지요.

이 다이어그램 속에 소립자의 모든 것이 기입되어 있다는 것을 파인먼 자신도 평생 자랑스러워했던가봅니다. 그래서 그가 애용하던 자가용의 옆문에는 파인먼 다이어그램의 정수가 큼직큼직하게 적혀 있었습니다. 그를 소개할 때 그 사진이 자주 사용되곤 하지요.

과학은 불확실한 것이다

파인먼에 대한 이야기를 마무리짓는 차원에서 지금까지 말씀드렸던 것 이외의 추천서를 좀더 소개할까 합니다. 우선 『일반인을 위한 파인먼의 QED 강의』라는 책이 있습니다. 이것은 현대 물리학의 최첨단, 요컨대 빛이란 무엇인가, 물질이란 무엇인가라는 문제의 핵심을 찔러들어간 것입니다. 캘리포니아 대학 로스앤젤레스 캠퍼스 UCLA에서의 강연을 정리한 것입니다.

그 외에 특히 재미있었던 것은 『물리 법칙은 어떻게 발견되었나』와 『소립자와 물리 법칙』, 그리고 『파이먼의 과학이란 무엇인가?』입니다. 모두 전문서가 아니고 일반인을 대상으로 한 강연을 정리한 것입니다.

이 책 『파인먼의 과학이란 무엇인가?』는 빛이나 물리 같은 특정한 틀을 뛰어넘어 과연 과학이라는 것은 무엇인가를 주제로 한 책입니다.

실은 과학의 주변에도 수상쩍은 이야기들이 많이 있습니다. 예를 들면 하늘을 나는 원반이라든가 텔레파시, 신앙 요법을 어떻게 생각하면 좋을지 같은 것들인데, 그런 문제들에 대해 파인먼은 이 책에서 정면으로 답하고 있습니다. 이것은 실로 현대인의 필독서라고 생각합니다. 과학을 덮어놓고 믿어버리는 것도 전적으로 난센스라고 확실히 못박으면서, 과학의 본질을 훌륭하게 전하고 있는 책입니다. 읽어보면 재미있을 뿐만 아니라 인간이 과학과 마주할 때의 마음가짐에 대해 새삼 생각하게 해주는 대단히 좋은 책입니다.

과학에 대해 말하는 것의 어려움

다음은 아인슈타인입니다. 아인슈타인에 관한 책들은 대체로 이 쪽에 있습니다. 데니스 브라이언의 『아인슈타인, 신이 선택한 인간』, 앨리스 캘러프리스가 편집한 『아인슈타인이 말합니다』, 에이브러햄 파이스의 『신화는 계속되고』 등은 꼭 읽어보시기 바랍니다.

아인슈타인은 물론 천재입니다만, 그의 어디가 어떻게 뛰어났는지 전달하기란 여간 어려운 일이 아닙니다. 우선 그의 연구 성과인 상대성이론이나 양자론을 한마디로 간결하게 가르쳐주길 바라는 사람들이 많은데요, 그거 참 곤란한 일입니다. 왜냐하면, 듣는 사람이 물리학이나 수학에 대해 어느 정도 기초 지식을 갖고 있느냐에 따라, 전해야 할 내용이 크게 달라지기 때문입니다.

과학의 최첨단 이론은 예비 지식을 갖추지 않은 상대에게 한마디로 전달할 수 있는 게 아닙니다. 그래서 과학에 관련된 책들도 어느 정도 수준의 독자를 대상으로 할 것인지 먼저 설정하지 않으면, 아무것도 전달할 수 없는 그런 면이 있습니다. 최첨단 일보직전까지는 모두 이해하고 있어서 최신의 연구 성과만을 전하면 되는 사람인지, 아니면 초보의 초보에 대한 해설부터 시작해서 최신 연구 성과의 엑기스만을 전달하면 되는 사람인지…… 대단히 폭넓은 선택지가 있고, 그래서 어느 길을 선택했는가에 따라 이야기의 수준도, 또 분량도 모두 달라지는 것입니다. 그렇기 때문에 과학 분야의 책을 읽을 때는 그 저자가 어떤 수준의 독자들을 염두에 두고 쓴 책인지 재빨리 판단하고, 자신이 그 수준의 독자인지 아닌지를 판단하고 나서 읽지 않으면, 읽을 필요가 없는 책을 읽게 되기 일쑤입니다. 수준이 너무 안 맞는 책을 읽는 건 무의미합니다. 수준이 너무 높은 책도, 너무 낮은 책도 읽어봤자 의미가 없습니다. 주의해야 할 점은 내용이 원하는 것인지 아닌지도 문제지만, 설명 수준이 적절한지 아닌지가 더 중요하다는 점입니다. 다 알고 있는 것, 설명이 필요 없는 것을 주구장창 늘어놓는 책을 읽는 일만큼 지겨운 일도 없습니다. 그런 책은 곧장 읽기를 그만두지 않으면 시간 낭비입니다. 이 판단은 단지 과학만이 아니라 다른 영역의 책을 읽을 때에도 늘 중요합니다.

사실은 의사소통에 있어서도 우선 상대의 수준을 파악하기 위해 서로 가늠을 해볼 필요가 있습니다. 어떤 화제라도 그 화제에 대해 약간의 대화를 통해서 상대의 이해 수준을 판단하고, 그에 맞는 대화를 해야 합니다. 이것이 올바른 커뮤니케이션의 기본입니다. 공학적인 세계에서 서로 다른 종류의 온갖 시스템들을 서로 적절히 연결시킬 때 먼저 규격을 맞추고 시작하는 것과 같은 이치입니다(규격을 맞춘다는 것은 원래 총구의 구경과 탄환의 지름을 맞추는 것을 뜻한다). 전기를 사용하는 회로를 연결할 때는 임피던스를 맞출 필요가 있습니다(맞지 않으면 스피커에서 모기가 앵앵거리는 듯한 소리밖에 나오지 않거나, 반대로 귀청 떨어질 듯한 큰 소리가 난다). 기계적인 동력 전달계에서라면 기계의 임피던스를 맞추는 것(자동차 엔진의 회전력과 바퀴의 회전저항값을 맞추기 위해 변속기를 사용한다)이 여기에 해당하겠지요. 사람의 두뇌 회전력은 개인마다 상당히 다르기 때문에, 설명을 하는 쪽과 설명을 받아들이는 쪽이 이해도 임피던스를 맞추지 않으면, 설명이 거의 되질 않는다거나 거꾸로 그런 바보 같은 수준의 설명은 얼른 집어치우라고 하는 상황이 되기 십상입니다.

책을 읽는 쪽, 즉 독자가 책과 임피던스를 맞추기 위해 해야 할 일은 일단 서서 책을 훌훌 넘겨보면서 부분 부분 읽어보거나, 머리말을 읽어보거나 하는 것입니다. 만일 책이 아니라 상대가 실제로 내 눈앞에 있고 그 사람에게 양자론을 설명해야 하는 경우라면, 가장 좋은 것은 '양자론에 대해 뭔가 알고 있습니까?'라든가, '어느 쪽이 잘 이해가 안 되십니까?' 같은 솔직한 질문을 던져 그 답에 따라 이야기를 하는 것입니다.

그렇지 않으면, 진정한 의미에서의 과학 커뮤니케이션은 이루어질 수가 없습니다. 그 세계에 대해서 조금이라도 알고 있는 사람과 전혀 알지 못하는 사람은 이해 수준의 차이가 너무 큽니다. 차에 비유하자면 자전거밖에 모르는 사람과, F1 레이서 혹은 고속버스 운전기사, 중요 화물을 운반하는 트레일러 운전기사가 차에 대해 이해하는 바가 완전히 다른 것과 같은 이치입니다.

사실 이 문제는 다른 세계에도 적용됩니다. 예컨대 철학 이야기를 할 때도 그렇습니다. 듣는 사람이 철학의 세계에 대해 풍월이라도 들어본 일이 있는 사람인가 그렇지 않은가에 따라, 말하는 사람 쪽은 이야기하는 내용이 달라지게 됩니다. 철학의 세계에서는 어떤 시대의 문제군과 지금 현재의 문제군이 크게 이질적일 수가 있습니다. 그러한 차이를 이해하는 사람과 이해하고 있지 못한 사람 사이에는 대화가 성립하질 않습니다. 대화를 계속해도 계속 어긋날 뿐입니다.

다만 과학에서는 그것이 보다 강하게 문제가 됩니다. 과학의 세계에서는 기초 개념 중의 기초 개념에 해당하는 것이 수학인 경우가 많은데요, 이 수학이라는 분야는 본격적으로 씨름해본 적이 있는 사람과 그런 트레이닝을 전혀 받아보지 않은 일반인 간에 인식의 어긋남이 가장 크게 발생하는 분야입니다. 일본의 학교 제도를 기준으로 말하자면, 고등학교에서 문과를 선택했느냐 이과를 선택했느냐에 따라 과학의 세계를 이해하는 토양 자체에 큰 차이가 있습니다.

인문계에서도 초보적인 미적분 정도는 배우겠습니다만, 대개의 학생들은 거의 이해하지 못한 채 졸업하게 됩니다. 그렇기 때문에 미적분 이상의 내용이 문제가 되면, 거의 아무것도 알 수가 없습니다. 즉 이해의 수준이 미적분에 머물러 있는 사람은, 과학에서 말하는 내용 이전에, 최첨단 수학의 세계 자체가 자신이 알고 있는 수학의 세계와 크게 다르다는 사실이 이해가 안 되는 겁니다.

예를 들면 수학에 군론群論이라는 분야가 있습니다. 이것은 프랑스 수학자이자 혁명가였던 갈루아Évariste Galois가 고안해낸 수학 이론입니다. 갈루아는 십대 시절 현대 수학의 주춧돌을 쌓은 인물로, 스무 살이라는 젊은 나이에 결투 끝에 사망하는 장렬한 삶을 산 천재입니다. 이 내용은 『갈루아의 생애—신들이 총애한 사람』이라는 책에 잘 정리되어 있습니다.

그런데 이 군론에 대한 이해가 없으면 현재로서는 화학이나 물리학, 그리고 생물학까지도 이해의 수준에 확연한 차이가 발생합니다. 물론 군론과 완전히 무관하게 연구하는, 혹은 미적분과 전혀 무관하게 연구하는 세계도 있습니다. 실제로 전 세계에서 다수파를 점하고 있는 것은 이쪽입니다. 그러나 역시나 최첨단의 세계를 이해하기 위해서는 미적분과 군론에 대한 지식이 아무래도 필요합니다. 그나마 이과라면 미적분은 필수로 되어 있습니다만, 군론은 대학원에 진학한 다음에 특수한 코스를 밟는 사람이 아니면 익히는 사람이 없습니다. 사실 어렵지는 않습니다만, 잘 알려져 있지 않은 세계이지요.

지금까지 말한 설명의 애로 사항을 일단 인정한 위에서 양자란 무엇인가, 양자이론이란 무엇인가라는 질문을 받았을 경우, 뭐라고 답해야 할까요? 그 답을 한마디로 말하자면 '자연은 양자라는 덩어리로 이루어져 있다'는 것입니다. 이것이 바로 아인슈타인이 "신은 주사위 놀이를 하지 않는다"는 말과 함께 평생에 걸쳐 부정적인 입장을 취했으면서도, 역설적이게도 결정적으로 발전시킨 양자이론의 기초 중의 기초입니다.

현실에서는 일어나지 않지만……

어떤 변화가 있다고 하고, 그래서 1에서 2로 이동한다고 합시다. 이 경우 보통 감각이라면 1과 2 사이에는 1.1이 있고, 1.2가 있고, 1.3이 있고…… 이런 식으로 사이가 있고, 그 사이를 경유해서 1에서 2로 옮겨가는 것이라고 생각합니다. 하지만 양자이론에서는 그렇게 생각지 않습니다. 1은 돌연 2가 됩니다. 그 사이는 없습니다. '뿅!'이랄까, '삑' 하며 다음으로 가버립니다. 요컨대 1과 0만 있고, 모든 것을 1과 0의 조합만으로 표현하는 디지털 세계와 같습니다.

양자이론은 세계는 어디를 보더라도 양자라고 불리는 극히 작은 단위량으로 조립된 세계라고 생각하는 것, 더 정확히 말하자면, 그런 세계라는 걸 인식하는 것입니다. 이것은 사고방식의 문제가 아닙니다. 사실의 차원에서 그러합니다. 전기의 세계는 하나 둘…… 셀 수 있는 전자가 전기의 기본량을 전달합니다. 빛은 하나둘 셀 수 있는 광자光子가 빛의 기본량을 전달합니다. 물론 이것은 고감도 계측기를 사용하면 셀 수 있다는 얘기일 뿐입니다. 우리의 일상적인 감각 능력으로는 그것을 포착할 수가 없습니다. 양자는 어쨌거나 극히 미세하고 미소한 것이어서 인간적 감각 능력의 세계에는 나타나지를 않습니다. 인간적인 감각 능력의 세계는 모두 뉴턴 역학의 세계입니다.

이 설명으로 뭔가 알 것처럼 느껴지시겠지만, 사실 양자이론이라는 것은 일반 사회에서 일어나는 일상 현상의 설명에는 사용되지 않습니다. 오히려 양자이론 따위는 생각하지 않고 뉴턴 역학의 틀 속에서 세상을 보는 편이 매끄럽습니다. 하지만 극히 미세한 세계에서는 반대로, 뉴턴 역학으로는 설명이 불가능한 움직임이 출현합니다. 그런데 그것을 양자역학은 능숙하게 설명할 수 있습니다.

이처럼 원자핵의 세계와 같은, 일상적인 시각 세계와는 동떨어진 극단적으로 작은 것의 세계를 기술하는 데 양자이론이 유익한 것입니다.

그러나 오늘날에는 또 양상이 변화되고 있습니다. 지금까지는 일상생활에서 양자역학 따위를 전혀 접할 기회가 없었지만, 최근에는 양자역학으로 생각하지 않으면 이해할 수 없는 기술이 점점 더 리얼한 일상생활 속으로 들어오고 있는 것입니다.

비눗방울을 예로 들어보겠습니다. 비눗방울은 만져보면 신비한 감촉이 있습니다. 강한 건지 약한 건지 잘 모르겠는 것입니다. 비눗방울 막의 가냘픔은 이미 양자역학이 아니면 이해할 수 없는 영역에 있습니다. 예컨대 광학적인 현상 중 하나로, 비눗방울을 부풀리면 색이 변하는 현상이 있습니다. 그 색의 변화도 양자역학적으로 생각하지 않는 한, 이해할 수 없습니다. 어떤 색조를 띤 것이 '팟!' 하고 다른 색으로 바뀝니다. 변하기 전과 변화된 후의 중간색 따위는 없습니다. '팟!' 하고 변합니다. 이것은 양자 세계의 현상입니다.

그리고 예전에는 극히 특수한 수단을 이용하지 않으면 관찰이 불가능했던 세계에서 일어나는 일이, 지금은 일상 세계 속에서 가시화됩니다. 그러나 이러한 일들은 사실 진즉부터 일어나고 있었습니다.

그 대표적인 예가 레이저입니다. 『양자 효과 핸드북』에도 쓰여 있습니다만 양자 효과가 두드러지게 나타나는 세계로, 누구나 잘 알고 있는 것 중에 레이저가 있습니다. 현대 세계는 이미 레이저 없이는 거의 정상적인 생활이 불가능할 정도로 레이저는 일상생활 도처에서 사용되고 있습니다. 레이저는 '복사輻射의 유도방출에 의한 빛의 증폭'을 의미하는 영어 'Light Amplification by Stimulated Emission of Radiation'의 첫 글자를 따서 만든 단어라는 사실은 누구나 알고 있을 겁니다. 그러나 막상 레이저를 설명해보라고 하면 골치가 보통 아픈 게 아닙니다. 사실 레이저는 대단히 어려운 첨단 기술의 정수가 집약된 것입니다.

구체적으로 레이저는 어디에 사용될까요? 예를 들면 편의점에서 가격표를 읽어들이는 바코드 리더 같은 게 있습니다. CD나 DVD의 데이터를 읽어들이는 장치도 있고요. 또한 의료 분야에서도 막연히들 생각하는 것 이상으로 도입되고 있습니다. 치과에 가서 충치 치료를 받아보면 환부에 '징!' 하고 쏘는 레이저를 체험을 할 수 있습니다. 안과에도 있습니다. 지금은 눈 수술을 거의 레이저로 합니다. 반도체 레이저가 생기고 나서는 온갖 세계에 레이저가 파고들었고, 그래서 지금은 레이저가 있다는 걸 전혀 의식하지 못하는 아주 일상적인 상황에서도 사용되고 있습니다. 현대는 정보사회로서, 모든 영역의 모든 기계가 방대한 데이터를 기입하고 읽는 것을 전제로 가동되고 있습니다. 그런데 바로 그것이 레이저의 최고의 기능이기 때문에, 현실적으로 모든 기계의 내부에서 레이저가 작동하고 있는 셈입니다.

아인슈타인 최대의 공적

레이저에 대한 예전의 이미지는 SF에 나오는 레이저 광선포砲 같은 파워 레이저 이미지가 아니었나 싶습니다. 철판을 순식간에 절단시켜버리는 이미지니까, 자칫 눈동자에 닿기라도 하면 곧장 확! 타버리는…… 그런 이미지가 아니었을까? 그러나 실제로는 눈을 찢어버리지 않으면서, 레이저를 수술에 사용할 수가 있습니다. 어떻게 그럴까요? 그것은 극히 단시간만 쪼이기 때문입니다. 거의 순간이라고 해도 좋을 만큼 극단적으로 짧은 시간이므로, 눈을 상하게 할 만큼의 에너지가 방출되지 않습니다.

그러면 그것이 어느 정도의 단시간인가 하면, 펨토초femtosecond라는 단위로 계측되는 시간입니다. 이것은 히라오 가즈유키平尾一之와 규 겐에이邱建栄가 편집한 『펨토초 테크놀로지—기초 및 응용』이라는 책에 자세히 설명되어 있습니다. 마이크로초라는 것은 100만

분의 1초입니다. 영어에서는 숫자의 단위를 세 자리씩 끊으니까 나노초는 10억 분의 1초, 피코초picosecond는 1조 분의 1초이고, 그다음인 펨토초는 1000조 분의 1초에 해당합니다. 실제로 안과 의사들이 눈에 쪼이는 것은 1000조 분의 10초에서 100초 정도입니다.

이 정도의 시간이라면 극히 강력한 에너지를 가진 레이저 광선이라도 대상인 생체를 파괴하기 이전에, 거의 일순간 잠깐 '핏!' 하고 빛나고는 사라져버리기 때문에, 파괴 현상은 아무것도 일어나지 않습니다. 대개 피코초, 펨토초 단위에서 일어나는 현상은 눈으로는 확인이 불가능합니다. 인간의 감각 능력을 초월한 범위의 세계죠. 아픔도 느끼지 않습니다. 순간적으로 지나가버리고요, 단지 우리는 그렇게 지나간 후의 결과를 알 뿐입니다. 그러한 일이 일상적으로 사용되는 세계, 바로 그런 세계에 현재 우리는 발을 들여놓고 있는 중입니다.

그리고 이 레이저라는 것이 바로 양자역학적 현상 자체이며, 그 이론적 기초를 구축한 사람이 바로 아인슈타인입니다.

아인슈타인이라고 하면 누구나 알고 있는 것은 상대성이론일 겁니다. 그리고 상대성이론에는 특수상대성이론과 일반상대성이론이 있다는 정도까지는 일반 상식으로도 잘 알려져 있습니다.

특수상대성이론은 1905년에 발표되었고 일반상대성이론은 1915년부터 1916년에 걸쳐 발표되었습니다. 그리고 나서 아인슈타인이 쓴 논문이, 비록 그가 쓴 것 중에서 가장 유명하다고는 할 수 없지만, 현대 사회에서 가장 유익한 이론, 즉 레이저의 기초 이론이었습니다. 그것이

1917년에 발표된 「방사放射의 양자론에 대하여」입니다. 이 글에서 발표된 유도방출의 원리를 현실화시킨 기술이 바로 레이저인 것이죠.

레이저의 세계

레이저라는 것은 대단히 신기한 현상입니다. 왜 신기할까요? 일본이 최근 개발한 'X선 자유전자 레이저' 사클라SACLA를 설명하는 방식으로 이야기를 해보겠습니다.

참고로 현재 레이저 기술의 최첨단이라고 할 수 있는 것이 'X선 자유전자 레이저'입니다. 이것을 실용화하기 위해 미국, 일본, 유럽 이렇게 세 주체가 각각 독자적으로 개발을 진행해왔습니다. 미국이 조금 앞서 성공했고 일본은 2011년에 성공했습니다. 한편 유럽은 2015년에서 2016년 사이에 현실화될 예정이었는데, 여전히 지연되고 있습니다. 일본 것이 획기적으로 탁월하기 때문에, 이걸 따라잡기 위해 더욱 개량을 하는 중이라고 합니다.

레이저에는 양자역학적 현상의 특징인, 중간이 없이 '뿅!' 하고 아예 다른 상태로 가버리는 성질이 있습니다.

빛(전자파)을 작은 거울방(광공진기光共振器) 안에 넣으면, 서로 마주하고 있는 두 거울 사이를 계속해서 왕복합니다. 나아가 그 거울방 안에 유리라든가 루비, 혹은 이산화탄소 등 레이저의 매질이 될 수 있는 물질을 넣으면, 빛이 두 거울 사이를 왕복하면서 매질을 통과

할 때마다 유도방출에 의해 에너지가 증폭하는 현상이 발생합니다. 이것이 아인슈타인이 주창한 이론의 골격입니다.

그리고 여기서부터 엄청나게 어려워집니다만, 요컨대 이 양자역학적 현상이 발생하는 세계에서 중요한 개념은 에너지입니다. 그런데 그것은 일상 용어적인 의미에서의 에너지가 아닙니다. 양자역학적 세계에서는 모든 사태가 에너지 준위準位라는 것으로 규정됩니다. 빛은 사실은 에너지 덩어리입니다. 빛과 에너지는 상호 전환가능한 것입니다. 아인슈타인의 상대성이론 $E=MC^2$ 에서 에너지와 물질이 상호 변환가능하다는 사실이 제시되었지만, 서로 변환할 수 있는 것은 에너지와 물질만이 아닙니다. 에너지와 빛도 전환가능합니다. 물질의 에너지 준위가 변화되면 그 변화만큼 빛이 되기도 하고, 또 역으로 빛을 흡수해서 에너지 준위가 바뀌기도 하는 그런 일들이 가능해지는 겁니다. 달리 표현하자면 에너지와 빛과 물질은 본질에 있어서 같지만, 그때그때 페르소나를 바꾸는 삼위일체 관계에 있다고 해도 좋겠습니다. 이 대목에서 궁극의 물리학이 신학과 결부되어 있다고 해도 좋겠지요. 물리학을 궁극까지 밀고 나가면 신학이 된다고도 표현할 수 있겠습니다. 존재의 궁극이 신학이 된다고도 할 수 있겠고, 또 존재의 철학의 궁극은 신학이 된다고 해도 좋을지 모르겠습니다. 물리학과 철학과 신학이 삼위일체 관계에 있다고 해도 좋지 않을까 싶습니다.

어떤 물질이 어떤 특정한 에너지 준위에 있다고 합시다. 그 물질이 다른 에너지 준위로 이동할 경우는 '뿅!' 하고 이동합니다. 그 사이는 없습니다. 그리고 그렇게 에너지 준위가 상승할 때나 하강할 때 빛이 나옵니다. 그러면 그 빛은 무엇인가? 그에 대해서는 에너지 준위가 변할 때 나오는 것이라고 설명할 수밖에 없습니다.

그리고 통상적인 물질 세계 전체에서는 에너지 준위가 낮은 것이 바탕에 있고 에너지 준위가 높은 것이 위에 모여 있습니다. 요컨대 피라미드처럼 아래가 넓은 형태를 이루고 있는 것이지요. 그런데 아인슈타인은, 피라미드형과는 정반대로 위가 넓고 아래가 좁은 반전反轉 상태, 즉 에너지 상태가 높은 것이 많고 에너지 준위가 낮은 것이 조금밖에 없는 그런 상태를 인위적으로 만들 수 있다는 것을 제창했습니다.

그리고 그렇게 인위적으로 에너지 준위를 높인 상태가 조성된 곳에 일종의 불이라고 할 수 있는 것을 집어넣으면, 단숨에 눈사태 현상이 발생합니다. 다시 말해서, 빛이 두 거울 사이를 무한히 왕복하면서 믿을 수 없을 정도까지 증폭되는 것입니다. 그리고 그로부터 그야말로 울트라맨의 스페슘 광선처럼 빔이 '핏!' 하는 느낌으로 방출됩니다. 거칠게 말하자면 그것이 바로 레이저라는 것입니다.

일본과 미국의 '빛' 경쟁

빛의 세계에서 어떤 빛이 가시적인가 비가시적인가는 빛의 파장에 의해 결정됩니다. 파장이 가시광선 대역에 있는 빛은 볼 수 있지만, 그보다 파장이 더 짧거나 더 길면 눈으로 볼 수가 없습니다. 가시광선 바깥에 있는 자외선도, 적외선도 보이질 않는 것이지요(적외선 난로가 붉은 빛이 나는 것은 그렇게 보이도록 인공적으로 채색해서 그런 것이지, 적외선이 보이는 것은 아닙니다). X선 자유전자 레이저도 마찬가지로 육안으로는 보이지 않는 빛의 일종입니다. 파장이 극도로 짧습니다. 그리고 빛을 물질 관찰에 이용할 경우, 그 파장이 짧으면 짧을수록 유리하게 작용합니다.

예를 들어볼까요? 통상적으로 현미경은 원리상 관찰 대상에 가시광선을 쪼여 그 반사광으로 물체를 보는 기구입니다. 그래서 관찰하려는 대상이 가시광선의 파장보다 짧은 경우에는, 그 대상이 가시광선의 파와 파 사이에 숨어버리기 때문에 보이지 않게 됩니다. 그 정도로 미세한 것을 관찰하고자 한다면 가시광선보다 파장이 짧은 빛을 대상에 쪼일 필요가 있습니다. 그래서 등장한 것이 가시광선보다 파장이 짧은 전자선을 이용하는 전자현미경이었습니다.

그러나 전자현미경에도 한계가 있습니다. 더 미세한 것을 관찰하고자 하면 전자선보다도 파장이 짧은 빛이 필요해집니다. 그래서 나온 것이 X선 자유전자 레이저입니다. 이 레이저를 사용하면 파장이 옹스트롬[41] 레벨에 있는 빛을 출력할 수가 있습니다.

옹스트롬이라는 것은 나노미터보다 한 자릿수 작은 단위로, 원자

---

41 약호로 A 또는 Å라고 나타내며, 1Å=10^{-10}m이다.

크기를 정확히 표현하는 데 사용됩니다. 그리고 이 옹스트롬 레벨의 파장을 가진 빛을 사용하면 이론상으로는 원자 자체가 보이는 것입니다. 다만 전자현미경도 주사형走査型으로는 50~100옹스트롬, 투과형으로는 2~3옹스트롬까지 갈 수 있기 때문에, 이리저리 아이디어를 짜내면 커다란 원자 정도는 빠듯하게나마 보이는 수준까지 갑니다. 그러나 원자의 종류와 무관하게 어떤 원자든 이론상이 아니라 실제로 관찰할 수 있는 수준까지는 가지 못하죠. 반면 X선 자유전자 레벨이라면 원자의 세계는 당연히 관찰가능해집니다.

실은 미국의 연구팀이 전 세계에서 선구적으로 이 실험에 성공했습니다. 최초의 레이저 파장은 1.5옹스트롬이었지만, 그뒤 더욱 개선되어 2011년 초에는 1.2옹스트롬까지 도달했어요.

일본은 2011년 6월에 최초로 X선 자유전자 레이저를 발진發振시켰습니다. 그때 처음 발진시킨 것이 1.2옹스트롬 단계를 실현해서 갑자기 세계 타이기록을 세웠지요. 그리고 사흘 뒤에는 1.0옹스트롬까지 가고, 지금은 0.8옹스트롬까지 달성한 상태입니다. 설계시의 계산으로는 0.6 수준까지 가게 되어 있고요.

지금은 이미 상상을 초월하는 일이 계속 발생하고 있습니다. 그뿐만이 아닙니다. 이 레이저는 펄스광pulse光으로 발진됩니다. 그 빛이 점멸하는 시간이 얼마나 짧은지를 표현하는 펄스폭幅이 펨토초 클래스라는 것도 엄청난 일입니다. 그만한 시간 분해 능력을 가지면, 화학 반응 과정을 관찰할 수 있게 됩니다. 일반적으로 화학 반응은 반응속도가 너무 빨라 과정을 알 수가 없습니다. 처음과 끝만, 반응 전 상태와 반응 후 상태만 알 수 있을 뿐이죠. 화학 반응의 중간 과정이 밝혀지면 그 과정 중 일부를 조작하고 개량할 수 있게 될 것이므로, 화학공업이나 석유화학공업에 혁명적인 변화가 초래될 것으로 보입니다. 산업계에 끼칠 임팩트가 얼마나 강력할지는 지금으로서는 추측하기도 힘든 상황입니다.

또 한 가지 커다란 임팩트를 야기할 것으로 예상되는 것은 생리학, 생화학의 세계입니다. 생체 안에서 일어나는 일은 어떤 화학공업이나 석유화학공업의 공장보다도 복잡한 생화학 반응의 연쇄입니다. X선 자유전자 레이저와 관련해서는, 그러한 생화학 반응의 반응 과정에 대한 해석[42]도 해석이지마는, 세포막 채널의 해석이 끼칠 임팩트가 가장 클 것으로 예상됩니다. 모든 생체 반응의 무대는 세포입니다. 그리고 세포 안으로 온갖 물질들이 드나드는 걸 관리하는 것이 바로 막膜 패턴이 만드는 막 채널입니다. 세포 표면에 이 막 채널이 빽빽이 늘어서 있고, 그것이 주머니 모양의 입구를 열었다 닫았다 하면서 물질이 세포 안에 출입하는 것을 관리하는 것입니다. 이 막 패턴의 해명이 곧 약품 개발로 이어집니다. 하지만 이 패턴에 대한 해명이 지금까지는 극도로 어려웠어요. 그러던 것이 조만간 일거에 아주 용이해질 수 있다는 예상이 나오고 있는 겁니다.

여기서 조금 보충을 해두자면 X선 자유전자 레이저는 광학적 레이저와 전혀 다른 것입니다. 앞서 저는 레이저광을 어떻게 발진시키는가를 해명하면서, 거울 두 장으로 구성된 광공진기[43] 이야기를 했었습니다. 그 안에 빛을 쏘면, 빛이 거울과 거울 사이에서 몇 번이고 반복해서 반사되고 그러는 중에 빛의 빔이 발진해서 레이저가 된다고 말씀드렸는데요, 그것은 어디까지나 빛이 거울에서 반사되는 광학적 세계에서 일어나는 일입니다. 만일 빛의 파장이 더 짧아져서 X선 영역까지 도달하게 되면, X선은 거울에 반사되지 않고 거울을 뚫고 나가버리기 때문에, 광공진기 안에서 레이저 발진을 시킬 수 없게 됩니다. 그렇다면 X선을 레이저로 만들 수 없다는 것인가? 아닙니다. 광학 방식과는 전혀 다른 방식에 의해 가능합니다. 레이저란 뭐냐 하면 광파의 위상(광파의 마루 및 골의 상태)이 정확히 일치된, 그래서 간섭성이 지극히 높은 빔광을 가리킵니다. 광공진기의 경우는 거울 사이에 들어간 빛이 무수한 반사를 되풀이하는 가운데 빛이 서로 간섭하여 빛의 위상이 잘 들어맞기 시작하고, 그것이 어느 수준을 넘어서면 동일 위상의 빔이 됩니다. 거기에 더 강력한 간섭이 발생해서 그 이상 더 강력해질 수 없는 수준까지 위상이 정확히 들어맞으면 발진 현상을 일으키며 빛의 강도가 한 단계 증가된 빔이 됩니다. 그것이 바로 레이저입니다.

광공진기를 사용할 수 없는 X선의 경우, 어떻게 해서 빛의 위상을

---

42 해석解釋이 아니라 해석解析(사물을 논리적으로 풀어 밝힘)이다.

43 앞서 '작은 거울방'이라고 불렀던 것.

맞출 수 있느냐 하면, 위글러 자기장[44]이라는 강력한 자력磁力을 S극과 N극이 번갈아 교대되도록 배열시킨 특수한 자기계를 이용합니다. 여기에 전자빔을 도입하면, 전자빔은 강력한 자기계에 유도되어 전자 덩어리가, 마치 스키에서 회전경기를 하는 선수처럼, 이리 구불 저리 구불 운동을 개시합니다. 이 장치를 언듈레이터[45]라고 합니다. 전자빔은 언듈레이터 속에서 달리는 방향을 급격히 바꿀 때 방사광이라는 특수한 X선을 방사합니다. 전자빔의 주행 방향이 바뀔 때마다 방사광이 계속 나오고 그래서 다발 상태가 되면 그것이 바로 빔이 되는 겁니다. 그런 식으로 자기력을 계속 강화시키다보면, 방사광 X선빔은 간섭성이 높은 X선빔이 되고, 나아가 위상을 더욱 강렬하게 일치시켜가면 마침내 X선 레이저가 발진됩니다. 이것은 이론적으로는 전부터 예측되었던 것입니다만, 그것을 실제로 맨 처음 실현시킨 것은 미국이며(2005), 일본은 두번째입니다. 일본은 두번째지만, 대단히 뛰어난 언듈레이터를 발명했기 때문에 세계 최고 성능의 X선 자유전자 레이저를 가질 수 있었습니다.

성능이 고성능일 뿐만 아니라 세계 최소이고, 게다가 세계 최저 예산으로 완성했다고 하는 그런 여러 가지 점에서 가히 걸작이라 할 만합니다. 성공의 열쇠는 '진공 봉지형vacuum lock type' 언듈레이터에 있습니다. X선의 원천인 전자빔은 진공 속을 날아가지 않으면 안 됩니다(전자선이 현실의 공기 속을 날아다닌다면 대기 중의 다른 여러 분자들과 충돌해서 교란되지요). 전자빔을 강력한 자기계에서 움직이기 위해서는 자석과 전자빔을 가능한 한 근접시켜야 합니다. 그래서 미국은 전자빔을 진공 파이프 속에서 흐르게 하고, 강력 자석을 그 바로 바깥에 있도록 파이프에 붙여두었습니다(요컨대 자석과 빔은 파이프의 지름만큼 떨어져 있는 것입니다). 그런데 일본은 언듈레이터 전체를 진공 파이프 속에 넣어버렸습니다. 그리하여 빔과 자석을 거의 극한까지 근접시켜 세계 최고의 성능을 이끌어낼 수 있었던 것입니다.

일본이 이런 일을 할 수 있었던 것은 옛날부터(전쟁 이전부터) 강력 자석 분야에서 세계 제일의 기술을 갖고 있었기 때문입니다. X선 방사광 기술에서는 전부터 일본이 세계 제일이었던 것이죠(스프링8[46]이 세계 최대 최강의 방사광 시설이에요). 스프링8은 원래 고에너지 가속기 연구기구에 있던 방사광 연구시설이 발전된 것인데요, X선 자유전자 레이저가 성공하는 데 큰 힘이 된 진공 봉지형 언듈레이터도 본래 고에너지연구소의 가속기 연구 그룹이 착안해서 만들어낸 것입니다. 고에너지연구소가 보유한 B팩토리라는 게 있는데요, 이것은 B중간자를 대량 생성하기 위한 가속기입니다. 1973년에 고바야시, 마스카와 이렇게 두 분 박사님의 소립자 이론(고바야시·마스카와 이론)을 증명해 두 분에게 노벨상을 안겨준 세계 최고 성능의 가속기

---

44 wiggler 磁氣場. 위글러는 전자에 자기장을 걸어 갑자기 휘게 하는 것으로, 보다 높은 에너지와 고강도의 방사광을 발생시키는 장치다.

45 undulator. 거의 광속으로 가속된 자유전자를, 자석을 여러 개 나란히 놓은 곳으로 구불구불 진행시켜 방사광을 발생 및 증폭시키는 장치.

46 Super Photon ring-8GeV. 스프링8은 효고 현에 위치한 대형 방사광 시설이다. 전자를 가속·저장하기 위한 가속기들과, 발생한 방사광을 이용하기 위한 실험시설 및 각종 부속시설로 이루어져 있다. 이름 중 8은 전자의 최대 가속 에너지인 8Gev(8기가일렉트론볼트)에서 따온 것이다.

로도 유명합니다만, 이것을 제작한 팀과 스프링8을 제작한 팀, 그리고 X선 자유전자 레이저를 제작한 팀은 모두 뿌리가 같습니다. 일본의 X선 자유전자 레이저가 올린 쾌거는 세계 제일을 셋이든 넷이든 만들어내는 이 같은 연구 그룹이 있었기에 가능했던 것입니다.

특히 이번 쾌거는 당분간 다른 나라가 전혀 추격하지 못할 정도로 수준이 높고, 게다가 앞으로 이것을 이용해서 화학의 세계, 바이오의 세계, 제약의 세계에 대대적인 발전이 기대되는 만큼, 일본으로서는 국가적으로 경하할 만한 일이라고 해도 과언이 아닐 것입니다. 그러나 우리 사회 전반적으로는 이러한 분위기가 별로 느껴지지 않는데, 그것은 이 문제가 일본 대중매체의 지식과 이해력을 훨씬 뛰어넘는 이야기이다보니, 이런 면이 전혀 보도되지 않았기 때문입니다. X선 자유전자 레이저는 국가기간 기술로 지정받아 국가의 지원을 대대적으로 투입한 프로젝트였는데도 불구하고, 그에 걸맞은 주목을 받지 못한다는 사실이 씁쓸할 따름입니다.

단백질 구조 해석

이 X선 자유전자 레이저로 인해 극적으로 연구가 진척될 것이라고들 하는 단백질 구조 해석解析에 대해 이야기해봅시다. 단백질 구조 해석이라는 것은 X선을 조사照射해 이뤄져왔습니다. 제임스 왓슨과 프랜시스 크릭도 핵산에 X선을 쪼여 그로부터 반사되어 나오는 상을 보면서, 이러한 상의 원천이 된 것은 무엇일까, 이렇게 역연산逆演算을 했던 것입니다. 그 결과 DNA가 이중나선 구조를 하고 있다는 세기의 대발견을 이룩한 것이지요. 이들이 DNA를 발견해가는 과정에 대해서는 왓슨 자신이 쓴 『이중나선』에 자세히 적혀 있습니다.

세포의 표면에는 막 단백질이라는 것이 있는데, 이 막 단백질이 세포의 안쪽과 바깥쪽을 이어주는 채널로 기능합니다. 모든 물질은 그 막 단백질이 만드는 채널을 통과해 세포 속으로 들어갑니다.

이 채널이 실은 '7회 막관통형膜貫通型' 단백질이라 불리는 지극히 특수한 단백질입니다. 긴 실 모양의 것이 세포막 안쪽과 바깥쪽을 7차례 꿰매는 방식으로 연결되어 있어, 세포막 바깥에 있는 신경전달물질이나 호르몬을 수용해 그 신호를 세포 내에 전달하는 역할을 수행합니다.

이 구조가 밝혀지면, 즉 채널이 어떻게 열렸다 닫혔다 하고, 또 그것을 통해 무엇을 들이고 무엇을 배출하는지가 밝혀지면, 생물과학의 커다란 비밀이 해명되는 것입니다.

이것을 해명하기 위해 막 단백질 구조에 대한 연구가 최근 수십년에 걸쳐 세계적인 경쟁의 형태로 진전돼왔습니다. 인간 신체에 들어 있는 단백질 이외의 몇몇 단백질의 경우에는 구조가 해명되기도 했습니다. 그러나 그것들은 거의 우연적인 발견에 불과했습니다. 인간 단백질에 대해 말하자면 두세 가지밖에 해명되어 있지 않습니다. 이러한 종래의 연구에서는 실제 연구에 착수하기 전에 채집해온 막 단백질을 바탕으로 어느 정도의 크기로(수 밀리미터 이상으로) 결정을 만들어야만 했는데, 그게 어려웠어요. 그리고 바로 이점이 X선 구조 해석을 함에 있어서 지장을 초래했었더랬죠. 그러나 X선 자유전자 레이저라면 결정을 제작해야 하는 번거로운 과정은 필요 없습니다. X선 자유전자 레이저의 해상력解像力만 있으면 나노미터 급의 극미소 결정으로도 충분하구요, 그런 정도의 결정이라면 금방이라도 가능한 것입니다. 그래서 기대가 높아지는 분야가 바로 의약품 개발 분야입니다. 막 단백질은 신약 개발과 관련된 국제 경쟁에 있어서 최대의 초점이 되고 있습니다. 그래서 만일 X선 자유전자 레이저를 자유로이 사용할 수 있게 된다면, 막 단백질에 대한 새로운 연구의 길이 잇따라 열리게 되는 겁니다.

미국은 이 분야에서 선도적으로 실험에 착수하기도 했고 또 그 밖의 여러 가지 상황도 겹치면서, 거의 미국의 독주 태세가 조성되려는 분위기였습니다. 바로 그 시점에 일본이 눈 깜짝할 순간에 미국을 추월해버린 겁니다. 정말 대단한 일입니다. 그러나 일본에서는 이런 일이 보도가 거의 안 됩니다. 아니, 저와 손잡고 취재를 한 TBS만은 유일하게 보도를 했지요. 하지만 그게 전부였습니다. 슈퍼컴퓨터도 그렇고, 지금 일본에서는 세계적으로 봐도 대단한 일들이 계속해서 이루어지고 있습니다만, 그 가치를 알지 못하는 매스컴 탓에 그 성과가 거의 전해지지 않고 있어요. 그런 상황입니다.

4장

고양이 빌딩

지하 1층과 지하 2층

지하 1층
첫번째 철제 랙 서가

297쪽 사진 확대. 메이지유신에 대해 확실히 알아둘 필요가 있었을 때 모은 책들입니다.

297쪽 사진 확대. 이 책들은 기본적으로 『농협農協』을 쓸 당시에 모은 자료들입니다.

精神エネルギー
Spiritual Energy
政木和三
馬鹿と大悟は紙一重
「気」とは何か
湯浅泰雄
催眠の科学と神話
H・B・ギブスン 著
霊感・霊能の心理学
中村希明
死の体験
臨死現象の探究
カール・ベッカー
遠藤周作氏
死の位相学
メスナー自伝
R.メスナー
偉大なる登山家の軌跡
死のまなざし
立川昭二
「超能力」と「気」の謎に挑む
アウト・オン・ア・リム
シャーリー・マクレーン
宇宙人ユミットからの手紙
死後体験
坂本政道
からの手紙 II
オメガ・プロジェクト
ジャン・ピエール・プチ
「超科学」をきる
異星人に誘拐された人たち
「超科学」をきる
オカルト大批判!
トンデモない科学
未来からの生還
死後の生存の科学
わたしの臨死体験記
臨死の深層心理
「超越の扉」を開く
New Directions in PARAPSYCHOLOGY
パラサイコロジー
アウト・オブ・ボディ
ジャネット・リー・ミッチェル
FULL CIRCLE
THE NEAR-DEATH EXPERIENCE AND BEYOND
サイ・ババの奇蹟
技術出版
LIFE BETWEEN LIFE
GREY
RETURN FROM DEATH
究極の旅
ロバート・A・モンロー
人類が手にする新たな真実
死後体験
イアン・ウィルソン
死のクレバス
臨死体験で見た地獄の情景
「あの世」は「天国」だけではない
前世を記憶する子どもたち
イアン・スティーヴンソン
わたしの臨死体験記
迫真の実体験
中原 保
臨死体験の不思議
高田明和
バーバラ・ハリスの「臨死体験」
FULL CIRCLE
立花 隆
魂が肉体を脱け出す体外への旅
CHERIE SUTHERLAND PhD
BANTAM
誕生の記憶
リユニオンズ 死者との再会
神と王権のコスモロジー
山折哲雄
神秘体験
臨死体験 未来の記憶
時間と空間、記憶と意識の迷宮へ
光のなかに再び生まれて
片桐すみ子
死のバイブル
いまわのきわに見る死の世界
人は死ぬ時何を見るのか
「あの世」からの帰還
霊界探訪
丹波哲郎
かいまみた死後の世界
Zaleski
Otherworld Journeys
生還
宗教と臨床精神医学
死後の世界大研究
らくらくリラックスで元気になる本
精神療法と瞑想
夢虫
横尾忠則

297쪽 사진 확대. 석유 이야기에서 이스라엘과 중동 이야기로.
하나의 주제를 기점으로 취재할 것들이 점차 증식되어가는 것, 이것이 제가 일을 하는 방식이죠.

석유와 중동은 분리해서 생각할 수가 없습니다. 에너지를 생각함에 있어서 중동 문제는 무시할 수 없고, 또 중동 문제를 생각함에 있어 에너지를 무시하기는 불가능합니다. 실제로 저는 석유에 대해 취재하기 위해 이스라엘을 비롯해서 중동에도 몇 차례 간 적이 있습니다. 여기에 있는 책 중에는 그 취재 여행시에 현지에서 구입한 것도 몇 권 있습니다.

(4장 본문에서)

『핵발전의 안전성에 대한 의문』『내일의 에너지』『핵발전의 문제들』『세계 에너지 시장』『우랄의 핵 참사』 등이 있습니다. 에너지나 핵발전 관련 문제는 전문가나 열정적인 운동가를 제외하면 한동안 세간에서 주목을 받지 못했습니다. 실제로 이 책들도 거의 햇빛을 볼 일이 없었습니다만, 후쿠시마 핵발전소 사고가 일어나버린 지금 이후로는 필요해지는 기회가 많아지겠지요. 지금까지와는 조금 다른 의미에서이긴 하겠습니다만.

297쪽 사진 확대. 이쪽은 핵발전, 에너지 관련 자료입니다.

原発の安全性への疑問
原子力戦争
田原総一朗
世界 特集 プルトニウム大論争
地下原発 共存のための選択
アトミックソルジャー
世界のエネルギー戦略
あすのエネルギー
朝日新聞科学部
核燃料 探査から廃棄物処理まで
セミナー エネルギー問題の常識
核メジャー
99パーセントへの挑戦
現代の産業 アルミニウム工業
新素材革命
理科年表
東京天文台編纂
ドイツ科学の再興 ―その過程と現状―
プルトニウムファイル(上)
プルトニウムファイル(下)
有限な地球と日本の将来
時間18分
柳田邦男
日本の資源問題
チェルノブイリ
原子力発電の条件
工業文明の行方
核の目撃者たち
原発と共存できるか
原子炉を眠らせ、太陽を呼び覚ませ
阜新火力発電所の最後
原子力発電の諸問題
原発大論争!
文部省科学研究費補助金採択課題・公募審査要覧
監修 科学技術庁
全国試験研究機関名鑑
〈上巻〉
筑波研究学園都市研究便覧
ある数学狂の一世紀
数学物語
The Consumer's Guide to Mental Health and Related Federal Programs
未来史のなかのメガシティ
学問の創造 福井謙一
マリー・キュリー
NUCLEAR WEAPONS
米ソ核戦争が起ったら
核に汚染された国
ウラルの核惨事
梅林宏道 訳
核の人質たち
チェルノブイリ診療記
菅谷昭

桑原草子
八〇〇枚の書下し ノンフィクション
中央公論社
ピーター・ライト
ポール・グリーングラス
朝日新聞社
潜み，企み，謀る!!
延禎
スターリン時代の権力者 初めて描かれた生涯!
早川書房
科学的スパイの現情
衝撃のスパイドキュメント
サンケイ
PETER WRIGHT
SPYCATCHER
VIKING
John Ranelagh
THE AGENCY: The Rise and Decline of the CIA
Touchstone
Simon and Schuster
MOSCOW STATION
Scribners
BOB WOODWARD
VEIL
SIMON AND SCHUSTER
Harry Rositzke
THE CIA'S SECRET OPERATIONS
ESPIONAGE, COUNTERESPIONAGE, AND COVERT ACTION
Reader's Digest Press
SECRETS, SPIES and SCHOLARS
Ray S. Cline
TULLY
CIA: The Inside Story
MORROW
ヴェール 上
VEIL
The Secret Wars of the CIA 1981-1987
ボブ・ウッドワード
池央耿 訳
ヴェール 下
NON
ノストラダムス
滅亡のシナリオ
栄光の男たち
ウィリアム・E・コルビー
コルビー元CIA長官回顧録
CIAの戦争
奇烈なる情報戦争
獄中からの手紙
ザ・メイン・エネミー
スパイの世界史
史上最大のスパイ事件
CIA THE INSIDE STORY
Andrew Tully
10,000 EYES
RICHARD COLLIER
大統領のスパイ
SPY COUNTERSPY
スパイ／カウンタースパイ
憂国のスパイ
イスラエル諜報機関モサド
GIDEON'S SPIES
ペンコフスキー機密文書
フランク・ギブニー 編
佐藤亮一 訳
集英社
FBI
行動する巨大捜査網
日本を愛したスパイ
スパイはなんでも知って
春名幹男
世界史を動かす
スパイ衛星
江畑謙介
水面下の経済戦争
トップ・スパイ
マタ・ハリ

308쪽 사진 확대. 취재중에 스파이로 오인받아 살해당할 뻔했던 적도 있었답니다.

303쪽 사진 확대. 여기에는 일찍이 『일본공산당 연구』를 썼을 때의 자료들이 있습니다.

세계에서 가장 유명한 스파이의 한 사람인 리하르트 조르게. 그 협력자로서 검거된 경험도 있는 일본공산당의 지도자 중에 가와이 데이키치川合貞吉라는 사람이 있어요. 그의 『어느 혁명가의 회상』은 대단히 기이한 책입니다.

일본공산당 초창기는 혼란스러워서 그런지, 그 시대 일에 대해 쓰인 책은 신용할 만한 것이 별로 없습니다. 제대로 조사도 하지 않고 억측에 의거해 썼음에 틀림없는 책 등을 비롯해, 그 대부분이 내용적으로 상당히 의심스러운 책들이 많습니다. 그러나 이 책은 당사자가 기록한 회상으로 상당히 믿을 만합니다.

302쪽 사진 확대. 조르게와 일본공산당은 의외로 연관되어 있습니다.

게다가 가와이 데이키치는 조르게가 상하이에서 활동하던 무렵에 공산주의자로서 그 밑에서 활동하면서 다른 한편 우익인 기타 잇키 등과도 교우를 맺고 있던 기이한 인물이었던지라, 그가 보고 들은 것에는 만만치 않은 가치가 있습니다.

당시 일본에는 아직 공산당이 조직되어 있지 않았습니다. 그리고 상하이에는 일본에 공산당을 조직하려 하는 코민테른의 거점이 있었습니다. 조르게는 그때 이미 코민테른의 지도자로 상하이에 와 있었어요. 따라서 조르게와 일본공산당은 인연이 깊습니다. 이쪽 분야는 대단히 흥미롭고 또 이야기하기 시작하면 너무 길어져 곤란하니 반드시 제 책을 읽어주시기 바랍니다.(웃음) (4장 본문에서)

302쪽 사진 확대. 일본에는 도쿄제국대학 항공연구소라는 전설적인 연구 시설이 있었습니다.

疑惑
真相を追って ロシヤから韓国 そして米国へ
ЗАГАДКА ЧЕРНОГО ЯЩИКА
ブラック・ボックスの謎
イズベスチヤ編
大韓航空機撃墜の真実
講談社
YS-11
国産旅客機を創った男たち
前間孝則
講談社
Flying the Edge
テストパイロット
G.C.ウィルソン
増田興司[訳]
講談社
墜落の夏
日航123便事故全記録
吉岡忍
新潮社
セイモア・M
目標は撃墜された
大韓航空機事件の真実
講談社
坂井三郎
零戦の運命
加藤寛一郎
講談社
「ゼロ」の伝説
加藤寛一郎
講談社
零戦の秘術
加藤寛一郎
講談社
中島飛行機物語
墜落
ハイテク旅客機がなぜ墜ちるのか
加藤寛一郎
講談社
死角
巨大事故の現場
柳田邦男
新潮社
中国の鳥人
飛行記録
撮影記録
非日常実用講座
ジャンボ・ジェット機の飛ばし方
大事故は夜明け前に起きる
すいせん
講談社

TAKKYUBIN 10

지하 2층 남쪽 서가
지하 2층 서쪽 서가

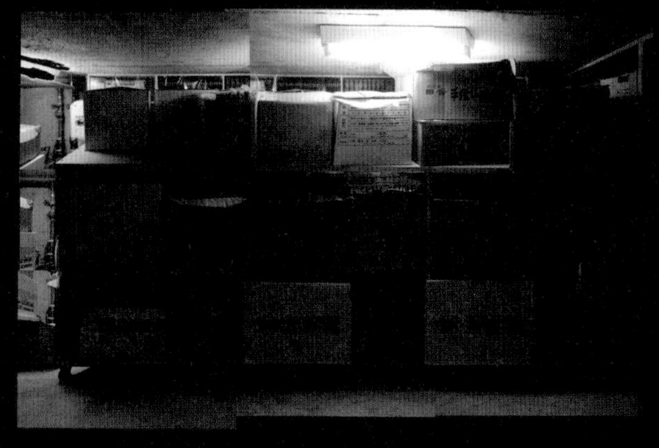

자동 배수 장치

(지하 1층에서 더 아래로 내려가) 이곳은 고양이 빌딩 지하 1층 마루 밑 수납공간이라고나 해야 할까요. 고양이 빌딩 지하 2층에 해당하는 곳입니다. 기본적으로 와인과 잡지와 자료가 있는 곳이지요. 예전에는 제가 만든 것도 포함해서 와인이 더 많았는데, 마시기만 하고 채워놓질 않아놔서 지금은 거의 없습니다.

또 취재처에서 기록한 걸 파일로 만들어놓은 것도 자루에 넣어 주제별로 보관하고 있습니다. 가쿠에이, 록히드 관련 자료들이 많지요. 처음에 가쿠에이를 연구할 때 사용했던 자료들도 남아 있는데요, 『다나카 가쿠에이 연구』를 전자책으로 만들었을 때 자료 일부를 PDF화해서 부록으로 달았었죠.

이것은 가쿠에이의 첫 공판 자료입니다. 아, 이거 어디에 있는지 몰라서 계속 찾았던 건데…… 실은 바로 얼마 전에도 필요했었어요. 오자와 이치로의 첫 공판과 가쿠에이의 첫 공판을 비교해보려고 찾았었거든요.

헌데 여기는 물이 새어나오는 경우가 있었어요. 그래서 책도, 자료도 모두 나무 깔판을 먼저 깔고 그 위에 놓았지요. 가끔 나무 깔판 정도로는 수습이 안 될 정도로 물이 고이는 일이 있어요. 그때마다 이 방에 있는 벽의 방수를 모조리 새로 했습니다. 하지만 이런 일이 계속 반복되는 것은 견딜 수 없어서 지금은 자동 배수 펌프를 설치한 상태입니다. 일정량 이상의 물이 고이면 신호가 켜집니다. 그러면 펌프 스위치가 켜지고 자동적으로 배출하도록 되어 있지요. 과장 조금 보태서 말한다면, 이렇게 해서 물 걱정은 완전히 없어졌습니다.

취재는 '자료 모으기'부터

(지하 1층으로 올라가) '일본공산당 우에다 형제론日共上田兄弟論'[1]이라 기재된 골판지 상자는 『문예춘추』에 「후와·우에다 형제론」을 연재할 때(1978) 모았던 자료 일습이지요. 이처럼 저는 연재나 저작을 쓸 때 모았던 자료 일습을 보존하고 있습니다.

취재를 한다고 하면, 취재처에서 들은 것을 메모하거나 기록을 하거나 하는 것이라고 여기는 분들이 적지 않을 겁니다. 물론 누군가를 만나러 가서 이야기를 듣는 것은 중요하지요. 하지만 아무런 준비도 없이 가면 중요한 이야기는 끌어낼 수 없습니다. 즉 취재는 실제로 취재하기 전에 자료 모으기부터 시작되는 겁니다. 이 자료 모으기가 잘되었는가 잘 안 되었는가에 따라 인터뷰의 질이 완전히 달라지게 되고요, 결과적으로 좋은 기사를 쓸 수 있는가 없는가와도 연결됩니다.

그러나 중요한 자료일수록 입수하기 힘든 경우가 많습니다. 그래서 다양한 연줄을 이용해 자료를 빌리고 복사하곤 하지요. 이 골판지 상자에 가득 담긴 자료들은 그렇게 상당한 품과 시간을 들여서 착실히 모은 것인지라 저마다 깊은 사연들이 배어 있지요. 하나하나 차근차근 이야기하기로 치면 아무리 책을 두껍게 만들어도 다 담을

수가 없을 겁니다.(웃음)

메이지유신에 대해 쓸 때 필수적인 자료들

지하 1층은 기본적으로 이동식 랙으로 되어 있어요. 이런 구조의 서가가 수납력이 가장 뛰어나지요. 그 사이에 끼지 않도록 주의해야 하지만요.

그러면 가까운 데부터 차례대로 살펴볼까요?

이쪽에 있는 것은 『일본사적협회 총서』입니다. '일본사적협회'는 전쟁 전에 생겨난 조직으로 메이지유신에 관한 모든 자료를 모아 간행했습니다. 수집 및 편찬은 '도쿄대학출판회'에서 했습니다.

제목을 보면 알 수 있습니다만, 예컨대 오쿠마 시게노부[2]에 대해서라면 『오쿠마 시게노부 관계 문서』라는 제목으로 38권부터 43권까지 모두 6권, 오쿠보 도시미치[3]에 대해서라면 『오쿠보 도시미치 일기』와 『오쿠보 도시미치 문서』에 수록되어 있습니다. 전자는 26~27권까지 2권, 후자는 28~37권까지 10권, 둘을 합치면 도합 12권입니다. 상당

---

1 우에다 형제는 일본공산당 전 부위원장 우에다 고이치로上田耕一郎(1927~2008)와 일본공산당 전 의장 후와 데쓰조不破哲三(1930~ , 본명은 우에다 겐지로上田建二郎)를 가리킨다.

2 大隈重信(1838~1922). 일본의 무사(사가번佐賀藩), 정치가, 교육가. 와세다 대학 창설자이자 초대 총장이며 내각총리대신, 내무대신 등을 역임했다.

3 大久保利通(1830~1878). 일본의 무사(사쓰마번薩摩藩), 정치가. 메이지유신의 원훈이며 사이고 다카모리西郷隆盛, 기도 다카요시木戸孝允와 함께 '유신 삼걸'로 불린다.

히 방대한 분량이라는 것, 그게 특징이랄까 혹은 트레이드마크인 시리즈입니다. 『일본사적협회 총서』와 속편 『속 일본사적협회 총서』를 합하면 모두 293권입니다.

오쿠마 시게노부나 오쿠보 도시미치 등 메이지의 원훈元勳들 외에도 『기병대 일기』나 『산조가[4] 문서』 그리고 『메이지 천황 행행[5] 연표』 등과 같이 막부 말기부터 메이지유신, 그리고 메이지 시기 전체의 자료가 거의 모두 포괄돼 있어요. 메이지유신에 대해 뭔가 조사하려 한다든가, 뭔가 쓰려고 할 때 1순위 기초 자료라 할 수 있지요. 정확히 언제였는지는 까먹었지만, 메이지유신에 대해 확실히 짚어둘 필요가 있었을 때, 저도 일습 갖춰뒀습니다. 또 이 총서는 한 권 한 권이 그 자체로 대단히 재미있는 읽을거리입니다. 흥미 있는 분은 한번 펼쳐보시면 좋을 거라 생각합니다.

지금도 고서점 사이트를 검색해보면 총서 전체를 모두 갖춰놓고 판매하고 있을 겁니다. 물론 만만치 않은 가격이 매겨져 있긴 하겠습니다만……

귀중한 『뉴스위크』

그 뒤쪽 깊숙이에는 『뉴스위크』나 『타임』 혹은 『아사히 저널』 같

---

4 산조가三條家는 일본의 씨족 중 하나로 대대로 공가公家와 화족華族을 배출해낸 대가문이다.
5 행행行幸은 천황이 외출하는 것을 말한다. 목적지가 여러 곳일 경우는 순행巡幸이라고 한다.

은 잡지들을 보관해뒀습니다. 그 밖에 『도쿄진東京人』 『프레지던트』 같은 것도 보이네요. 저는 일반적으로 잡지는 그때그때 처분하는데요, 그러지 않고 이렇게 보관해둔 것들은 저마다 나름의 이유가 있는 겁니다.

이 『뉴스위크』는 합본으로 제본한 판인데요, 원래는 『뉴스위크』 도쿄 지국에 있던 겁니다. 『뉴스위크』가 한참 전에 도쿄 지국 사무실을 정리한 적이 있었거든요. 그때 제게 "혹시 필요하지 않으신가요?"라고 묻기에 "그렇다면 받겠습니다" 하며 받아왔어요.

이전에 『뉴스위크』의 어떤 과월호가 필요했었는데, 국회도서관을 포함해 사방팔방으로 수소문했지만 찾지 못했던 적이 있거든요. 참으로 곤란한 상황이었지요. 그런 일이 있었던지라 고맙게 받아 모셔두었습니다. 그런 의미에서 제게 이 『뉴스위크』는 귀중한 것입니다.

대학은 '스스로 배우는' 곳

이쪽은 생태학ecology 관련 서적들이지요. 레이철 카슨의 『침묵의 봄』부터 『공해와 도쿄 도』 『슬그머니 다가오는 다이옥신 오염』 『침묵의 봄의 행방』 같은 책들이 죽 있습니다. 일찍이 『생태적 사고를 권함』(1990) 『환경 호르몬 입문』(1998) 등을 집필했을 때 자료로 모아둔 것입니다. 결국 환경 문제를 생각함에 있어서는 자연 전체를, 요컨대 생태학적으로 포착하지 않으면 안 됩니다. 지금까지 일본인들은 이를 이해하지 못한 채 환경 문제를 개인의 건강 문제와 결부시켜 생각해왔습니다. 그런 식으로는 아무것도 해결되지 않습니다.

그 맞은편 서가는 대학 관계 자료입니다. 『분수를 못하는 대학생』『소수를 이해하지 못하는 대학생』『학력 붕괴』『유럽의 대학』『'여유 교육' 망국론』『학력 저하, 어떻게 해야 하나』『중세의 대학』『영국의 대학』 등 베스트셀러가 된 읽을거리에서부터, 교육학자가 집필한 전문서까지 모여 있습니다. 또 대학에 관한 기사가 실린 잡지도 있고, 학습을 지도하는 요령에 관한 책도 있네요.

이러한 자료를 바탕으로 『도쿄대생은 바보가 되었는가』(2001) 안에 수록된 「지적 망국론」을 썼습니다. 『나는 이런 책을 읽어왔다』(1995) 『뇌를 단련하다』(2000) 등을 통해서도 대학에 대해 계속 써왔습니다만, 사실 대학생의 학력 저하 문제는 대학 선생들에게 최고의 술안주입니다.(웃음) 마셨다 하면 반드시 나오는 화제 중 하나가 이러이러한 바보가 있다는 얘기예요. 하지만 이 문제는 농담으로 그냥 지나칠 수 없는 진짜 무시무시한 이야기입니다. 대학생의 학력, 능력은 그대로 나라의 체력과 직결됩니다. 대학생의 학력이 저하되고 있다는 것은 일본의 국력도 저하되고 있다는 걸 의미하기 때문에, 웃고 넘어갈 일이 아닙니다. 일본 대학생과 중국 대학생에게 같은 문제를 내고 시험을 친 결과의 그래프가 「지적 망국론」 안에 실려 있습니다만, 그걸 보면 소름이 끼쳐요.

요즘은 대학이 마치 고교 시절의 연장인 양 천천히 이끌어주는 식으로 공부를 가르치는 곳이 많아지는 듯합니다만, 대학은 본래 선생님께 가르침을 받는 곳이 아닙니다. 대학은 스스로 배우는 곳입니다. 그 차이를 일본인들이 제대로 이해하지 못한다면 앞으로도 바보 같은 대학생들은 점점 더 늘어날 것이라고 생각합니다.

보존하지 못한 농협 관계 자료

이쪽 서가에는 농업·농협에 관한 책들이 있네요. 이 책들은 기본적으로 『농협』(1980~1984)을 썼을 때의 자료들입니다. 하지만 당시에 실제로 사용했던 자료는 훨씬 더 방대했는데요, 그 대부분은 이미 처분해버렸어요. 여기 있는 것들은 그러고 남은 것들에 불과합니다.

농협 취재를 할 때는 가는 곳마다 엄청나게 많은 자료들을 받았어요. 당시는 아직 이 고양이 빌딩도 지어지지 않았던 때여서, 모두 보존해두는 것은 도저히 불가능했습니다.

기본적으로 저는 한 번 입수한 책은 보관하기에 어지간히 곤란하지 않는 한 버리는 일은 없습니다. 고양이 빌딩이 생기고부터는 거의 버리지 않았던 것 같아요. 왜냐하면 나중에 다시 입수하기 어려운 경우가 비일비재하기 때문이죠. 심지어 버리자마자 필요해지는 경우도 꽤 됩니다. 책만 그런 게 아닙니다. 예컨대 어떤 자료를 버렸는데 거기에 메모해둔 연락처가 필요해지는 일도 있지요. 이제 저 취재처와는 절대로 엮일 일이 없을 거라 생각하고 버렸는데, 느닷없

이 그쪽이 꼭 필요한 상황에 처하게 되는 일도 있고요. 그런 일은 대체 왜 일어나는 걸까요?(웃음)

취재처로부터 받아온 자료는 진짜 귀중한 것, 참말이지 귀한 것들뿐입니다. 예를 들자면 『나가노 현 채소 발전사』 『태동』 같은 책은 쉽게 입수할 수 있는 자료가 아닙니다. 『태동』은 홋카이도의 축산업에 있어서 인공수정이 발달해온 역사 같은 특수한 내용을, 책의 형태로 튼실하게 담아낸 것입니다. 일러스트까지 넣어서 제대로 편집되어 있지요. 그렇긴 하지만 인공수정 현장을 직접 보았을 때는 놀라지 않을 수 없었습니다. 소의 음문陰門에 팔뚝을 단숨에 넣는 거니까요.

책을 쓴 뒤에 도리어 자료가 증가하다니……

이제 여기는 『임사 체험』(상하권, 1994)을 썼을 당시 모았던 책들 서가입니다. 사후 세계나 혼 등과 관련된 책들이지요. 『영혼 이탈의 과학』 『혼의 체외 여행』 『죽음과 친구가 된다』 『프사이 파워』 『임사 체험』 『아웃 오브 바디』 『최면의 과학과 신화』 『생과 사의 경계』 『'저 세상'으로부터의 귀환』 등등 아주 많습니다.

실은 『임사 체험』을 출간한 뒤에 말이에요, 전국의 다양한 사람들이 임사 체험에 관한 책들을 보내왔어요. 책을 쓰기 전에 전국 각지에서 자료를 긁어모은 일은 여러 차례 있었지만, 책을 쓴 뒤에 그 주제와 관련된 책을 대량으로 얻은 일은 이때가 처음이었어요. 사람들이 임사 체험에 대해 이렇게나 많은 관심을 갖고 있었던가, 싶어 꽤나 놀랐습니다.

아무래도 임사 체험에 대해서는, 실제로 경험하신 분들을 포함해 많은 분들이 독자적으로 다양한 생각들을 갖고 있지 않겠습니까? 게다가 자신의 경험이나 견해를 책의 형태로 묶어내는 분도 많이 계시지요. 그런 것들이 모두 우르르 밀려든 겁니다. 그러니까 지금 여기에도 책이 많습니다만, 어쩌면 책을 쓰기 위해 제가 자료로 구입한 것보다 이런 식으로 받은 책이 더 많을 수도 있습니다.

이런 경우가 장르에 따라서는 일어날 수도 있어요. 어떤 일을 광신적으로 믿는 사람들은 말하자면 친절한 마음에서 책을 보내줍니다. '저는 이러한 진리를 알고 있는데, 당신은 알지 못할 겁니다. 이 책을 읽어보시기 바랍니다' 식의 감각이지요.

책을 보내주시는 건 고마운 일인데요, 뭐라 표현하면 좋을까요, 하나같이 심하게 수상한 겁니다.(웃음) 정직하게 말하자면 거의 모든 책들이 의심스러웠어요. 책으로 읽기에는 견디기 힘든 내용들이 대부분이었지요. 내용적으로 심각한 책들인데도, 그 책을 보내주는 사람들은 그 내용을 철석같이 믿는 겁니다. 그건 신비한 체험이었어요.

문제는 그런 책을 읽은 TV의 프로듀서나 방송 제작회사가 이런 문제점을 더욱 부채질하는 프로그램을 제작한다는 겁니다. 인도의 영적 지도자로 알려진 사이바바[6]라는 이가 한때 일본 TV에서 대유행을 한 적이 있었지요? 책의 세계에서는 이언 스티븐슨의 『전생을 기억하는 아이들』이 유행했었습니다. 얼마 전에는 에하라 히로유키[7]였던가요? 이러한 장르는 반드시 유행이 되풀이됩니다. 현재로서는 어떤 안정기를 맞이한 것 같습니다만, 몇 년 내에 다음 유행이 또 찾아올 겁니다.

물론 TV방송국도 저마다 방송 기준이 있기 때문에, 무슨 내용이든 가리지 않고 방송에 내보내는 그런 심각한 방임 상태에 처한 것은 아닙니다. 요컨대 과학적 근거가 없는 프로그램, 의심스러운 세계를 지당한 듯이 전하는 프로그램을 제작해서는 안 돼, 라는 식으로 일단은 되어 있습니다. 하지만 한때, 어느 채널을 선택하더라도 정말이지 이상한 프로그램뿐이었던 시기가 있었습니다. 픽션으로 즐기는 것이라면야 물론 문제는 없습니다. 하지만 실은 상당히 적지 않은 시청자들이 조금 수상한, 혹은 상당히 의심스러운 것들을 지금도 여전히 믿고 있는 게 아닐까요. 그렇지만 정확히 어떤 지점부터 방송 금지를 해야 하느냐 하면, 그건 또 그리 간단치가 않습니다. 너무 강한 기준으로 프로그램을 속박하는 것도 언론의 자유라는 관점에서 꺼림칙한 면이 있습니다. 그래서 무조건 엄격하게만 하면 된다는 이야기는 아닙니다. 어려운 문제지요.

하지만 '알 수 없는 것을 영혼을 통해서 알아맞힌다' '당신의 전생을 알아맞힌다' 같은 내용을 다루는 프로그램은 역시나 금지해야 한다고 저는 생각합니다. 단지 콜드 리딩cold reading(대수롭지 않은 대화를 통해 상대의 정보를 이끌어내는 화술)에 불과한 것이니까요. 지금은 그런 것에 대해 반대 입장을 펴는 사람들의 목소리가 커지고 있기 때문에 그런대로 균형잡힌 상태인 듯하지만, 1980년대, 그중에서도 가장 번성했을 때에는 참고 봐줄 수가 없었습니다.

헌데 이런 이상한 걸 믿는 사람들은 생각보다 꽤나 많습니다. 요즘같이 잡지의 휴간이 잇따르는 와중에도 『ムー』[8]는 여전히 발행되고 있다는 사실만 봐도 그걸 알 수 있죠.

석유로부터 이스라엘과 중동 문제로

이쪽은 핵발전, 에너지 관련 자료입니다. 『핵발전의 안전성에 대한 의문』 『내일의 에너지』 『핵발전의 문제들』 『세계 에너지 시장』 『우랄의 핵참사』 등이 있습니다. 에너지나 핵발전 관련 문제는 전문가나 열정적인 운동가를 제외하면 한동안 세간에서 주목을 받지 못했습니다. 실제로 이 책들도 거의 햇빛을 볼 일이 없었습니다만, 후쿠시마 핵발전소 사고가 일어나버린 지금 이후로는 필요해지는 기회가 많아지겠지요. 지금까지와는 조금 다른 의미에서이긴 하겠습니다만.

---

6 Sathya Sai Baba(1926~2011). 초능력자로도 유명하다.
7 江原啓之(1964~). 자신이 만든 일반 재단법인 '일본 스피리추얼리즘 협회' 이사장.
8 출판사 학연플러스가 발행하는 일본의 월간 오컬트 정보지로, 1979년부터 발행하고 있다.

그리고 에너지 관련해서 저 안쪽에는 원유·석유에 관한 서적도 모여 있습니다. 석유에 대해서는 문예춘추사를 그만두고 얼마 되지 않은 시기에 『제군!』에 「석유의 모든 것」이라는 장대한 리포트를 썼습니다. 이쪽에 있는 것은 그때 모은 책들이 메인입니다. 『석유 사전』이나 『석유 편람』 등과 함께, 『현대의 산업』 시리즈, 『석유 정제업』 『석유화학공업』 『오일 로비』 『아랍과 이스라엘』 등이 포진되어 있네요. 실은 당시에는 장소가 없었기 때문에 석유 자체에 관한 자료는 거의 처분해버렸어요. 여기에 있는 것은 H. 오코너의 『석유 제국』처럼 석유자본 혹은 중동 정세에 관한 책이 메인입니다.

석유와 중동은 분리해서 생각할 수가 없습니다. 에너지를 생각함에 있어서 중동 문제는 무시할 수 없고, 또 중동 문제를 생각함에 있어 에너지를 무시하기는 불가능합니다. 실제로 저는 석유에 대해 취재하기 위해 이스라엘을 비롯해서 중동에도 몇 차례 간 적이 있습니다. 여기에 있는 책 중에는 그 취재 여행시에 현지에서 구입한 것도 몇 권 있습니다.

다만 주의해야 할 것은 이스라엘을 둘러싼 문제는 대단히 복잡하다는 점, 또 석유만을 생각해서는 이해할 수 없다는 점입니다. 이스라엘과 다른 중동 국가들을 둘러싼 문제는 논의를 시작하면 정말이지 하나의 줄거리로 매끈하게 이어지질 않습니다. 국가 존망의 근간에 관한 문제니까, 당연하다면 당연한 이야기입니다. 2011년 드디어 팔레스타인은 유엔에 회원국 가입 신청을 제출했습니다. 이것은 그런대로 커다란 뉴스로 다뤄졌습니다. 기본적으로 지금까지는 가입을 허가받느냐 마느냐 이전에 신청을 하는 것조차 불가능했기 때문입니다.

이스라엘과 중동 국가들은 어쨌거나 악한 것은 모두 상대 쪽이라는 자세로 서로 마구잡이 선전을 해왔습니다. 그런 상태를 취재해야 할 경우에 과연 어떻게 하면 좋을까? 어느 한쪽의 주장만을 믿어서는 안 되고 쌍방의 주장을 잘 듣는 것이 중요합니다. 이것은 중동 문제에만 해당되는 얘기가 아닙니다. 기본적으로 분쟁의 본질을 사고하기 위해서는 한쪽의 주장만이 아니라 쌍방의 주장을 다 아는 것이 중요하지요.

제가 쓴 『중핵 대 혁마르[9]』(1975)라는 책도 그러한 관점에서 쓴 것입니다. 소위 신좌파의 중핵파와 혁마르파는 서로 어떻게 다르고, 각각 어떠한 주장을 하고 있는가? 어쨌거나 쌍방의 주장을 다 알지 못하면, 어느 쪽이 이치에 맞는 얘기를 하고 있는지도 말할 수 없습니다.

그리고 당파 싸움에 대해서 조사하는 와중에 적군파 등 과격파와 관련된 귀중한 자료들도 여기에 다 모이게 되었습니다. 예를 들면 『적군』은 상당히 귀한 책입니다. 간행된 게 언제더라? 혁명운동 이론을 정리한 개요를 그대로 활판으로 인쇄했을 뿐, 레이아웃에는 전

---

9 '중핵'과 '혁마르'는 당시 일본 학생운동 진영의 분파로서, 중핵파와 혁명적 마르크스파를 가리킨다.

혀 신경을 안 쓰고 책 끝부분에 판권도 없어요. 어쨌거나 평범한 서적 인쇄라고는 할 수 없는 체재입니다. 하지만 이것은 적군파 자신에 의한 가장 오래된 진술이라는 의미에서 귀중한 자료입니다. 그들 입장에서는 최초로 자신들의 이론을 정리한 것이니까요.

석유 이야기에서 이스라엘과 중동 이야기로. 공산당 이야기에서 중핵과 혁마르, 그리고 적군 이야기로. 하나의 주제를 기점으로 취재할 것이 점차 증식되어가는 것, 이것이 제가 일을 하는 방식이죠.

모사드의 스파이 엘리 코헨

그리고 이 서가에는 중동·이스라엘 취재에서 파생된, 모사드Mosad라는 이스라엘 비밀정보기관에 대한 자료들이 놓여 있습니다. 모사드는 암살 등이 특기인 곳으로, 세계적으로도 특히 공포의 대상이 되는 첩보기관입니다.

이스라엘 건국 전에는 팔레스타인 전역이 영국의 지배하에 있었습니다(유엔의 위임통치령). 그러다가 이스라엘 건국을 목표로 하는 사람들이 반영反英 무장투쟁을 시작했어요. 이를 위한 지하조직이 모사드의 전신이니까 모사드는 이스라엘 건국 이전부터 존재했다고 해도 과언이 아니겠습니다.

이런 모사드에 대해서는 『모사드』라든가 헤시 카멜과 자크 드로지가 함께 쓴 『초 스파이 군단 모사드 비사』 등이 잘 쓰인 책입니다.

유명한 모사드 스파이 중에 엘리 코헨Eli-Eliyahy Cohen이라는 인물이 있습니다. 그는 적국인 시리아에 대한 첩보 활동을 하기 위해 완전히 시리아인이 되고, 시리아 정부에서 일하면서 시리아 정부의 상층부에까지 좀먹어들어갑니다. 그리고 무려 국방장관 자리를 제안받을 만큼, 시리아 정부 깊은 곳까지 파고들어가는 데 성공합니다.

유대인은 세계의 모든 지역에 파고들었기 때문에 이스라엘에는 전 세계 모든 나라 출신들이 있습니다. 그중에서도 많은 비중을 차지하는 게 중동 국가 출신들입니다. 유대인과 아랍인은 민족적으로는 같은 셈족 인종이니까, 대단히 가깝습니다. 유대교, 이슬람교, 그리스도교 간에도 많은 부분들이 겹치고, 또 신화에도 공통점이 많습니다. 모세 같은 사람은 세 종교 공통의 조상이라 간주되고요. 종교를 제외하면 문화적으로는 상당히 비슷한 부분이 있고, 그래서 이스라엘인이 시리아인으로 변장하는 일 따위는 그리 어려운 게 아닙니다. 그러니까 엘리 코헨 같은 경우가 있을 수 있는 것이죠.

그러나 결국은 신원이 발각납니다. 시리아 정부에 의해 체포된 후, 공개 교수형에 처해집니다. 엘리 코헨은 스파이라는 신분상, 체포될 때까지 그 존재가 비밀에 부쳐졌기 때문에 이스라엘 국민들은 그 누구도 몰랐었지요. 하지만 사형을 당함으로써 일약 유명해지고, 이스라엘의 영웅이 되었습니다. 그 영웅을 찬양하는 책이 현지에서 막 출간되었을 무렵, 마침 저는 취재차 중동을 여기저기 돌고 있었어요. 그 책도 이 서가에 있을 텐데…… 마침 눈에 띄질 않네요.(웃음)

그리고 이쪽에 쌓여 있는 자료는 그때 중동 취재 여행중에 모은 것입니다. 예를 들자면 『Yoni-Hero of Entebbe』는 1976년 이스라엘 국방군과 모사드에 의한 비행기 납치 제압 비밀작전(엔테베 사건)의 기록입니다. 물론 자료는 이스라엘 측과 팔레스타인 측, 쌍방의 것을 모두 모아뒀지요. 아까도 말했지만 한쪽만 취재해서는 아무것도 보이지 않습니다. 양쪽 사정을 이해하고서야 비로소 진실에 가까운 것이 보이기 시작합니다.

책에는 쓰여 있지 않은 예루살렘

이스라엘의 군사 문제와 관련해 이야기를 좀 해보자면, 늘 한쪽 눈이 안대로 덮여 있어 '애꾸눈 장군'이라는 별명으로 알려졌던 모세 다얀Moshe Dayan이라는 장군이 있었습니다. 그는 이스라엘 독립전쟁인 1차 중동전쟁에서 큰 공적을 세워, 후에 참모총장을 역임하기도 했습니다. 이스라엘 영웅 중 한 사람이라 할 수 있겠습니다. 이 책 『모세 다얀』은 그의 자서전입니다. 이스라엘에 취재하러 갔을 때 이 사람도 만나고 싶었었는데, 텔아비브 사건 직후였던지라 경계가 엄중해 도저히 만날 수가 없었습니다. 텔아비브 사건의 진짜 목표는 실은 모세 다얀이었다는 소문이 돌고 있었기 때문에(사건 당일, 다얀은 사건 현장 바로 근처에 있었다), 그것도 수긍이 되더라고요(이 건에 대해서는 『사색기행』에 수록된 「팔레스타인 보고」 중 「그들이 노린 것은 다얀 암살이었다」에 상술되어 있다). 결국 조금이라도 다얀과 가까운 사람한테서 다얀의 됨됨이를 듣고 싶어서, 다얀의 전 부인을 취재했습니다. 이미 이혼을 한 상태였는데, 그녀는 보기 드문 여걸로 여러 가지 이야기를 솔직히 들려주었습니다.

이 취재를 할 때 현지에 갖고 간 것이 『Hebrew for Travelers』와 『Jerusalem: Illustrated History Atlas』입니다. 여행자용 히브리어 가이드북과 예루살렘의 역사지도죠. 어째서 보통 지도가 아니고 역사지도를 갖고 갔나? 예루살렘은 현대사를 보더라도 무척 흥미로운 땅이지만, 역사적으로 보아도 무지하게 흥미로운 곳입니다. 아무래도 누천년에 걸친 역사의 축적이 있으니까요. 어디를 가보더라도, 여기는 ○○의 시대에는 어땠는지, 그 역사가 계속 신경쓰이게 되지요.

예루살렘 구시가지의 경우나, 예수가 나고 자란 땅이라는 갈릴리 호수 주변은 모두 역사의 누적을 말해주는 듯한 유적투성이였습니다. 아니 이스라엘 전역이 유적투성이입니다. 이렇게 유적투성이인 나라에서 건국 후 줄곧 전쟁이 이어지고 또 도처에서 파괴가 계속되고 있으니, 역사가들 입장에서는 참기 힘든 곳이기도 할 겁니다. 도처에 유적이 지천으로 깔려 있는 나라니까, 여러 가지 고고학적 출토물들을 파는 골동상도 많이 있습니다. 고고학은 이스라엘에서 가장 대중적인 취미라고도 일컬어지고, '일요일 고고학자'들도 많습니다. 다얀도 그중 한 사람이라고 합니다.

일단 저의 중동 정세 전망을 말해두자면, 2000년대 들어 팔레스타인의 유엔 회원국 가입 신청 등 일부 진전되는 측면도 보이지만, 중동 문제는 당분간은 해결이 불가능하지 않나 생각합니다. 이스라엘이라는 나라는 이스라엘 한 나라로 존립해 있는 것이 아닙니다. 말하자면 미국과 국가적인 결합체처럼 되어 있는 면이 있어요. 잘 알려져 있듯이 미국 금융자본의 세계, 저널리즘, 예술 문화의 세계에서는 유대인이 극도로 강한 파워를 가지고 있습니다. 미국의 유대인은 이스라엘이라는 나라를 자신들의 조국 정도로 생각하기 때문에, 정치적으로나 재정적으로 이스라엘을 지원하기 위해 모든 노력을 아끼지 않습니다(제도적으로도, 국외의 이산 상태〔디아스포라〕인 유대인들은 모두 잠재적인 이스라엘 국민으로 되어 있기 때문에, 원하면 언제든지 이스라엘 국적을 획득할 수 있지요). 중동에서 전쟁이 발발할 경우, 유대계 미국인은 의용군으로 참가하는 것이 법적으로 인정되고 있습니다.

중동 문제가 기본적으로 틀어지게 된 시발점은 1차대전 중에 있습니다. 영국이 한편으로는 적국 오스만 튀르크 제국의 행동을 방해하기 위해 당시 튀르크의 지배하에 있던 아랍의 독립을 지지하는 맥마흔 선언[10]을 발표하고, 다른 한편으로는 유대인 사회로부터의 경제적 협력을 끌어내고자 유대인의 팔레스타인 복귀 운동(시오니즘 운동)을 지지하는 밸푸어 선언을 발표한 것입니다.[11]

요컨대 영국은 양쪽에 각각 정반대의 약속을 해버린 것입니다. 이것이 현재의 중동 정세를 어찌해볼 수도 없는, 해결불가능한 상태로 만들어버린 원인입니다.

그리고 또 2차대전 말기에, 나치 독일이 유대인을 절멸시키려고 했다는 사실이 만천하에 드러남에 따라, 유대인을 응원하는 국제 여론이 고조되었습니다. 유대인이 두 번 다시 그런 처지에 놓이지 않기 위해서라도 유대인의 국가를 만들게 해주자, 그런 분위기를 바탕으로 이스라엘이 건국된 것입니다. 하지만 그 토지는 결코 주인 없는 땅 따위가 아니었습니다. 이미 팔레스타인 사람들이 살고 있었지요. 물론 몇천 년 전 옛날 옛날에는 여기에 유대인의 조상들이 살고 있었으니까 따위의 이유로 팔레스타인 사람들을 쫓아낸다는 식의 이야기는 말이 안 되지요. 하지만 이 통할 수 없는 이야기를 영국, 미국이 뒤에서 밀어주고 억지로 유엔에서 통과시킴으로써, 1948년에 이스라엘 건국이 인정돼버렸습니다.

이러한 영국과 미국의 억지 관철에 분노한 것이 바로 아랍 여러 나라들로, 이스라엘이 건국되자 곧 아랍 국가들이 연합해 이스라엘을 으깨버리겠다고 대거 진공을 하게 됩니다. 그러나 수적으로나 물리적으

---

10 1차대전이 진행중이던 1915년 10월, 이집트 주재 영국 고등판무관 맥마혼이 메카의 셰리프 마호메트의 자손인 후세인과 10차례에 걸친 왕복서신을 주고받으면서, 전후 아랍인의 독립국가 건설을 지지한다고 약속한 선언.

11 이 대목을 읽으면 '밸푸어 선언'이 공식적이면서도 대대적인 선언 같지만, 처음에는 어떤 편지 속에 있던 내용에 불과했다(바로 앞의 맥마혼 선언도 비슷하다). 이에 대한 자세한 내용은 곧 우리말로 출간될 우카이 사토시鵜飼哲의 『저항에의 초대』(1997, 118쪽)를 참조. "1917년 11월 2일, 영국 외상 제임스 밸푸어 경은 로스차일드에게 보낸 서한 속에서 팔레스타인 땅에 유대인의 '민족적 향토'를 건설할 계획에 지지를 보낸다고 썼다. 이것이 후에 밸푸어 선언이라 불리며 이스라엘 국가의 창설과 팔레스타인의 수난의 기점이 되었다는 사실은 잘 알려져 있다. 그러나 거의 주목받지 못했던 사실은 한 통의 편지 속에 표명된 개인적인 견해가 어째서 선언이라는 언어 행위의 가치를 가질 수 있었는가 하는 수수께끼다."

로는 압도적 우위였음에 틀림없는 아랍군을 이스라엘이 눈 깜짝할 사이에 박살내버립니다. 장비와 군사기술, 게다가 사기에 있어서 이스라엘 측이 압도적으로 나왔기 때문입니다. 이것이 1차중동전쟁으로, 이로부터 중동 문제는 혼미의 정도를 더해갑니다. 그후 2차중동전쟁(1956), 3차중동전쟁(1967), 4차중동전쟁(1973)이 일어나지만, 하나같이 이스라엘이 승리를 거둡니다. 그후 전면 전쟁을 양 진영 모두 일으키지 않으려 노력하고 있지만, 문제 해결의 실마리는 전혀 보이지 않고 있습니다.

최근 유엔에서 팔레스타인의 국가로서의 자격을 인정하는 결정이 내려졌지만, 미국-이스라엘 관계가 흔들리지 않고, 또 거부권을 가진 미국이 뒤를 봐주고 있는 이상, 이스라엘의 국가로서의 존속을 뒤흔들 만한 사태는 일어날 리가 없습니다. 이 문제가 해결되려면 앞으로도 수십 년 단위의, 경우에 따라서는 백년 단위의 시간이 필요할 것 같은 생각이 듭니다.

이럭저럭 중동 취재는 모두 마치게 되었는데, 그런 뒤에도 곧장 일본으로 돌아오지 않고 예루살렘에 2주 정도 체류하며 구석구석 돌아보았습니다. 이 여행에서 모은 자료들은 분량이 상당합니다.

팔레스타인 보고

중동 취재 관련해서 1974년에 레바논에도 가게 되었습니다. 1972년에는 오로지 이스라엘 측에서만 취재했기 때문에 아랍 입장에서 팔레스타인 문제를 보고 싶었고, 그래서 아랍 취재의 거점으로 선택한 것이 레바논의 베이루트였습니다. 베이루트는 그뒤 팔레스타인 게릴라들 간의 대립 항쟁과, 거기에 끼어든 시리아의 군사 개입 및 레바논 내부의 종교 당파와 정치 당파의 다툼 등이 복잡하게 얽힌 항쟁으로 인해, 20년 가까이 계속 내전 상태가 이어져 엉망진창으로 완전히 파괴돼버렸습니다. 지금은 상상도 할 수 없겠지만, 제가 베이루트를 방문한 1974년경 그곳은 중동의 파리라 불릴 정도로 문화 수준이 높고 아름다웠습니다.

아랍 세계에서 비록 정치의 중심은 카이로였지만 문화의 중심은 베이루트였습니다. 음악에서도, 패션에서도, 영화, 연극, 출판, 저널리즘, 엔터테인먼트, 학술기관 등 모든 문화적 요소가 고루 갖춰져 있어, 아랍 세계의 갑부들이 별장을 두고 싶어하는 도시였습니다. 미국의 대학도 있고, 거리의 어지간한 레스토랑이라면 영어도, 프랑스어도 다 통했더랬어요. 전 세계 미디어들이 여기에 지국을 두었기 때문에, 아랍 측의 메시지를 세계에 전하는 기지이기도 했습니다. 실제로 PLO(팔레스타인 해방기구)도, PFLP(팔레스타인 해방인민전선)도, 또 알파타al-fatah[12]도 본부는 베이루트에 두고 있었습니다. 그리고 바로 거기에 일본의 적군파도 잠입했던 겁니다.

---

12 팔레스타인 국가 건설을 위해 1958년에 야세르 아라파트에 의해 설립된 팔레스타인 정치 군사 조직.

베이루트에는 팔레스타인과 관련된 다양한 연구소들이 있었습니다. 정치, 경제, 외교, 사회 등 아랍 사회의 모든 측면을 연구하는 학자들도 많았습니다. 그 연구소들을 방문해서 아랍계 학자들과 만나 대화해보면, 많은 문제들에 대해 구미 학자들에 뒤지지 않는 식견을 지니고 있었습니다. 그런 사람들도 만나고, 팔레스타인 게릴라 계열 조직의 대변인도 만나고, 또는 중동을 담당하는 구미 언론의 기자들도 만나는 등 여러 활동을 계속해가면서 쓴 것이 「팔레스타인 보고」(『사색기행』에 수록)입니다.

팔레스타인 게릴라에 대한 일반적 이미지는 화려한 테러 활동을 수행하는 국제테러 조직 같은 것일 테지만, 그런 화려한 활동은 그때그때 임시로 만들어지는 코만도 부대(특공대)가 수행하는 특수 작전입니다. 일상 활동은 그런 것과는 다릅니다. 그들의 일상 활동은 팔레스타인 난민 생활지원입니다.

이 일을 지속적으로 해왔기 때문에, 그들은 민중으로부터 변함없는 지지를 받고 있는 것입니다. 이런 측면은 주류파인 아라파트든, 지금 가자 지구 등의 주력 활동부대인 하마스든 마찬가지입니다. 팔레스타인 조직을 지원하는 자금은 아랍 각국에서 들어옵니다. 팔레스타인 해방운동을 지원하는 일이 아랍의 대의이기 때문입니다. 아랍의 눈으로 보면 이스라엘이 하는 일은 불의 그 자체입니다. 그들의 눈으로 보자면 이스라엘이 하는 일은 팔레스타인 사람들의 토지를 빼앗고 억지를 부려 거기에 그들의 국가를 건설한 다음, 무력과

돈의 힘과 미국의 지원을 믿고 꿈쩍도 하지 않는 그런 부류의 행동입니다. 그런 이스라엘을 쫓아내고 팔레스타인 사람들의 손에 팔레스타인 땅을 되돌려주는 일은 정당합니다. 그에 대한 지원을 아끼지 않는 것이 소위 아랍의 대의입니다. 이에 반대하는 나라는 아랍계 국가 중 한 나라도 없습니다. 힘은 빌려줄 수 없지만 금전적 지원, 심리적 지원은 각국 모두 아끼지 않습니다. 적어도 아끼지 않는 시늉은 합니다.

중동에서 아랍계가 아닌 국가는 페르시아계 이란입니다만, 이란은 아랍 국가들보다 더 열렬히 아랍의 대의(라기보다는 이슬람의 대의)의 실현을 지향하고, 그래서 이란계(종교적으로는 시아파 계열)의 독자 조직 하마스를 조직해, 보다 완강한 저항운동을 하고 있습니다.

팔레스타인 게릴라 조직은, 4차에 걸친 중동전쟁을 통해 정규군 전투로는 이스라엘에 승리를 거둬 토지를 되찾을 가능성이 거의 없다는 걸 깨달은 팔레스타인이 최소한 게릴라적으로라도 저항운동을 계속 이어가고자 만든 조직입니다. 사상, 정치, 자금, 혹은 행동에 있어 여러 가지 흐름이 존재해 반드시 통일되어 있는 것은 아닙니다. 주류파는 통일 조직을 꾸리고 팔레스타인의 대다수를 대표하는 정부를 구성해 유엔에서 국제적 인지를 획득하고자 하는 방향을 잡고, 서서히 그 방향으로 향하고 있습니다만, 미국이 거부권을 가진 유엔에서 과연 그것이 가능한가 하면, 전망은 그리 밝지 못합니다. 결국 상대가 그렇게 간단히 동의해주지 않는 이상, 가능한 선택지는 첫째, 평화적으로 목적을 달성하는 데 집착해 천천히, 신중히 일을 진행시켜나가는 쪽(이라고 말하면서 실질적으로 중요한 일은 아무것도 하지 않는 쪽)과 둘째, 그렇지 않으면 돌연 평화투쟁 노선을 버리고 과격한 무장투쟁 내지 테러 활동에 의해 자신들의 의지를 우격다짐으로 상대에게 밀어붙이는 쪽, 이렇게 둘 중 하나밖에 없습니다. 역사적으로는 이 두 가지 방침을 둘러싸고 다양한 그룹들이 난립해 저마다 좋다고 생각하는 활동을 해온 것이 팔레스타인 투쟁의 역사입니다. 모든 조직의 모든 행동을 규율하는 상부기관이 없기 때문에, 각각 마음대로 하는 가운데 돌출된 그룹이 때로 전 세계가 깜짝 놀랄 만한 과격한 행동으로 치닫습니다. 이런 과정의 되풀이였어요.

그리고 1972년, 1973년의 시점에서 가장 돌출된 행동을 한 그룹이 바로 '검은 9월단'입니다. 1972년 뮌헨 올림픽이 열리던 중 팔레스타인 무장조직 검은 9월단이 이스라엘 선수들을 인질로 잡아 선수숙소에서 농성을 벌였습니다. 그리고 범인 그룹과 현지 경찰이 총격전을 벌인 결과, 이스라엘 선수와 코치 등 11명이 희생되었습니다.

그후 이스라엘의 모사드는 그 보복으로(명목상으로는 테러 재발 억지를 위해), 검은 9월단 멤버들을 암살하는 '신의 분노' 작전을 계획하고, 실제로 몇 년에 걸쳐 범인들을 모두 살해했던 것입니다. 그 작전 전체를 그려낸 것이 스티븐 스필버그 감독의 영화 〈뮌헨〉입니다. 영화 제목인 'Munich'는 '뮌헨'의 영어식 표기입니다. 이 영화 아주 재미있습니다. 어쨌거나 모사드의 암살단이 지독하게 고생을 하면서 유럽 각지에 산재한 팔레스타인 게릴라를 한 사람 한 사람 찾아내 살해해가는 과정을 면밀히 그림으로써, 관객들로 하여금 연신 손에 땀을 쥐게 하는 영화입니다. 어느 날 밤배로 베이루트에 잠입한 이스라엘 첩보기관원이 PLO 조직원이 있는 건물을 급습해, 눈 깜짝할 사이에 죽여버립니다. 그 장면을 보았을 때, 퍼뜩 스치고 지나가는 게 있었습니다. '아! 이 대목…… 어디선가 본 적이 있어!' 했던 것이죠. 그 특수부대가 상륙했던 작은 항구도, 그 동네의 비탈길도, 습격당하는 건물도, 모두 보았던 기억이 있는 거예요. 아마 거기가 바로 1974년 취재할 때 제가 PLO의 어떤 인물과 만나 취재를 했던 장소였을 겁니다. 이 영화는 픽션이 아니라 거의 실화에 입각해서 제작된 겁니다.

물론 베이루트 현장에서 로케를 해서 촬영한 것은 아니고, 단지 현장을 가능한 한 재현했을 뿐이라고 합니다. 제가 취재한 사람이 영화 속에서 살해당한 그 사람인지 아닌지는 알 수 없지만, 그 무렵 제 취재에 응했던 사람이, 나중에 살해당한 경우가 그리 드물지 않았습니다. 제가 취재했을 무렵은 그렇게까지 서로 죽고 죽이는 일은 별로 없었습니다만, '살해했다' '살해당했다'는 이야기는 자주 들려왔습니다.

제 자신이 거의 살해당할 뻔한 적도 있었습니다. 레바논에 들어가 시간이 좀 지났을 때인데요, 거기까지 간 이상 이스라엘 국경지대에 가보고 싶어지더라고요. 그래서 버스로 국경도시까지 갔었지요. 버스 안에서 영어가 되는 현지 청년한테 너는 어떤 사람이냐, 왜 이런 곳에 있느냐는 질문을 받고, 정직하게 이러이러한 사람이고 '이스라엘과의 국경이 보이는 곳까지 가보고 싶다'고 하자, 자신이 바로 국경마을 주민이니 데리고 가주겠다고 하더라고요. 그 말을 받아들여 그가 사는 마을로 갔습니다. 산속 마을 같은 느낌이었는데, 도착했을 때는 상당히 늦은 시간이었습니다. 그가 주변 사람들을 불러 마을 사람 예닐곱이 모였어요. 그들은 다양한 이야기들을 해주었습니다. 그렇지만 저는 회화가 가능할 만큼 아랍어를 하지는 못했기 때문에, 그 청년이 전부 통역해주는 영어를 통해서 대화를 나누었지요. 저로서는 마을 사람들과 화기애애한 대화를 나누었다고 내심 여겼습니다. 헌데 그다음날 귀로에 올라 베이루트로 향하는 버스를 탔는데, 버스 안에서 그 청년이 "어제 네가 잔 침상 밑에 중기관총이 있었다. 그 마을은 전원 코만도야"라고 하기에 깜짝 놀랐습니다.

여기까지는 「팔레스타인 보고」에 쓴 내용인데요, 실은 거기에 적지 않은 또하나의 이야기가 있습니다. 청년은 그때 이렇게 덧붙였어요. '실은 네가 잠자리에 든 후(저는 극도로 피곤했던지라, 모두의 대화가 떠들썩하게 이어지는 와중에, 졸음이 와서 꾸벅꾸벅하기 시작했어요. 그랬더니 "이쪽에서 자"라고 하면서 단단한 나무 침대로 안내해주었습니다), 모두 너를 죽여야 할지 말지를 가지고 의논을 했다. 이런 국경지대에 혼자 숨어들다니 수상한 놈이라는 얘기가 나왔고, 너를 죽이는 편이 안심이라는 얘기도 있어서 한동안 논의가 계속되었다.'

제가 그때 그런 국경지대 마을에 숨어든 상태라는 것은 누구에게도 알리지 않았기 때문에, 그때 마을 사람들의 의견이 '아무래도 죽여버리는 편이 안전하다'는 방향으로 기울어져서, 그대로 실행되었더라면(국경지대의 코만도 마을이었다면 충분히 있을 수 있는 일), 저의 죽음은 어둠의 어둠 속으로 묻히고, 제가 죽었다는 사실조차 아무도 알지 못한 채, 제 인생이 끝나버렸을 가능성도 있습니다. 그 무렵 저는 유명인도 뭣도 아니었습니다. 「가쿠에이 연구」를 쓴 것은 그 여행에서 돌아온 뒤니까, 설령 살해 사건이 밝혀졌다 해도, 기껏해야 중동을 좋아했던, 모험을 즐기는 '무데뽀' 청년 정도의 평가로 끝나버렸을 겁니다. 제가 그때 거기서 죽었더라면 결국 「가쿠에이 연구」는 세상에 나오지 못했겠지요. 어쨌거나 그해에 팔레스타인에서 돌아와 쓴 것이 「팔레스타인 보고」(8월)이고 「가쿠에이 연구」(11월)였으니까. 따라서 가쿠에이 실각도 없었을 테니(다른 이유로 실각했을지도 모르지만), 역사가 다른 식으로 전개되었을 가능성도 있지요.

레바논, 이스라엘의 국경지대로부터는 끊임없이 게릴라(코만도)가 들어오니까 양국 간에 분쟁이 끊이지 않고 끝내는 이스라엘 지상군이 레바논을 침공하거나, 영화 〈뮌헨〉에서 그랬듯이 이스라엘 특수부대가 기습작전으로 베이루트를 습격하거나 하는 일이 그 무렵에도, 또 그후에도 계속되는 상황이었습니다. 그러니 제가 수상한 사람(이스라엘이 파견한 스파이?)으로 보였다 해도 어쩔 수 없었던 셈이지요. 거기서 살해당한다? 충분히 있을 수 있는 일이었지요.

엥? 이 책은 뭘까요? 우선 제목은 『Magic Cable』인데요, 'Magic'은 암호, 'Cable'은 전보입니다. 즉 '매직'이라 불리던 암호 속에 묻혀 있던 정보를 어떻게 해독해냈는가 하는 이야기가 쓰여 있는 책입니다. 구체적으로는 진주만 공격 전에 일본 해군의 퍼플purple(보랏빛 암호)이 해독되었다는, 암호 세계에서는 가장 유명한 에피소드에 대한 책이지요. 흥미로운 이야기이기는 합니다만, 이 책은 여기에 있어야 할 것은 아닌데⋯⋯ 이 서가는 뒤쪽과 연결되어 있으니까, 어쩌면 반대편 쪽에서 흘러들어왔을지도 모르겠군요.

과학사가 중요한 까닭

이 『일본의 과학기술 통사』 시리즈(전5권+별권 1권)는 일본의 과학기술사를 통사 형식으로 정리한 책인데, 상당히 좋은 책입니다. '점령기' '자립기' '고도경제성장기' '전환기' '국제기' 이렇게 다섯 시기로 구분하고, 연대별로 추적해가는 흥미로운 시도를 한 책입니다.

간행이 시작된 것은 1995년이니까, 비교적 새 책이네요. 이 책은 지금 시점에서 다시 읽어보는 재미가 있을 수 있습니다. 예를 들면 원자력이 어떠한 경위를 거쳐 지금 같은 형태로 실용화되기에 이르렀는지 잘 알 수 있을 겁니다. 핵발전소 문제를 생각하기 위해서는 전후 원자력 연구의 금지 해제나, 비키니 환초에서의 제5후쿠류마루[13] 피폭 등까지 거슬러올라가 역사를 알 필요가 있습니다.

하지만 역시나 중요한 것은 '점령기'에 있어서 군의 해체와 인력 사용의 평화적 전환입니다. 패전 시점까지 일본의 과학기술 연구라고 하면, 대부분이 군사적인 연구였습니다. 그러나 이후 그것이 해체되고 연구 인력이 평화적인 민생 분야에 투입되지요. 그런 흐름 속에서 과학론 연구자인 쓰네이시 게이이치常石敬一 선생이나 과학사가 나카야마 시게루中山茂 같은 사람이 등장합니다.

한때 이런 과학사 연구자들이 도쿄대 첨단연(도쿄 대학 첨단과학기술 연구센터)에 있을 때, 저도 도쿄대 첨단연에 있었던 관계로, 이 분야 연구 그룹과 인연을 맺게 되었지요. 대단히 귀중한 경험이었습니다. 역시나 최첨단 과학기술에 대해 정확히 알려면 과학사적으로 거슬러올라가 조사할 필요가 있으므로, 과학사가 중요하다는 것은 물론 일본에만 한정된 이야기는 아닙니다. 세계 여러 나라들은 모두 자기 나름의 상황과 조건 속에서 과학기술을 발전시켜나가고 있지요.

그중에서도 유명한 것이 중국의 과학사 전체를 총망라한 니덤 Joseph Needham의 『중국의 과학과 문명』 전11권입니다. 이 책은 시사쿠사思索社에서 1974년부터 1981년까지 번역 출간했습니다. 『중국의 과학과 문명』은 중국의 과학 통사라는 의미에서는 아까 언급한 『일본의 과학기술 통사』 시리즈와 같은 성격의 것이지만, 다루는 범

---

13 제5후쿠류마루는 원양 참치어선의 이름이다. 1954년 3월 1일, 미군의 수소폭탄 실험에 의해 발생한 다량의 방사성 강하물(소위 '죽음의 재')이 제5후쿠류마루에 떨어졌다. 무선 통신 책임자였던 구보야마 아이키치久保山愛吉가 이로부터 반년 뒤인 9월 23일 사망했다.

위가 넓다고나 할까, 훨씬 멀리까지 시야가 뻗어 있다는 점에서 정말 대단한 책입니다.

일본 항공기 제조의 원조

이쪽은 비행기에 관한 서적들이 있습니다. 『냉전의 운명』에서부터 가토 간이치로加藤寛一郎의 『추락』 시리즈까지 있지요.

도쿄대 '첨단연'은 저도 1995년부터 객원교수로 관여하고 있었습니다. 이 조직은 본래 '도쿄 제국대학 항공연구소'였어요. 그러니까 원래는 비행기 연구소였던 겁니다. 실제로 세계 최고 수준의 비행기를 세 차례 정도 제작한 일이 있어요.

그중에서도 일주周回 항속거리와 평균속도 두 분야에서 일본이 최초로 항공기 관련 세계기록을 달성했던 항연기航研機를 제작한 것으로 널리 알려져 있습니다. 기록을 수립했을 때의 비행시간이 62시간 22분 49초였으니까, 무착륙으로 이틀 반 정도를 계속 날았던 셈입니다. 비행기 안에는 먹고 마실 것도 거의 없었어요. 화장실도 없어서 오줌 정도는 그냥 싸버렸죠. 게다가 공기 저항을 줄이기 위해 캐노피(조종석을 덮는 투명한 바람막이)를 접이식으로 했기 때문에 비행중에는 앞도 제대로 보이지 않는…… 정말이지 처절한 비행기였습니다. 그렇지만 이 항연기는 태평양전쟁 개전 이전인 1938년에 군과는 상관없이 순수 학술연구 시험기로 개발되어 세계기록을 달성한 것입니다. 이 점에서는 평가해줘야 마땅하겠습니다.

이 항연기에는 발전된 버전이 있습니다. 태평양전쟁이 개시된 후에 다시 한번 시험기를 제작해서 일주 항속거리 신기록을 세우려고 했던 것이죠. 하지만 이번에는 전쟁중이라는 상황과 맞물리면서, '전쟁중에 세계기록 운운해서는 곤란해. 그보다는 이만한 기술이 있다면, 그 연장선상에서 태평양을 무착륙으로 왕복하고 미국 본토를 폭격할 수 있는 것 아닌가'라고 생각하는 사람들도 물론 있었습니다. 그리하여 이 아이디어는 '환상의 거인 폭격기'라 불리게 되는 후가쿠[14]라는 비행기의 개발 계획으로 이어집니다. 실제로 당시 '항연'(항공 연구소)에는 미국 왕복이 가능한 시험기 A-26이 있었고, 만주 일대를 돌며 기록 비행을 했습니다.

그 외에도 항연에서는 '연2' '연3' '연8'을 비롯한 다양한 종류의 비행기를 제작하려고 했습니다. '연2'는 성층권 비행용 고속 연구기, '연3'은 고속 시험기, '연8'은 가스 터빈이나 제트 엔진을 적재한 비행기였어요. 요컨대 최신 기술이 동원된 프로젝트였던 것입니다. 당시 항연 연구자들의 기술 수준은 상당했다고 봐야겠지요.

이 항연의 관계자였던 구리노 세이이치栗野誠一 선생에게서 받은 편지가 여기 있습니다. 1998년에 받았다고 되어 있으니까 아직 선생

14 2차대전중에 일본군이 계획한, 미국의 B-29를 뛰어넘는 여섯 발짜리 초대형 전략 폭격기다. 이름은 후지산의 별칭에서 따왔다.

께서 살아 계셨을 때지요. 제가 거기에 적을 두고 있었던 게 1995년부터 3년간이었으니까, 바로 그 무렵이네요. 저는 구리노 선생으로부터 여러 가지 흥미로운 이야기를 들을 수 있었습니다. 전세가 악화되고 B-29가 날아와 폭탄을 투하해도 일본군은 그것을 요격할 전투기를 띄우는 것조차 맘대로 안 되는 상황이었는데, 항연의 엔지니어들은 신예기新鋭機 개발을 위해 필사적으로 최후의 최후까지 노력을 계속했다고 합니다.

그런 항연에 대한 기록으로서 『항연기—세계 기록 수립의 기적』이라는 책이 있습니다. 저자 도미즈카 기요시富塚清 선생은 도쿄 제국대학 출신으로 항공기 엔진 전문가인데요, 항연기 연구자로서도 유명한 분입니다.

현재 '첨단연' 캠퍼스는 옛 모습이 거의 다 사라지고 지금은 다른 모습이 되어 있습니다만, 제가 있던 무렵에는 항연이 제작한 엔진 시제품 등을 곳곳에서 볼 수 있었습니다.

어쨌거나 일본의 항공기 제조는 항연에서 비롯된 것입니다. 예컨대 일본 최초의 금속 비행기도 항연에서 제작되었습니다. 옛날에는 비행기라는 게 천으로 감싼 목제품이었는데, 항연에서 최초로 금속제 비행기를 제작했던 것이죠. '두랄루민duralumin(알루미늄 합금)' 자체를 어떻게 제조하고 가공해야 하는지…… 그런 노하우를 축적하기 위해 두랄루민 주조 설비부터 지었습니다. 나아가 목제 모형을 제작하고 풍동風洞 실험을 거듭해가는…… 실로 맨땅에서부터 시작된 작업이 모두 그 캠퍼스 안에서 진행되었습니다. 그리고 항공기 연구 개발에 필요한 것들이 모두 그 연구소에 갖춰져 있었어요.

그런 전설적인 연구시설이 비교적 최근까지 양호한 상태로 남아 있었는데, 캠퍼스 전체를 새롭게 조성한다는 이유로 다 부숴버렸습니다. 그래서 '보존이 불가능하다면 하다못해 기록이라도 남겨야 한다'고 발안하고, 제가 첨단연 탐험단이라는 것을 조직해 학생들과 캠퍼스 안을 보고 기록하며 돌아다니는 활동을 했습니다. 오래되어 읽기 힘들어진 문헌 자료 같은 것들은 새로 쓰기도 했습니다.

그때의 조사 기록이 고양이 빌딩 2층에 있습니다. 전세가 악화되기 시작하던 1937년, 1938년 정도의 기록들이 상당히 남아 있는 게 인상적입니다. 그중에는 당시 공중전의 상황 분석과 전쟁 이후 전망을 분석한 것도 있었습니다. 그것들을 죽 살펴보고 나서 제가 알게 된 것은 그 시대에도 그 전쟁이 어떠한 상태였고, 또 어떠한 결말을 맞이할지에 대해 아는 사람들은 상당히 알고 있었다는 점입니다.

마에마 다카노리前間孝則라는 사람은 일본 근현대의 기술사에 관해 계속 집필해온 사람입니다. 아까 거론한 후가쿠에 대해서도 『후가쿠—미국 본토를 폭격하라』라는 저서가 있고 그 밖에도 『YS-11—국산 여객기를 만든 사내들』『탄환열차—환상의 도쿄 발 베이징 행 초특급』 같은 저서도 있습니다. 전쟁 전에 도쿄 발 베이징 행 초특급을 만들려고 했던 탄환열차 발상은 전후에 신칸센으로 결실을 맺게 됩니다. 그 이야기가 복선이 되어 이 책 『신칸센을 만든 사나이

—시마 히데오島秀雄 이야기』로 이어지는 것이지요.

그리고 이 시마 히데오라는 사람은 뒤에 우주개발사업단 초대 이사장으로, 일본 우주개발의 리더로 임명되는 인물입니다. 신칸센 개발이라는 거대한 프로젝트의 경험이 있기 때문에 일본 우주개발의 선장이라는 임무를 맡게 된 것입니다.

이쪽에는 『냉전의 비술』을 비롯한 가토 간이치로 선생의 저작들을 모아놓았습니다. 가토 선생과도 여러 가지 일을 함께 한 인연이 있어, 새 책이 간행될 때마다 보내주시거나 한 것이지요. 비행기 사고에 관한 것은 대부분 가토 선생의 저작일 겁니다.

향토사 연구의 명자료

이것은 매우 귀한 책입니다. 『분고[15] 기리시탄 관계 자료』라고 해서, 오이타 현의 기리시탄에 대한 기록입니다. 발행처를 보면 '우사 풍토기風土記 언덕 역사민속자료관'[16]이라 적혀 있습니다. 그러니까 수상쩍은 자료가 아닌 거지요. 수상쩍긴커녕 상당히 잘된 자료라고 생각합니다. 일본에는 지역마다 이런 견실한 연구를 계속 축적해가는 연구자들이 있지요. 일본의 향토사 연구는 보통 수준이 아닙니다.

분고, 즉 현재의 오이타 현에서 전국시대에 피어난 기리시탄 문화라는 것은 당시 일본에서 거의 유일한 국제 수준의 문화였다는 점도 있고, 그런 의미에서도 대단히 흥미로운 면이 있습니다. 아마도 제가 어떤 일로 현지에 갔을 때 우연히 입수했던 것일 텐데, 기리시탄 문화에 대해 이렇게 잘 정리된 책을 손에 넣게 된 것은 진짜 행운이었습니다.

노사카 산조의 비밀

여기는 제가 예전에 『일본공산당 연구』를 썼을 때의 자료들입니다. 『안보투쟁사』 『공산주의 비판 전서』 『일본의 반스탈린주의운동』 『혁명의 해부』 『공산주의자 선언』 등이 있습니다.

기초 자료가 된 『적기赤旗』도 1920년대 것부터 갖추고 있습니다. 이것은 『비합법시대의 일본공산당 중앙기관지』로 전후에 간행된 복각판입니다. 공산당 관련해서는 여기 외에도 나중에 6장에서 소개할 고양이 빌딩 옥상에도 모아뒀습니다.

이 책 『어둠 속의 사내—노사카 산조野坂参三의 100년』은 노사카 산조가 소련 스파이 의혹을 받은 시점부터 제명에 이르기까지를 그린 책인데요, 상당히 흥미로운 책입니다. 그때까지도 의혹의 목소리가 완전히 사라진 것은 물론 아니었습니다. 하지만 그가 100세를 거의 앞둔 시점에 '노사카는 스파이였다'는 증거 자료가 소련으로부터

---

15 분고豊後는 현재 규슈 오이타 현 남부의 옛 이름이다.

16 우사 풍토기 언덕은 문화청의 풍토기 언덕 설치 구상에 입각해 1981년에 오이타 현 우사 시에 개설된 야외 박물관 및 사적 공원이다.

직접 나올 것이라고는…… 그런 일은 누구도 예상치 못했지요.

일본공산당 역사에서 그는 거의 신격화된 존재였습니다. 그런 인물과 관련해 어둠 속에 감춰졌던 시대의 자료가 세상에 나왔던 것입니다. 그리고 바로 그 새 자료의 발굴에 의해 노사카가 동지 야마모토 겐조山本懸藏를 스탈린에게 팔아넘겼다는 사실이 드러났습니다. 야마모토는 전쟁 전의 일본공산당 역사에서 야마 켄이라는 애칭으로 알려졌던 대단히 유명한 활동가였습니다만, 소련으로 건너갔을 때 노사카의 밀고로 스탈린의 비밀경찰에 적발되어 대숙청의 희생물이 돼버렸습니다. 이러한 일련의 사실들이 드디어 햇빛을 보게 된 것입니다. 이 책 『어둠 속의 사내』를 쓴 고바야시小林峻一 선생과는 「가쿠에이 연구」, 『일본공산당 연구』 무렵부터 함께 작업을 해온 사이입니다. 「가쿠에이 연구」를 쓸 때 그는 가쿠에이에게 뇌물을 바친 기업들을 철저히 조사해 '귀사는 언제쯤부터 어떠한 이유로 가쿠에이에게 헌금을 시작했습니까?'라는 문의를 종일토록 끈질기게 계속 던지는 견실한 취재를 해주었습니다. 그런 인연도 있고 해서 이 책 『어둠 속의 사내』의 해설은 제가 쓰게 되었습니다.

스탈린 관련해서 기이한 책이 한 권 있습니다. 제목은 『슬픔의 수확 우크라이나 대기근—스탈린의 농업집단화와 기근 테러』. 러시아 혁명을 거쳐 성립된 소비에트 연방은 스탈린이 강력하게 농업집단화를 추진한 결과, 우크라이나를 중심으로 대기근이 일어나버립니다. 정확히 신중국 건설 후 마오쩌둥이 벌인 대약진 정책이 대기근을 초래한 것과 마찬가지지요(『마오쩌둥의 대기근—역사상 가장 비참하고 파괴적인 인재, 1958~1962』 등). 그때 상황이 상세히 그려져 있습니다.

시게노부 후사코에 접촉을 시도했다

이쪽은 일본 적군이 펴낸 시게노부 후사코[17]의 법정 투쟁 지원위원회 자료입니다. 특히 이 『사증査証』이라는 기관지는 적군파 전 의장 시오미 다카야塩見孝也나 시게노부 후사코 등이 기사를 기고한 귀중한 자료입니다. 페이지를 넘겨보니 '시게노부 후사코는 베이루트로부터……' 같은 문장이 눈에 들어오네요.

실은 저도 레바논을 취재하던 당시, 그들 일본적군과 접촉하려고 온갖 묘안을 짜내고 있었습니다. 일본에서 출국한 적군파가 현지에서 합류한 것은 PFLP(팔레스타인 해방인민전선)에서였습니다. 저는 PFLP 취재도 하고 있었기 때문에, 그 연을 잘 더듬어가면 어찌어찌 그들과 만날 수 있지 않을까 생각했어요. 실제로 저 같은 저널리스트가 일본에서 레바논으로 와서 취재하기를 원한다는 식의 이야기가 그들에게도 흘러들어가지 않았을까 생각합니다. 그러나 오케이 사인은 나오지 않았습니다. 적군파의 의지인지, PFLP의 의지인지는 알 수 없습니다만……

---

17 重信房子(1945~). 일본의 신좌파 활동가이자 테러리스트로, 전 적군파 중앙위원 및 일본적군의 전 최고 간부였다. 헤이그 사건 공모 및 공동정범으로 유죄 판결과 함께 징역 20년을 선고받았다.

그리고 이 「텔아비브 공항 투쟁 성명」도 매우 귀중한 자료입니다.

1972년 이스라엘의 텔아비브 근교에 있는 로드 국제공항에서 일본적군에 의한 총기난사 사건이 있었습니다. 이것이 '텔아비브 공항 투쟁'이라 불리는 것입니다. 이 사건에는 전 단계가 있는데, 같은 해 1972년 5월 8일 팔레스타인 과격파 테러리스트가 브뤼셀 발 텔아비브 행 비행기를 공중납치해서, 로드 국제공항에 착륙시킨 사건입니다. 그러고는 체포된 동료의 석방을 이스라엘 정부에 요구했죠. 하지만 이스라엘 정부는 공중납치범 중 두 명을 사살하고 남은 두 명도 체포했습니다. 그래서 PFLP는 보복하기 위해 로드 국제공항을 습격하려고 한 겁니다. 하지만 아랍인이 엄중한 경계를 뚫는 것은 불가능하다고 보고 일본적군에게 협력을 의뢰했습니다. 그리하여 일본인에 의한 로드 국제공항 습격이 행해졌어요. 사건 발발 후 무차별 테러였다는 점에서 국제적으로 심한 비난을 받게 되는데, 그런 속에서 PFLP와 시게노부 후사코는 「투쟁 성명」을 내고 투쟁을 계속 이어갈 것이라고 선언했습니다. 그 선언문 전문이 이것이지요. 자세한 것은 『일본공산당 연구』에 써놓았습니다.

그 옆의 『6·15 사건 전말—은행나무 가로수에서 국회로』도 보통 귀한 자료가 아닙니다. 6·15 사건은 1960년 안보반대 투쟁에서 도쿄대의 간바 미치코樺美智子 씨가 희생된 사건을 가리킵니다. 그러니까 이 책은 그녀의 사후, 그녀의 죽음에 항의하는 '삐라' 등을 모아 수록한 책이지요. 이 책을 도쿄대 재학생이 아니라 도쿄대 교직원조

합이 제작했다는 것도 흥미로운 면입니다.

한편 일본공산당을 비판하는 사람들에 의한 책도 있습니다. 이 효모토 다쓰키치兵本達吉라는 사람은 원래 공산당 간부였던 사람인데, 후에 『일본공산당 전후 비사』를 쓰는 등 공산당 비판의 최선봉에 선 인물입니다. 이 책 『신좌익운동 40년의 빛과 그림자』 같은 책도 공산당 비판 서적입니다.

조르게와 일본공산당

세계에서 가장 유명한 스파이의 한 사람인 리하르트 조르게. 그 협력자로서 검거된 경험도 있는 일본공산당의 지도자 중에 가와이 데이키치川合貞吉라는 사람이 있어요. 그의 『어느 혁명가의 회상』은 대단히 기이한 책입니다.

일본공산당 초창기는 혼란스러워서 그런지, 그 시대 일에 대해 쓰인 책은 신용할 만한 것이 별로 없습니다. 제대로 조사도 하지 않고 억측에 의거해 썼음에 틀림없는 책을 비롯해, 그 대부분이 내용적으로 상당히 의심스러운 책들이 많습니다. 그러나 이 책은 당사자가 기록한 회상으로 상당히 믿을 만합니다. 게다가 가와이 데이키치는 조르게가 상하이에서 활동하던 무렵에 공산주의자로서 그 밑에서 활동하면서 다른 한편 우익인 기타 잇키[18] 등과도 교우를 맺고 있던 기이한 인물이었던지라, 그가 보고 들은 것에는 만만치 않은 가치가 있습니다.

당시 일본에는 아직 공산당이 조직되어 있지 않았습니다. 그리고 상하이에는 일본에 공산당을 조직하려 하는 코민테른의 거점이 있었습니다. 조르게는 그때 이미 코민테른의 지도자로 상하이에 와 있었어요. 따라서 조르게와 일본공산당은 인연이 깊습니다. 이쪽 분야는 대단히 흥미롭고 또 이야기하기 시작하면 너무 길어져 곤란하니 반드시 제 책을 읽어주시기 바랍니다.(웃음)

시노다 마사히로篠田正浩 감독의 〈스파이 조르게〉라는 영화가 있습니다. 이 영화는 당시 상하이의 분위기를 아주 잘 그려낸 영화입니다. 당시 '조르게 첩보단'의 일원으로 오자키 호쓰미尾崎秀実가 상하이에서 암약하고 있었던 것도 견실하게 그려냈지요.

경찰 자료까지 판매하는 고서점

이 서가에는 1960년대의 '전학련'[19]에 대한 자료들이 있습니다. 예컨대 오노 아키오大野明男의 『전학련—그 행동 및 이론』 등이 있지요. 오노 아키오라는 사람은 원래 '전학련' 위원장을 지냈는데요, 전공투[20] 세대가 아니라 그 한 세대 전에 속하는 인물이지요. 그 오노 아키오가 후에 문필가가 되어 당시를 돌아보며 쓴 것이 이 책입니다. 그러니까 이 책에서 가장 최근의 에피소드라고 해도 1968년에 일어난 하네다 사건(신좌파에 의한 사토 에이사쿠 수상의 외국 방문 저지 사건) 정도까지만 쓰여 있습니다.

우리가 대학에 다니던 시절에는 소위 '5류 13파' 등으로 불리던 신좌파가 주류였습니다. 그러던 것이 1960년대 말이 되면 변화가 일어나 적군파를 비롯한 소위 과격파들이 잇따라 등장합니다. 그에 대해 알기 위해서는 또다른 책을 참조할 필요가 있습니다.

한편 이쪽에 있는 『회상—전후 주요 좌익 사건』은, 좌파 입장에서는 그들의 적에 해당하는 경찰청 경비국이 제작한 자료입니다. 페이지를 넘겨보면 공산당에 내부 분열이 발생한 1950년 정도의, 비교적 오래된 시기부터 확실히 포괄하고 있습니다. 1955년 '도쿠다 규이치[21] 추도대회'나 1956년의 노사카 산조의 참의원 첫 당선 등에 대해서도 물론 적혀 있고요. 이 자료를 입수한 것은 어느 고서점에서였는데요, 경찰이 간행한 이런 자료들까지 고서점에서는 판매하고 있는 것이죠.

1950년에 간행된 이 책 『공산주의 비판 전서』도 경찰 쪽에서 나온 책이죠, 아마. 이 책의 저자라고 되어 있는 공산주의비판연구회는 경찰 계통의 기관이라고 보면 거의 틀림없습니다. 또 이 책 『특심

---

18 北一輝(1883~1937). 쇼와 초기의 사상가이자 사회운동가로, 2·26 사건의 이론적 주모자로 간주되어 처형당했다. 2·26 사건은 1936년 2월 26일부터 29일까지, 일본에서 육군 황도파皇道派의 영향을 받은 청년 장교들이 1483명의 병사들을 이끌고, '쇼와유신·존황토간尊皇討奸(쇼와유신 단행, 황제 근위, 역적 토벌)'을 내걸고 일으킨 미증유의 쿠데타 미수 사건이다. 기타 잇키에 대해서는 국내에 『기타 잇키—천황과 대결한 카리스마』(마쓰모토 겐이치, 정선태·오석철 옮김, 교양인, 2010)가 번역되어 있다.

19 1948년에 결성된 전일본학생자치회총연합의 약칭.

20 1968년부터 1969년에 걸쳐 형성된 일본 각 대학 학생운동 조직으로, '전국학생공동투쟁회의'의 약칭.

21 德田球一(1894~1953). 일본의 혁명가, 변호사, 정치가. 전쟁 이전의 비합법정당 시대부터 전후 초기에 이르기까지 일본공산당의 대표적 활동가였으며, 전후의 첫 서기장을 역임했다.

월보特審月報』도 대단합니다. 발행처가 '법무부 특별심사국'이라고 되어 있는데요, 이것은 공안조사청의 전신 조직입니다. 반도 구니오坂東国男의 모두 진술 등이 실려 있는 『연합적군 문제의 형성과 변증법』도 발행처는 역시 공안경찰이나 공안조사청과 관련된 조직일 겁니다. 책 안에 실려 있는 광고를 보면 일류 기업들뿐이에요. 역사적으로 볼 때 공안경찰의 입김이 닿은 이런 조직들이 이런 유의 자료를 만들어낸 경우는 상당히 많습니다. 전쟁 이전의 공산당 시대부터 그랬어요.

일본의 고서점이라는 곳이 얼마나 흥미로운지 새삼 실감이 나네요. 이런 경찰 측 자료들이 적잖이 나오는 곳이니까요.

잡지는 꽤나 좋은 자료

이 잡지 『통일평론』은 북조선 계열의 기관지입니다. 한국을 북조선식으로 남조선이라 부르면서 「남조선 경제의 위기 심화」 「박정권 분쇄」 같은 기사들을 싣고 있습니다. 귀중한 자료지요. 그리고 이 『평화와 독립』은 전후의 공산당 일파가 간행하던 기관지입니다.

잡지는 대단히 좋은 자료입니다. 일반 서적과는 달리 사태를 정면에서가 아니라 각도를 틀어 비평해주는 경우가 있거든요. 예를 들어 여기에 있는 『주간 산케이』를 보면, 공산당 언론 변술辯術에 대한 비판 기사들이 있습니다. 역시나 산케이지요.(웃음) 공산당한테서는 저도 마구 공격을 당했었는데요, 그 변론술의 기세에는 정말이지 물러설 수밖에 없었어요. 이러한 기사도 읽어둬야 공산당이라는 존재가 좀더 입체적으로 보이기 시작합니다.

그리고 이것은 『적기』 1949년 발행호입니다. 1949년이라고 하면 아직 미군 점령 상태고 한국전쟁 직전, 공산당이 지하잠행중이니까, 지금 시점에서는 실로 귀중한 자료인 것이지요. 그러고 보니 생각나는 게 있는데요, 『일본공산당 연구』를 쓰며 고투하던 시기에 『적기』 같은 이런 1차 자료들을 대조해가면서, 일본공산당의 역사를 연표로 정리한 적이 있습니다. 그 연표에는 연대별로 위원장과 중앙위원 등의 이름이 들어 있는 것은 물론이고, 당원 수의 추세나 선거 득표 결과, 『적기』 발행부수 등 집필할 때 필요한 모든 데이터가 들어 있습니다.

앗! 여기 있네요. 이것이 방금 말한 일본공산당 자료 연표예요. 손으로 쓴 것이지요. 1921년부터 1922년 근방을 보면, 기시카쓰キシカツ라고 쓰여 있는데요, 기시카쓰는 이 시기의 공산당 지도자 중 한 명입니다. 공산당을 취재할 때는 여러 사람들과 만나 이야기를 들었는데요, 그때 취재 상대가 이야기한 것도 순차적으로 이 연표에 반영했습니다.

저는 책을 쓸 때 이런 종류의 연표를 작성하는 경우가 자주 있습니다. 다나카 가쿠에이에 대한 책을 쓸 때도 마찬가지로 연표를 만들어 늘 가까운 데 두었어요. 가쿠에이의 연표는 지금은 어디에 있는지 알 수 없게 됐네요. 이렇게 서가를 깨끗이 치웠을 때 죽 살펴보다가 눈에 확 띄면 참 좋을 텐데…… 그에 반해 『경시청 직원록』 같은 것은 남겨둬봤자 별다른 게 없지요, 솔직한 얘기로……(웃음)

공산당 관련해서는 이외에도, 1953년에 이토 리쓰伊藤律가 '스파이'라는 이유로 제명된 사건이 일어난 시기 전후의 자료가 남아 있습니다. 이것은 국립 국회도서관에서 출창 복사해서 모아놓은 겁니다.

이 자료들에는 '홈페이지 집集'이라고 쓰여 있는데요, 인터넷 이전의 PC통신, 인터넷 여명기의 홈페이지 등에서 주워 모은 자료들을 정리한 것이지요.

기업 연쇄폭파 사건은 아직 끝나지 않았다

이쪽은 공안경찰이나 공안조사청 관련 서적들입니다. 이 책을 편집한 다무라 류지田村隆治는 나름 재미있는 사람입니다. 그는 『도해 일본 좌익세력 자료집성』『불완전한 역정—전후 20년 '평화' 속의 비극초』 등을 엮은 사람인데요, 두 책 모두 1970년대에 동아시아 반일무장전선이 일으킨 기업 연쇄폭파 사건 관계 자료로 대단히 귀중합니다.

이쪽에 있는 신문 스크랩은 전부 기업 연쇄폭파 사건 관련 자료들이에요.

이 사건은 아직도 완전히 끝나지 않았습니다. 왜냐하면 다이도지

마사시 등 범인 일부는 사형이 확정되었지만 아직 집행되지 않아 구치소에 있을 것이고, 또 사사키 노리오와 다이도지 아야코는 일본 적군의 쿠알라룸푸르 사건[22]과 다카 사건[23]에 대한 초법규적 조치[24]에 의해 석방되어 지금도 해외 도피중인 상태입니다.

기관지에 기고하던 빅 네임

여기는 아사마 산장 사건[25]에 대한 자료들이 있네요. 물론 여기 있는 자료는 전체의 절반 정도에 불과합니다. 극좌 관련 자료와 옴진리교 관련 자료들은 릿쿄 연구실에도 있습니다.

여기에 있는 것 중에는 『공산주의』라는 이론 기관지가 귀중한 자료에 속합니다. 도쿄대의 공산당 세포 일부에서 파생되어 훗날 일본 신좌파운동의 원류가 된 분트(공산주의자 동맹), 바로 그 분트의 이론

---

22 1975년 일본적군 멤버들이 말레이시아 미대사관을 점거, 구속중인 동지의 석방을 요구한 사건.

23 다카 일항기 공중납치 사건으로, 1977년 9월 28일, 권총과 수류탄 등으로 무장한 일본적군 그룹 다섯 명에 의해 발생했다. 다카 사건이라 불리는 이유는 비행기가 콜카타 방면으로 일단 향한 뒤에, 원래의 진로를 변경해 방글라데시 다카 국제공항에 강제 착륙했기 때문이다. 일본 정부가 적군의 옥중 멤버 석방 요구에 응한 것은 1975년 쿠알라룸푸르 사건 이후 두번째였다.

24 1977년 10월 1일에 총리대신이 "한 사람의 생명은 지구보다 중하다"고 말하며 적군 그룹이 요구한 몸값 600만 달러의 지불 및 초법규적 조치로서 구속중이던 적군 멤버들의 인도를 결단, 석방을 요구받은 9명 중 스스로의 의지로 거부한 사람들을 제외한 석방을 한다. 참고로 석방을 거부하거나 석방 후 적군에 합류하기를 거부한 사람들과 그 이유는 이러하다. "일본에 남아 연합적군 문제를 사유해야 한다"(우에가키 야스히로植垣康博), "일체의 오키나와 해방투쟁은 오키나와를 거점으로 오키나와인 자신이 수행해야 하는 것이고, 일본적군과는 정치적·사상적인 일치점이 없다"(지넨 이사오知念功), "정치 혁명을 목표로 하는 적군과는 이데올로기가 다르다"(오무라 도시오大村寿雄).

25 1972년 2월 연합적군 5인이 나가노 현 가루이자와초의 보양소保養所 '아사마 산장'에서 관리인의 부인을 인질로 잡고, 출동한 경찰부대와 총격전을 전개하다가 체포된 사건.

적 지주가 된 것이 이 『공산주의』입니다. 이 지면에서 '히메오카 레지姬岡玲治'라는 필명을 사용하며 분트의 이론적 바탕이 되는 논문을 저술한 사람이 뒷날 경제학자가 되는 아오키 마사히코青木昌彦입니다. 그는 스탠퍼드대에 유학을 가서 경제학을 배웠는데, 한때는 노벨 경제학상 후보로 거론되었을 만큼 유명한 경제학자입니다.

문예춘추사에 근무한 적 있는 작가 기리시마 요코와 사실혼 관계에 있었는데, 뭐 그런 건 어쨌든지 간에, 경제학자로서 대단히 우수한 사람이었지요. 새로운 공공公共이라는 발상의 선구자일 뿐만 아니라, 다양한 분야에서 세계적인 수준의 업적을 쌓은 존재입니다.

아오키 마사히코가 학생 시절에 히메오카 레지라는 이름으로 발표한 논문이, 일본 최초의 비非공산당계 마르크스주의 집단의 이론이 되어 일본 신좌파운동의 토대를 구축해갔던 것입니다.

그리고 기관지 『공산주의』에 뒤이어, 이번에는 『공산주의자』가 제작됩니다. 이것이 점차 '혁공동 혁마르파革共同革マル派'의 기관지가 되어갑니다. 중핵파와 혁마르파라는 것은 혁공동革共同[26]의 분파로 등장한 것이니, 그런 의미에서는 같은 원류에서 흘러나온 것이지요.

이러한 당파 기관지와는 달리, 잡지로서 좀더 폭넓게 기사를 게재한 것이 1968년에 창간된 공산주의자 동맹의 『정황』이었습니다.

제가 어떻게 이런 기관지를 이렇게나 많이 모았는가 하면, 지금은

---

26 '혁명적 공산주의자 동맹'의 약칭.

이미 없어져버렸지만 일찍이 진보초에 이런 종류의 출판물만 취급하는 것으로 유명한 우니타 서점이라는 데가 있었어요. 거기에 가면 모든 기관지들이 다 있었지요. 공안경찰도 부단히 그 서점에 들락거리면서 새로운 기관지나 팸플릿을 입수했던 것 같아요. 이 서가에 있는 신좌파 관련 자료들은 거의 모두 그 서점에서 산 겁니다.

이 기관지 『무장』을 발행하던 중핵파의 혼다 노부요시本多延嘉 서기장은 혁마르파에 습격을 당해 살해됐습니다. 실은 저도 혼다 서기장을 취재한 일이 있었어요. 그런데 공교롭게도 그 취재 직후에 이 사람이 살해당했기 때문에, 저나 혹은 제 담당 편집자가 혼다 서기장의 거처 정보를 누설한 것 아닌가 하는 의심을 받기도 했었어요. 그런 수준 낮은 의심을 하다니…… 정말 두 손 두 발 다 들었습니다.

제가 취재하던 시점에 혼다 서기장은 다른 분파의 목표물이 되지 않도록 기본적으로 은밀하게 행동했고요, 수비대랄까 경호원들이 늘 붙어다녔는데요, 그래도 살해당했어요. 혼다 서기장 습격이 방아쇠가 되어 중핵파와 혁마르파 간에 그뒤로 끝없는 죽고 죽이기가 시작되었습니다.

소위 '우치게바(내부 폭력)'라는 것은 그전부터 있었습니다. 하지만 통상적으로 우치게바가 서로 죽이는 것으로까지 발전하지는 않았습니다. 예컨대 와세다 대학처럼 여러 분파가 거점을 둔 대학이 있다고 합시다. 그러면 어떤 분파의 학생이 집단으로 몽둥이를 들고, 학내에 있는 다른 분파의 멤버를 헬멧을 쓴 상태로 때려눕힙니다. 그 정도는 했었지요. 하지만 죽이는 일은 하지 않았습니다. 그러나 혼다 서기장 사건을 계기로 서로 죽이기가 시작됩니다.

아까도 이름이 거명된 우니타 서점의 주인한테 이야기를 들은 바로는 어느 날 심야에 가게 바로 앞에서 서로 죽이는 사태가 발생한 적이 있었다는 겁니다. 서점 주인은 2층에서 그 사태를 처음부터 끝까지 봤다고 합니다. 그때 상대의 숨통을 끊기 위해 그들이 무엇을 했나 하면, 우선 상대의 머리를 깨고, 그 안에 쇠파이프를 쑤셔박아 뇌수를 질척질척 휘저었답니다. 그렇게 한다고 해서 꼭 죽지는 않습니다. 그러면 살인죄는 성립하지 않고 상해죄에 그칩니다. 하지만 뇌는 뒤죽박죽이 되어버리니까, 인간으로서는 소용없게 됩니다. 그렇게까지 하면서도 살인까지는 안 하는 겁니다. 그런 식으로 한도를 정하고 행동했다고 하네요.

그 스피디하고 군더더기 없는, 프로페셔널 냄새가 물씬 풍기는 수법이 너무나도 완벽했기 때문에, 서점 주인은 '그 사람은 평소 그런 일에 종사하는 사람임에 틀림없을 것'이라고도 했습니다. 물론 그 주인의 발언도, 그가 직업상 잘 알던 활동가들의 기관지나 팸플릿 등에 영향을 받은 것이었을지도 모릅니다만……

미국의 신문도 위태롭다

이쪽은 미디어 관련 서적들이에요. 우선 책에 대한 책들이 있고,

다음으로는 신문, 잡지, TV에 대한 책들이 있네요. 퍼뜩 눈에 띄는 것이라면 『미디어의 이면 지배』 『신문이 위험하다!』 『가이조샤와 야마모토 사네히코』 『신문학』 『정보 미디어 백서』 등이네요. 『아사히 신문사의 역사』도 있고요. 미디어 관련 서적들이라 해도 다양한 계통이 있습니다. 뒷이야기를 쓴 에세이들도 있고, 미디어학적인 것도 있습니다.

미디어론으로는 『캐서린 그레이엄-나의 인생』이 있네요. 캐서린 그레이엄이라는 사람은 워터게이트 사건으로 이름을 떨친 워싱턴포스트의 여자 사장입니다. 닉슨에게 위협당했을 때 '캐딜락에 탄 채 감옥으로 직행하게 해주지'라고 일갈했다고 하는 그런 사람이지요. 하지만 지금은 미국에서도 워싱턴포스트가 그렇게까지 주목을 받는 일은 없을 겁니다. 유감스럽게도 신문의 존재가 위태롭다는 얘기는 일본뿐만 아니라 미국에서도 진즉부터 나왔던 이야기니까요. 워싱턴포스트나 뉴욕타임스 같은 미국의 대표적 신문조차 바야흐로 언제 무너져도 이상하지 않을 경영 상태에 빠져 있습니다.

서구 여러 나라에서 하수도의 의미

여기는 갑자기 주제가 바뀌어 뉴욕에 관한 자료들이 있습니다. 특히 뉴욕 역사에 관한 자료는 좋은 걸 많이 갖추고 있다고 생각합니다.

예를 들면 이 책 『뉴욕 금융시장 개설概說』은 제가 도쿄은행 조사부를 취재했을 때 입수한 겁니다. 도쿄은행 조사부라고 하지만, 도쿄가 아니라 뉴욕에 있는 조사부입니다. 역시나 뉴욕을 알려면 뉴욕의 금융을 알아야만 이야기가 된다고 생각해서 열심히 취재했습니다.

뉴욕에 대해서는 문예춘추사에서 간행하는 잡지 『구리마くりま』의 뉴욕 특집호(제4호)에 엄청 긴 기사를 썼습니다. 이 기사는 『뉴욕 독본 I/뉴욕을 알다』라는 책에 수록되어 있습니다.

어쨌거나 그 기사는 뉴욕의 역사에서 시작해 도시 디자인, 인간 도감, 패션, 극장, 시장, 하수도까지 정말로 다양한 면면을 조명했습니다. 뉴욕의 하수도는 장대하고, 하여간 대단합니다. 거기에 대면 일본의 하수도 같은 건 아무것도 아닙니다. 서구의 하수도는 나라마다 긴 역사를 갖고 있습니다. 예를 들면 빅토르 위고의 『레 미제라블』에서도 주인공 장 발장이 하수도에서 이리저리 도망치는 장면이 나오지요. 이렇게 발달한 하수도는 혁명 같은 어지러운 소동이 일어나면 대단히 중요한 역할을 담당하는 공간으로 변합니다. 하수도가 중요한 무대가 된 것은 1956년 헝가리 동란에서도, 1968년 프랑스의 봄 때도 마찬가지였습니다. 2차대전 당시 바르샤바 봉기에 대해서는 거장 안제이 바이다Andrzej Wajda 감독이 〈세대〉(1955), 〈재灰와 다이아몬드〉(1958)와 함께 저항 3부작으로 잘 알려진 〈지하 수도〉(1957)에서 그린 바 있습니다. 참고로 〈재와 다이아몬드〉와 〈지하 수도〉는 같은 시기의 일련의 행동을 다른 각도에서 본 것입니다.

현재 폴란드에는 '바르샤바 봉기 뮤지엄'이라는 곳이 있습니다.

이 박물관은 바르샤바 봉기의 전 과정을 담되, 그걸 단순히 기록으로 남기는 게 아니라, 당시 일어난 일 전부를 기록하려고 한 독특한 박물관이에요. 그러니까 거기에는 당시 지하 활동의 양상들도 모두 기록되어 있습니다. 바르샤바 봉기 기간에 레지스탕스를 돕기 위해 연합군이 비행기를 띄워 다양한 물자들을 투하하기도 했었는데요, 그때 사용된 비행기도 그 박물관 안에 전시되어 있어요.

이 밖에도 당시에는 지하출판물이 산더미처럼 쏟아져나왔는데요, 그때 발행된 간행물들이 박물관에 모두 남아 있습니다. 당시 사용했던 인쇄기를 비롯해 하나부터 열까지 다 남아 있더라고요.

바르샤바 봉기는 2차대전의 종반 국면에서 발생한 사태입니다. 동쪽에서는 소련군이 착착 접근해옵니다. 바르샤바 근교의 비스와 강 맞은편까지 소련군이 오는 것이죠. 한편 바르샤바 시가지 쪽은 이전 시기와 마찬가지로 독일군의 점령하에 있었습니다. 그래서 바르샤바 시민 레지스탕스와 폴란드군 등은 '소련군이 이미 저기까지 와 있으니, 우리도 봉기해야 한다'고 결의하고, 독일군에 대해 공세를 시작했어요.

그런데 봉기를 시작했음에도 불구하고, 소련군은 강 건너에서 군대를 딱 정지시킨 채, 절대로 시가지 쪽으로 들어오려 하지 않았습니다. 왜 그랬는가? 바르샤바 봉기를 지도했던 런던에 있는 폴란드 망명정부가, 한편으로 보자면 연합국 측이지만 또다른 측면에서 보자면 반쯤 민주주의에 가깝다고나 할까, 아니면 적어도 소련과 가깝지는 않았습니다. 그리고 소련은 또 소련대로 폴란드 공산당 같은 조직, 말하자면 소련이 오랫동안 길러온 조직을 준비하고 있었어요. 그러니까 그 시점, 그 상황에서 모두가 그 전쟁의 뒷일을 생각하면서 행동했던 겁니다.

그런 정황에 휘말려 그들은 어렵사리 봉기를 일으켰음에도 불구하고, 전열을 재정비한 독일군에게 잇따라 패배하며 무너져갔습니다. 하지만 소련군은 도우러 오지 않았지요. 죽어가는 걸 지켜보고만 있는 격이었죠. 이 사실은 그뒤 동유럽인들의 정신에 큰 상흔을 남기게 됩니다. 결국 1989년 냉전 종결부터 시작된, 구소련의 영향하에 있던 동구권이 해체되는 과정은, 이 바르샤바 봉기 무렵부터 새로 검토하지 않으면, 이해할 수 없는 것입니다.

스탈린은 무엇이었나?

여기는 러시아 공산주의, 그리고 스탈린 체제에 대한 자료들이 있습니다. 『혁명의 해부』 『대중운동』 『스탈린주의의 생성 구조』 『스탈린 문제 연구 서설』 『소비에트 연방 공산당사』 등이 보이네요.

소련과 일본의 공산당 역사를 비교해보면, 여러 가지로 흥미로운 문제가 있습니다. 예를 들면 소련에서는 스탈린 체제 확립 이후에는 기본적으로 코민테른의 흐름을 이어받은, 말하자면 공인된 역사만을 이야기할 수 있는 상황으로 바뀌어갑니다.

그런데 일본의 경우, 공산주의 운동이 왕성했던 아주 초기에는 일본공산당이 압도적인 지도력을 갖고 있었기도 하고, 그래서 그와 같은 속임수, 즉 공인된 역사만을 밀어붙이는 일은 없었습니다. 그러한 토양 위에서 아까도 말씀드린 공산당 중앙에 대항하는, 말하자면 그때까지와는 다른 신좌파라는 조직이 형성돼갑니다. 그 과정에서 공산당이나 공산주의가 객관적으로 연구되고, 그래서 다양한 일들이 드러나게 됩니다.

요컨대 일본공산당의 역사를 거칠게 요약하자면, 우선 공산당 중앙이 주장하는 것만을 옳다고 보는 종래형 좌파와 그것으로는 만족하지 못하는 신좌파라는 크게 두 가지 흐름이 있었습니다. 그리고 신좌파 일부가 과격화하고, 그러면서 몇몇 과격파가 생겨나게 되고요. 그 과격파가 쇼와 역사에 굵직굵직한 사건들을 새겨넣습니다. 대략적으로 그런 흐름이었다고 할 수 있겠습니다.

실은 국제적으로도 이와 유사한 흐름이 없지 않았습니다. 어느 시대까지는 '스탈린 지도하의 소련은 전 세계 좌파와 공산주의운동을 완전히 지도하고 있다. 그러므로 그 지도를 따르는 것이야말로 사회주의 운동의 정당한 방식이다'라고 이야기됐었죠. 하지만 어느 시대부턴가 소위 정통과는 다른 흐름들이 다양한 곳에서 출현하게 됩니다. 그중에서도 대표적인 것 중 하나가 쿠바혁명의 게릴라 활동을 지도한 체 게바라라는 존재인 것이고요.

게바라 같은 흐름이 출현함으로써 비로소 스탈린이란 대체 무엇이었던가가 시야에 들어오게 되었어요. 물론 21세기가 된 지금도 이것은 여전히 어려운 문제입니다만, 전후사 최대의 열쇠 중 하나인 것만은 틀림없는 사실입니다.

푸틴은 제국을 건설하려 하고 있다

물론 이 문제를 풀기 위해서는 독특한 러시아의 풍토도 고려하지 않으면 안 됩니다. 그럼 러시아의 특징이란 무엇인가?

그것은 지금의 푸틴 대통령을 보고 있으면 드러납니다. 그는 어딘가 스탈린적이랄까 아니면 러시아 전통이라고나 해야 할 뭔가를 이어받고 있습니다. 그런 사람처럼 보입니다. 결국 러시아라는 나라는 어떤 시기든 간에 제국을 지향하는, 혹은 지향하려고 하는 나라인 것입니다. 여기에 『푸틴의 제국—러시아는 무엇을 노리는가』라는 책도 있습니다만, 어쨌거나 푸틴은 새로운 제국을 건설하려는 듯 보입니다.

냉전이 종결되고 소련이 붕괴되면서 러시아도 간당간당하기 시작했지요. 그 과정을 불만스레 보고 있던 건 푸틴 한 사람만이 아니었습니다. 그 시대 러시아인들 대부분이 마찬가지로 상당한 불만을 품고 있었어요. 아니, 이렇게까지 말할 수 있겠어요, 러시아 사람들의 멘털리티 어딘가에 '미국 일국주의의 세계를 받아들이고 싶지 않다'는 생각이 있다고요. 푸틴의 인기를 떠받치는 바탕을 논할 때, 이 한 가지를 빼놓고는 아예 얘기 자체가 안 될 겁니다.

뭐랄까, 러시아 사람들에게는 이런 면이 있는 것입니다. 설령 '공인된 역사'로 민심을 꽁꽁 묶고 독재정치를 펼쳤다 해도, 그럼으로써 러시아가 대국으로 살아남을 수 있다면 그걸로 족하다, 뭐 이렇게들 생각하는 것이죠. 그쪽 서가에 죽 진열된 것들도 역시 제국의 공인된 역사, 즉 스탈린이 '이걸 역사라고 해!'라고 했던 그런 역사에 대한 책들이 중심을 이루고 있습니다. 『국제 사회주의 운동사』라든가 『세계 사회주의 운동사』 등이 그런 것들인데요, 이런 책이 많다는 것 자체가 러시아라는 나라를 표현해주죠.

그리고 이에 대해서는 일본공산당도 마찬가집니다만, 교과서적인 것을 한 번 만들어버리면, 그에 반하는 일은 불허한다는 식이 되어버렸습니다. 그와 같이 강력하게 옥죄는 것이야말로 공산당 조직의 특징입니다.

새삼 이렇게 훑어보니 이 서가에는 흥미로운 책들이 많이 있네요. 이 『일본에서의 '신좌익' 노동 운동』 같은 책은 출판한 곳이 '도쿄대학출판회'이기도 하고, 그래서 내용도 학문적으로 견실하게 뒷받침되어 있습니다.

전 공산당원이자 르포 작가인 다케나카 로竹中労의 『류큐 노래 환시행—섬 노래의 세계』[27]도 상당히 읽는 보람이 있는 책이에요. 그리고 소설로는 시바타 쇼[28]의 『그래도 우리 젊은 날』이 있네요. 1960년대 학생들의 심상이 잘 그려져 있습니다. 1950년대에 공산당원으로 활동했지만, 소련의 핵폭탄 개발에 의문을 느끼며 당을 떠난 고마쓰

사쿄小松左京의 『일본 침몰』[29]도 있네요.

그리고 이것은 『주간 현대』 등 주간지에 특집으로 실렸던 마오쩌둥 사망 이후에 대해 쓴 기사들을 스크랩한 겁니다.

구舊 이와사키 저택의 지하에서 일어난 사건의 진상

여기는 전쟁이나 군사 관련, 스파이 관계 서적들이에요. 아까 거론했던 『Magic Cable』 같은 책은 원래라면 이 『암호 전쟁』 등이 있는 곳에 있어야 하지요.

히틀러 관련 서적도 여기에 있네요. 그러고 보니 재작년부터 작년(2012) 정도까지 히틀러에 대한 책들이 얼추 정리되어 출판되었네요. 누구누구 사후 몇 년 같은 계기도 있습니다만, 그와는 별도로 흐름이라는 게 있지요. 그런 흐름을 보는 것도 나름 재미있습니다.

그리고 이쪽에 있는 빅토르 프랑클의 『밤과 안개』를 포함해서 유대인의 홀로코스트, 아우슈비츠와 관련된 서적들은 원래 2층에 있던

---

27 책 소개에 따르면 "이 책은 1975년에 레코드로 발매된 오키나와 섬 노래에 붙인 해설과 「류큐공화국/너, 꽃을 무기로!」에 실었던 원고 네 편 등을 모아 책으로 엮은 것"이라고 한다.

28 柴田翔(1935~) 소설가, 독문학자, 도쿄대 명예교수. 이 작품으로 제51회(1964년) 아쿠타가와 상을 수상했다. 책 소개에 따르면 이 작품은 "무엇 하나 확실한 것 없는 시대, 그러한 시기를 살아가는 청춘, 산다는 일의 허망함을 축으로, 한 시대를 함께 살아간 남녀 대학생의 슬픔을 조형한 불후의 청춘문학"이라 되어 있다.

29 1973년에 간행된 SF소설. 이후 만화, 영화, TV드라마, 오디오 드라마 등으로 제작되었다.

책들을 이리로 가져온 것입니다.

또 여기에는 모사드 이외의 스파이 관련 서적들도 있습니다. 대일본제국의 스파이 양성학교 육군나카노학교나 CIA에 대한 자료들도 있어요. 이쪽에 있는 스파이 관련 서적들은 정말 전부 재미있습니다. 너무 재미있는 나머지 여기 써 있는 게 정말 사실인가 의심스러워질 정돕니다.(웃음)

예를 들면 이 책 『프로페셔널 스파이—영국 첩보부원의 수기』 말인데요, 이 책의 저자 킴 필비는 유명한 이중간첩입니다. 영국의 첩보부원이자 소련의 스파이였어요. 20세기를 대표하는 이중간첩이라 해도 과언이 아니지요.

그다음에 『캐논 기관으로부터의 증언』이라는 책이 여기에 있는데요, 스파이 이야기 하면 빼놓을 수 없는 것이 바로 캐논 기관입니다. 캐논 기관은 GHQ[30]의 스파이 활동 실행부대입니다. 저자로 기재된 연정延禎이라는 인물은 캐논 기관에 속해 있던 조선인입니다.

도쿄대 의학부 부속병원과 시노바즈이케[31] 사이에 구 이와사키 저택이 있습니다. 전후 한때 그곳 지하실에 캐논 기관이 있었어요. 지금 이와사키 저택은 문화재로서 공개되고 있습니다만, 지하실까지는 갈 수 없습니다. 하지만 안내인에게 물으면 알려줍니다. "이 계단을 내려

---

30 General Headquarters의 약자로 총사령부라는 뜻. 2차대전 이후 일본에서 연합국 최고사령관(SCAP, Supreme Commander for the Allied Powers)의 총사령부를 가리키는 말로 사용되었다. 참고로 1945년 8월 14일의 연합국 최고사령관이 바로 맥아더였다.

31 도쿄의 우에노 공원 내에 있는 연못.

가면 거기 있다고 합니다"라며 가리켜 보입니다. 그 괴이한 지하실에서 납치 감금, 심문, 고문 등이 이루어졌던 듯합니다.

가장 유명한 것은 작가 가지 와타루[32]가 납치되어 여기 지하실에서 고문을 당한 사건입니다. 이 사건은 가지 와타루의 석방과 함께 국회에서도 거론된 바 있습니다. 가지 와타루도 국회에 증인으로 소환됩니다. 그리고 국회에서 그 사건의 실행범 가운데 연정이 있었다는 사실이 밝혀집니다. 연정은 그런 일련의 사실들을 이 책에서 처음으로 고백합니다.

'국철 3대 미스터리'라 불리는 사건이 있습니다. 1949년에 일어난 시모야마 사건, 미타카 사건, 마쓰카와 사건을 말하는데요, 그 진상은 현재까지도 밝혀지지 않은 상태지요. 시모야마 사건은 당시 국철 총재였던 시모야마 사다노리下山定則가 출근 도중 실종된 뒤 다음날 철로변에서 죽은 채 발견된 사건이고요, 미타카 사건은 미타카 역에서 열차가 폭주해 사망자가 나온 사건입니다. 그리고 마쓰카와 사건은 도호쿠 본선인 마쓰카와 역에서 가나야가와 역 사이의 레일을 고의로 떼어내 사망자가 발생한 사건입니다.

하지만 이 일련의 사건과 관련해서 제기되었던 수수께끼들은 앞으로도 완전히 풀리지 않을 것 같습니다. 핵심적인 부분을 담당하던

---

32 鹿地亘(1903~1982). 소설가이자 마르크스주의자. 해외에서 반전 활동을 펼치기도 했다. 2차 대전 종결 후 일본으로 귀국해 민주주의 문학 운동에 참가한다. 1947년 제1회 참의원 의원 통상 선거에 무소속으로 입후보하지만 낙선한다. 1951년 11월 25일, 가나가와 현에서 캐논 기관에 납치돼 미국의 스파이가 될 것을 강요받는다. 감금되고 약 1년 뒤인 1952년 12월에 석방되었다.

사람들이 이미 사망해버렸으니까요. 앞으로도 GHQ에 의한 사건으로 보는 음모론 등 다양한 설이 나올 테지만, 결정적인 증거는 아마 나오지 않을 겁니다. 이 책 『시모야마 사건의 진상—시모야마 총재는 살아 있다!』는 내용이 흥미롭습니다. 너무 흥미로워 의심스럽습니다. 그런 의미에서 유명한 책이지요. 이런 유의 책은 앞으로도 계속 나오겠습니다만, 확실한 책은 나오지 않을 것으로 보입니다. 이 사건에 대해서는 상당히 많은 부분이 영원한 어둠 속으로 가라앉아 버렸어요.

제가 담배를 피우지 않는 이유

여기는 전쟁론이네요. 전쟁에 대한 다양한 시선의 책들이 모여 있는데요, 어째서인지 『니시노오모테 시市』라는 시 요람이 포함되어 있네요. 니시노오모테 시는 가고시마 현 다네가시마의 거리 이름인데요, 왜 이런 게 이 서가에 자료로 들어 있을까요? 그 다네가시마 바로 인근에 마게시마라는 진짜 작은 섬이 있거든요, 그런데 오키나와나 아쓰기의 미군기지 기능을 그곳으로 이전하려고 한다는 이야기가 나온 적이 있기 때문입니다.

사실 저는 미군기지 이전 문제와는 전혀 관계없는 『주간 문춘』 기획으로, 마게시마에 유배당한 적이 있답니다.(웃음) 아주 아주 옛날에…… 물론 옛날이래봤자 문예춘추사 사원 시절이 아니고 제가 뭔가를 쓰는 사람이 된 이후입니다만. 지금도 제가 담배를 피우지 않는 것은 그 유배 덕분입니다. 그 섬에 있는 동안 담배와 완전히 연을 끊을 수 있었어요.(웃음) 유배 기간이 끝나고 절 마중나온 문예춘추사 편집자가 "자, 자, 한 대 태우고 싶으시죠?"라며 담배를 꺼냈어요. 하지만 저는 전혀 피우고픈 마음이 들지 않았어요.

편집자는 제가 곧장 덤벼들거라 생각하고, 그 덤벼드는 순간을 사진에 담으려고 했었나봅니다. 골초를 장기간 금연 상태로 두면 금단 증상이 나타날 거라 생각했던 거겠죠. 그런데 저는 전혀 그런 마음이 들지 않았어요. 니코틴중독이라고 할 때의 그 니코틴이 몸에서 완전히 빠져나가 담배가 없으면 없는 대로 아무렇지도 않은 그런 지경까지 갔던 겁니다. 그래서 모처럼 맞은 귀한 기회를 잘 살려 그대로 금연을 하자고 생각했고, 그뒤 지금에 이르게 된 겁니다. 그게 딸이 태어난 후의 일이었으니까, 딸이 태어나고 얼마 뒤까지는 아직 피우고 있었던 셈이지요. 집안에서 엄청난 비난을 받았던 게 생각나네요.(웃음)

전쟁에 대한 책 이야기로 돌아갑시다. 이쪽은 전부 종전 처리 관련 자료들이에요. 예를 들면 연합국 최고사령부의 『종전 처리비 예산 제요』가 있어요. 『종전 처리비 등 관계 통첩집』 표지에는 극비라고 쓰여 있습니다. 어디에 얼마큼의 돈을 어떻게 썼는가는 행정의 최고 비밀이니까요.

이 책 『쇼와 동란사』(전3권)도 재미있습니다. 일본의 현대사, 즉 쇼와사에는 이해가 불가능한 사람들이 많이 출현하는데요, 이 책의 저자 야쓰기 가즈오矢次一夫도 그중 한 사람입니다. 이 사람은 1931년의 3월 사건이나 10월 사건 같은 일본 육군의 쿠데타 미수 사건과도 맞물려 있고, 또 2·26 사건과도 맞물려 있습니다. 전시중 통제경제하에서의 국책 입안과도 맞물려 있고, 또 전후의 한국, 타이완 등과의 아시아 외교와도 맞물려 있습니다. 진짜 기이한 존재가 일본 현대사에는 여러 사람 있습니다만, 저는 이 야쓰기 씨를 직접 취재한 적이 있습니다. 뿐만 아니라 제가 『쇼와사의 수수께끼』라는 책을 만들던 때는 야쓰기 씨와 도쿄대 교수 이토 다카시伊藤隆 씨 그리고 저, 이렇게 셋이 나눈 좌담 형식으로, 쇼와사의 다양한 사건들에 관해 이야기를 나누기도 했습니다. 야쓰기 씨는 그야말로 온갖 사건들에 얽혀 있더군요.

이 책 『쇼와사의 수수께끼』는 아카쓰키교육도서暁教育図書라는 곳에서 간행한 것으로, 일반 서점에서는 판매하지 않고 회원제랄까, 예약자에게만 판매하는 책이었습니다. 큰 판형으로 전부 20권 정도를 냈지요. 맨 마지막 권인 현대사는 '일본 현대사를 다루는 사람이라면 모르는 사람이 없다'는 이토 씨의 힘을 빌려서, 저 나름으로 목차를 잡은 다음 제가 하고 싶은 것을 마음껏 시도해봤던 책으로 기억합니다. 이거 상당히 재미있는 책이니까, 고서점에서 발견하면 무조건 구입하시기 바랍니다.

한도 가즈토시 선생과 다나카 겐고 선생에겐 신세를 졌죠

이쪽에 있는 책들은 진열된 폼이 꽤나 잡다한데요, 우선 『이 자유당!』(전2권)이라는 책은 상당히 흥미로워요. 저자 이름은 이타가키 신스케板垣進助라고 되어 있는데요, 이타가키 다이스케[33]의 이름을 비꾼 것입니다. 이것은 전후에 한동안 출판되던 언그라(언더그라운드) 출판물의 복각판입니다. 소위 역사의 진실 같은 주제만을 특집으로 다루던 『진상』이라는 잡지가 있었는데요, 그 『진상』을 모두 복각한 『복각판 진상』이 이것입니다. 대단히 귀중한 자료라서 아마도 상당한 가격이 붙어 있을 겁니다. 1만 8000엔이네요. 전8권. 산이치서방三一書房에서 냈네요.

전후 한동안 이런 '역사의 수수께끼' 같은 주제가 인기를 얻으면서 다양한 형태의 책이 출판되었는데요, 그 커다란 흐름 중 하나가 바로 종전 직후에 『문예춘추』가 별책이나 증간호로 잇따라 출간했던 역사 특집호입니다. 이는 후에 문예춘추사의 '역사 무크'가 됩니다. 문예춘추사 출신으로 현대사 연구를 필생의 업으로 삼고 있는 한도 가즈토시半藤一利 선생은 그렇게 증간과 별책을 내던 시기부터 그런 작업들을 활발하게 했습니다. 그리고 '역사 무크' 시절에는 편집장이었고요. 그 작업들을 통해서 전쟁에서 살아남은 사람들에 대

33 板垣退助(1837~1919). 일본의 무사이자 정치가로 대표적인 자유민권운동가. 2차대전 이후에는 50전짜리 정부지폐, 일본은행권 B100엔권에 그의 초상이 실렸다.

해 엄청난 분량의 취재를 했습니다. 그렇기 때문에 한도 선생은 방대한 지식을 갖고 있는 것이지요.

문예춘추사는 전전부터 있었는데요, 1946년에 전쟁에 협력했다는 이유로 해산당합니다. 그후 '문예춘추신사文藝春秋新社'라는 형태로 재발족을 합니다. 한도 선생은 이 신사가 처음으로 대졸 신입사원을 받았을 때 입사했던 것 같아요. 한도 선생과 다나카 겐고田中健五 선생 이렇게 두 사람이 전후 1기생으로 동기입니다. 이 전후 1기 동기들이 각각 회사의 최전선에 서게 됩니다. 겐고 선생은 『문예춘추』 편집장으로, 저의 「가쿠에이 연구」를 실어줬습니다.

여기는 신문의 축쇄판들이 죽 있네요. 이것은 초야신문朝野新聞의 축쇄판. 펠리컨사ぺりかん社에서 냈고 1만 8000엔이네요. 38권이 있군요. 그다음에 이것은 니혼신문日本新聞입니다. 시베리아 포로수용소에 갇혀 있던 사람들이 발행하던 신문이지요. 넘겨보면 '스탈린에게 감사' 같은 말들이 보이네요. 가격은 1만 1000엔. 시베리아 수용소에서 그들이 진짜로 했던 일이 바로 이런 일이었던 겁니다. 활자를 하나하나 주워온다든가 해서…… 이런 식으로 '소련과 스탈린을 찬양하자'고 했던 패거리가 수용소에서 해방된 뒤, 일본에 귀국해 공산당에 집단 입당을 했던 것입니다.

소련은 포로를 돌려보냄으로써 일거에 일본공산당운동에 힘을 실어주려는 의도가 있었던 것 같습니다. 실제로 일본에 돌려보냄으로써, 장기적으로 몇몇 사람을 스파이로 만들려고 했습니다. 지금도 러시아 정보기관에 정보를 흘리는 자가 있을 가능성도 있습니다. 예컨대 세지마 류조[34]가 그런 스파이라는 설이 한참 뒤까지 떠돌았지요. 하지만 설령 그게 사실이라고 해도 이제 세지마 류조도 사망했으니 조사할 방법이 없습니다.

고양이 빌딩 1층에서 성에 관한 책을 소개했을 때, 버자이너 이야기를 했잖습니까? 여기에는 알랭 다니엘루Alain Daniélou의 『팔루스 신화』가 있네요. 그러니까 자지에 관한 책이지요. 이 책은 여기 있는 『에로스와 타나토스』와 함께, 원래는 여기가 아니라 1층의 성이나 정신분석학 서가에 있어야 하지요.

---

34 瀬島龍三(1911~2007). 일본의 육군 군인이자 실업가.

NASA
Whole Earth Catalog
The Dream Machines
WEAPONS IN SPACE
ODYSSEY
COSMIC DEBRIS
FULL MOON
NASA
THE DREAM IS ALIVE
APOLLO

산초메 연구실 중앙 책상

펼침 사

引越のサカイ
FAX
20世紀全記録
Chronik 1900-1990

字通
LONGMAN
ROBOT
1945・広島・長崎

1층 남쪽 철제 랙 서가
펼침 사진 2 뒤

1층 계단 측면 / 2층 계단 측면 / 3층 계단 측면

펼침 사진 2 앞

3층 서쪽 서가, 북쪽 서가, 동쪽 서가
펼침 사진 1 뒤

3층 동쪽 서가와 남쪽 서가
펼침 사진 1 앞

5장

고양이 빌딩

계단

계단실 북쪽을
올려다보다

1층 계단실
동서남북 사방과 동쪽 서가

2층 계단실
남쪽 서가

391쪽 사진 확대. 『부르고뉴 공국의 대공들』을 읽은 사람과 읽지 않은 사람이 유럽을 이해하는 방식은 전혀 다릅니다.

2층 계단
서쪽 서가

3층 계단
동쪽 서가

390쪽 사진 확대. 저는 옛날에 화이트헤드를 좋아했었거든요.

『실패학』 시리즈에서부터 촘스키나 소쉬르 같은 언어학 책들이 있습니다. 그 옆에 이어지는 것이 2차대전시 나치 독일이 사용하던 암호기暗號機 '에니그마'에 관한 것을 비롯한 암호 관련 서적들입니다. 왜 이런 방식으로 배열되어 있는지는, "이쪽은 그때그때의 경위로 인해 이렇게 된 것입니다"라고밖에는 말할 수가 없습니다.(웃음) 기본적으로 저는 소쉬르에 대해서는 그다지 소상히 알지 못합니다. 편의적으로 모아두었을 뿐이라고도 할 수 있습니다. 다만 한 가지, 요컨대 서가는 그 소유자의 지적 편력의 단면이라는 점을 말씀드리고 싶습니다.

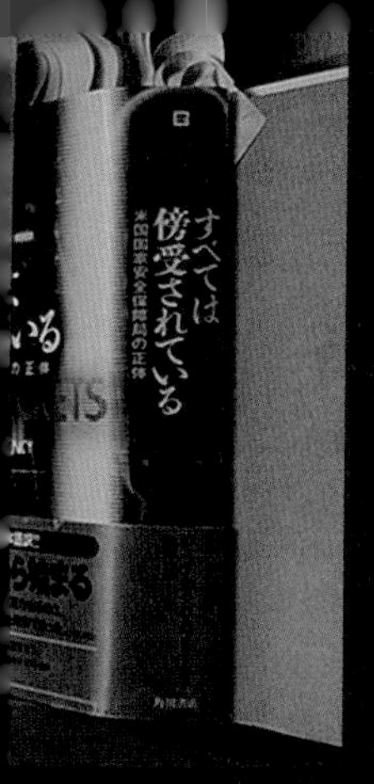

391쪽 사진 확대. 논리학의 기초를 배우면서,
기호학이나 소쉬르에 대한 책들도 여기에 놓게 되었습니다.

390쪽 사진 확대. 현대 수학은 이 세계를 현실적으로, 그리고 추상적으로 묘사하기 위한 언어.

386쪽 사진 확대. 책이라는 것은 그 책이 쓰인 시대 배경에 따라 의미나 가치가 달라집니다.

395쪽 사진 확대. 여기 화장실 안쪽 계단에는 전집과 북극 및 남극,
동물에 대한 사진집들이 놓여 있습니다.

水戸学集成

옥상 계단실
서쪽 서가

정치인의 자서전이나 회상록은 대개 여기에 두고 있습니다. 자비 출판한 것도 많이 있네요. 『오히라 마사요시 회상록』『오노 반보쿠 회상록』『그리운 이케다 하야토 선생』 등이 있네요. 이런 유의 책들은 고서점에서 일괄 구입하는 경우가 많지요.

406쪽 사진 확대. 『막스 베버 소명으로서의 정치』를 읽었느냐 읽지 않았느냐가 지식인인지 아닌지의 척도가 된다고도 할 수 있겠지요.

397쪽 사진 확대. 이와나미서점의 『대항해시대 총서』, 『일본 사상 대계』,
『일본 고전문학 대계』는 전질을 갖추고 있지요.

1층 계단실 아래
동쪽 서가

지하 1층 계단 위
서쪽 서가

1층 계단실
동쪽 서가

옥상 계단실
동쪽 서가

부르고뉴를 통해 유럽을 알다

(3층에서 2층으로 내려오기 시작하자마자 보이는 우측 서가를 둘러보면서) 고양이 빌딩 서가는 때때로 책들을 교체하기 때문에, '이 장소에는 이런 장르의 책이 있다'고 확실하게 말할 수 없는 경우가 종종 있습니다. 교체 도중이라든가 하면, 그 자리에 있어야 할 책이 그 자리에 없는 경우도 있는 것이지요.

이쪽에는 유럽에 관한 책들이 놓여 있습니다. 『로마제국 쇠망사』(전11권)부터 『토니 블레어의 여정』까지 다양한 책들이 있는데요, 그중 프랑스 관련 서적이 많습니다. 『프랑스사』 『프랑스 병病』 『루이 16세』 등입니다. 마지막에 든 『루이 16세』라는 이 대저(상하권, 총 1346쪽)는 단지 루이 16세만이 아니라 그보다 한참 이전인 성왕聖王 루이[1]에 대해서도 다루고 있습니다. 일본인들은 거의 잘 모르지만, 성왕 루이는 13세기의 봉건 왕정을 완성시킨 카페 왕조의 프랑스 왕입니다. 이 사람은 두 번에 걸쳐 십자군을 이끌고 팔레스타인로 건너갑니다(7차와 8차). 예루살렘 공략중에 병사해 성인의 지위에 오르는 인물이지요. 성인의 지위에 오른 것은 프랑스 국왕으로는 최초입니다. 토마스 아퀴나스와 동시대인으로, 중세 그리스도교의 전성기를

---

1 Louis IX(1214~1270). 프랑스 왕국 카페 왕조의 9대 국왕. 사후 가톨릭 교회로부터 성인이라 칭해지는데, 이로 인해 Saint-Louis(성 루이)로 불리게 되었다. 미국의 도시 세인트루이스의 이름은 성 루이에서 유래한 것이다. 참고로 루이 16세(1754~1793)는 18세기 후반의 국왕으로, 프랑스 혁명으로 인해 1793년에 처형당했다.

떠받친 왕입니다. 세속왕으로서도, 분열 상태에 있던 남프랑스와 북프랑스를 처음으로 통일국가로 만든 왕으로 유명합니다.

저는 한때 프랑스 중부의 전원인 부르고뉴의 뉘생조르주 부근에 집을 갖고 있어서, 매년 여름을 프랑스에서 보냈습니다. 그 동네는 코트도르Côte-d'Or(황금 언덕)라 불리는 고급 와인의 산지인데, 그 산지 중에서도 중심부에 해당하는 곳입니다. 부르고뉴에서 가장 유명한 와인 로마네콩티의 포도밭이 바로 옆에 있었죠. 밭에 들어가서, 아, 물론 원래는 들어갈 수 없습니다만, 거기에서 로마네콩티 포도 열매를 손으로 직접 따서 먹어본 적이 몇 번인가 있어요. 거기 포도는 과일로서도 맛있더라고요, 놀랍게도! 여기에 있는 것은 부르고뉴가 가장 번창하던 시대의 역사가 쓰여 있는 『부르고뉴 공국의 대공들』입니다. 부르고뉴는 후에 프랑스 왕국에 통합되어 더이상 독립국가가 아니게 되지만, 원래는 프랑스 왕가와 동격이었던 부르고뉴 대공이 다스리는 대공령大公領으로, 전성기 때는 프랑스 왕가를 권력에 있어서나 부에 있어서, 또 문화에 있어서 훨씬 더 능가하는 지역이었습니다. 전성기는 13세기부터 14세기입니다. 그러니까 앞서 나왔던 성왕 루이 이후, 위대한 대공들이 4명 연속으로 출현했던 시기죠. 영국-프랑스 백년전쟁[2]이나 잔 다르크의 시대보다 약간 이전에 해당되는 시기입니다.

이 대공들의 시대 이후 부르고뉴의 역사는 네덜란드의 역사가 요한 하위징아의 저작 『중세의 가을』에 쓰여 있습니다. 『중세의 가을』에는 부르고뉴 지방의 중심 도시이고 와인 산지이기도 한 본Beaune의 수도원이 경영하던 시료원 '오스피스 드 본'에서의 사건이 기록되어 있습니다. 오스피스란 호스피스를 말합니다. 그러한 무대 설정 속에서 14~15세기경 부르고뉴 공국의 문화에 대해 예리한 고찰을 한 것이 바로 『중세의 가을』입니다. 이 시대는 통상 문화적으로 빈약하다고 이야기되지만, 실은 대단히 풍부한 문화가 있었음을 보여주고 있습니다. 그리고 그 문화적 풍요로움은 유희 정신과 밀접한 관계가 있습니다.

하위징아에게는 『중세의 가을』에 필적하는 대표작 『호모루덴스』라는 작품이 있습니다. 이것은 우리말로 하면 유희인이 됩니다. 요컨대 인간을 호모사피엔스(아는 인간, 이성적 인간)라고만 포착해서는 불충분하고, 인간의 본질을 포착하기 위해서는 유희(놀이)라는 개념을 잊어서는 안 된다고 지적한 책입니다. 다만 유념해둬야 할 것은 하위징아가 말하는 유희는 우리가 흔히 말하는 유희와는 다릅니다. 지적 노동과 육체적 노동 이외의 모든 행동을 그는 유희라고 보았습니다. 그러므로 문화적인 활동은 모두 유희에 들어갑니다. 한 대목

---

2 1337년부터 1453년 사이에 영국과 프랑스가 수차례 벌인 전쟁이다. 프랑스의 왕위 계승 문제와 양모 공업지대인 플랑드르에서의 주도권 싸움이 원인이 되어 일어났다. 1429년 잔 다르크(1412~1431)의 활약으로 프랑스가 승리를 거둔다.

인용해봅시다. "문화를 움직이는 커다란 원동력들의 기원은 이 신화와 제사 속에 있는 것이다. 법률과 질서, 거래와 산업, 공예와 미술, 시, 철학, 그리고 과학 등 모두가 그러하다. 이것들은 모두 유희적으로 행동한다는 점을 토양으로 삼아, 그 속에 뿌리를 내리고 있다." 이러한 사고방식을 가진 하위징아의 입장에서는, 중세만큼 유희 정신이 넘치던 시대는 없었습니다.

그런데 부르고뉴 지방이라고 하면, 일본에서는 보르도와 맞먹는 프랑스 2대 와인 산지로 알려져 있을 뿐입니다. 그러나 유럽 지도를 잘 보면 알 수 있듯이, 여기는 유럽의 한복판에 해당하는 지역입니다. 지역의 중심에는 디종이 있고, 북쪽은 벨기에를 중심으로 하는 플랑드르 지방으로 이어집니다. 남쪽으로 향하면 손 강, 론 강을 따라 지중해까지 도달합니다. 그러한 장소인 것입니다. 그리고 그 일대는 독일어권에서는 부르군트라 일컬어지고 있었습니다. 유럽에서는 지명이 나라마다 언어마다 다른 것은 물론입니다만, 시대에 따라서도 부르는 방식이 계속 달라지기 때문에, 정확히 파악하려면 거의 허리가 휠 정도입니다. 요컨대 이곳은 한때 프랑스 왕국의 일부로 부르고뉴라 불렸고, 또 한때는 신성로마제국의 일부로 부르군트라 불렸다는 것입니다. 부르고뉴 와인은 신성로마제국에서도, 프랑스 왕국에서도 귀중하게 여겨졌습니다. 한때는 에라스무스가 즐겨 마셨으며, 또 한때는 바그너가 즐겨 마셨다고 하는 기록이 있습니다.

어쨌거나 이 일대가 유럽에서 가장 앞선 문화요 문명이었던 때가 있었습니다. 그래서 음악사에서 보든 미술사에서 보든 부르고뉴 공국의 존재는 큰 것입니다. 특히 근세의 음악은 여기에서 비롯되었다고 해도 좋으리만치, 이 궁정의 존재감은 컸습니다.

근대국가의 틀을 상대화하다

또한 이 부르고뉴 공국은 근대 이후의 국민국가와는 다른 체계로 성립되었습니다. 즉 부르고뉴 공작령이나 부르고뉴 백작령 같은 다양한 공작령, 백작령들과 그 밖에 교회가 갖고 있던 교회령 등으로 구성된 나라였던 것입니다.

중심부에 디종이라는 거리가 있는데요, 이 디종 거리의 박물관이랄까 미술관의 한 관(상몰 수도원을 가리킴)에 부르고뉴공 부부의 유해가 담긴 장려한 관이 있습니다. 이것이 또 대단한 방식으로 장식된 석관인데, 미술사적으로도 가장 유명한 영묘靈廟의 하나입니다. 중세에 어떤 왕이 있었고 또 이 지역 일대가 어떤 상황에 처했었는지를 기술한 것이, 아까 소개한 『부르고뉴 공국의 대공들』입니다.

이 책을 읽어본 사람과 그렇지 않은 사람이 유럽을 파악하는 방식은 전혀 다릅니다. 보통 사람들은 아무래도 유럽을 근대국가의 틀에서 볼 수밖에 없습니다. 하지만 유럽이라는 지역은 근대국가의 틀만으로는 잘 이해할 수 없는 면이 있습니다. 근대국가가 성립되기 이전의 문화나 관습, 정치적인 인맥 등이 뿌리깊게 남아 있으니까요. 그래서 유럽을 이해하고자 한다면 최소한 1차대전 이전의 19세기적인 유럽, 혹은 더 이전 시대의 중세 유럽이 어떤 모습이었는지 알아야만 합니다. 그 시대까지 거슬러올라가지 않으면 유럽은 자신의 진면목을 드러내지 않습니다. 이 부분은 일본의 교육에서도 심각하게 결여되어 있는 대목입니다. 따라서 일본인은 유럽을 아는 듯하지만, 실은 거의 아무것도 모르는 것과 마찬가지입니다.

예컨대 프랑스라는 나라를 생각할 때도, 우선은 어떤 한 시대에 펼쳐져 있던 어떤 공간적 차원에서 유럽을 포착하는 것이 순서입니다. 그리고 거기에 시간축도 아울러 생각하는, 4차원적인 관점에서 유럽을 포착해야 합니다. 그런 바탕 위에서 유럽 속의 프랑스를 생각하지 않으면, 프랑스가 유럽에서 갖는 존재감 같은 것은 이해할 수가 없습니다. 현대를 아는 데 있어서 과거에 대한 지식은 절대적으로 필요한 것이지요. 그 밖에 프랑스 혁명이나 나폴레옹 등 시대마다 주목해야 할 사건들이 많이 있는데, 그것들 또한 무시할 수 없습니다.

이는 프랑스만의 이야기가 아닙니다. 지금의 유럽을 알기 위해서는 유럽공동체EC부터 유럽연합EU이 생겨나는 과정을 몰라서는 안 되며, 그 안에서 각각의 나라들이 어떤 역할을 했는지 알아야 합니다. 나아가서는 근대 이전, 즉 중세부터 근대에 걸쳐 유럽에서 무엇이 발생하고 근대국가가 어떻게 탄생하게 되었는지 알지 못하면, 21세기의 세계도 제대로 이해할 수 없다고 할 수 있습니다.

부르고뉴 공국에 못지않게 유럽을 이해하는 데 있어 절대로 알아두어야 할 또 한 가지는, 바로 신성로마제국입니다. 그런 의미에서 이쪽은 신성로마제국과 독일에 대한 책들이 함께 모여 있습니다. 그 밖에 20세기 초에 이르기까지 오래도록 강대한 세력을 자랑했던 합스부르크가에 대한 책(『합스부르크가』『합스부르크와 헝가리』『싸우는 합스부르크가』 등)들이 이쪽에 죽 모여 있습니다. 오래된 것으로는 『알렉산더의 전쟁』『알렉산드로스대왕』 그리고 『트로이의 황금 · 호탄의 폐허 · 파피루스의 나라 · 점토의 나라』(『세계 논픽션 전집 10』) 등 알렉산더대왕 관련 서적들이 그 옆에 있습니다. 이처럼 이 서가에는 넓은 의미에서 서양사를 이해하기 위한 책들이 모여 있습니다.

서가는 역사의 단면이다

이쪽에는 하타무로 요타로畑村洋太郎의 『실패학을 권함』 등 『실패학』 시리즈에서부터 촘스키나 소쉬르 같은 언어학 책들이 있습니다. 그 옆에 이어지는 것이 2차대전시 나치 독일이 사용하던 암호기暗號機 '에니그마'에 관한 것을 비롯한 암호 관련 서적들입니다.

왜 이런 방식으로 배열되어 있는지는, "이쪽은 그때그때의 경위로 인해 이렇게 된 것입니다"라고밖에는 말할 수가 없습니다.(웃음) 기본적으로 저는 소쉬르에 대해서는 그다지 소상히 알지 못합니다. 편의적으로 모아두었을 뿐이라고도 할 수 있습니다. 다만 한 가지 말할 수 있는 건, 요컨대 서가는 그 소유자의 지적 편력의 단면이라는 점입니다.

『화이트헤드 저작집』 중 『과정과 실재』 혹은 『화이트헤드와의 대화』 『화이트헤드로의 초대—이해를 위하여』 등 화이트헤드의 저작과 그에 대한 연구서들이 죽 있습니다만, 이전에는 더 많이 있었습니다. 저는 옛날에 화이트헤드를 좋아했습니다. 그의 대표작은 뭐니 뭐니 해도 『과정과 실재』입니다. 난해하지만 흥미로운 책임에는 틀림없습니다. 독일의 수학자이자 철학자 프레게의 『프레게 저작집』(전6권) 등과 연계해 함께 꽂아둔 것입니다. 왜 이렇게 연결되느냐 하면, 화이트헤드는 수학 전문가였는데 그중에서도 수학기초론 전문가였기 때문입니다. 버트런드 러셀과 함께 『Principia Mathematica(수학 원리)』라는 책을 내기도 했지요. 이는 뉴턴의 『프린키피아』에 당당히 맞서 두 사람이 함께 쓴 책인데, 현대 논리학의 기초를 수학에서 찾고, 나아가 그 수학의 기초를 이루는 가장 바닥의 바닥에 있는 것이 무엇인지 물음으로써 다시 논리학으로 귀환하는 구조를 갖고 있습니다. 현대 철학의 기초 문헌으로 가장 유명한 책이지요. 또한 동시대에 독일에서 논리학의 기초를 생각하는 가운데 수학기초론에 도달한 사람으로 프레게가 있었습니다. 프레게는 일본에서 오래도록 번역서가 나오지 않았지만, 이 『프레게 저작집』에 의해 비로소 그 전모를 일본어로 읽을 수 있게 되었습니다.

나아가 이 일련의 흐름으로서 기호학이나 소쉬르에 대한 책들도 함께 놔두게 된 것입니다. 저는 수학을 꽤 좋아합니다만, 학생 시절부터 잘했던 것은 아닙니다. 아마도 서른 살을 넘긴 무렵이었다고 생각되는데요, 『현대 수학의 세계』라는 시리즈와 손더스 매클레인의 『수학 형식과 기능』을 읽고 나서, 현대 수학이라는 게 이 세계를 현실적으로, 그리고 추상적으로 묘사하기 위한 언어라는 것을 알게 되었습니다.

괴델의 업적은 유용한가

그리고 이쪽은 라이프니츠, 괴델 같은 수리철학 관련 서적들입니다. 예를 들면 이 『괴델의 삶』 등은 재미있지요. 괴델의 불완전성 정리[3]는

---

3 Kurt Gödel(1906~1978). 오스트리아 태생의 수학자이자 논리학자. 오스트리아 빈 대학교에서 수학을 전공한 후 대학 강사로 일했으나, 1938년 나치의 박해를 피해 미국으로 이주하여 프린스턴 고등연구소 연구원이 된다. 과학적 방법 위에 철학의 기초를 세우려 한 빈 학파에 속했던 그는, 수학기초론이나 논리학의 방법에 결정적인 전환점을 가져온 '괴델의 정리'를 발표한다. 특히, 유명한 것은 1931년 발표한 '괴델의 불완전성 정리'인데, 이는 당시의 다비트 힐베르트나 버트런드 러셀과 같이 공리적인 방법에만 의존하여 수학의 체계를 세우려는 확신을 좌절시킨 정리로 알려져 있다.

소위 문과 계열 사람들에게도 꽤나 흥미롭게 느껴지는데, 그럼에도 불구하고 결국은 잘 이해가 되지 않는 것으로 유명합니다. 불완정성 정리의 증명을 진짜 이해하려고 들면 여간 어려운 게 아닙니다.

괴델은 한때 아인슈타인과 프린스턴 대학 고등연구소 동료였습니다. 순수한 연구자로 초빙되었던 만큼 강사로서 학생들을 가르치지는 않았습니다만, 이런 천재들이 한 장소에 모였다는 의미는 크다고 봐야겠지요. 프린스턴의 고등연구소는 이런 천재적인 연구자들을 전 세계에서 끌어모아 저마다 좋아하는 연구를 철저히 할 수 있게 해주는 곳으로, 일본의 유가와 히데키, 도모나가 신이치로[4] 등도 한때 이곳에 몸담은 적이 있습니다. 저는 취재차 두 번 정도 이 캠퍼스에 있던 생명공학 관련 학자들을 방문한 적이 있습니다만, 캠퍼스도 학생들도 독특한 분위기를 갖고 있고…… 아주 좋은 곳입니다. 아인슈타인이나 괴델이 지내던 곳은 지금도 물어보면 바로 어디라고 곧장 가르쳐줍니다.[5]

괴델과 아인슈타인은 이과 및 수학 계열의 천재라는 점에서 공통되지만, 둘의 연구 분야는 조금 다릅니다. 분명히 말하자면 괴델의 연구는 세상 일반인들이 생각하는 레벨에서는 유용성이 없다고 말

---

4 유가와 히데키湯川秀樹와 도모나가 신이치로朝永振一朗 모두 노벨 물리학상 수상자다.

5 괴델과 아인슈타인의 프린스턴 시절에 관해 우리말로 번역된 책으로 팰레 유어그라우, 『괴델과 아인슈타인-시간이 사라진 세상』(곽영직·오채환 옮김, 지호, 2005)이 있다.

할 수 있겠습니다. 가령 이 순간에 괴델의 존재가 역사에서 사라져버려서 업적이고 뭐고 다 없어졌다 하더라도, 세상 전반은 아무 상관없습니다. 그런데 사실 이러한 유형의 지적 영역은 의외로 매우 많습니다.

반면 아인슈타인의 경우는 그렇지 않습니다. 3장에서 말씀드렸듯이, 예컨대 1917년의 유도방출 논문은 현재의 레이저 기술로 직결됩니다. 만일 그 논문이 없었더라면, 현대의 레이저 기술이 모두 사라져버리는 것입니다. 레이저 기술이 사라져버리면 현대의 과학기술 세계도 거의 대부분 성립되지 않습니다. 아인슈타인이 연구한 세계는 그러한 영역입니다.

괴델의 연구는 학문에서 가장 기초적인 것에 관한 연구로, 어떤 의미에서 보자면 엄청나게 중요하다고도 할 수 있습니다. 하지만 다른 관점에서 보자면, 일반적인 현실 세계와는 동떨어진 것이라고도 할 수 있습니다. 그리고 현대의 연구는 대부분 그런 쪽입니다. 그런 연구를 더 깊이 파고들어 생각해본다고 해서 현실적으로 유용한 결과를 이끌어낼 수 있는가 묻는다면, 잘 모르겠다, 라는 것입니다.

그리고 그 정도 수준의 내용은 평생에 걸쳐 그것만을 연구한 사람들만 이해할 수 있는 것입니다. 그 세계는 저 같은 저널리스트는 물론이고, 심지어 연구 영역이 조금 다른 사람도 거의 이해가 불가능합니다. 그런 연구에 과연 의미가 있느냐 없느냐에 대해서는, 의견이 갈릴 수 있다고 생각합니다. 본인에게야 당연히 평생을 걸 만한 가치가 있는 커다란 문제겠습니다만……

아시아는 단순하지 않다

이쪽의 키워드는 아시아입니다. 폴 포트, 캄보디아, 동아시아 등에 관한 책들이 모여 있어요. 『동남아시아 현대사』 『차베스』 『내가 본 폴 포트』 『캄보디아, 아직 새벽은 멀다』 등이 있습니다. 왜 여기에 베네수엘라의 특이한 혁명 지도자인 차베스 전기가 있느냐 하면, 한때 베트남 해방전선 관련 서적들이 여기에 있었기 때문입니다(그 후 이 서적들은 한데 모아 다른 곳으로 이동). 그때 해방전선적 성격을 띤 라틴아메리카 혁명가들의 책도 여기에 두었던 것이죠.

아시아의 시대라는 얘기가 나온 지도 벌써 한참 되었습니다. 실제로 중국은 이미 경제력이나 정치력에서 전 세계 모든 국가가 무시할 수 없는 수준이 되었습니다. 그렇다고 해서 과연 '아시아란 어떤 존재인가?'라는 질문에 대해 '아시아는 이러이러하다'고 간단히 답할 수 있을까요? 그렇지 않지요. 단순한 문제가 아닙니다.

그런데 어째서 여기에 조지프 콘래드의 『암흑의 핵심』 같은 책이 있을까요? 『암흑의 핵심』은 영국의 선원이 젊은 시절 체험한 아프리카 오지에서의 경험을 이야기하는 형식의 소설인데요, 서양 문명의 어둠을 그려낸 작품으로 대단히 중요한 책입니다. 하지만 여기에 있어야 할 책은 아니죠. 흠…… 이렇게 하나하나 살펴보다보니, 분류 방식에 문제가 있는 서가가 꽤 되네요.

아니 아니, 그렇지! 이것도 나름 이유가 있었어요. 예전에 여기에 베트남 전쟁 관련 책들이 있었거든요. 그 연계성 때문에 여기에 베트남 전쟁을 배경으로 한 코폴라의 영화 〈지옥의 묵시록〉 관련 책들이 죽 늘어서 있었어요. 〈지옥의 묵시록〉은 다양한 요소들을 바탕에 깔고 만들어진 작품인데요, 그중 하나가 바로 콘래드의 『암흑의 핵심』입니다. 이는 코폴라 감독이 자신의 작품을 해설하는 책에서 밝힌 바 있는 유명한 에피소드입니다. 〈지옥의 묵시록〉에 대해서는 제가 여러 가지 형태로 글을 쓴 바 있고, 결국에는 『〈지옥의 묵시록〉 독해』(2002)라는 책으로도 묶어낸 바 있습니다만, 그 관련 자료들은 나중에 영화 책들이 모여 있는 코너로 옮겨버렸습니다. 그러나 어떤 이유에선지 『암흑의 핵심』만은 여기에 그냥 남아 있게 되었네요.

교과서적인 책을 우선 손에 든다

미국 관계 서적들은 기본적으로는 산초메에 두었습니다. 그래서 여기에 있는 것은 꼭 미국에만 관련된 책이라기보다는, 오히려 외교라는 키워드로 묶일 수 있는 그런 책들이 죽 있습니다. 예를 들자면 키신저 관련서가 많이 있습니다. 조지 F. 케넌의 『조지 F. 케넌 회고록』도 여기에 있네요. 또 여기부터는 미국의 문제들이라는 주제로 묶여서 흑인 문제, 인종 문제, 종교 문제, 여성 문제 등이 어지러이 뒤섞여 있습니다. 구체적으로 보자면 『닉슨 회고록』 『최후의 나날들』 『미국 흑인의 역사』 『후버 장관의 파일』 『소프트 파워』 『아메리칸 라이프』 『미국의 젊은이들』 등이 있고요.

한마디로 미국 관련 서적이라고 했지만, 미국이라는 키워드로 분류할지 아니면 외교로 분류할지, 확실히 구별해두지 않으면 뭐가 어디에 있는지 알 수 없게 됩니다. 그리고 그때 어떤 작업을 하고 있느냐에 따라서 키워드별 구분 방식이 변합니다. 그래서 서가는 늘 손봐두지 않으면 막상 사용하려 할 때 아주 불편합니다.

분류에 입각해 진열한다고 할 때, 문제가 되는 것은 책의 크기입니다. 다른 판형의 책을 같은 곳에 놓으면 전체적으로 엉성해집니다. 하지만 책 크기를 맞추려고 들면, 이번에는 내용이 통일되지 않습니다. 그래서 책 분류는 다양한 측면을 생각하면서 해야 하는 일이지요.

실은 제가 얼마 전부터 찾고 있는 책이 있습니다. 미국이라는 국가의 역사를 꽤나 견실하게 쓴 교과서적인 책이었어요. 그런데 그게 아무래도 눈에 띄질 않네요. 역사가마다 초점을 맞추는 방식이 각각 다르기 때문에, 한마디로 '미국이란 이런 나라다' 단언할 수는 없습니다. 하지만 그 책은 미국이 어떠한 경위로 탄생하고 형성돼갔는가에 대해 역사를 꼼꼼히 더듬어가면서 기록한 책입니다. 전체 3권 정도인데, 누군가가 책의 위치를 바꿨음에 틀림없어요. 어디로 갔을까…… 이런 식으로 발생하는 책 행방불명 사건은 끊임없이 일어납니다. 그 책의 소재를 찾는 중에 생각지도 못한 책을 발견하기도 하고, 재발견하기도 하지요. 그것이 또 애서가에게는 즐거움입니다.

그런데 말이 나와서 말이지만요, 어떤 장르와 관련해서도 교과서적인 책은 아주 요긴한 물건입니다. 전체를 조망할 수 있는 책이 바탕이 될 때, 그 외의 다양한 것들이 시야에 들어옵니다. 그런 다음 예컨대 이쪽에 있는 『종합연구 미국』(전7권)처럼 주제별로 설명해주는 유형의 책을 집어듭니다. 그보다 더 깊이 알고 싶은 경우에는 각 주제마다 한 권의 책으로 되어 있는 것을 읽지요.

여기는 미일 관계, 특히 미일 동맹에 관한 책들이 모여 있습니다. 그런데 우리가 한마디로 미일 관계라고 하지만, 시대에 따라 그 의미가 전혀 다르고 또 이야기되는 각도도 다르기 때문에, 그렇게 깔끔하게 분류할 수 있는 것은 아닙니다. 그 옆에 있는 경제, 금융, 후기 자본주의 등에 관한 책들도 마찬가지입니다. 한마디로 경제라고 하더라도 시대에 따라 혹은 어떻게 나누느냐에 따라 전혀 내용이 달라집니다.

저는 눈앞에서 일어나는 문제에 대해, 일단은 자료를 모으는 데서부터 일을 시작합니다. 작업할 때마다 한 무더기나 되는 책들을 산처럼 쌓아놓고 닥치는 대로 페이지를 뒤적이면서 저의 일은 시작되지요. 그렇기 때문에 작업이 끝난 뒤 가까이에 놓여 있는 책들을 어떻게 정리할까, 그것이 늘 골치 아픈 문제입니다. 그 책들을 지금까지와는 다른 틀로 분류해서 서가에 정리하려고 해도, 단번에 그렇게 되지는 않습니다. 게다가 그러저러하는 중에 같은 주제의 작업에 다시 한번 매달리게 된다면, 필요에 따라 책을 다시 모아야만 하고……

어려운 것은 모은 책들 중에 장래에도 도움이 되는 책과, 그 일 외에는 쓸모가 없는 책이 있다는 점입니다. 책은 그 책이 쓰인 시대배경에 따라, 의미나 가치가 달라집니다. 그러니까 이 고양이 빌딩에 있는 책들도 정말이지 옥석이 마구 뒤섞여 있습니다. 게다가 경험에 입각해서 말해보자면, 정치나 경제에 관한 책들은 '석'에 해당하는 책이 압도적으로 많습니다. '옥'은 지극히 적지요.

그렇다면 여기에 있는 애덤 스미스의 『국부론』 같은 고전은 옥이냐, 그렇게 묻는다면, 그것도 답변이 궁색한 측면이 있습니다. 물론 이 책은 틀림없이 재미있는 책입니다. 하지만 그 재미가 시대배경에 따라 좌우되니 문제인 것이지요.

고전이라고까지는 할 수 없습니다만, 『일본 자본주의의 몰락 2』라는 오래된 책이 있습니다. 이 책…… 흥미롭습니다. 이 책은 『총서 일본 자본주의의 발달』이라고 해서 전체 13권으로 구성된 시리즈 중 7권에 해당합니다. 일본 자본주의가 성립, 발전하고 나아가 몰락으로 향하는 단계들을, 마르크스주의 경제학의 관점에서 일본 경제사를 정리한 것인데요, 이것은 지금도 충분히 역사 자료로서 쓸모가 있습니다.

현실에 대해 평소 생활과는 다른 시간축과 각도에서 바라보는 것, 저는 그런 행위가 늘 필요하다고 생각합니다. 이를 촉구하는 책이야말로 하나의 작업이 끝난 후에도 반드시 남겨두어야 할, 오래도록 도움이 되는 책인지도 모르겠습니다.

그러나 그런 책을 취사선택하는 일은 늘 어렵습니다. 그렇기 때문에 서가는 늘 뒤죽박죽이죠. 그럴 수밖에 없다고 말해도 좋지 않을까 싶네요.

종교학자 막스 베버

그리고 이쪽에는 『마키아벨리 전집』(전6권+보권 1권)이라든가, 항만 노동자로 일하면서 독학으로 철학을 공부한 에릭 호퍼 관련 책들이 모여 있네요. 『안식일 전에』 『에릭 호퍼 자서전』 『영혼의 연금술』 『부두에서 일하며 사색하며』 등이 있습니다.

막스 베버는 여기에는 별로 없는 듯하네요. 베버는 3층 종교 관련 서적들과 함께 있는 것도 있습니다. 베버에 대해 안다는 사람도, 대개는 자신의 흥미에 따른 일면밖에 알지 못하는 경우가 많지요. 예컨대 어떤 사람들은 사회학자로서의 일면밖에 모르지요. 하지만 실제 베버는 경제학자이기도 하고 종교사가이기도 했어요. 상이한 측면들을 여럿 갖고 있는 사람이었습니다. 그렇기 때문에 특히 분류하기 어려운 사람이라고 할 수 있지요.

『세계 종교의 경제 윤리』라든가 『고대 유대교』 혹은 『막스 베버와 고대사 연구』 같은 책을 보면 알 수 있듯이, 막스 베버의 공적에는 종교학적, 고대사학적 측면이 실은 대단히 큽니다. 이 작업들을 빼고서 막스 베버를 이야기하면 아무래도 그의 전체상이 들어오질 않습니다. 기본적으로 그의 대표작 『프로테스탄티즘의 윤리와 자본주의 정신』에서 펼친 주장에도, 그 전 단계에 해당되는 부분이 있습니다. 그것이 무엇인지는, 바로 이 책 『베버의 종교 이론』을 읽어보면 드러납니다. 베버는 종교사가이기도 했기 때문에, 『프로테스탄티즘의 윤리와 자본주의 정신』을 쓸 수 있었던 것입니다. 따라서 이 책을 단순히 경제학 도서로만 읽는 것은 '꽝!'입니다.

정치가의 자질을 분간하는 책

하지만 역시나 종교에 관한 베버의 책들은 별로 재미있지 않습니니다.(웃음) 가장 흥미로운 것은 아무래도 사회학 분야지요. 만일 이 책 『막스 베버 소명으로서의 정치』를 아직 읽어보지 않으신 분이 있다면 꼭 한번 펼쳐보시기 바랍니다.

이 책을 착실하게 읽어본 적 있는 사람과 읽어보지 못한 사람의 차이는 엄청나게 큽니다. 특히 정치인의 경우 이 책을 착실하게 읽은 사람이라면 언어를 구사하는 방식이 틀림없이 아예 다릅니다. 지식인인가 아닌가의 갈림길이 된다고도 할 수 있겠지요. 예컨대 현대 일본의 정치인으로서는 오래도록 총리대신을 역임한 나카소네 야스히로中曽根康弘를 인텔리 정치인으로 꼽을 수 있는데요, 그는 비교적 견실하게 베버를 읽었습니다. 그리고 또 한 사람은 호소카와 모리히로[6]입니다. 호소카와는 글 쓰는 것을 봐도 사용하는 언어가 다른 정치인들과는 아예 딴판입니다. 저는 이 사람에 대해 애석한 마음을 가지고 있습니다. 국민복지세 구상과 스캔들로 망가지지 않았더라면 그는 더 큰 존재가 되었을 겁니다.

---

6 細川護熙(1938~). 1993년부터 1994년까지 일본 79대 총리를 역임했다. 1993년 8월에 치러진 중의원 총선거에서 집권 자유민주당이 과반수 의석을 얻는 데 실패함에 따라 호소카와가 이끄는 일본신당을 비롯한 7개 야당들의 연립정권 논의가 시작되었고, 호소카와가 총리 후보로 지명되어 중의원과 참의원에서 가결되었다. 이에 따라 1955년 이후 38년 만에 정권 교체를 실현시켜 비자민당 출신으로는 처음으로 총리가 되었다. 그는 과거사 문제와 관련하여 "태평양전쟁은 침략 전쟁이며, 잘못된 전쟁이었다"고 말하면서 일본의 과거 아시아 국가들에 대한 침략과 전쟁 행위를 시인하는 등 사과와 반성을 표명하기도 했을 뿐만 아니라, 1993년 한국을 방문하여 김영삼 대통령과 정상회담을 가졌을 당시 일본의 한반도 식민 통치에 대해 "참기 힘든 고통을 끼쳤다. 우리의 행위를 깊이 반성하며 마음으로부터 사과드린다"라고 사과와 유감을 표명하기도 하였다. 그러나 이듬해인 1994년, 정치자금 문제로 인해 정치권이 들썩이자 돌연 총리직 사퇴를 선언했다.

참고로 전 총리인 노다 요시히코[7]는 호소카와의 제자라 해도 과언이 아닌 사람인데요, 호소카와는 언젠가 인터뷰에서 노다에 대해 높게 평가했어요. 어떻게 찬양했는가 하면 '노다는 거리감을 정확히 측정할 수 있는 남자다'라는 표현을 사용했습니다. 이 표현, 즉 '거리감을 정확히 측정하는 것은 정치인에게 가장 소중한 자질이다'는 바로 막스 베버가 『소명으로서의 정치』 속에서 가장 강조하는 바입니다. 나카소네도 연설할 때 자주 인용했지요. 현재 눈앞에서 일어나는 문제와 자기 자신 사이에 어떠한 거리가 있고, 그 거리를 장기적으로 어떻게 메워야 하는가, 하는 것을 정확히 사고할 수 있는 사람. 그런 사람이 유능한 정치인이라는 얘깁니다.

참고로 거리감이라는 말은 독일어로는 이렇게 표현됩니다. 'der Distanz zu den Dingen und Menschen.' 번역하면 '사물과 인간에 대한 거리'가 됩니다. 하지만 이 구절에 대한 번역은 번역자에 따라 크게 다릅니다. 그런데 문제는 그 다양한 번역 중에 본질적인 의미를 놓치고 있는 경우도 적지 않다는 점입니다. 이와 관련해서 번

---

7 野田佳彦(1957~). 2011년부터 2012년까지 일본 95대 총리를 역임했다. 와세다 대학 정치학과를 졸업한 뒤 일본의 정치 엘리트 양성소인 마쓰시타 정경숙 1기로 입학했으며, 1993년 일본신당 소속으로 첫 중의원에 당선됐다. 2000년 민주당으로 옮긴 뒤 2011년 8월 간 나오토 전임 내각이 총사직함에 따라 95대 일본 총리에 올랐으며, 마쓰시타 정경숙이 배출한 첫 일본 총리로 기록됐다. 그러나 취임 후 국가재정 악화로 인한 소비세 인상과 센카쿠제도(댜오위다오) 국유화를 내세우면서 일본 안팎으로 반발에 직면했고, 2012년 12월 16일 실시된 일본 중의원 선거 결과, 전체 480석 중 민주당은 57석을 얻는 데 그쳐 자민당에 참패했으며 선거 참패의 책임을 지고 당 대표직을 사임했다.

역의 문제를 글로 한번 다뤄본 적도 있습니다. 내용을 확실히 이해하지 못한 채 들은 풍월로 이 대목을 인용하는 사람은 거리감 같은 표현이 나오지를 않습니다. 구체적인 예를 들고 싶은데, 지금 여기에는 잘못된 번역본이 없기 때문에, 정확히는 언급할 수가 없네요.

아버지의 유품

(화장실 안쪽 계단으로 이동해) 여기는 전집과 북극 및 남극, 동물들 사진집입니다. 이와나미서점의 『대항해시대 총서』『일본 사상 대계』『일본 고전문학 대계』는 전질을 갖추고 있지요. 사진집 쪽은 『NHK 지구 대기행』(전6권) 『NHK 대형 다큐멘터리 북극권』이나 『고양이 백과』『올빼미』『북극곰의 왕국』 등이 놓여 있습니다.

(화장실 안쪽 계단에서 계단 층계참 쪽의 서가로 이동해) 여기에는 책을 올리거나 내릴 수 있는 전동 리프트가 설치되어 있었습니다.

여기에 있는 『전국출판신문』, 이것은 전국출판신문을 철한 합본인데요, 이제는 아주 귀중한 자료가 되었습니다. 그 신문의 편집장이 바로 제 아버지였어요.

현재 『주간 독서인』이라는 도서신문이 있습니다. 그 『주간 독서인』의 전신에 해당하는 것이 전국출판신문이에요. 당시 독서인들을 위한 신문으로는 일본독서신문, 도서신문, 전국출판신문 이렇게 세 종류가 있었습니다. 그중에서 일본독서신문과 도서신문, 이렇게 두 신문이 소위 서평지였는 데 반해, 전국출판신문은 출판업계의 업계 지로서의 역할을 메인으로 삼고 있었습니다. 그뒤 이러저러한 경위 끝에 전국출판신문은 일본독서신문과 합병해『주간 독서인』으로 이어져갑니다. 한편 도서신문은 지금도 도서신문으로 계속되고 있고요. 이상과 같은 연유로 이『전국출판신문』은 전후 일본 출판계의 다양한 일들을 실시간으로 기록한, 그래서 그 역사를 더듬기에 가장 좋은 문헌으로 남아 있습니다.

일찍이 후지출판不二出版이라는 출판사가 '일본 전역의 많은 업계지들을 전부 책으로 만드는 작업을 하고 있는데, 전국출판신문도 거기에 넣고 싶습니다'라고 이야기를 해왔어요. 그런데 저희 아버지의 인색한 근성이 발동해서 거절해버린 겁니다. 만일 그때 후지출판의 제안을 받아들였더라면, 우리는 지금 전국출판신문을 보통 읽을 수 있는 책의 형태로 갖게 되었을 겁니다. 전국지라면 또 얘기가 다를 수도 있겠습니다만, 보통 업계 신문이라는 것은 책으로 만들어 사람들이 읽을 수 있게 하지 않으면, 그 역사가 전부 소멸되어버릴 위험이 있습니다. 실제로 전국출판신문은 지금 여기 있는 축쇄판의 합본 말고는 현물이 없습니다. 이것이 아버지의 유품으로 남은 것인가, 싶기도 합니다. 요즘이라면 전자책의 형태가 좋을 것 같습니다. PDF 형식으로 만들면 되니까……

그리고 릿쿄 대학 연구실에도 있는 『17~18세기 대여행기 총서』가 여기에 함께 있네요.

정치인의 자서전

(옥상으로 올라가는 마지막 계단 쪽에서) 일본공산당 기관지 『전위前衛』입니다. 이 정도로 과월호를 많이 소장하고 있는 사람은 그리 많지 않을 겁니다. 이제는 꽤나 귀중한 자료가 되었지요.

그리고 정치인의 자서전이나 회상록은 대개 여기에 두고 있습니다. 자비 출판한 것도 많이 있네요. 『오히라 마사요시 회상록』 『오노 반보쿠 회상록』 『그리운 이케다 하야토 선생』 등이 있네요.

이런 유의 책들은 고서점에서 일괄 구입하는 경우가 많지요.

6장

고양이 빌딩

옥상

옥상
서쪽 서가

中国文化大革命事典
B4
コピーペーパー P
500枚×5

435쪽 사진 확대. 문화혁명과 그후 이어진 사회적 혼란의 시기에, 중국에서도 많은 자료들이 유실되어버렸습니다.

중국 관련해서는 미야카와서방宮川書房의 『마오쩌둥 어록』이 중요한 책입니다. 문화대혁명 시대의 마오쩌둥 어록의 완역본이지요. 홍위병이 손에 쥐고 높이 들어올린, 그 '붉은 책'의 일본어판입니다. 간행 연도가 1967년, 쇼와로 말하면 41년입니다. 정확히 문화대혁명이 시작되던 시기에, 실시간으로 곧장 발행되었습니다. 그리고 이 『내부—어떤 중국 보고서』는 아사히신문의 후나바시 요이치船橋洋一의 첫 책입니다. 후나바시 선생이 최초로 특파원으로 간 곳은 베이징이었습니다. 중국공산당에는 어느 위치 이상에게만 전달되는 정보 같은 게 있었어요. 그것이 '내부'라 불리는 문서였죠. 이 책은 그 문서를 바탕으로 개혁개방이 막 시작됐던 시절의 중국을 담고 있습니다.
(6장 본문에서)

西浦みかん

옥상 중앙
동쪽 서가

手紙 -2002.12

440쪽 사진 확대. 저는 콜린 윌슨의 『종교와 반항아』를 통해서 처음으로 비트겐슈타인을 알게 되었습니다.

440쪽 사진 확대. 콜린 윌슨은 문예평론부터 시작해서 성性, 살인, 그리고 오컬트까지 대단히 폭넓은 분야에서 다양한 저작을 남겼습니다. 신비로운 멀티 평론가지요.

440쪽 사진 확대. 옛날엔 이런 내용의 책이 외설스러운 책으로서 적발 대상이 되었던 것이지요.

옥상
동쪽 서가

444쪽 사진 확대. 그렇다 해도 문부성이 비밀문서를 뜻하는 스탬프를 찍어 이런 (마르크스주의 관련) 책을 출판했다는 거…… 당시 시대 분위기가 느껴집니다.

444쪽 사진 확대. 좌익 학생들의 전향을 지도하기 위한 가이드로, 그들의 수기를 묶어낸 책도 있습니다.

444쪽 사진 확대. 일본공산당으로부터는 엄청난 비판을 받았습니다.

445쪽 사진 확대. 하니야 선생과의 인터뷰는 나중에 『무한의 상 아래에서』라는 하니야 선생과의 공저로 출간했습니다. 그런 점에서 이 『태양』에는 꽤나 깊은 추억이 담겨 있지요.

콜린 윌슨의 다면적 세계

여기에는 콜린 윌슨Colin H. Wilson의 저작을 중심으로, 그와 연관된 책들이 모여 있습니다. 서가 몇 개가 통째로 콜린 윌슨의 세계네요. 콜린 윌슨은 문예평론부터 시작해 성, 살인, 그리고 오컬트까지 대단히 폭넓은 분야에서 저작을 남겼습니다. 신비로운 멀티 평론가지요.

1993년에 NHK에서 대담 프로그램을 만들게 되어 영국까지 만나러 간 일이 있습니다. 방송시간이 두 시간 이상에 달하는 대단히 긴 프로그램이었습니다. 그러니 촬영도 오래했지요. 아마 인터뷰하는 데도 사흘이 걸렸던 것으로 기억하고 있습니다. 여기에 있는 책들은 그 인터뷰를 위한 자료들이었어요. 뭔가 쓰는 사람을 인터뷰할 때는 일단 그 사람이 쓴 것을 읽어두는 것이 예의랄까, 당연한 준비일 텐데요, 그의 경우는 그게 엄청 많았기 때문에(일본어로 번역되어 있는 것만 해도 수십 권이니까요), 장난 아니었습니다.

그는 저희 세대에게는 세계적인 베스트셀러 『아웃사이더』를 써서 단숨에 젊은 세대의 지적인 슈퍼스타가 된 사람입니다. 그후에도 베스트셀러를 잇따라 써낸 사람이니까, 조금 긴장한 상태에서 만났는데요, 실제로 만나보니 담백하고 상냥한 사람이었어요. 간단히 표현해서, 그의 첫 작품이자 최대의 히트작이기도 한 『아웃사이더』의 제목 그대로 같은 사람이었습니다. 『아웃사이더』는 카뮈나 도스토옙

스키 같은 작가들, 니체와 키르케고르 같은 사상가 등 동서고금의 아웃사이더들, 즉 일반 사회의 상식적 틀 속에 담기기를 거부한 사람들에 대해 쓴 책입니다. 그 자신도 그러한 분위기를 갖고 있었습니다.

이 책 『아웃사이더』는 세계적으로 많이 팔린 책이지요. 하지만 저는 콜린 윌슨이라면 『아웃사이더』 직후에 쓰인 『종교와 반항아』 쪽이 더 흥미롭다고 봅니다. 다만 이 책은 일본에서는 거의 팔리지 않았지요.(웃음)

『종교와 반항아』는 여러 아웃사이더 종교인들에 대해 쓴 책인데요, 일본인들은 외국 종교인들에 대해 그다지 흥미를 보이지 않습니다. 구체적으로는 파스칼이나 스베덴보리 등이 거론되고 있습니다. 이 책 안에는 반드시 종교인이라고는 할 수 없는 「비트겐슈타인과 화이트헤드」라는 장이 있어요. 바로 이 책에서 저는 비트겐슈타인에 대해 처음 알게 되었습니다. 그때가 1966년이었으니까, 아직 문예춘추사에서 샐러리맨으로 일하던 시절이었습니다.

비트겐슈타인은 일반적으로는 철학자로 알려져 있습니다. 하지만 실은 건축가이기도 하고 독특한 대학 강사이기도 했던, 아무튼 다양한 측면을 겸비한 사람이었습니다. 이 책 『종교와 반항아』에서는 신비주의자적인 측면에 역점을 두고 접근하고 있습니다.

『논리철학 논고』 안에 쓰여 있는 가장 유명한 말로 "말할 수 없는 것에 대해서는 침묵해야 한다"는 것이 있습니다. 신비주의란 바로 말할 수 없는 것을 직감적으로 인식해버리는 것을 가리킨다는 점에서, 그를 신비주의자라 해도 잘못은 아니겠습니다만, 통상적인 분류 방식이라고는 할 수 없겠지요.

일반적으로 그는 철학자로, 게다가 현대 철학의 가장 유명한 혁신자로 알려져 있습니다. 비트겐슈타인 이전과 이후로, 철학의 양상이 완전히 바뀌어버렸다 해도 과언이 아니니까요. 옛날 대학생(교육제도 개편 이전 구제舊制 고등학생)들이 흔히 불렀던 노래 중에 〈데칸쇼가〉라는 게 있습니다. '데칸쇼 데칸쇼로 반년을 산다……'라는 노래인데요, 이 '데칸쇼'라는 게 뭔가 하면 데카르트, 칸트, 쇼펜하우어입니다. 데카르트, 칸트, 쇼펜하우어는 근대관념론의 대표적인 존재들이니까, 전전 대학생들의 필수 교양으로서 문과 학생들은 철학 시간에 철저히 주입받았을 겁니다. 이 노래를 보면 그런 상황을 알 수 있지요.

그러나 요즘에는 '데칸쇼'를 진지하게 읽는 학생을 거의 볼 수 없을 겁니다. 그 데칸쇼를 황송해하며 읽었던 것은 메이지, 다이쇼, 쇼와 전전기戰前期까지였겠지요. 그에 비해 전후에는 유행 사상으로서 마르크스나 레닌, 혹은 사르트르의 실존주의, 라캉 등의 프랑스 정신분석학이 많이 읽혔던 것 같습니다. 그리고 20세기 후반의 철학 세계에 압도적인 영향력을 발휘한 것이 비트겐슈타인이었습니다.

제가 가장 크게 영향을 받은 철학자도 비트겐슈타인입니다. 3층 입구로 들어가면 바로 앞의 서가 3단쯤에 비트겐슈타인 관련 서적이 가득차 있는 게 보일 겁니다. 비트겐슈타인의 영향력이 왜 그토록 큰가 하면, 그의 등장에 의해 종래의 철학 대부분이 난센스(무의미)가 돼버렸기 때문입니다. 난센스라는 것은 의미가 없다는 말입니다. 비트겐슈타인에 따르면 종래의 철학자들이 이렇게 저렇게 논해온, 소위 철학적 문제들의 태반은 질문을 제기하는 방식 자체가 틀렸습니다. 답이 있을 턱이 없는 것을 물으니, 이래도 좋고 저래도 좋은 논의만 계속 쌓여갈 뿐이었으며, 그런 점에서 그 전부가 무의미하다는 겁니다. 질문을 제기하는 방식 자체가 틀려먹었으니 답이 나올 수가 없는 논의에 불과하다는 것이지요.

비트겐슈타인의 주저 중 하나로 『철학적 탐구』라는 책이 있습니다. 그 안에서 비트겐슈타인은 자신의 철학이란, "파리잡이통에 갇힌 파리에게 어떻게 하면 밖으로 나올 수 있는지 가르치는 것이다"라고 설명을 해줍니다. 그런데 이런 표현은, 파리를 잡기 위해 파리잡이통 따위를 쓰지 않고 곧장 살충제를 칙! 칙! 뿌려대는 일본에서는 크게 다가오지 않는 표현일지도 모르겠습니다만, 저쪽 유럽의 파리잡이통을 아는 사람에게는 뭐라 표현할 수 없을 정도로 절묘한 발언인 것입니다.

예컨대 이런 상상을 해봅시다. 파리가 좋아하는 먹이가 있고 그것을 덮고 있는 커다란 유리병이 있습니다. 먹이 냄새에 이끌려 먹이가 있는 쪽으로 날아온 파리가, 교묘한 구조에 유도되어 병 안으로 진입하게 되고 그후에는 밖으로 나갈 수 없게 됩니다. 파리는 일반적으로 위를 향해 납니다. 혹은 밝은 외부를 향해 날려고 합니다. 그러나 그렇게 하면 덫에 걸려 파리는 외부로 나갈 수 없습니다. 결국 파리는 물이 괴어 있는 출구 근처에 떨어져 죽고 맙니다. 사실 내부 공간과 외부 공간은 완전히 막혀 있지 않기 때문에, 나가는 방법만 안다면 밖으로 나갈 수 있습니다.

포인트는 먹이 냄새가 짙게 풍기는 곳으로 가지 않는 겁니다. 그리고 본능을 거슬러 위쪽이나 더 밝은 쪽으로 가려고 하지 않는 겁니다. 본능에 반하는 방향으로 날아 미로와도 같은 공간을 통과해, 유리병 밑 가장자리를 돌아 빠져나가면, 파리는 비로소 밖으로 나갈 수 있습니다. 그러나 파리는 전체 구조를 이해하지 못한 채 본능에 따라 날기만 하기 때문에, 아무리 해도 덫에 걸려버립니다. 거기서 빠져나온다는 게 무슨 수를 써도 불가능한 것입니다.

무슨 말인가? 요컨대 비트겐슈타인은 애당초 물음을 제기하는 방식이 틀렸다는 겁니다. 그래 놓고는 그것을 중요한 철학적 문제라 오해하고, 그 문제를 해결하려고 하다보니 점점 더 잘못된 방향으로 나아가 계속 미망 속으로 빠져들어가는 것, 그것이 바로 현대의 철학자들이 처한 상황이라고 말한 것입니다. 철학자들이 빠져 있는 그 미망으로부터 빠져나가는 길을 가르쳐주는 것이 바로 비트겐슈타인의 철학입니다.

그는 오류의 근본적인 원인이 언어의 잘못된 사용에 있다고 하며, 그것을 깨닫게 해주겠다고 말합니다. 이리하여 그는 현대 철학의 새로운 조류 즉, 논리실증주의와 일상언어학파라는 두 가지 흐름의 원류가 됩니다. 철학적 문제를 그러한 방향에서 차근차근 분석해가면, 미망도 저절로 해소될 것이라는 주장입니다. 『철학적 탐구』에서 그것을 다양한 예를 들어가며 보여주는 바는 실로 감탄스럽습니다.

이러한 새로운 철학의 흐름을, 저는 콜린 윌슨의 『종교와 반항아』를 통해 처음으로 접촉하게 된 것입니다.

콜린 윌슨의 소개 방식이 독특했기 때문에, 저는 비트겐슈타인과 조금 독특하게 만난 셈입니다. 다음해인 1967년에 문예춘추사를 그만두고 대학 철학과에 학사 입학했을 때 비트겐슈타인의 『논리철학논고』 원전 강독 세미나 수업을 들었고, 또 기호논리학 수업에서는 비트겐슈타인의 논리학과 만나게 되었습니다. 이리하여 단숨에 비트겐슈타인의 세계 속으로 깊이 빠져들었습니다. 바로 그때가 비트겐슈타인이 일본에 수입되기 시작한 시점이었던 것입니다. 철학과에 돌아왔을 때는 전혀 다른 방향의 중세철학에 흥미를 갖고 있었고, 그쪽 방향으로 공부하려고 생각하던 참이었는데, 전혀 다른 방향으로 가버린 것입니다. 기호논리학 수업에서는 컴퓨터의 원리에까지 이야기가 나아갔기 때문에, 거기로부터 현대 과학기술의 세계로 점점 더 나아가게 되었습니다. 요컨대 비트겐슈타인과의 독특한 만남 때문에 제 인생은 크게 바뀌어버린 것입니다. 그런 의미에서도 『종교와 반항아』는 개인사적으로 추억 깊은 책입니다.

콜린 윌슨은 대단히 다면적인 사람입니다. 그리고 어느 면을 보더라도 재미있습니다. 그의 집에 가보니 그야말로 이 고양이 빌딩의 옥상 같은 작은 방들이 죽 늘어서 있었습니다. 그리고 그 작은 방 하나하나에 특정한 장르의 책들이 가득차 있었어요. 저와 마찬가지로 그도 대단히 독특한 포지션에서 글쓰기를 계속하고 있었고, 한 권의 책을 쓰기 위해 그 역시 방대한 책이 필요하다고 했습니다. 자신의 흥미를 끄는 것을 조사해 자료를 모아가면, 결국 저서 한 권 당 작은 방 하나를 건축하게 된다…… 뭐, 그런 느낌이었습니다.

남자는 모두 색을 밝힌다

구체적으로 서가를 보기로 할까요?

우선 이쪽에는 프리메이슨이나 UFO 같은, 상당히 수상쩍은 주제에 관한 책들이 있습니다. 프리메이슨에 대해서는 『유대인과 프리메이슨』 『300인 위원회』 등이 있고, UFO에 대해서는 『나는 외계인을 보았다』 『초자연에 도전한다』 같은 책들이 있습니다. 『오컬트』와 『세계 초능력 백과』는 콜린 윌슨의 저작입니다.

이어서 살인 관련 서적들이 보이네요. 콜린 윌슨의 『현대 살인 백과』와 『순수 살인자의 세계』 등이 있습니다.

그리고 이쪽에는 성과 관련한 서적들이 죽 모여 있습니다. 콜린 윌슨의 저작인 『형이상학자의 섹스 일기』 『그림자 없는 욕망』 『성 충동』 『성의 아웃사이더』 등과 함께 『사드 선집』 『소돔 120일』, 성과학자 셰어 하이트Shere Hite가 수천 명의 남녀를 대상으로 성에 대해 조사한 『하이트 리포트』(전2권)도 있네요. 이쪽에서부터 성을 키워드로 하는 책들이고, 계속 그쪽 방면 책들이 이어집니다.

일본판 『하이트 리포트』라고 할 만한 것이 바로 여기에 있는 『행복에 도취된 기록』 『부부의 성 환상, 그 좌절과 일탈』 『주저하는 성, 집착하는 성』 등입니다. 편자는 '일본생활심리학회'라고 되어 있는데요, 예전에 '일본 무슨무슨 학회' 같은 편자명으로 이상한 책들이 많이 출판되던 시기가 있었지요.

왜 그랬는지 아세요? 요즘에는 이런 내용의 책(적나라한 성 경험의 기록)이라고 해서 서점에 진열될 수 없는 건 아니잖습니까? 조금만 찾아보면 누구라도 일반 서점에서 쉽게 구입할 수가 있지요. 그러나 옛날에는 그런 일이 허용되지 않았습니다. 이런 내용의 책은 외설책자라고 해서 적발 대상이 되었던 거죠.

그래서 그런 출판물들은 그런 연구를 하는 사람들이 학회를 만들어 학회 조직이 학회원들에게 배포하는 자료다, 라는 형태로 간행되었던 것입니다. 일반 서점에서 팔면 '아웃'이지만, 학회 자료라면 '세이프'라는 것이지요. 그런 연유로 일본생활심리학회를 비롯, 다양한 '머시기 학회'에 의한 학회 자료들이 은밀히 유통되는 시대가 상당히 오래 계속되었습니다.

그 선두 격이라 할 만한 사람이 바로 일본생활심리학회의 다카하시 데쓰高橋鐵입니다. 이 사람은 학회 자료 방식으로, 말하자면 음란서적秘本이라고나 할까, 어쨌거나 회원을 비롯한 다양한 일반인들의 성 경험기를 계속 간행했습니다. 다카하시 데쓰 본인에 대해 다른 사람이 쓴 『섹솔로지스트—다카하시 데쓰』라는 책도 있습니다.

이 밖에 역사상 유명한 책들도 몇 권 있습니다. 『가축인家畜人 야프』로 알려진 복면 작가 누마 쇼조[1]가 쓴 『어느 몽상가의 수첩에서』(전2권)라든가, 좀더 예전 것으로는 프로이트 연구자인 야스다 도쿠타로安田徳太郎의 『인간의 역사』(전6권) 같은 것도 있지요. 이 『Encylopedia of Sexual Behavior』도 성행동에 대해 사전 형식으로 정리한 대단한 명저입니다. 본격 연구서로 이쪽 세계에서는 유명한 책입니다. 아마도 런던에서 산 책인 것 같습니다. 이 분야에 대해 갖고 있는 자료들은 『미국 성혁명 보고』(1979)를 쓰기 위해 해외에

1 沼正三. 1956년부터 『기담 클럽』에 연재한 소설 『가축인 야프』로 알려진 소설가. 복면 작가로 활동했고 정체에 대해서는 주장이 분분하다. 지금까지 진짜 누마 쇼조라고 간주되었던 인물로는 소설가 미시마 유키오, 누마 쇼조의 대리인이라 칭하는 아마노 데쓰오 등이 있다.

취재하러 갔을 때 산 것들이 꽤 많습니다.

실은 당시 자료 삼아 해외에서 사온 에로 잡지들이 많이 있었습니다. 하지만 지금은 없지요. 그 잡지들이 어디로 가버렸는가 하면 『미국 성혁명 보고』를 낸 문예춘추사의 호색적인 편집자들이 모두 갖고 가서, 분산돼버렸지 뭐예요. 참으로 애석한 일이지요.(웃음) 특히 많이 갖고 간 사람은 저와 입사 동기생으로 『스가 아쓰코를 읽는다』라는 저서로 요미우리 문학상을 수상한 유카와 유타카湯川豊입니다. 유카와는 틀림없이 꽤나 인기 있는 녀석이었을 텐데 그랬단 말입니다. 그러니까 이러니저러니 해도 결국 남자는 모두 호색한인 셈이지요.(웃음)

하니야 유타카에 대한 추억

이 옥상의 가장 안쪽 서가에는 제 글이 실린 잡지들을 보관해뒀습니다. 『월간 현대』 『세계』 『제군!』 『문예춘추』 같은 종합지에다가 『주간 현대』 『주간 문춘』 『주간 포스트週刊ポスト』 등의 주간지, 그리고 『스콜라』도 있습니다. 제 『청춘 표류』가 『스콜라』에 연재됐었기 때문에, 여기에 있는 겁니다. 그에 반해 제 글이 실리지 않은, 단지 성 산업에 관한 자료로서의 『스콜라』는 산초메에 모아뒀습니다.

또 어떤 잡지는 특정 호만 갖고 있는 경우가 있는데, 소장하고 있는 이유는 각각 다릅니다. 예컨대 『태양』의 이 호는 하니야 유타카埴谷雄高 특집입니다. 제가 하니야 선생을 꽤 오랜 시간 인터뷰해 작성한 장문의 기사가 실려 있습니다. 이 글은 나중에 『무한의 상 아래에서』(1997)라는 하니야 선생과의 공저로 출간되었습니다. 그런 점에서 이 『태양』에는 꽤나 깊은 추억이 담겨 있지요.

인터뷰는 하니야 선생 자택에서 했습니다. 참고로 말하자면 하니야 선생은 책을 읽었을 때 상상 속에서 떠오르는 사람, 그 자체였습니다. 하니야 선생은 제가 『중핵 대 혁마르』라는 책을 썼을 때, 책의 띠지에 추천글을 써주신 이래 알고 지내는 사이입니다. 저의 담당 편집자가 전에 하니야 선생의 담당을 맡은 적이 있어서 "하니야 선생은 원고 의뢰를 드려도 좀처럼 수락하지 않는 분이지만, 띠지라면 비교적 가볍게 받아주십니다. 의뢰해보면 어떨까요?"라고 하기에 의뢰드렸더니, 진짜로 받아주신 겁니다. 아주 기뻤습니다. 하니야 선생은 우리 안보 세대의 입장에서는 구름 위의 존재 같은 분이셨으니까요.

하지만 저는 아무것도 아니었습니다. 글쎄 그후 저의 고마바[2] 세미나 학생 가운데, 하니야 선생에 푹 빠져서 재학중에 하니야 선생에 관한 다큐멘터리를 쓴 녀석도 나왔으니까요. 그 책은 현재 문춘

---

2 3장에서 언급한 바 있는 도쿄대 교양학부 캠퍼스가 있는 곳으로, 저자는 이곳에서 다양한 외국어를 공부했고, 학생들과 세미나도 했다.

문고에 『연인—하니야 유타카의 초상』으로 들어가 있습니다.

저자는 기무라 슌스케木村俊介라는 남자인데, 이토이 시게사토糸井重里의 '거의 일간 이토이 신문'[3]에서 작가 생활을 한 뒤, 지금은 독립했습니다. 참고로 당시 '거의 매일' 작업했던 스태프들 대부분은 다치바나 세미나 출신들이기도 했습니다.

전향자의 수기

이 서가는 거의 모두 공산당 관련 서적들로 가득차 있습니다. 일본공산당과 관련해 마르크스·레닌 전집도 있고요.

조금 살펴볼까요? 이 『좌경 학생의 수기』는 전전에 좌익 학생들을 전향시키기 위한 가이드로, 그들의 수기를 정리한 것입니다. 즉 젊은 학생 등에게 '어떤 경위로, 마르크스·레닌주의를 신봉하기에 이르렀는가'를 쓰게 시킨 것이지요. 수기를 쓰도록 요구받은 학생들의 수는 전부 92명. 중학생(교육제도 개편 이전)의 수기까지 있어요. 이 수기들은 통상적으로 학교 선생이 학생들한테 부과하는 만만한 글이 아닙

—

3 카피라이터 이토이 시게사토(일명 '달링')가 운영하는 웹사이트로, '거의 일간'이라고 통칭한다. 일간으로 정하면 정신적 압박이 심할 것을 우려해 여유를 갖고자 '거의 일간'으로 했다고 한다. 1998년 6월 6일 오전 0시 사이트 개설 이래, 매일 새로운 콘텐츠가 올라온다. 원래는 이토이 개인의 웹사이트로 시작했지만, 티셔츠나 수첩 등 상품 판매에도 힘을 쏟아 고수익을 자랑하는 일본의 손꼽히는 웹사이트로 성장했다. 현재 1일 약 150만 뷰를 기록하며 개인 웹사이트로는 일본 최대 규모를 자랑한다.

니다. 치안유지법 위반에 대한 반성문으로 쓰게 한 것입니다.

당시 치안유지법 위반으로 체포되는 사람들은 거의 학생들이었습니다. 그중 반성한 자에 대해서는 경찰도 용서를 해줍니다. 다만 그 조건으로 이런 글을 쓰게 했습니다. 그러니까 이를테면 이것들은 모두 전향서라고도 할 수 있습니다. 따라서 조사해보면 놀랄 만치 유명한 사람의 전향 기록도, 이러한 형태로 상당히 남아 있는 겁니다. 그렇다 해도 문부성이 비밀문서를 뜻하는 스탬프를 찍어 이런 책을 출판했다는 거…… 당시의 시대 분위기가 느껴집니다.

그리고 거의 같은 시기에 간행된 것이 이 책 『사노 마나부 일당을 법정에 보내기까지』입니다. 당시는 1928년의 대규모 탄압 사건(3·15 사건)을 비롯해, 다양한 종류의 공산주의자 적발 사건이 빈번하게 일어났습니다. 이 책은 그러한 시기에 지배층이 일반 시민들을 향해 공산주의의 위협을 선전할 목적으로 출판한 것입니다. 출판사의 이름 게이우샤警友社의 의미가 '경찰의 벗'이니까, 경찰에 우호적인 출판사겠지요. 담당 경찰이 아르바이트 삼아 대신 쓴 것은 아닐까요?

이 책 『일본공산당의 전모』도 같은 계통의 책이네요. 간행은 쇼와 4년(1929). 역사적으로는 바로 공산당에 대한 2차 일제검거가 이뤄진 4·16 사건이 일어난 해입니다.

요컨대 이 책은 특별고등경찰의 문서를 일반인용으로 출간한 것입니다. 이 사진은 당원들이 체포된 당시의 현장 사진입니다. 이쪽에 찍혀 있는 사람들은 모두 중앙위원 급이지요. 이런 사진을 사용할 수 있었다는 것 자체가 이 책을 낸 곳이 경찰과 연결된 출판사임을 여실히 보여줍니다.

이쪽은 모두 『일본공산당 연구』를 쓰기 위해 모은 자료들입니다. 다양하지요. 물론 자료적인 가치를 떠나서라도 이 시대의 책들은 흥미로운 것이 많습니다.

공산당 측에서 연일 비판 기사가 쏟아졌다

일본공산당 측으로부터는 제가 쓴 책 트집을 잡기 위해 이런 책이 나왔습니다. 『전전의 암흑 정치와 싸운 일본공산당—『문춘』 다치바나 논문의 허구를 무너뜨린다』라는 책입니다. 『일본공산당 연구』를 쓰던 시절, 공산당은 저를 공격하기 위해 연일 『적기』의 지면을 대대적으로 탕진하면서 비판 기사를 계속 써댔습니다. 1970년대에는 서점에도 이런 책들이 죽 진열되어 있었습니다. 물론 서점이라고는 했지만 당연히 평범한 서점은 아닙니다. 당시까지만 해도 아직 거리에 있었던 공산당 계열의 서점 얘깁니다. 그곳 앞에 죽 진열되어 있었다는 것이지요.

이 책 『전전의 암흑 정치와 싸운 일본공산당』 같은 책도 그래요. 뭐 상황상 이해는 되지만 제목부터가 좀 심하죠. 이것도 저에 대한 반론입니다. '왜 다치바나는 우리 위대한 공산당을 비방하는가' 같은 글이 주구장창 쓰였습니다. 그런 의미에서 세이쿄신문聖教新聞의 1면과 같다고 생각하면 되겠죠.

지금 생각해보면 저에 대한 이런 비판 기사들을 좀더 꼼꼼히 모아두었으면 좋았을 텐데…… 싶습니다. 지금은 입수할 수가 없으니까요.

공산당 당원이 일으킨 '오모리 갱gang 사건'이라는 게 있습니다. 자금난에 빠진 공산당을 구제하기 위해 당원들이 기획, 실행한 일본 최초의 은행 강도(오모리에 있던 가와사키다이하쿠 은행을 습격)였지요. 쇼와의 역사에서 빼놓을 수 없는 이 사건의 중심적 지도자가 오쓰카 유쇼大塚有章라는 인물입니다.

이 사건은 참으로 흥미롭습니다. 우선 이 오쓰카 유쇼의 인생이 진짜 파란만장했어요. 그는 마르크스 경제학자 가와카미 하지메河上肇의 친척입니다. 그 가와카미 하지메의 둘째 딸이 가와카미 요시코河上芳子인데요, 그녀가 갱단에 속해 오쓰카 유쇼 밑에서 일하게 됩니다. 이 자료에 이렇게 쓰여 있어요. "저(오쓰카)를 원조하기 위해 상경한 두 여성이 있었는데, 한 사람은 전 교토 시장의 차녀이고, 또 한 사람은 가와카미 하지메의 차녀, 가와카미 요시코였습니다." 그녀의 수기가 아주 오래전에 『부인공론婦人公論』에 대대적으로 실렸더랬는데, 대단한 화제가 됐었죠.

그런데 말입니다, 오쓰카 유쇼가 은행 습격을 감행할 당시, 공산당 중앙위원 중에는 스파이 M(이즈카 미쓰노부)이라는 사람이 있었습니다. 스파이 M은 공산당 조직의 총책임자로 당 활동 전부를 지도하는 인물이었습니다. 오쓰카 유쇼는 스파이 M의 부하인 셈이었지요. 물론 오쓰카로서는 설마 당의 최고위급 간부가 경찰의 스파이라고는 생각지도 못했습니다.

하지만 실제로는 공산당 중앙본부 전체가 스파이 M 밑에 놓여 있어서 오모리 갱 사건만이 아니라, 어처구니없는 수많은 사건들을 일으키게 됩니다. 요컨대 오모리 갱 사건은 스파이 M의 손바닥 위에서 일어난 사건인 것입니다.

그 무렵 적발을 피하기 위해 공산당 조직은 모두 지하로 잠입합니다. 그리고 잠복한 지도적 인사들을 돌보고 지키는 역할을 대개 여성들이 맡았습니다. '아랫도리'를 돌보는 경우도 자주 있었습니다. 그러한 여성을 '하우스키퍼'라고 불렀지요. 즉 앞의 자료에 쓰여 있던 전 교토 시장의 딸도, 가와카미 하지메의 딸도 오쓰카의 하우스키퍼였던 것입니다. 물론 뭐 오쓰카 유쇼와 가와카미 요시코는 숙부와 조카딸 관계니까 아랫도리까지 돌보지는 않았겠습니다만……

그래서 스파이 M이 가와카미의 딸을 '하우스키퍼로 삼고 싶다'고 했다든가 아니라든가…… 어쨌든요, 이 당시의 공산당이라는 것은 참으로 묘한 구석이 있습니다.

화염병 만드는 법

이쪽에도 일본공산당 문헌 자료들이 있는데요, 조금 전문적인 것들이라 할 수 있습니다. 예컨대 이 책 『일본공산당 문헌집』(전4권)이 그렇습니다. 전후의 한 시기, 공산당이 군사 방침을 채택해서 메이데이 사건 등 계획적으로 폭력적인 사건을 잇따라 일으킨 적이 있습니다. 이 책에는 그때 나온 지령들을 비롯해서 여러 가지 내용이 수록되어 있습니다.

'군사 노트' '새로운 비타민 요법' '요리 메뉴표' 같은 이름이 붙어 있는 자료들은 모두 화염병 만드는 법이나 폭탄 제조법을 정리한 것입니다. 당시 공산당의 군사 조직은 실은 화염병을 만들어 던지거나 하는, 그런 일을 하는 조직이었습니다.

실제로 「새로운 비타민 요법」을 뒤적여보면, 화염병 만드는 법이 나오지요. 우선 유리병, 맥주병, 사이다병 등 뭐든지 좋은데, 어쨌든 거기에 설탕을 넣습니다. 그다음 염소산칼륨을 넣고 진한 황산을 넣습니다. 그런 다음 연료로 가솔린을 넣습니다. 이런 식으로 제조하는 방법이 전부 적혀 있습니다. 이대로 하면 간단히 만들 수가 있는 것이지요. 화염병이라는 게 그런 겁니다.

「요리 메뉴표」 434쪽을 보면, "직접 성냥으로 점화한다"고 되어 있습니다. 이것이 요리 메뉴라는 겁니다. 우선은 석유를 붓고 성냥으로 불을 붙입니다. 그런 다음 카바이드를 이용해서…… 등등 상세히 적혀 있습니다. 요컨대 과격한 폭탄이라고까지는 할 수 없지만, 사람에게 상해를 입힐 수 있는 무기를 만드는 수단은 많이 있다, 이렇게 이 '메뉴'는 정리하고 있습니다.

이후 1970년대 들어 이번에는 일본 학생운동이 과격화됩니다. 그 시대도 또한 이런 책들을 참고로 같은 일을 되풀이합니다. 즉 기술적으로는 완전한 '전승'이 이루어지고 있었던 것이지요.(웃음) 실은 인맥상으로도 연결이 되어 있었습니다. 과격파로서 학생운동 시대에 여러 가지 과격한 투쟁을 지도했던 것은 이 군사 방침을 따르던 공산당원들로, 화염병을 던지던 무리거나 그 후배들이었습니다. 그들이 젊은 세대의 새로운 과격파에게 군사행동 방법을 전승해준 것입니다.

그 근원을 거슬러올라가면 결국 소련에 다다르게 됩니다. 화염병은 영어로 '몰로토프 칵테일'이라고 합니다. 이 몰로토프라는 말은 소련 시절 외무부장관까지 지낸 인물의 이름 뱌체슬라프 몰로토프에서 따온 것입니다. 몰로토프가 젊은 시절에 발명한 화염병 제조 방식이 전 세계에 퍼졌다는 겁니다. 지금도 각종 데모나 테러에서 화염병이 사용될 때 동일한 제조법으로 만들어지고 있을 겁니다. 이것이 가장 간단하고 확실한 제조법이니까요. 이러한 기술들은 전부 전승돼갑니다.

그렇다면 이런 책들은 어떻게 출판이 되는 걸까요? 공안이 공산당 내부 문헌들을 가져와서, 그것을 정리해 책으로 낸 것입니다. 그러니까 간단히 말하자면 이 시대의 공산당 활동은 대부분 경찰이 훤히 들여다보고 있었던 셈입니다. 그렇게 파악한 내용들을 정리해서 이렇게 책으로 냈지요. 일간노동통신사라는 이 출판사도 공안의 하부 조직입니다. 공안이 모은 정보를 정리해 책으로 내는, 그런 회사인 거죠.

와인 만들기의 추억

이쪽에도 제 저서들이 좀 있는데요, 2층에 다 놓을 수 없다보니 그렇게 되었습니다. 대담이나 번역, 동인지 같은 것도 있습니다.

이 책 『에게, 영원회귀의 바다』(2005)에 실린 사진을 촬영해준 스다 신타로須田慎太郎 선생은 여러 가지 작업을 줄곧 함께해온 사진작가입니다. 원래 그는 신초샤新潮社의 사진 잡지 『포커스』가 생겼을 때의 특종기사 카메라맨이었습니다. 『80년대—수치스러운 보도의 시대』는 그의 특종기사 사진 작업을 모은 책입니다. 저는 그와 그리스, 터키 등지로 여행을 다녀온 후 『에게』라는 책을 냈습니다.

이것은 옛날에 프랑스에서 샤토 드 빌라 퐁텐이라는 와인을 만들었을 때의 기념 팸플릿입니다. 사진에 찍힌 것이 바로 그 포도밭인데요, 이쪽은 와인을 양조한 지하저장고 카브cave입니다.

사진 속의 이 남성은 로베르 피트라는 파리 소르본 대학의 지리학

교수입니다. 당시는 부학장이었습니다만, 나중에 소르본 학장을 오래 역임했습니다. 사실은 이 사람의 부인이 일본인 에세이스트 도즈카 마유미戸塚真弓 선생입니다. 도즈카 선생은 중앙공론사에서 여러 권의 책을 냈습니다. 피트 씨 가족과는 한때 이웃이었어요. 그런 인연에서 함께 와인을 만들기 시작했던 것입니다. 또 한 사람, 사진의 캡션에 '구스미'라고 적혀 있는 사람은, 니가타의 '거북옹(가메노오)亀の翁'이라는 유명한 술을 만드는 구스미주조의 사장입니다. 드라마로도 만들어진 만화 『나쓰코의 술』의 모델로도 알려져 있지요.

피트 씨와 구스미 씨, 그리고 저 이렇게 세 사람이 힘을 합쳐 만든 것이 샤토 드 빌라 퐁텐입니다. 이전에는 이 고양이 빌딩 지하실의 와인 셀러에도 놔뒀었죠. 하지만 뭐 딱히 쓸모도 없고 해서 지금은 여기 두지 않습니다. 이 팸플릿에는 와인 만드는 과정이 어떻게 진행되었는지 상세히 적혀 있습니다.

『20세의 그대에게』라는 이 책자는 2010년에 고마바의 '다치바나 세미나' 학생들이 만든 것으로 현재 서점에 깔려 있습니다. 『스무 살, 젊은이에게 고함』의 원형이 된 책입니다. '다치바나 세미나' 학생들은 『20세의 그대에게』를 만들기 전에도, 비슷한 책자를 만든 적이 있습니다. 첫번째 책 『20세 무렵』은 1996년에 발간되었습니다. 이 안에는 앞에 나온 미도리 군이나 기무라 군도 기고했지요. 기무라 슌스케는 만화가 미즈키 시게루水木しげる 선생을 인터뷰해서 기

사로 정리했지요. 그 옆에 있는 소책자는 2006년 발간이라고 적혀 있는 걸 보니 제2기 세미나생들이 만든 것인가보네요.

또 이 『다치바나 다카시의 25년』은 저의 데뷔 25주년을 기념해 우메하라 다케시梅原猛 선생 등 다양한 분들로부터 기고를 받은 책자입니다.

그 '붉은 책'의 일본어판

그다음에 이 문 근처의 좌측 서가에는 소위 논픽션 범주에 들어가는 책들이 모여 있습니다. 『미카도의 초상』 『거대한 괴물들』 『모리의 회랑』 『따오기의 유언』 등이 있네요. 지하 1층으로 내려가는 계단의 층계참 부근과 비슷한 느낌을 주는 책들이죠? 아마도 지하 1층 랙에 있던 저널리즘 관련 서적들이었을 텐데, 지하에 다 넣을 수 없어서 여기로 올려보낸 거겠죠. 그래서 이쪽은 지하 1층의 연속처럼 보일 겁니다.

그 맞은편 서가는 중국 관련, 그리고 한국, 북조선 등의 한반도 관련 서적들이 모여 있습니다.

우선 중국 관련해서는 미야카와서방宮川書房의 『마오쩌둥 어록』이 중요한 책입니다. 문화대혁명 시대의 마오쩌둥 어록의 완역본이지요. 홍위병이 손에 쥐고 높이 들어올린, 그 '붉은 책'의 일본어판입니다. 간행 연도가 1967년, 쇼와로 말하면 41년입니다. 정확히 문화 대혁명이 시작되던 시기에, 실시간으로 곧장 발행되었습니다.

그리고 이 『내부—어떤 중국 보고서』는 아사히신문의 후나바시 요이치船橋洋一의 첫 책입니다. 후나바시 선생이 최초로 특파원으로 간 곳은 베이징이었습니다. 중국공산당에는 어느 위치 이상에게만 전달되는 정보 같은 게 있었어요. 그것이 '내부'라 불리는 문서였죠. 이 책은 그 문서를 바탕으로 개혁개방이 막 시작됐던 시절의 중국을 담고 있습니다. 이 책으로 후나바시 선생은 산토리 학예상을 수상했습니다.

다음으로 이 책 『차이나 크라이시스 중요문헌』(전3권) 또한 흥미롭습니다. 이 책에는 문화대혁명 시대의 문헌들이 당시 그대로의 모습으로 소개되어 있습니다. 이 책의 편집을 맡은 야부키 스스무矢吹晋라는 사람은 오랫동안 요코하마 시립대학에서 현대 중국론을 강의했는데요, 실은 저와는 대학 동급생입니다. 편집자 소개를 보면 1938년생이라고 되어 있으니까 조금 차이가 나긴 합니다만……[4] 재수 생활이 길었던 걸까요? 그런데 제가 학생 시절에 유럽에 갔을 때 저와 동행했던 사람이 중국어과에서 야부키 씨의 1년 후배인 사람이었습니다. 그렇게 한 다리 건너 관계가 있던 사람이었지요. 그

4 다치바나 다카시는 1940년생이다.

무렵은 중국어과가 하나밖에 없었어요. 그래서 중국어과의 결속력은 엄청 강했습니다. 그런 시대였지요. 결국 문화대혁명과 그후 이어진 사회적 혼란의 시기에, 중국에서도 많은 자료들이 상실돼버렸습니다. 그래서 동시대의 중국과 연계가 있던 어떤 일본인이 독자적으로 모은 이런 유의 자료는 대단히 귀중한 자료가 되었지요.

중국 관련 서적에 이어서 한국, 북한 관련 서적들이 죽 있습니다. 이 『월간 조선』은 '한국의 『문예춘추』'라 불리는 잡지입니다. 잡지를 죽 넘겨보면 일목요연합니다만, 레이아웃부터 기사 작성 방식까지, 정말로 판박이예요. 저는 예전에 이 고양이 빌딩에서 언덕을 조금만 올라가면 되는 곳에 살고 있었는데요, 그뒤에 『뉴스위크』의 브래들리 마틴이라는 도쿄지국장과 그 파트너가 살고 있었습니다. 그의 저서 『북조선 '위대한 사랑'의 환상』(상하권)의 띠지에는, 제가 추천문을 썼습니다. 브래들리는 『월간 조선』 편집장과 대단히 친했습니다. 편집장이 일본을 방문해서 그의 집에 놀러올 때마다 저도 초대받아 함께 술잔을 주고받으며 주구장창 떠들어댔죠. 그런 관계였던 것입니다.

7장

산초메 서고

릿쿄 대학 연구실

산초메
남쪽 서가

IMAGES FROM THE FLOATING WORLD
SENSATION
L'ART BAROQUE
MICHELANGELO
The Baur Collection
The Baur Collection

WILLIAM BLAKE
William Blake's Water-colour Designs for the Poems of Thomas Gray
The Pre-Raphaelites
THE PRE-RAPHAELITES IN OXFORD
Russell Ash
SIR EDWARD BURNE-JONES
Pre-Raphaelite Sculpture
Read and Barnes
Henry Moore Foundation
Christopher Wood
The Pre-Raphaelites
Burne-Jones
岩田書院
死体の美術と大学
山本聡美
西山美香
編
Casteras
Pre-Raphaelite Portraits
Andrea Rose
The Pre-Raphaelites
ROSE
SIR JOHN EVERETT MILLAIS
Geoffroy Millais
谷岡武雄
藤岡謙二郎
編
百万都市
MIHO美術館

474쪽 사진 확대. 회화가 들어간 책의 경우 주의해야 할 점은 인쇄 기술입니다.

우선 현관에서 왼쪽으로 가면 곧장 나오는 이 서가에는 미술서들을 모아뒀습니다. 이 책 『Pre-historic』처럼 역사 이전의 석기시대 미술에 관한 자료라든가, 수묵화라면 이토 자쿠추, 그리고 우키요에의 미인화부터 에로틱한 것들까지, 나름 충실하다고 생각합니다. 저는 라파엘전파 그림을 좋아해서 그에 관한 책들 또한 다양하게 갖고 있습니다. 서양 책들이나 고서도 포함해서 화집이나 자료들이 많이 있지요. 참고로 라파엘전파 중에서도 특히 마음에 드는 것은 에드워드 번존스입니다. 번존스의 작품은 영국의 테이트 갤러리가 가장 충실하게 갖추고 있습니다만, 버밍엄 등 영국 각지에 있는 미술관들도 꽤나 작품들을 갖추고 있습니다.

(7장 본문에서)

475쪽 사진 확대. 뭐니 뭐니 해도 춘화 화가 중 최고는 가쓰시카 호쿠사이지요.

산초메 남쪽 서가와
동쪽 서가의 모퉁이

산초메 중앙 책상
남쪽 서가

482쪽 사진 확대. 이 책들은 릿쿄 대학에서 수업에 사용한 책들입니다.

Odilon Redon
L'ART BAROQUE
SCULPTURE
日本大歳時記
日本大歳時記
CHAGALL BY CHAGALL
CHAGALL DISCOVERED

산초메 앞쪽 별실의
북쪽 서가

明治天皇
明治天皇
シュレーディンガー

산초메 서고의 입구로 들어가 우측에 있는 서가에는 도겐, 료칸, 한산 · 습득 등이 죽 있습니다. 이 책들이 이쪽에 한데 몰려 있다는 것은, 역시나 원래 책을 쓰기 위해 모은 자료들이었다는 얘기가 되겠지요.

어디부터 가볼까요? 여기 『휴먼 이미지』라는 도록이 있군요. 이것은 2001년에 교토 국립박물관이 개최한 '휴먼 이미지'라는 대규모 전시 도록입니다. 저는 그 기념 심포지엄에서 기조 강연을 했는데요, 이 전시회…… 상당히 흥미로웠습니다.

479쪽 사진 확대. 료칸이나 잇큐 화상에 대한 책들은 본래 책을 쓰기 위한 자료로 모았던 것입니다.

목록을 죽 보면, 대단히 기묘한 불상이 실려 있지요. 목조 불상인데 얼굴 한가운데가 벌어져 있고, 그 틈새로 다른 얼굴이 엿보입니다. 실로 입체적이고도 신비한 불상입니다. 이것은 교토 사이오지西往寺에 있는 〈호시 화상 입상〉이라는 불상으로, 헤이안시대의 작품입니다. 인간의 표면적인 모습에, 그 사람의 참 실재가 가려져 있다는 걸 가리키는 것이겠지요. 표면은 단순한 인간이지만, 참 실재는 그 안의 부처라는 것 아니겠어요? 그 신비로움이 전시회의 부제인 '우리는 인간을 어떻게 표현해왔는가'로 이어집니다. 인간이 인간을 표현함에 있어, 어떤 표현들을 구사해왔는지 생각해본다, 는 것이 이 전시회가 겨냥한 바였습니다.

(7장 본문에서)

479 사진 확대. 실은 이 방 전체에 외설적인 책이 상당히 있습니다.

인간의 애욕에 대해 생각하고자 할 때, 잇큐 화상과 절세의 미녀라 일컬어졌던 맹인 신조森女의 관계를 빼놓을 수 없습니다. 이 두 사람의 관계는 대단히 신비롭습니다. 첫째로, 신조와 만났을 때 잇큐는 78세로 상당히 고령이었습니다. 상식적으로 생각하면 이미 남녀관계를 가질 수 없을 터입니다. 저는 지금 71세입니다만, 과연 8년 뒤에 그러한 일이 가능할지 어떨지…… 뭐 운명처럼 정해져 있는 것은 아니겠지만, 살아 있을지 어떨지조차 알 수 없는 거 아니겠어요? 그런데 그의 『광운집』을 읽어보면, 아무리 생각해도 남녀관계가 있

이 『명승열전 I』의 207쪽과 208쪽에도 꽤나 노골적인 말이 적혀 있습니다. "낮잠 자는 신미인森美人을 본다." "발병한 옥경의 새로운 조짐을 단련한다" 이 '옥경'이라는 것은 남성의 성기를 말해요. 그리고 "벌써 기뻐하는 나의 옷 주름들"로 이어집니다. 요컨대 옥경이 서지 않게 되어 사타구니의 옷 주름들을 여밀 필요조차 없어졌지만, 신조가 자는 모습을 보다보니 스르르 솟아오르기 시작했다는 것입니다. (7장 본문에서)

487쪽 사진 확대. 일본이 근대국가로 성립되어가는 과정을 추적하는 데 없어서는 안 될 자료들.

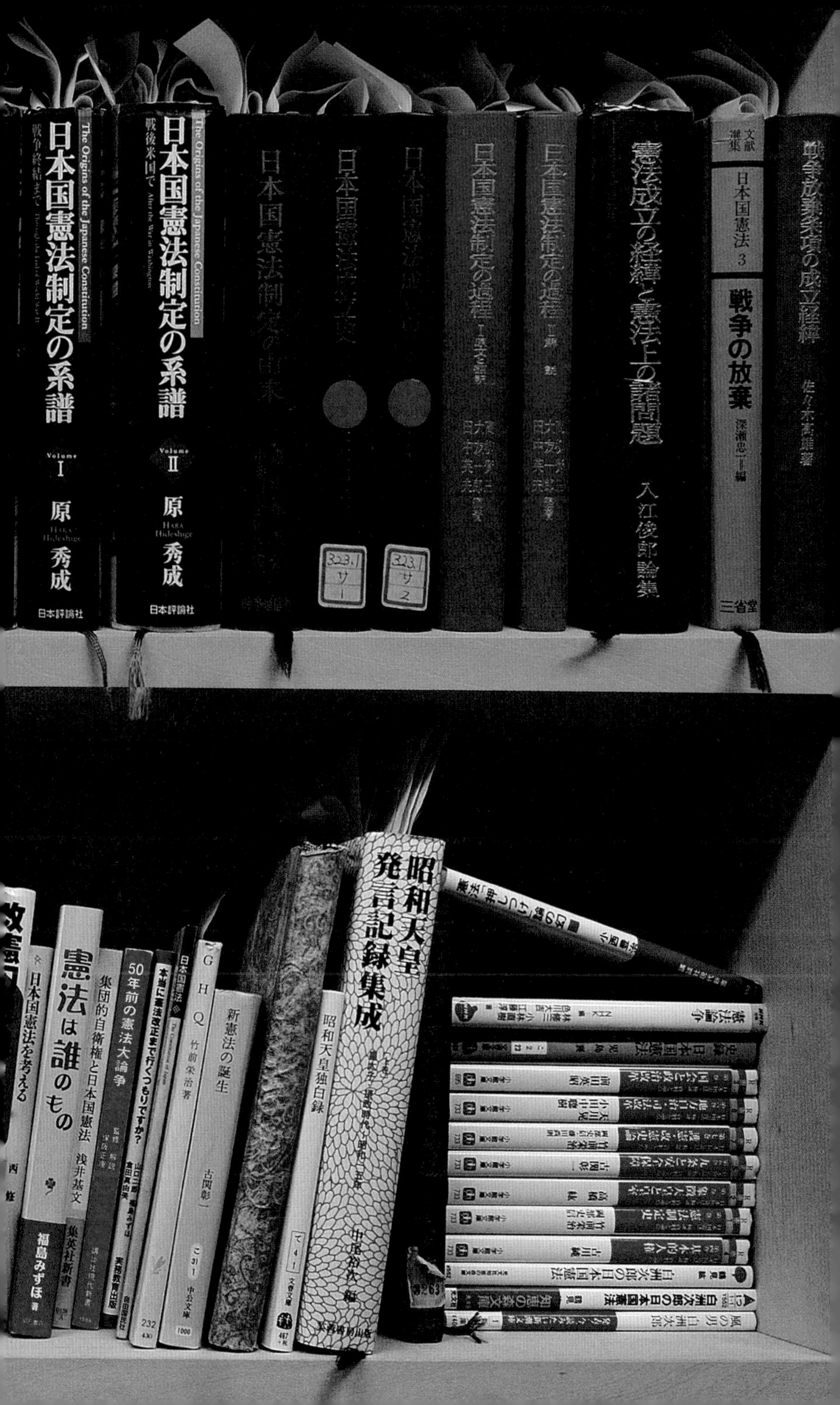

日本国憲法制定の系譜 Volume I 原 秀成 日本評論社
日本国憲法制定の系譜 Volume II 原 秀成 日本評論社
The Origins of the Japanese Constitution
日本国憲法制定の由来
日本国憲法制定の過程
憲法成立の経緯と憲法上の諸問題 入江俊郎論集
文献選集 日本国憲法 3 戦争の放棄 深瀬忠一編 三省堂
戦争放棄条項の成立経緯 佐々木高雄著
日本国憲法を考える
憲法は誰のもの 福島みずほ著
集団的自衛権と日本国憲法 浅井基文 集英社新書
50年前の憲法大論争
本当に憲法改正まで行くつもりですか?
GHQ 竹前栄治著
新憲法の誕生 古関彰一 中公文庫
昭和天皇独白録 文春文庫
昭和天皇発言記録集成 中尾裕次編
憲法論争
日本国憲法
白洲次郎の日本国憲法
風の男 白洲次郎

산초메 앞쪽 별실
동쪽 서가

ガイトン
臨床生理学

···→ 산초메 앞 별실 남쪽 서가
⋮ 산초메 앞 별실 서쪽 서가

산초메 앞 별실
철제 랙 서가의 앞과 뒤

산초메
중앙 책상

544쪽 사진 확대. 여전히 많은 주제와 연관되어 활발한 논의가 벌어지고 있는 '뇌'에 대한 책들.

暗黙知の次元
意識する心
脳と精神の根本理論を求めて
高次脳機能の基礎
操作される脳
脳から心へ
脳は美をいかに感じるか
生存する
Descartes' Error
心とは何か?!
心脳問題の最終的な決着は?
先端脳科学が、人を革新する。
新曜社
進化
視覚と記憶の情報処理
認知科学選書
5
読むということ
見る
眼の誕生はわたしたちをどう変えたか
サイモン・イングス
吉田利子 訳
眼とその進化の物語
ヒトはなぜ絵を描くのか
中原佑介 編著
A.カミロフ-スミス著
人間発達の認知科学
小島康次
小林好和 監訳
微小脳の研究入門

⇣ 산초메 동쪽 서가에 직각으로 놓인 서가 1
⇢ 산초메 동쪽 서가에 직각으로 놓인 서가 2

산초메
북쪽 서가

506쪽 사진 확대. 이곳에는 현대사 자료들이 있습니다. 『천황과 도쿄대』를 쓸 때의 자료들도 섞여 있군요.

현대사 자료라고 하면 이 미스즈서방에서 간행한 『현대사 자료』(전45권+별권 1) 시리즈가 기본입니다. 다만 미스즈서방 책 이외에도 필독서는 많이 있습니다. 예를 들자면 팔굉일우八紘一宇라는 말을 처음 만든 국주회의 다나카 치가쿠에 대한 자료 『일본의 사표 다나카 치가쿠』 『다나카 치가쿠 선생과의 추억』 등은 현대사를 알기 위해서는 반드시 읽어두는 게 좋습니다. 국주회라는 것은 일련종日蓮宗의 일파인데요, 일련종이라는 것은 어느 시대에나 독특한 사람들을 배출하는, 참으로 흥미로운 종파입니다.

산초메 안쪽 별실의
동쪽 서가 틈새

산초메 중앙 책상
뒤쪽 서가

引越のサカイ
神道大辞典
大辞泉
国際人事典

산초메
철제 랙 서가

509쪽 사진 확대.
실은 제 친척 중에 5·15 사건 관계자가 있습니다.
다치바나 고사부로라고. 『진무 천황론』 『덴치 천황론』
『메이지 천황론』 등 소위 '3대 천황론'을 쓴 인물입니다.

입구 바로 왼쪽 서가에는 기본적으로 미토학 관계 자료들이 있습니다. 그 외에 메이지유신 관련 서적들도 있어요. 이 『개국 50년사』나 『메이지유신 신불분리神仏分離 사료』 등이 그런 책들이지요. 메이지유신은 사상적으로는 신도神道 중심의 복고혁명적 요소가 있었기 때문에 메이지유신 정부가 들어서자 신불분리가 행해집니다. 그때까지는 본지수적本地垂迹의 신불습합설神佛習合說에 입각해 신

북쪽 서가

Spirited Away
NAUSICAA
LAPUTA
PORCO ROSSO

아라키 노부요시와 저는 사실 고교 동창생입니다. 고등학교 시절에는 딱히 친한 것도 아니었는데요. 성인이 된 뒤에 여러 가지 작업을 함께하게 되었습니다. 책을 내면 필히 보내주기도 하고, 그래서 그의 책은 보통 서점에 깔려도 팔릴 성싶지 않은 실험적인 책들까지 포함해서 거의 전부 가지고 있습니다.

최근에는 네거티브 필름에 스크래치를 내어 만든 책을 보내주었습니다. 이 일기 형식의 사진집을 뒤적이다보니, 저와 아트디렉터인 이시오카 에이코, 아라키 이렇게 세 사람이 나란히 찍힌 사진이 나오네요. 셋이서 헤이본샤의 '태양상' 선고위원을 맡고 있던 시절이 있었는데요, 선고회의가 끝난 후 신주쿠나 뭐 어디 다른 곳에서 마실 때의 컷일 겁니다.

저는 시노야마 기신과도 작업을 많이 했었는데요, 시노야마와 아라키는 서로 강렬한 라이벌 의식을 갖고 있어서, 필요 이상으로 서로 헐뜯기도 하고…… 어쩌나 심한지 중재고 뭐고 도저히 끼어들 틈이 없는 관계입니다. (7장 본문에서)

518쪽 사진 확대. 이쪽은 사진입니다.
아까 소개했듯이 도문 켄 선생의 사진집은 다른 곳에 있고요,
이쪽은 아라키라든가 시노야마 기신의 것 등이 놓여 있습니다.

519쪽 사진 확대. 릿쿄대 학생들로부터는 "와, 정말이네. 아버지 목소리야!"라는 얘기…… 참 많이 들었지요.

여기는 스튜디오 지브리 관련 책들이 진열되어 있습니다. 저는 지브리의 미야자키 하야오 씨와 꽤 친하고 또 여러 가지로 다양한 작업을 함께해왔기 때문에, 미야자키 씨의 작품들도 꽤나 갖고 있습니다. 미야자키 씨와 만난 계기를 만들어준 것은 프로듀서 스즈키 도시오 씨였습니다. 스즈키 씨로부터 "한번 미타카에 있는 지브리에 오셔서 뭐든 좋으니 뭔가 흥미로운 얘기를 들려주세요"라는 제안을 받았습니다. 그래서 스태프들을 모두 모아놓고 꽤나 장시간 동안 이야기를 나눴습니다. 미야자키 씨와의 관계는 그렇게 시작되었습니다.

그의 작품은 하나같이 흥미롭습니다만, 그중에서도 최고 걸작은 이 『바람계곡의 나우시카』 만화판이지요. '나우시카'라고 하면 일반적으로는 극장판 애니메이션이 잘 알려져 있지만, 제대로 말하자면 그것은 만화판의 전반 부분밖에 다루지 않았습니다. 미야자키 하야오가 말하고 싶었던 것을 알려면 만화판을 보지 않으면 안 됩니다. 미야자키 씨에게 "후반은 애니메이션으로 만들지 않으실 겁니까?"라고 물었던 적이 있는데요, 미야자키 씨는 하지 않을 거라고 하더라고요. 아무래도 후반 부분을 납득이 가는 수준까지 애니메이션화하는 것은 불가능하다고 생각하는 것 같습니다.

제가요 실은, 미야자키 씨의 작품 〈귀를 기울이면〉에 아버지 역으로 목소리 출연을 했던 적이 있어요. (7장 본문에서)

519쪽 사진 확대. 학생 시절에는 영화에 푹 빠져 지냈습니다.

527쪽 사진 확대. 그 옛날 일본 출판계에는 '표면에 드러낼 수 없는 출판물'이 있었습니다.

이쪽에는 비교적 외설적인 책들이 있습니다. 예컨대 환상적인 성 백과 시리즈인 『'와인' 명작집』이라든가 『비밀의 유희 1·2』 등은 재미있으니, 꼭 찾아보시기 바랍니다.
(7장 본문에서)

CASALS HALL

吉原公一郎
抹殺
航空機疑獄の全容
田中角栄を裁く
越山会
小林吉弥
ロッキード事件
疑獄と人間
角さんの鼻歌が聞こえる
岩見隆夫
角さんの鼻歌が聞こえる
PART4
岩見隆夫
オヤジとわたし。
早坂茂三
駕籠に乗る人・担ぐ人
早坂茂三
私の手も汚れていた
麻生良方
権力の司祭たち
一寸先の闇
神谷紀一郎
角栄裁判ハイライト
今こそ真実の姿を
裁かれる首相の犯罪
ロッキード法廷全記録
東京新聞特別報道部編
第3集
第4集
東京新聞出版局
第5集
東京新聞出版局
第6集
第7集
第7集
東京新聞連載
第9集

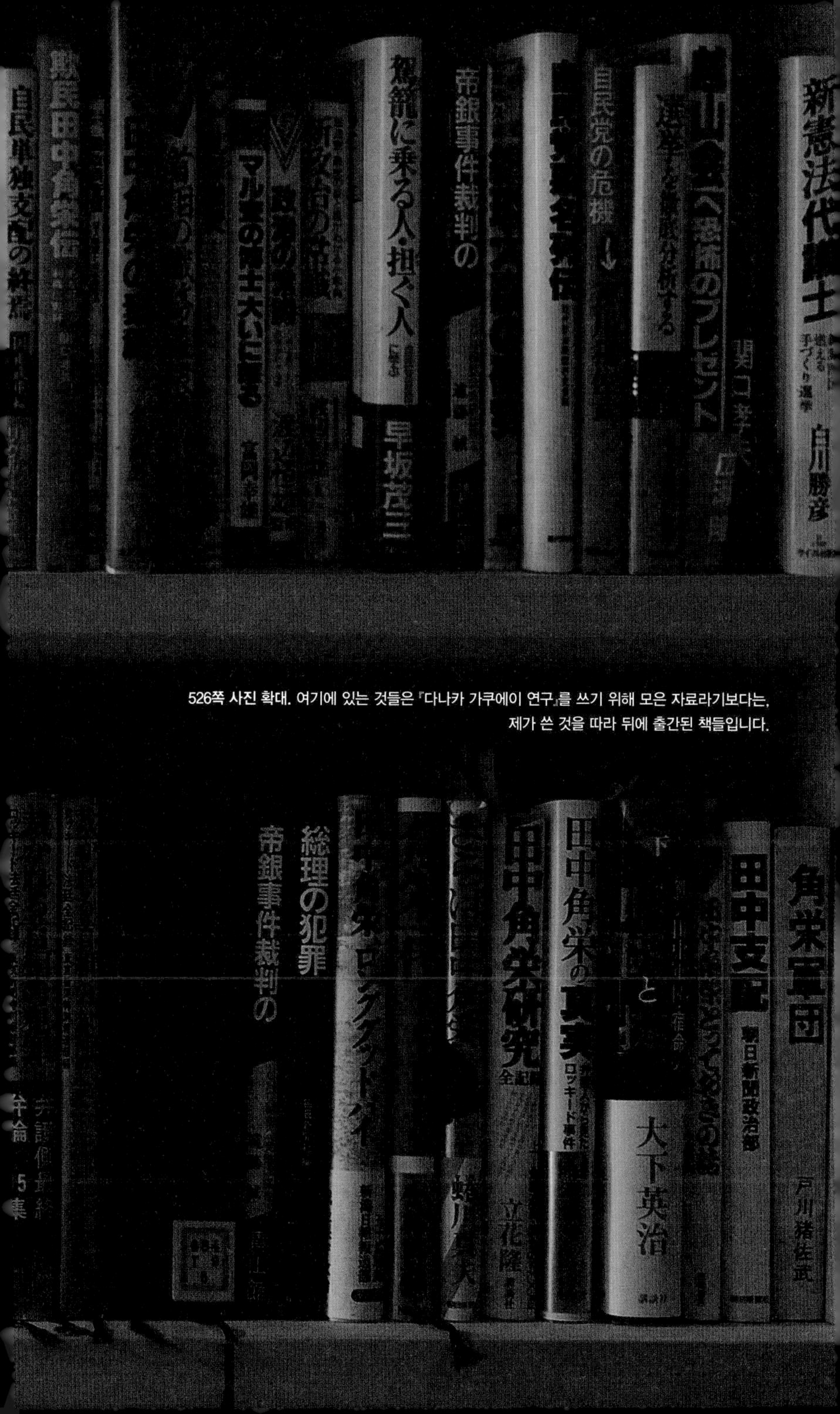

526쪽 사진 확대. 여기에 있는 것들은 『다나카 가쿠에이 연구』를 쓰기 위해 모은 자료라기보다는, 제가 쓴 것을 따라 뒤에 출간된 책들입니다.

527쪽 사진 확대. 음악 취향의 폭이 넓은 편이어서 꼭 클래식만이 아니라 재즈도 듣고, 록도 듣습니다.

이쪽은 음악에 대한 자료들입니다. 『음향학』 등 오디오 관계 서적들도 있습니다. 사실 오디오 관계 자료들은 더 많이 있었는데, 적잖이 처분해버렸지요.

또 『다케미쓰 도루를 이야기하는 15가지 증언』 『다케미쓰 도루 저작집』(전5권)처럼, 다케미쓰 씨에 관한 것들도 여기에 모아뒀습니다. 저는 『문학계文学界』에 「다케미쓰 도루 · 음악 창작의 여정」이라는 글을 연재한 적이 있습니다만, 연재를 정리하기 전이랄까 연재를 한창 하던 중에 다케미쓰 씨가 돌아가셨기 때문에, 책으로 묶을 수는 없었고, 그러면서 중단돼버렸습니다. 이것은 반드시 시간을 내어 정리해야만 하는 작업이라고 생각하고 있어요. (7장 본문에서)

533쪽 사진 확대. 모두 학생 시절에 사서 읽었던 책들이네요.

517쪽 사진 확대. 시바 선생의 책들은 말이죠, '어느 날 문득 정신을 차려보니, 이렇게나 많이 쌓여 있었던가!' 싶을 정도로 많더라고요.

皇道國家農本建國論
橘孝三郎著
検察秘録 五・一五事件 II
検察秘録 五・一五事件 III
丸山眞男回顧談 下
二・二六事件 獄中手記・遺書
河野司●編
【復刻版】龍虎の争い 実録・日本陸軍の派閥抗争
谷田勇
盗聴 二・二六事件
中田整一
青年将校
松沢哲成
鈴木正節
昭和史
官僚支配の構造
保阪正康

天皇制国家の支配原理
藤田省三
満鉄
「知の集団」の誕生と死
小林英夫
超国家主義の心理と行動
思想としての右翼
松本健一
日本ファシズム史論
北一輝著作集
第二巻
竹中治堅著
戦前日本における民主化の挫折
海軍機動部隊全史
戦記シリーズ
私の二・二六事件
河野司
二・二六事件 青春群像
須山幸雄
西田税 二・二六への軌跡
須山幸雄著
池田俊彦
海軍
航空母艦
戦闘記録
アテネ書房
レイテ沖海戦
秦郁彦
Gakken

534쪽 사진 확대. 이 잡지『바즈라야나 사차』는 교단이 발간하는 일련의 출판물 중 경제적으로 가장 번창하던 시기에 간행된 것입니다. 따라서 레이아웃도 잘 짜여 있고 종이 질도 꽤 괜찮아서, 만듦새가 훌륭합니다.

옴진리교는 '옴출판'이라는 출판사도 갖고 있었기 때문에, 많은 책을 출간하고 있었습니다. 옴진리교 사건이 일어나기 전에는, 도내에 옴진리교가 출간하는 책이나 잡지를 많이 구비한 옴 계열 서점들이 여러 곳 있었습니다. 사건화되기 직전, 그러니까 옴진리교에 관한 괴이한 소문이 TV 등에 차츰 오르내리면서, 옴진리교에 대해 단속이 있을지 모른다는 정보가 흘러나오기 시작하던 시기였습니다. 그러다보니 저도 옴진리교에 관해 쓰거나 코멘트할 필요가 있었고, 그래서 그런 서점들을 돌며 책을 몇 권 사들이고 있었어요. 그러던 중에, 이런 책이나 잡지는 지금 전부 입수해놓는 게 좋지 않겠나 싶더라고요. 그래서 서가 두 개 정도 분량을 싹그리 구입했습니다. 지금에 와서는 대단히 귀중한 자료가 되었지요.
(7장 본문에서)

541쪽 사진 확대.
그들에게는 확실히 '세勢'라는 것이 있었습니다.
이 점은 잊어서는 안 된다고 생각합니다.

릿쿄 대학 연구실
남쪽 서가

릿쿄 대학 3호관
서고

릿쿄 대학 3호관 서고
배관 뒤쪽

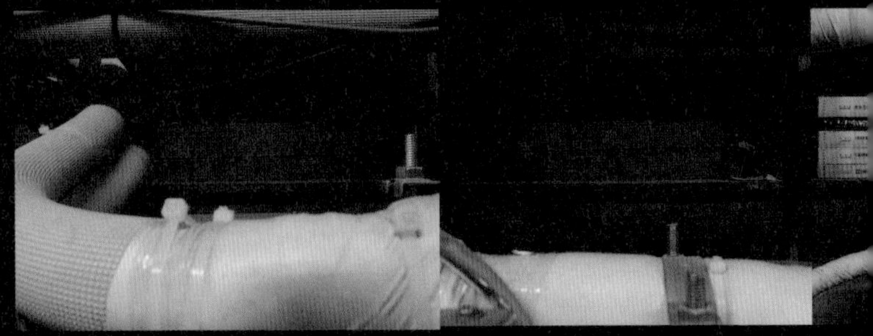

산초메 중앙 책상과
왼쪽 서가

번존스가 좋아!

이 산초메에는 미술, 음악, 그리고 영화에 대한 자료들이라든가, 제가 학생 무렵에 탐독했던 소설들, 또 『다나카 가쿠에이 연구』 『천황과 도쿄대』(2005)를 쓰기 위해 활용했던 자료 등 고양이 빌딩에 미처 다 보관할 수 없었던 책들이 수납되어 있습니다.

순차적으로 살펴볼까요?

우선 현관에서 왼쪽으로 가면 곧장 나오는 이 서가에는 미술서들을 모아뒀습니다. 이 책 『Pre-historic』처럼 역사 이전의 석기시대 미술에 관한 자료라든가, 수묵화라면 이토 자쿠추[1], 그리고 우키요에의 경우에는 미인화부터 에로틱한 것들까지, 나름 충실하다고 생각합니다.

저는 라파엘전파 그림을 좋아해서 그에 관한 책들 또한 다양하게 갖고 있습니다. 서양 책들이나 고서도 포함해서 화집이나 자료들이 많이 있지요. 참고로 라파엘전파 중에서도 특히 마음에 드는 것은 에드워드 번존스입니다. 번존스의 작품은 영국의 테이트 갤러리가 가장 충실하게 갖추고 있습니다만, 버밍엄 등 영국 각지에 있는 미술관들도 꽤나 작품들을 갖추고 있습니다. 뉴욕의 메트로폴리탄 미술관도 상당히 괜찮은 그림을 소장하고 있고요. 〈사랑의 노래〉 같은 작품은 몇 번이나 보러 갔었어요. 또 유명한 작품으로는 하버드 대

1 伊藤若冲(1716~1800). 에도시대 중엽의 화가로, 사실과 상상을 교묘히 융합시킨 그림을 그렸다.

학 부설 포그 미술관에 있는 〈판과 프시케〉, 리스본의 굴벤키앙 미술관의 〈거울의 비너스〉, 뉴캐슬어폰타인의 라잉 미술관이 소장하고 있는 〈비너스 찬가〉가 있습니다.

실은 옛날에 소더비 옥션에서 번존스의 그림이 매물로 나왔을 때, '한 폭 사볼까' 했던 적이 있습니다. 당연히 유화는 아니지요. 번존스의 유화라면 틀림없이 몇 억 단위 금액이 될 테니까, 그건 정말 무리지요. 그 옥션에 출품된 것은 파스텔로 그린 인물상이었을 겁니다. 그래도 최저 입찰가격이 1000만 엔(약 1억 원)은 넘었던 걸로 기억됩니다. 소더비 옥션은 증거금만 있으면, 전화로 세계 어디에서든 참가할 수 있습니다. 결국 옥션에 참가하지는 못했지만, 참가 방법은 일단 조사해봤습니다. 그 정도로 번존스를 좋아합니다.

이 책 『The Pre-Raphaelite(라파엘전파)』는 미술전 도록이에요. 이쪽에 모아놓은 것은 전부 도록들입니다. 물론 라파엘전파만이 아니라 인상파 컬렉션으로 유명한 반스 컬렉션 도록 등도 있지요. 이쪽에는 해외에서 산 책들도 꽤 있습니다. 고서점에서 발견한 것들도 있지만, 최근에는 뮤지엄 숍의 서점이 아주 충실해서요. 파리 루브르 박물관이든 오르세 미술관이든, 뮤지엄 숍 서점에 들어가면 한 시간쯤은 순식간에 흘러가버립니다. 책이 무거워도 일본까지 배송해줍니다.

이 책 『Memorials of Edward Burne-Jones』는 번존스의 회상록입니다. 일본 서적으로는 『라파엘전파의 미학』이나 『라파엘전파—빅토리아 시대의 환시자들』 등이 있습니다. 모두 흥미로운 책들입니다.

회화가 수록된 책의 경우 주의해야 할 점은, 인쇄 기술입니다. 인쇄가 잘 되지 않으면 그림은 전혀 인상이 달라져버리니까요. 회화를 인쇄로 재현하는 것은 실로 어려운 일입니다. 물론 색을 교정하긴 합니다만, 그때 무엇을 참조해 교정하느냐가 문제입니다. 현물을 참조할 수 있다면 좋겠으나, 불가능한 경우가 많지요. 그런 경우 인쇄에 사용한 필름과 원본의 차이를 확인하기가 불가능해지죠. 책에 싣기 위해 회화를 촬영하는 단계나, 혹은 실제로 인쇄하는 단계, 어느 과정에선가 조금이라도 매끄럽게 진행되지 않으면 마지막 완성품이 아주 이상하게 변해버릴 수 있습니다. 화집을 통해서만 그 그림을 알고 있다가, 원화를 직접 본 순간 전율하는 경우가 있습니다. 머릿속 기억과 실제 보고 있는 것 사이에 엄청난 차이가 발생해서 '난 지금까지 이 그림을 대체 어떻게 인식하고 있었던 거지?' 하고 자기 자신에게 불신감을 갖는 경우마저 있습니다.

런던 풍속의 모든 것이 그려져 있다

그 서가 위쪽에 있는 것은 고양이 빌딩 3층에서 본 토머스 맬러리의 『아서 왕의 죽음』의 프랑스어판 『Le Morte d'Arthur』입니다. 조금 펼쳐볼까요?

이 책은 오브리 비어즐리의 삽화가 있는 버전이네요. 6000엔이라고 가격이 적혀 있습니다. 그리 오래된 책은 아닌 거겠죠? 연필로는 '45000'이라고 적혀 있는 거 보니 원래는 4만 5000엔 하던 것이 인하되어 6000엔에 팔린 건지도 모르겠군요. 어쨌든 간에 이 책은 리프린트, 즉 복각판입니다. 진짜 오래된 책은 이런 종이를 사용하지 않으니까요.

그리고 이 『Rossetti Papers』는 라파엘전파 중에서 가장 유명한 단테 가브리엘 로세티에 관한 책입니다. 로세티에 대해 여러 사람들이 다양하게 쓴 문장들, 로세티 본인의 편지나 일기 등 다양한 원자료들이 담긴 책입니다. 이 책을 읽으면 누가 어떤 내용의 편지를 누구에게 보냈는지 알 수 있기 때문에, 로세티 본인에 대해서만이 아니라 라파엘전파 멤버들에 대해서까지 알 수가 있습니다.

로세티는 시인, 미술평론가, 어학 연구자에 화가까지, 다양한 재능을 가진 네 명의 로세티 형제자매의 장남에 해당하는 인물이지요. 참고로 최근 일본의 출판물에서는 단테 가브리엘 로세티의 이름을 '게이브리얼 로세티'라 쓰는 쪽으로 바뀌고 있습니다. 물론 '가브리엘'은 이탈리아어식 표기이고, 영국 영어의 정식 발음으로는 '게이브리얼'입니다. 하지만 로세티 일가는 이탈리아 출신이니까, 가족 내에서는 가브리엘이라 부르지 않았겠어요? 마침 제 친구 중에 영국에 사는 이탈리아인이 있는데, 그 사람 이름이 가브리엘입니다. 그런데 늘 친구들이 그를 가브리엘이라 부르더라고요. 그걸 자주 들어서 그런지, 게이브리얼이라는 발음에는 상당한 저항감이 있습니다. 상황에 따라 다른 것 아닐까요? 지금은 게이브리얼 쪽을 올바른 발음인 양 여기는 흐름입니다만, 그렇게 단순한 이야기는 아니지 않을까 싶습니다.[2]

그리고 이 책은 로마제국시대에 활약하던 그리스어 작가 루키아노스의 복각판입니다. 한정 발매 시리즈 중 251번으로, 간행은 1894년이라고 적혀 있습니다. 루키아노스는 2세기경의 인물인데요, 이 책 자체는 19세기에 출판된 복각판입니다. 그래서 삽화도 비어즐리가 그렸습니다. '16 full pages of Beardsley'라고 쓰여 있는데요, 이 드로잉은 모두 오리지널입니다. 가격은 8만 5000엔. 이 무렵에는 저도 돈푼깨나 있었던 게지요.(웃음)

이쪽에 있는 성서는 귀스타브 도레가 그린 삽화가 들어 있습니다. 종이 질에서부터 장정, 인쇄 상태까지 그 어느 면을 보더라도 상당히 튼실하게 만든 책이지요. 이것도 복각판입니다. 간행은 숭문장崇文莊. 숭문장은 진보초에서 꽤나 유명한 서양 고전 서점입니다. 참고로 귀스타브 도레가 직접 삽화를 그린 책은 성서를 포함해서 많이 있습니다. '귀스타브 도레가 구약성서에 부친 삽화만을 모으고, 거기에 텍스트도 얼마간 첨부한 것……' 뭐 그런 체재의 책도 나와 있습니다. 귀스타브 도레의 그림은 하나같이 무지하게 좋습니다. 그러나 현재 간행된 버전에는 그의 작품이 전부 실려 있는 것 같지가 않

---

2 로세티는 런던에서 출생한 영국 국적의 화가이지만, 그의 아버지는 이탈리아 출신의 망명 시인 가브리엘레 로세티Gabriele Rossetti(1783~1854)다.

습니다. 아마도 초록일 겁니다.

이 성서는 두 권짜리인데요, 1권이 구약성서고 2권도 구약성서가 이어지다가 도중에 신약성서로 옮겨갑니다. 구약성서의 서두에는 천지창조 장면에 이어 아담과 이브가 그려져 있습니다. 황홀할 정도로 근사한 그림이지요. 그런데 이것은 가정에 두기 위한 큰 판형의 성서인지라, 이전 소유자의 자녀가 태어난 날의 기록이나 가족의 결혼에 대한 기록, 혹은 누군가가 사망했을 때의 기록 등이 기입되어 있습니다.

이쪽에 있는 『London』은 1876년에 파리에서 출판된 책으로, 귀스타브 도레가 당시의 런던 풍경을 174장의 판화를 찍어 삽화로 넣은 책입니다. 이 책 역시 삽화만을 추려 복각한 것이지만, 그래도 책의 만듦새가 상당히 세련되고 흥미로워 보입니다.

이 시대의 런던 풍속이 그려져 있습니다. 대영제국이 실로 제국으로서 가장 번영하던 시대의 런던 풍경이 그림으로 살아 있는 것이지요. 연전에 영국의 왕자가 결혼식을 거행했던 그 웨스트민스터 사원도, 지금과 거의 다름없는 모습으로 그려져 있습니다. 귀족을 그린 그림도 있지만, 서민이나 빈민가를 그린 그림도 있어요. 부두 노동 풍경도 있지만, 공장 노동을 그린 작품도 있습니다. 그중에서도 특히 흥미로운 것은 역시 빈민가 장면입니다. 한마디로 찰스 디킨스의 『올리버 트위스트』적 세계인 것이지요. 나쓰메 소세키가 유학 가서 런던에 머문 기간이 러일전쟁 조금 전인 1900년부터 1903년까지니까, 시기는 조금 어긋나지만 소세키도 이 그림과 같은 광경을 보았을 겁니다.

이런 고서들을 제가 어디서 샀을까요? 런던의 템스 강변에, 이런 책을 진열해놓고 판매하는 이동식 고서점이 여러 군데 있었거든요. 센 강가의 이동식 고서점이 파리의 명물로 유명하지만, 런던 템스 강가에도 비슷한 것이 있습니다. TV프로그램을 위해 취재차 런던에 갔을 때, 짬을 내 마음에 남는 책을 몇 권 구입했습니다. TV방송 촬영은 짬짬이 대기 시간이 엄청납니다. 방송 업계에서 가장 많이 사용되는 용어 중에 '지금은 어떤 대기?'라는 말이 있을 정도예요. 날씨 때문에 기다리는 날씨 대기, 감독 대기, 카메라맨 대기, 조명 대기, 출연진 대기, 인터뷰 상대 대기, 오가는 사람들의 흐름 대기 등등 다양한 대기들이 산더미처럼 많습니다. 참고로 이 책은 당시 돈으로 250파운드. 가격은 얼마 안 되었지만, 판형이 크고 무거워서 일본까지 갖고 돌아오는 게 상당히 일이었습니다.

일본에도 큰 영향을 끼친 라파엘전파

라파엘전파는 19세기 중반 영국 빅토리아 시대에 '고전주의(당시의 주류)가 장악한 미술계를 라파엘 이전으로 되돌리자'는 슬로건하에 활약한 젊은 탐미주의 작가 집단을 가리킵니다. 그중에서도 유명한 이가 아까도 거론했던 단테 가브리엘 로세티를 비롯한 윌리엄 홀먼 헌트, 존 에버렛 밀레, 그리고 번존스입니다. 라파엘 이전이라고는 해도 독특한 신사실주의라 할 수 있고, 게다가 로맨틱합니다. 한 장의 그림 속에 수많은 세부 사항들을 그려넣은, 큰 이야기가 담긴 신비한 그림들입니다.

이 라파엘전파에 속했던 젊은 예술가들 중에는 직업 화가만이 아니라, 시인을 포함한 작가들도 있었습니다. 이들은 당시 영국에 매우 독특한 문화를 가져왔습니다. 그리고 그 문화가 소세키를 비롯한 젊은 일본인 유학생들을 통해 메이지시대의 일본에 유입되어, 엄청나게 큰 영향을 끼칩니다. 따라서 당시 로세티 형제를 포함, 라파엘전파의 예술가들은 일본 문화인들 사이에서도 유명했던 것입니다. 그후에는 유행의 물결이 잠잠해지기도 했고, 또 어느 시대엔 잊히기도 했지만 저같이 유별난 취향을 가진 사람들에게 왠지 모르게 계속 사랑받으면서, 메이지시대만큼은 아니지만 현재도 여전히 일본에서 많은 사랑을 받고 있습니다.

재미있는 것은 이 라파엘전파 멤버들이 모두 모델이었던 여성들과 다양한 연애 사건이라든가, 혹은 그 연장선상의 여러 가지 사건을 일으켰다는 점입니다. 예를 들자면 로세티의 가장 유명한 작품으로, 저도 원화를 보고 대단히 감명을 받은 바 있는 테이트 갤러리의 〈축복받은 베아트리체〉도, 젊은 친구이자 당시 촉망받던 미술평론가였던 윌리엄 모리스의 부인 제인 모리스와의 사랑 속에서 태어난 작품입니다. 이러한 사정에 대해서는 『라파엘전파의 여인들』에 상세히 쓰여 있습니다.

이 『Pre-Raphaelities in Love』도 그들의 연애 사건을 철저히 기록한 책입니다. 로세티의 부인이 된 엘리자베스 시달과 윌리엄 모리스의 부인 제인 모리스, 이 두 여성 모델과 로세티를 둘러싼 애증을 배경으로 하면서, 거기에서 산출된 작품의 매력에 대해 쓴 책으로 대단히 흥미진진합니다. 너무나 흥미로운 분야라서 저도 한번 이에 대해 책을 쓰려고 의식적으로 자료를 모은 적이 있습니다. 『Pre-Raphaelities in Love』도 1984년에 테이트 갤러리의 뮤지엄 숍에서 산 책이에요.

팜파탈이라는 말이 있잖아요. 일본어로는 '운명의 여인'. 이 로세티라는 사내는 인생에서 여러 번 팜파탈을 만나게 되고, 그때마다 여러 사건을 일으켰습니다. 상대는 동료의 부인이거나 그림 선생님의 부인이거나 했어요. 이러한 로세티의 팜파탈에 대한 편집증적인 집착이 미술사적으로 이룩한 최대의 공헌은, 클림트, 비어즐리, 뭉크 같은 후세의 화가들로 하여금 저마다 자신의 팜파탈을 그리게 했다는 점에 있겠습니다. 그들이 그린 작품들도 그 배경에는 로세티와 같은 실제 연애 사건을 품고 있었던 것이지요.

죽기 전에 보고 싶은 그림

최근에 저는, 이 책 『플랑드르의 제단화』에 거론되는 제단화를 직접 보기 위해 벨기에 플랑드르 지방의 고도古都 겐트Gent에 가봤습니다. 플라망어(네덜란드어의 벨기에 방언)로는 겐트, 왈롱어(프랑스어의 벨기에 방언)로는 강Gand이라 불리는 이 도시에 있는 제단화는 하여튼 간에 근사합니다.

노르베르트 슈나이더의 『얀 반에이크 〈헨트 제단화〉』도 제단화에 대한 책입니다. 겐트는 네덜란드어로는 '헨트Gent'가 됩니다. 일본어에는 없는 후음이기 때문에 일본어 표기가 여러 가지가 되어버렸지요. 이 제단화는 패널을 접었다 펼쳤다 할 수 있는 경첩 방식으로 되어 있습니다. 그리고 패널을 펼쳤을 때와 접었을 때, 전혀 다른 그림으로 보이게 되어 있어요. 닫혔을 때의 좌측 아래를 보면 이 그림의 후견인이 그려져 있는데, 뭐 그런 걸 보는 재미도 있습니다만, 뭐니 뭐니 해도 가장 유명한 것은 펼쳤을 때 화폭 중앙에 위치하는 〈신비한 어린양에 대한 경배〉입니다. 오직 이 그림을 보러 전 세계에서 견학들을 옵니다. 저도 제 몸에서 암이 발견되어 '이러다가 운신이 부자유스러워지는 것 아닐까' 싶었을 때, '죽기 전에 이 그림만은 보고 싶어' 겐트로 향했습니다. 참고로 이 제단화는 스페인 문화권에서 특히 유명해, 스페인에서는 관광객을 위한 직통 특급열차(프랑스의 TGV는 열차에 탄 채로 스페인의 AVE로 옮겨 탈 수 있고, 또 그 반대도 가능하다)가 매일 운행될 정도입니다.

반에이크와는 약간 시대가 어긋납니다만, 저는 로히어르 판데르베이던이라는 화가의 그림도 좋아합니다. 판데르 베이던도 반에이

크와 마찬가지로 초기 플랑드르파의 흐름을 구성했던 화가로, 세계 각지에 작품이 흩어져 있습니다. 그중에서도 가장 유명한 그림이 〈최후의 심판 제단화〉입니다. 부르고뉴 와인의 수도라 불리는 본에 있습니다.

이 본 거리의 지하는 모두 와인 창고로, 와인업자들의 와인이 보관되어 있지요. 그리고 모든 보관고가 서로 연결됩니다. 꼭 거리 전체가 와인 창고 위에 올라타 있는 듯한 형국이지요. 그중에서도 가장 거대한 와인 창고는 도시 중앙에 있는 오래된 교회당, 즉 카테드랄의 와인 창고입니다. 여기서는 종교와 와인이 한몸인 것입니다.

본디 이곳의 와인은 수도승들이 수도원에서 성체 배령식(그리스도가 최후의 만찬에서 제자들에게 빵을 나누어주며 "받아먹으라, 이것은 나의 살이니"라 하고, 또 적포도주를 따라주며 "받아 마시라, 이것은 나의 피니"라고 했다는 일화에 따라, 미사가 끝날 때 신자들이 사제 앞에 줄을 서서 빵 조각과 적포도주를 조금씩 나누어받고 그것을 먹음으로써 신앙을 다지는 의식)에 사용하는 와인을 스스로 만든 데서 유래합니다. 부르고뉴 와인 밭 한복판에 와인을 만들어온 수도원이 그대로 남아 있어, 그 전체가 거대한 박물관이 되었습니다. 부르고뉴의 와인 밭 상당 부분이 본디 교회령이고, 지금도 적지 않은 부분을 교회가 소유하고 있습니다.

'오텔 드 뒤'라는 건물은 거리의 중심부에 있는데 그 자체로 거대한 박물관입니다. 앞서도 언급했지만, 부르고뉴 지방은 유럽 중세의 그리스도교 문화를 알기 위해 가장 좋은 장소입니다. 오텔 드 뒤의 중심 예배당에 해당하는 곳은, 다양한 질병을 가진 환자들이 수녀들의 보살핌을 받고 신에게 기도를 드리면서 죽음을 기다리는 '오스피스 드 본'입니다. 이 오스피스가 운영비용을 충당하기 위해 광대한 와인 밭을 갖고 있고, 거기서 얻은 와인을 매년 옥션에 내놓습니다. 이는 부르고뉴 일급 와인인데요, 특별히 귀하게 여겨져, 경매에서 낙찰받으려는 사람은 교회에 기부한다는 마음으로 약간 높은 가격을 적어내는 것이 관례입니다. 오스피스 드 본의 와인은 라벨이 독특해서 식탁에서도 돋보이기 때문에, 프랑스에서는 약간의 목돈이 있는 사람이 특별한 식탁을 준비할 때 이용하는 와인으로도 알려져 있습니다. 저도 몇 차례인가 마셔봤는데요, 맛있습니다. 부르고뉴 일급 와인은 모두 맛있지만요.

이 오텔 드 뒤의 안쪽 깊숙한 곳, 그 장엄한 예배당에 걸려 있는 것이 바로 판데르 베이던의 〈최후의 심판 제단화〉입니다.

부르고뉴 공국의 번영기로부터 조금 지난 시대에 벨기에에서 플랑드르에 이르는 일대에 당시 세계의 금융자본들이 집중되는 시기가 찾아옵니다. 그로부터 유럽의 근대가 시작되는 것인데요, 미술사적으로 보자면 그와 같은 경제적 발전의 흐름 위에, 유럽의 근대미술이 확립되어갑니다. 결국 미술작품은 대부호들이 주문하는 것입니다. 어떤 시대는 로마 교황을 정점으로 하는 성직자들이 큰손, 즉 회화의 클라이언트였지만, 시대가 지남에 따라 큰손은 세속적인 권력자들로 바뀌어 그들이 주문자가 됩니다. 이렇듯 미술은 늘 그 시대의 큰손들의 주문에 응해 발전해왔고, 그리 생각해보면 여러 가지 의미에서 흥미롭습니다. 그러한 큰손들이 모이는 곳에는 좋은 술도 역시 모이고요.(웃음)

다음으로 이 책 『15세기 프로방스 회화 연구—제단화의 도상 프로그램을 둘러싼 하나의 시론』도 대단히 좋은 책입니다. 저자인 니시노 요시아키西野嘉章라는 분은 도쿄대에서 서양미술사를 연구하는 분인데, 이 세계에서는 압도적으로 뛰어난 인물입니다. 이 책은 발행처가 이와나미서점이고 가격이 1만 8000엔이라는 데서도 짐작할 수 있듯이, 일반인들에게는 별로 알려져 있지 않지만, 전문가들 사이에서는 필독서로 자리잡고 있습니다. 니시노 선생은 도쿄 대학의 학내 박물관에 해당하는 종합연구박물관의 관장을 지낸 일도 있고요, 저도 몇 번 함께 작업을 한 적이 있습니다.

그림 중에서 제가 가장 좋아하는 게 뭐냐고 질문을 받는다면, 루브르 박물관에 있는 〈아비뇽의 피에타〉[3]라고 답하겠습니다. 말씀드렸듯이 2년 전쯤 이제 그다지 오래 살 수 없을지도 모른다고 생각했던 시기가 있었어요. 그때 '죽기 전에 다시 한번 보고 싶은' 그림이 몇 점 떠올랐습니다. 그중 하나가 앞서 얘기한 〈헨트 제단화〉이고, 또하

3 19세기 말 남프랑스 빌네브레자비뇽의 교구 성당에서 발견된 판화로 제작 연도는 1455년경으로 추정된다. 작자가 누구인지를 둘러싸고 많은 논란이 있었는데, 이 그림을 소장하고 있는 루브르 박물관은 여러 미술사가들의 의견을 따라 프랑스의 화가 앙게랑 콰르통Enguerrand Quarton(1410~1466)의 작품으로 인정한다.

나가 〈아비뇽의 피에타〉였습니다. 그래서 유럽에 가서 〈헨트 제단화〉와 〈아비뇽의 피에타〉를 찬찬히 보고 왔습니다.

〈아비뇽의 피에타〉는 판화입니다. 사진으로 제작하면 평면으로 옮겨져서 잘 알 수 없습니다만, 실물을 보면 바탕의 요철이 확연히 느껴집니다. 화집으로는 알 수 없지요. 어쨌거나 대단한 그림으로, 학생 시절에 유럽에 갔을 때 처음 이 그림을 보았는데요, 충격적이었습니다. 그 충격은 지금도 생생하게 기억하고 있어요.

그뒤에도 프랑스에 갈 때마다 이거 하나 보기 위해 루브르에 가곤 했으니까, 몇십 번은 본 셈입니다. 그럼에도 한 번 더 보고 싶었던 것입니다.

이렇게 제가 좋아하는 그림에 대해서도 언젠가 정리해 책으로 내고 싶은 마음입니다.

지금 미국에서 가장 유명한 중국인 화가

이 차오용曹勇이라는 화가의 그림은 대단합니다. 뉴욕 주재 중국인 화가예요. 9·11을 상징하는 그림 〈프리덤〉을 그린 화가로, 지금 미국에서 가장 유명한 중국인 화가로 알려져 있지요. 사실 저는 이 사람과 직접 아는 사이입니다. 이 책은 일본에서는 출판되지 않았고요, 차오용이 보내준 것입니다. 그래서 여기에 친필 편지와 사인이 들어 있는 거지요.

중국에 있을 때는 무명이었고 평가도 받지 못했었어요. 그런데 미국에서 평가를 받게 되었고 그러자 중국에서도 갑자기 유명인이 되어버렸어요. 일본에서도 흔히 있는 일이지요. 어쨌거나 미국에서 절찬을 받은 그의 작품을, 본격적으로 모아서 수록한 화집이 바로 이 책입니다.

차오용은 티베트계 중국인인데요, 부인은 고다 아야合田彩라는 일본인입니다. 그녀는 1995년에 고단샤 논픽션상을 수상한 논픽션 작가입니다. 티베트의 이름 없는 화가가 세계적인 유명인이 되어가는 과정을 『도망—이단의 화가 차오용의 중국 대탈출기』라는 책에 써놓았습니다. 저는 논픽션상 선고위원으로서, 이때 그녀의 작품에 한 표를 던졌습니다.

차오용의 작품에는 중국 문화랄까, 티베트 문화의 신비성이 감돌고 있어 대단히 독특한 세계가 숨쉬고 있습니다. 그런 화가가 중국에서 작품을 발표하면서 이름이 조금씩 알려져가는데, 그런 반면 역시나 티베트 출신자로서 박해랄까 차별도 계속 받게 됩니다. 후에 일본을 경유해서 미국으로 가, 거기서 9·11 테러 후에 〈프리덤〉이라는 작품으로 단숨에 스타가 됩니다. 세계적인 성공을 거쳐 그후에는 중국에서 본격적으로 작품 활동을 시작하게 됩니다. 그 경위를 그린 것이 『도망』입니다.

인간이 인간을 표현한다는 것

산초메 서고의 입구로 들어가 우측에 있는 서가에는 도겐[4], 료칸[5], 한산·습득[6] 등이 죽 있습니다. 이 책들이 이쪽에 한데 몰려 있다는 것은, 역시나 원래 책을 쓰기 위해 모은 자료들이었다는 얘기가 되겠지요.

어디부터 가볼까요? 여기 『휴먼 이미지』라는 도록이 있군요. 이것은 2001년에 교토 국립박물관이 개최한 '휴먼 이미지'라는 대규모 전시 도록입니다. 저는 그 기념 심포지엄에서 기조 강연을 했는데요, 이 전시회…… 상당히 흥미로웠습니다.

목록을 죽 보면, 대단히 기묘한 불상이 실려 있지요. 목조 불상인데 얼굴 한가운데가 벌어져 있고, 그 틈새로 다른 얼굴이 엿보입니다. 실로 입체적이고도 신비한 불상입니다. 이것은 교토 사이오지西往寺에 있는 〈호시 화상 입상宝誌和尚立像〉[7]이라는 불상으로, 헤이안시대의 작품입니다. 인간의 표면적인 모습에, 그 사람의 참 실재가 가려져 있다는 걸 가리키는 것이겠지요. 표면은 단순한 인간이지만, 참 실재는 그 안의 부처라는 것 아니겠어요? 그 신비로움이 전시회의 부제인 '우리는 인간을 어떻게 표현해왔는가'로 이어집니다. 인간이 인간을 표현함에 있어, 어떤 표현들을 구사해왔는지 생각해본다, 는 것이 이 전시회가 겨냥한 바였습니다.

전시회 전체는 10개의 장으로 구성되었습니다. 각 장마다 '사람의 끈' '연과 애恋と愛' '생업' '놀이' 같은 특징적인 키워드를 설정하고, 그

키워드를 표현하는 회화나 조각으로 각 전시장을 구성했습니다. 1장 '사람의 끈'의 서두에 등장하는 것이 손바닥 도장手形이었습니다.

전시회에 소개된 손바닥 도장은 〈고토바 천황 신한 어수인치문後鳥羽天皇宸翰御手印置文〉[8]이라는 것으로, 국보이기도 하고 대단히 유명한 것입니다. 이것은 고토바 천황이 자신의 수인手印, 즉 손바닥 도장을 찍은 자필 편지입니다. 편지 위에 꾹 눌러 찍은 천황의 큼지막한 손바닥이 뭔가 색다른 존재감을 자아내면서, 실제로 천황이 그 자체로 편지 위에 존재한다는 느낌마저 줍니다. 그래서 천황이 단순히 문자를 통한 메시지가 아니라, 천황 자신의 존재 자체를 통해 메시지를 전하고 있다는 느낌이 듭니다. 편지에는 자신을 섬겨온 총신 후지와라 지카나리藤原親成에게 "과인의 사후 추선공양追善供養[9]을 위해 영지追善料所를 배당하도록"이라고 기록되어 있을 뿐입니다. 요컨대 자신이 갖고 있던 영지의 일부를 내어줄 테니 자신의 사후 추선

---

4 道元(1200~1253). 가마쿠라시대 초기의 선승으로, 일본 조동종曹洞宗의 개조開祖.

5 良寛(1758~1831). 에도시대 후기의 조동종 승려로, 가인歌人, 한시인漢詩人, 화가.

6 한산寒山과 습득拾得 모두 생몰연대 불명. 두 사람 모두 중국 당나라 때 저장성의 톈타이 산에 있는 국청사国清寺에 거했다고 하는 전설적인 광풍(미치광이) 승려다. 한산과 습득은 사이가 좋아 늘 어린아이처럼 함께 돌아다녔다. 그 모습이 하도 이채로워서 사람들이 특별하게 여겨 한산을 문수보살, 습득을 보현보살의 화신으로 보는 설이 탄생했다. 후세에 두 사람은 장발의 용모로 함께 선화禪畫의 화제画題가 된다.

7 호시 화상(宝誌和尚, 418~514)은 중국 남조에서 활약한 광풍 승려다. 〈호시 화상 입상〉은 화상의 안면이 세로로 갈라져, 그 안쪽으로부터 11면 관음상이 드러나려 하는 순간을 표현한 특이한 조각상이다. 이 상은 롤랑 바르트 『기호의 제국』 일역본(1996)의 표지에 실려 그 존재가 널리 알려지게 되었다.

8 '신한宸翰'은 천황의 자필 문서를 말한다. 먹으로 글를 쓴 다음, 손바닥에 주홍색 안료를 칠해 그 위에 수인을 찍은 문서로, 고토바 천황의 유언과 같은 내용이 담겼다.

9 죽은 자의 명복을 빌며 행하는 공양.

공양을 부탁한다는 것입니다. 이 내용 자체도 흥미롭지만, 그보다도 고토바 천황이 가신에 대해 품었던 깊은 정이랄까, 온전한 신뢰감이 표현된 방식은 정말이지 뭐라 형언할 수 없을 지경입니다.

고토바 천황은 조큐의 난(1221)을 일으켰다가 사로잡혀 오키 섬에 유배된 인물입니다. 죽을 때까지 섬에서 나오지 못할 수도 있는 상황. 따라서 총신 후지와라 지카나리가 틀림없이 약속을 지킬 것이라고 담보해줄 것은 전혀 없었습니다. 영지만 받고 추선공양 따위는 제대로 하지 않더라도, 누구 하나 타박하지 않겠지요. 그러나 후지와라 지카나리가 자신의 바람을 들어줄 것임을 고토바 천황은 추호도 의심치 않습니다. 그야말로 사람의 끈을 상징적으로 표현하는 것이지요. 1장은 이것을 중심으로 구성되어 있습니다.

이런 구성의 묘까지 포함해서 전시회는 대단히 매력적이었습니다. '왜 이 작품과 저 작품이 같은 장에 들어 있는 거지?' 싶게 만드는 경우도 많이 있었어요. 물론 각각의 작품을 보면, '과연!' 하고 고개를 끄덕일 만한 설명이 붙어 있었지만요.

이 도록도 전시회의 체계를 따라 장별로 되어 있습니다. 2장의 제목은 '연과 애'입니다. 기타가와 우타마로喜多川歌麿의 〈모노오모고이物思恋〉[10]라는 유명한 우키요에와 함께 춘화가 소개되었지요. 이 전시회는 국립박물관 역사상 춘화가 공식 전시된 최초의 케이스라고 합니다. 이에 대해 저는 한 주간지에 이것은 진정 획기적인 일이며 높이 평가해야 한다고 썼습니다. 춘화도 일본이 자랑할 만한 문화유

산임을 당당히 보여주었기 때문입니다.

전시회 오거나이저organizer를 맡은 사람은 가노 히로유키狩野博幸 씨였습니다. 이분의 성씨가 가노라서 혹시나 화가 가노의 집안[11]인가 싶었는데, 우연히 성씨가 같을 뿐이라더군요. 지금은 이미 직책에서 물러나셨죠. 가노 히로유키 씨는 당시 관장이 아니었지만, 학예원의 우두머리 격으로 큰 이벤트는 대개 그가 기획을 했었습니다.

가노 씨는 도록에 장문의 권두언을 썼습니다. 제목은 '이와사 마타베에[12]의 정신적 편력을 논하며, 전시회의 기본 구상에 이르다'. 상당히 잘 읽히는 글입니다. 이와사 마타베에의 위대한 트라우마 체험에서 설명을 시작해, 왜 그가 무사이기를 그만두고 한낱 화가가 되어 우키요에라는 새로운 장르를 개척하게 되었는지를 이야기하는데, 절로 탄성이 터져나옵니다. 이와사 마타베에에 관련해서는 『우키요에 화가 마타베에는 왜 사라졌는가』도 아울러 권하고 싶은 책입니다.

이 교토 국립박물관의 사진을 담당하는 작가가 또 재미있는 인물입니다. 가나이 모리오金井杜道인데요, 우연히 제 여동생과 와세다 대학의 미술사학과 동급생이기도 하고, 뭐 여차저차해서 친해지게 되

---

10 기타가와 우타마로(1753~1806)의 장기는 미인을 클로즈업해서 표현하는 것이었는데, 이 작품은 그중에서도 대표적인 작품으로 꼽힌다. 단순한 구성과 색채 속에 여체의 육감적 아름다움과 사랑에 불타는 여인의 생명감을 표현해냈다.

11 가노파狩野派는 일본 회화사상 최대의 화파다. 15세기부터 19세기까지 약 400년에 걸쳐 활동했고 늘 화단의 중심에 있었던 전문화가 집단이다. 시조는 가노 마사노부狩野正信(1434~1530)다.

12 岩佐又兵衛(1578~1650). 에도시대 초기의 화가. 역사적 사건이나 중국 고전 속 일화를 그림으로 풀어냈다.

었습니다. 이 사무실에는 그의 사진이 담긴 책이 여러 권 있습니다.

예를 들면 교토 국립박물관에서 이토 자쿠추의 특별전이 개최된 적이 있었는데요, 그 특별전 '사후 200주년 기념 자쿠추'의 도록 『자쿠추, 이런 화가가 일본에 있었다』도 그가 사진을 담당했습니다. 참고로 지금 일본에 있는 자쿠추의 도록 중에는 이것이 가장 잘된 도록입니다.

그런데 이 도록…… 얼마쯤 할 것 같으세요? 이만한 수준의 사진이 이렇게나 많이 실려 있으니 자쿠추 도록의 고서 가격으로 치자면, 1만 엔 이상의 가격이 붙어 있어도 이상할 게 없는 퀄리티인데요, 실제 가격은 기적적으로 쌉니다. 2500엔이니까요. 저는 『주간 문춘』의 「나의 독서일기」에서 "자쿠추에 대한 책을 사고자 한다면, 이걸 구입하는 것이 가장 좋다"고 쓴 바 있습니다.

제가 '휴먼 이미지' 전시 첫날 이벤트에서 무엇을 이야기했는가 하면, 전시된 각각의 그림이 일본 회화사에서 어떠한 의의를 갖는가 하는 것이었습니다. 그때 이야기한 내용을 기본으로 깔고 거기서 좀 더 깊이 파고들어간 내용의 책을 만들 예정이었어요. 여기에 있는 료칸이나 잇큐 화상[13]에 대한 자료들도 그 책을 쓰기 위해 모았던 것입니다.

---

13 一休 和尙(1394~1481). 잇큐 소준一休宗純을 말한다. 무로마치시대 후기의 선승이자 시인이다.

잇큐와 신조의 수수께끼

인간의 애욕에 대해 생각하고자 할 때, 잇큐 화상과 절세 미녀라 일컬어졌던 맹인 신조森女의 관계를 빼놓을 수 없습니다. 이 둘의 관계는 대단히 신비롭습니다. 첫째로, 신조와 만났을 때 잇큐는 78세로 상당히 고령이었습니다. 상식적으로 생각하면 이미 남녀관계를 가질 수 없을 터입니다. 저는 지금 71세입니다만, 과연 8년 뒤에 그러한 일이 가능할지 어떨지…… 뭐 운명처럼 정해져 있는 것은 아니겠지만, 살아 있을지 어떨지조차 알 수 없는 거 아니겠어요? 그런데 그의 『광운집』을 읽어보면, 아무리 생각해도 남녀관계가 있었다고밖에는 생각할 수 없는 내용이 적혀 있어요.

이 『명승열전 I』의 207쪽과 208쪽에도 꽤나 노골적인 말이 적혀 있습니다. "낮잠 자는 신미인森美人을 본다." "발병한 옥경의 새로운 조짐을 단련한다発病玉茎の萌しを治す." 이 '옥경'이라는 것은 남성의 성기를 말해요. 그리고 "벌써 기뻐하는 나의 옷주름들かつ喜ぶ我が会衿の衆"로 이어집니다. 요컨대 옥경이 서지 않게 되어 사타구니의 옷주름들을 여밀 필요조차 없어졌지만, 신조가 자는 모습을 보다보니 스르르 솟아오르기 시작했다는 것입니다.

심지어는 이런 구절도 있습니다. "신야가 베풀어준 깊은 은혜 만일 망각한다면 무량억겁 동안 짐승의 몸森也が深恩若し忘却せば 無量億劫 畜生の身." 신야森也는 '숲의 야森の也',[14] 즉 여음女陰을 가리키는 거라고 여기서는 풀 수 있습니다. 즉 그녀의 여음으로부터 받은 깊은 은혜를 자신이 혹여라도 망각한다면, 진정으로 미래영겁에 걸쳐 자신은 축생의 몸이 된다, 고 말하고 있는 것입니다. 어쨌든 간에 그녀의 여음 덕분에 "나무 시들고 잎도 다 떨어졌다가 다시 돌아오는 봄木しぼみ葉落ちて更に春を回す" 즉 봄이 돌아왔으니까(회춘을 맞이했으니까), 그 은혜를 잊어서는 안 된다는 것. 설령 신야를 그렇게까지 해석하지 않고 다만 '야也'를 강조 보조사로 파악하기만 해도, "나무 시들고 잎도 다 떨어졌다가 다시 돌아오는 봄"이니까, 임포텐스 상태였던 사람이 그녀 덕분에 다시 발기하게 된 기쁨을 노래했다고밖에는 달리 읽을 수가 없습니다. 새삼 읽어보니 대단한 구절들이네요.

이 서가에는 『광운집』 외에도 『인간 잇큐—천의무봉의 오도悟道와 그 생애』를 비롯해 잇큐와 묘에, 료칸에 대한 자료들이 갖춰져 있습니다. 묘에에 대해서는 가와이 하야오 선생이 몇 권의 책을 남겼습니다. 앞서 언급한 전시회의 7장이 '꿈'인데, 메인 작품이 〈나무 위에 앉아 있는 묘에 대사明恵上人樹上座禅像〉입니다. 이것은 일본 회화사상 손꼽히는 명화라고 생각합니다. 나무 위에서 좌선을 하고 명상에 빠져 있는 묘에 대사의 모습, 이것은 일본인들이 이상으로 삼는 자연관, 자연 속에서 살아가는 인간의 모습이라고 생각합니다. 그 다음 『한산 습득』도 그렇습니다만, 선禪에 관한 책들이 이쪽에 다양하게 있습니다. 이 책들이 전부 '휴먼 이미지'를 주제로 쓰려고 했던 책의 자료들입니다.

이런 자료들을 뒤적이다보니 재미있는 일이 생각났어요. 잇큐와 신조의 관계는 너무나 유명하고 또 에피소드로서도 빼놓을 수 없는 것인데, 그럼에도 불구하고 그 일에 대해 한 톨도 언급하지 않고 책을 쓰는 사람도 있다는 사실입니다. 예를 들면 이 책은 잇큐와 신조의 관계에 대해서 '늘그막의 사랑'이라고만 쓰여 있습니다. 그리고 "『광운집』에는 그런 연모의 감정이 절절이 점철되어 있다"고 쓰여 있어요. 하지만 실은 "연모의 감정이 절절"하긴커녕, '옥경'이 불끈불끈, 팔딱팔딱하며 기뻐하는 상황이었습니다.

이렇게 보다보니 이 방 전체에 에로틱한 책들이 상당히 있었다는 걸 알게 되네요. 나중에 소개하겠지만, 실은 저 안쪽 깊숙한 방에는 더 직접적으로 외설적인 책들도 있습니다.

일본의 3대 바제도병 환자

입구 바로 왼쪽 서가에는 기본적으로 미토학[15] 관계 자료들이 있습니다. 그 외에 메이지유신 관련 서적들도 있어요. 이 『개국 50년사』나 『메이지유신 신불분리神仏分離 사료』 등이 그런 책들이지요. 메

---

14 也라는 한자는 현재 어조사 등으로만 쓰이지만, 자원字源은 "여자 음부의 모양을 본뜬 글자라는 설과 주전자의 모양을 본뜬 글자라는 설이 있다."(두산동아편집부 엮음, 『동아 백년 옥편』, 동아출판, 2008, 48쪽) 여기서 다치바나가 푸는 방식은 '여성음부설'과 관련이 있는 듯하다.

15 水戸学. 에도시대 미토 번(현재 이바라키 현 중앙부의 미토 시)에서 형성된 유학사상적 학문. 전기 미토학은 주자학을 바탕으로 역사를 연구하는 데 중점을 두었고, 후기 미토학은 일본의 국학을 중심으로 발달했다. 막부 말기의 많은 지사들에게 심대한 영향을 끼쳐 메이지유신의 추진력으로 작용하기도 했다. 전후에는 미토학에 기반한 존황양이사상(천황을 높이고 오랑캐를 배척한다)이 일정한 비판을 받지만, 본래 미토학은 대단히 폭넓은 학문 체계를 갖추고 있었다.

이지유신은 사상적으로는 신도神道 중심의 복고혁명적 요소가 있었기 때문에 메이지유신 정부가 들어서자 신불분리가 행해집니다. 그때까지는 본지수적本地垂迹의 신불습합설神佛習合說에 입각해 신도의 신과 불교의 부처가 실은 같은 것이라고 보는 것이, 민중적 차원에서 일본 종교사상의 주류였기 때문에, 신불을 함께 모시는 신사라든가 신사에 부속 형태로 건립된 신궁사神宮寺[16]가 일본 도처에 깔려 있었습니다. 즉 신과 부처 모두 교의상으로나 물리적, 예배적으로나 하나였던 것입니다. 그러니까 신불분리는 그것을 강제로 분리시킨 거지요. 만일 분리시키기 어려울 정도로 일체가 되어 있는 곳이라면, 불교 부분을 아예 파괴해버렸어요.

그렇게 신불분리를 실행하는 과정에서 세상 밖으로 나온 자료들을, 쓰지 젠노스케辻善之助를 중심으로 도쿄대 종교학 연구자들이 책으로 묶어냈습니다. 그것이 이 『메이지유신 신불분리 사료』입니다. 이것은 역사적으로도 유명한 자료가 되었기 때문에, 아무데서나 구할 수 있는 그렇고 그런 자료가 아닙니다. 다행히도 저는 우연히 근처에 있는 고서점의 서가 안쪽 깊숙한 곳에서 먼지를 뒤집어쓰고 있는 걸 발견하고, 의외로 싸게 입수했던 기억이 있습니다.

또 이 『역대 관료전』도 중요한 동시대 자료입니다. 근대 관료제의 성립에 있어서 대단히 중요했던 시기인 메이지시대, 그 시대에 활약하며 이름을 날린 이토 미요지, 오키 다카토, 이노우에 고와시, 에노모토 다케아키 같은 인물들, 혹은 지금에 와서는 그 존재조차 망각되어버린 메이지의 고급 관료들에 대한 자료를 집성한 것으로, 일본의 관료제에 대해 생각할 때 대단히 유용합니다.

그 옆에 있는 것은 5·15 사건[17] 관련 자료들인데요, 실은 제 친척 중에 5·15 사건 관계자가 있습니다. 다치바나 고사부로橘孝三朗라고, 『진무천황론』 『덴치천황론』 『메이지천황론』 등 소위 3대 천황론을 쓴 인물입니다. 이 3대 천황론은 지금도 우익의 필독서로 일컬어지고 있습니다. 또 이 『황도철학 개론』도 그의 저작입니다.

그다음은 2차대전 이전에 전투적 자유주의자로서 공산주의나 사회주의를 통렬하게 비판한 가와이 에이지로河合栄治에 관련된 서적들입니다. 『가와이 에이지로 전집』(전23권) 같은 책들이 죽 진열되어 있네요. 그리고 가와이에서 범위가 확대되어 마르크스 경제학자인 가와카미 하지메라든가, 무정부주의자 고토쿠 슈스이에 대한 자료도 여기에 있습니다.

가와이 에이지는 실은 엄청나게 호색한 인물이었어요. 그의 일기가 남아 있는데요, 유학을 간 곳 도처에서 '유부녀에게 손을 대서……' 같은 유의 기술들로 넘쳐납니다. 사실 그의 일기는 적나라한 비타 섹슈얼리스[18]의 고백서로도 유명하지요.

---

16 신불습합사상에 입각해 신사에 부속 형태로 건립된 불교 사원이나 불당.

17 1932년 5월 15일에 일어난 반란 사건. 무장한 대일본제국 해군의 청년 장교들이 총리대신 관저에 난입해 내각총리대신 이누카이 쓰요시를 살해했다.

18 vita sexualis. 라틴어로 성욕적 생활을 의미.

전집이니까 일기도 당연히 수록되어 있는데요, 그의 일기 자체가 그런 성격이다보니 전집에 포함되지 않은 부분이 상당히 많습니다. 언젠가 발표될지도 모르지요. 이렇게 이야기하는 까닭은 사실 유족들에게는 그 일기의 원본이 아직 있거든요. 그게 문외불출門外不出로 되어 있는 거지요. 제가 그런 사실을 알고 있는 이유는, 지인 중에 가와이 에이지로 관계자가 있어서입니다. 그래서 제가 언젠가 그 사람한테 직접 "일기를 공개할 생각은 없는가?" 하고 물어본 적이 있어요. 그랬더니 "그것은 유족으로서는 도저히 공개할 수 없다"고 말하더군요. 어쨌거나 엄청 적나라한 내용인 듯합니다.(웃음)

가와이 에이지로는 기본적으로 격렬한 감정의 소유자였던지, 호색한적인 면모 외에도 적나라한 면이 있었습니다. 그는 바제도병[19]을 앓았었는데요, 여기에 적힌 "나의 에너지 전부를 다 사용하더라도, 격렬한 작업을 한다"는 표현이야말로 바제도병 환자 특유의 증상 중 하나입니다.

제가 오래도록 추적했던 다나카 가쿠에이, 과격파인 나가타 히로코[20] 그리고 가와이 에이지로. 이 세 사람이 일본의 3대 바제도병 환자입니다. 이 세 사람이 인생에서 해치운 일의 양이랄까, 활동 총량이란…… 범인으로서는 생각지도 못할 만큼 엄청난 것입니다. 좋은 의미에서든 나쁜 의미에서든 세 사람은 쇼와시대의 일본에 지대한 영향을 끼친 인물들이었다고 생각해요.

〈네 자신의 욕망대로 하라〉는 제목의 비디오

입구에서 조금 가면 우측 서가에 비디오들이 진열되어 있습니다. 사실 옛날엔 더 많았었는데요, 책을 다 놓을 수 없게 되기도 했고, 그래서 많이 처분해버렸어요. 지금 남아 있는 것은 제가 직접 출연했거나 감수했거나 어쨌든 간에 제작에 관여했던 것들이 대부분입니다.

프랑스어로 제목이 적혀 있는 게 보이네요. 〈Fais ce que tu voudras〉라는 비디오 있죠? 이 표현은 제가 일찍이 신주쿠 골든 가街에서 '가르강튀아'라는 술집을 할 때, 그 가게에 걸려 있던 손으로 새긴 부조 간판의 글귀입니다. 요컨대 '네 자신의 욕망대로 하라'는 의미입니다. 중세 프랑스어로 된 문장이라서 현대 프랑스어와는 조금 다릅니다. 라틴어에 가까운 분위기가 있지요. 이것은 본디 프랑수아 라블레가 쓴 『가르강튀아 팡타그뤼엘』에 나오는 텔렘 수도원의 표어입니다. '네 자신의 욕망대로 하라'는 것은 텔렘 수도원의 규칙이었습니다. 그리고 이것은 『가르강튀아 팡타그뤼엘』 전체의 테마이기도 합니다.

그러한 제목이 붙여진 이 비디오에는 대체 어떤 영상이 담겨 있을까요? 우선 이 비디오를 촬영한 것은 일본인이 아니라 브리스 페드

---

19 Basedow's disease. 갑상선 항진증의 대표적 질환. 특히 눈알이 튀어나오며 갑상샘종을 수반한다. 기초대사가 항진해 식욕이 늘면서도 몸은 여위며, 가슴이 두근거리고 땀이 나며 손이 떨리는 증상이 나타난다.

20 永田洋子(1945~2011). 연합적군 부위원장을 지냈고 『열여섯 개의 묘표—불꽃과 죽음의 청춘』(상하권)을 썼다.

롤레티Brice Pedroletti라는 프랑스인 비디오 작가입니다. 그는 프랑스 대사관에서 아타셰(대사관에서 군사나 경제 등 전문 분야를 연구하는 직원) 비스무리한 일을 하고 있었지요. 그런 그가 골든 가에서 일어나는 다양한 인간의 모습을 찍은, 대단히 진귀한 자작 비디오인데요, 저도 어딘가에 나올 겁니다.

이렇게 보다보니 옛날에 했던 작업들이 떠오르네요. 이것은 NHK의 〈인간 대학〉 '앎의 현재 편'에서 방송된 저의 강의입니다. 이것도 책으로 낼 예정이었는데, 결국 그렇게 되지 못했습니다. 음성을 그대로 문장화하면 지금이라도 한 권 정도는 뚝딱 만들 수 있을 듯합니다만.

이쪽은 제가 출연했던 프로그램들을 녹화한 것입니다. 〈NEWS 23〉 〈클로즈업 현대〉, 그리고 〈NHK 스페셜〉 〈사이언스 스페셜〉 등이 메인이에요.

휴대전화 전파가 닿지 않는 집필 공간

책상과 침상이 있는 이 방이 집필 공간입니다. 집필 공간을 비롯해 이 서고는 실은 휴대전화 전파가 거의 들어오지 않습니다. 문을 열고 들어오는 순간까지는 어찌어찌 연결이 됩니다만, 조금이라도 안으로 들어와버리면 통화 대역에서 벗어납니다. 저를 담당하는 편집자는 곤란할지도 모르겠습니다만, 저로서는 편리하기도 합니

다.(웃음)

이 방에는 암 관련 자료들이나 생리학 관련 자료들, 『국사 대사전』(전15권) 등이 있어서, 암이나 역사에 관한 원고를 쓸 때는 여기에 틀어박힙니다.

나아가 메이지유신부터 쇼와 초기 정도까지, 즉 일본이 근대국가로 성립해가는 과정을 추적할 때 없어서는 안 될 자료들도 이 방에 있습니다. 예컨대 이 책 『이노우에 고와시와 메이지 국가』가 그중 하나입니다. 『일본국 헌법 성립사』도 중요한 자료입니다.

NHK는 〈프로젝트 재팬〉이라는 시리즈로, '천황과 일본 헌법'이라는 주제를 다룬 적이 있는데요, 거기서 저도 '헌법은 어떤 과정을 거쳐 만들어졌나'에 대해 이야기했습니다. 헌법이라는 이 주제에 대해서는 지금까지 아직 책으로 정리한 적은 없습니다만, 고단샤의 『월간 현대』에도 상당한 매수의 글을 썼고요, 몇몇 심포지엄이나 대학 강의에서도 언급한 적이 있습니다. 언젠가는 확실히 정리하고 싶습니다. 이쪽에 있는 자료들은 그 작업을 위해 모은 것입니다. 프랑스 헌법, 소비에트 헌법은 물론이고, 통상적으로는 별로 주목받지 못하는 나라의 헌법 자료들도 있습니다.

안쪽 깊숙한 서가에는 『일본 우익 연구』나 『일본 파시즘—형성기 연구』 등이 있는데요, 이것도 헌법을 알기 위한 자료의 일부입니다. 전후 헌법이 아니라 메이지 헌법의 세계에 관련된 자료입니다.

『국가와 대학—도쿄제국대학 법학부의 민주주의 무국가 사상에 대한 학술적 비판』의 저자 미노다 무네키蓑田胸喜에 대해서는 『천황과 도쿄대』에서도 언급했습니다만, 사람들은 그의 이름 무네키를 비틀어 광기[21]라고 불렀습니다. 그의 별명처럼 이 책에도 상당한 광기가 배어 있습니다. 『천황과 도쿄대』의 자료로 읽었던 것이라서, 책 전체에 견출지들이 마구 붙어 있네요.

『천황과 도쿄대』 집필도 이 방에서 했기 때문에, 쇼와 천황에 관한 책도 상당히 갖춰져 있습니다.

이 위의 서가는 또 분위기가 싹 바뀌어서 소립자 관련 서적들이 있습니다. 도쿄대 교수이자 '고에너지 가속기 연구기구KEK' 교수로서 노벨상에 가장 근접했다고 평가받았던, 그러나 애석하게도 사망해버린 도쓰카 요지戸塚洋二 선생의 책을 만드는 과정에서 모았던 자료들이 중심입니다. 『대학원 소립자 물리』 1권과 2권이 있는데, 2권에는 도쓰카 선생도 편저자의 한 사람으로 이름이 올라 있습니다.

노벨상과 관련해서는 고바야시 마코토와 마스카와 도시히데의 수상을 전후로 제가 『고바야시·마스카와 이론의 증명—음지의 주역 B 팩토리의 힘』이라는 책을 출간한 바 있는데, 이 책을 쓰기 위해 모은 자료도 이쪽에 모여 있습니다. 『쿼크 사냥—자연계의 신新계층을 추적한다』 등을 비롯해, 최첨단 소립자 물리학과 관련된 자료들은 대개 갖고 있는 것 같습니다.

---

21 '무네키'는 음독하면 '교키'가 되는데, '광기狂氣'의 일본어 발음과 동일하다.

대학 교양과정에서 가르쳐야 할 것은 '뇌'

이쪽은 현대사에 관한 책들입니다. 몇 년 전에 일어났던 리먼 사태, 구소련에서 러시아로 이행해간 공산주의 관련서들, 그리고 히틀러에 관한 책들도 여기에 있습니다. 얼핏 봐서는 별로 관련이 없어 보이지요? 실은 이쪽은 거의 릿쿄 대학에서 수업을 위해 사용한 책들입니다. 현대라는 시대가 어떠한 시대인가를 다면적으로 분석하는 수업이었기 때문에, 뭐든지 있는 겁니다. 과학적인 내용도 꽤 포함됩니다.

릿쿄에서 하는 수업은 세 가지인데요, 각각 미묘하게 주제를 달리했습니다만, 주로 현대사, 현대 사회를 다룬다는 점에서는 하나로 통합니다.

예를 들자면 『하이에크 전집』(전10권+별권 1권), 그리고 롤스의 『사회정의론』 같은 책을 통해, 현대 사회에서의 공공성을 배웁니다. 물론 이 주제를 계속 이어가면 포퍼의 『열린사회와 그 적들』도 빼놓을 수 없습니다. 실제 수업에서는 이러한 정치, 경제에다 군사 관계, 지정학 관계까지 결부지어 주제를 심화시켜가는 형태로 진행했습니다. 그 외에 우주도 거론했기 때문에, 우주 관련, 천체물리 관련 서적들도 여기에 있습니다.

릿쿄대에서는 소위 교양과정을 전체 공통 커리큘럼이라는 말로 총괄합니다. 도쿄대는 처음 3년간은 고마바의 교양학부에 속해 교양과정을 이수하고, 그다음에 전공학부로 진학하는 시스템으로 되어 있습니다. 최근에는 교양과정을 이수하지 않아도 전공과정을 이수할 수 있는 대학들이 많은 듯합니다. 릿쿄의 전체 공통 커리큘럼도 그런 쪽입니다. 교양과정을 처음 2년간 몰아서 공부하게 하는 게 아니고, 교양과정 단위를 4년 기간으로 나누어서 자유로이 취득할 수 있게 합니다. 졸업까지 필요한 학점을 충족시키면 교양과목을 수료했다고 인정하는 그런 제도인 것이지요. 그래서 저도 몇 년 동안은 전체 공통 커리큘럼 수업을 매년 하나씩 담당했었지요. 골치 아픈 것은 교양과정 학생들에게 대체 무엇을 가르쳐야 하느냐입니다. 제 결론은 고등학교에서 가르치지 않는, 혹은 대학교에서도 거의 가르치지 않는, 하지만 실은 알아두어야 할 중요한 주제를 가능한 한 상세히 가르쳐야 한다는 것이었습니다. 그것은 바로 뇌입니다. 그래서 전체 공통 커리큘럼 강의에서, 비록 관점은 매년 조금씩 달랐지만, 일관되게 뇌 이야기를 계속 다루었던 것입니다.

그래서 이쪽 서가에 뇌에 대한 책들이 모여 있는 것이지요. 다만 '뇌'는 대단히 폭넓은 테마인지라, 이미 소개했듯이 고양이 빌딩 1층에도 많은 책들이 있습니다.

이 산초메에 있는 것들 중 특히 중요한 자료는 뇌와 시각의 관계를 연결시켜주는 자료들입니다. 예컨대 『시각성 실인증—인지장애를 통해 정상 시각을 생각한다』 『보는 뇌/그리는 뇌—회화의 뉴로사이언스』 『뇌는 그림을 어떻게 이해할까—회화의 인지과학』 『본다는 것—눈의 탄생은 우리를 어떻게 변화시켰는가?』라든가, 『시각과 기억의 정보처리』 같은 책은 뇌에 흥미 있는 분이라면 읽어보시기를 권합니다.

일반적으로 사람들은 인간이 뭔가를 보거나 듣거나 읽거나 할 때, 뇌가 어떻게 작동하는지를 모르는 채 생활하고 있습니다. 그런데 이 문제를 확실히 이해하지 못하는 한, 인간이 뭔가를 보거나 듣거나 읽는다고 하는 것의 본질은 파악이 불가능합니다. 이러한 것이야말로 대학에서 배워야 하는 게 아닐까? 그렇게 생각해서 학생들에게 교양과정으로서 뇌를 가르치기로 한 것입니다.

그런 흐름의 일환으로 이 서가에는 『내장감각—뇌와 장의 신비한 관계』라는 책도 있습니다. 이 책의 주요 논지는 인간에게 가장 중요한 기관인 뇌가 담당하는 역할을, 실은 내장도 마찬가지로 담당한다는 것입니다. 그런 이론에 입각해 이 책의 저자는 뇌와 장의 신비한 관계를 강조하면서 이렇게 말합니다. "식스 센스의 비밀은 장에 있다."

모든 생물은 초기 발생 과정에서, 원장原腸 형성 과정, 즉 소화관의 기초가 될 조직이 생기는 과정을 통과합니다. 그런 의미에서 모든 생물은 장에서 시작된다고 해도 과언이 아닌 측면이 있는 겁니다. 그리고 신경계의 최초 발생 과정이 실은 장을 기반으로 해서 만들어집니다. 요컨대 뇌를 진정으로 깊이 이해하고자 할 때, 장에 대해 알지 못한다면 아무 소용이 없다는 것이 이 책의 주요 논지입니다.

제 자신의 신체 감각에 비추어보더라도, 장의 상태는 그날의 기분이나 감정, 즉 뇌 영역과 상호 영향을 주고받는다는 생각이 듭니다. 이렇게 뇌로부터 신체로 관심을 확장시켜가는 가운데, 『사람 발생학』 등의 책을 읽다보면 학생들도 학문에 대한 흥미가 솟아나게 됩니다.

그러한 과제 도서의 하나로 『남자아이 여자아이—부모와 교사들이 꼭 알아야 할 성별 차이와 효과적인 교육법』이라는 책이 있습니다. 이거 정말 재미있는 책입니다. 다나카 후쿠코田中富久子의 『여자의 뇌/남자의 뇌』에도 마찬가지의 논지가 쓰여 있습니다만, 아무래도 남자아이의 뇌와 여자아이의 뇌는 근본적으로 생겨먹기를 다르게 생겨먹은 것 같습니다. 릿쿄라는 대학은 비교적 여자아이들이 많으니까, 이런 이야기를 하면 엄청난 이야기라도 되는 양 받아들입니다. 하지만 남자아이들의 뇌와 여자아이들의 뇌는 다르다는 이야기는 당연한 것입니다.(웃음) 그런 일은 여자아이와 사귀어보면 곧 알게 됩니다. 실제로 사고방식이 전혀 달라요. 하지만 다르다고 하면 화내는 여자아이들도 있습니다. 페미니즘에 열중하고 있는 사람들은 여자와 남자가 절대적으로 같다고 생각하니까요. 그러나 과학적으로도 남성과 여성은 다르다는 것이 밝혀져왔다고, 『여자의 뇌/남자의 뇌』의 저자는 쓰고 있습니다. 이 저자는 여성이고 원래는 페미니즘적인 사고방식의 소유자인데, 자신이 남자아이와 여자아이를 모두 낳아 길러보니까, 남자와 여자가 확실히 다르다는 걸 알게 되었다고 합니다. 그렇게 체험적 실감이 담긴 이야기가 적혀 있어 흥미로운 책입니다. 남과 여는 검지와 약지의 길이 비율이 다르다든가 하는, 공들여 조사한 과학적 통계를 포함해서 이 책에는 여러 가지 에피소드가 들어 있습니다.

물론 이 책 『여자의 뇌/남자의 뇌』의 주장에 이의를 제기하는 책도 있습니다. 저는 그것도 학생들에게 읽혔습니다. 대학에서는 반드시 결과가 확인된 것만을 배우는 것이 아닙니다. 어떤 주장이 있으면, 그에 반대하는 주장도 있습니다. 논의라는 것은 그러한 주장의 대립 속에서 심화되어가는 것입니다. 그런 걸 경험한다는 의미에서도, 뇌는 역시나 다룰 가치가 있는 주제일 것입니다. 뇌에 대해서는 여러 가지 문제를 둘러싸고 여전히 활발한 논의가 이루어지고 있으니까요.

다음으로 이 책 『제3의 뇌–피부 관점에서 생각해보는 생명, 마음, 세계』도 대단히 흥미롭습니다. 이 책의 띠지에는 일견 엠보싱을 사용해서 마치 요철이 있는 듯 보이는 곳이 있습니다만, 실제로 만져보면 평면에 불과합니다. 이것은 촉각 또한 착각을 한다는 사실을 응용해서 제작된 띠지입니다. 흔히 인간이라는 게 피부의 신경회로가 구체적인 대상물을 감지하고서야 비로소 촉감을 갖는다고 생각하기 쉽지만, 실제 인간의 감각 세계는 뇌나 그 밖의 다양한 신경회로들이 어떤 감각을 느끼게 해주는 것일 뿐입니다. 그래서 감각과 현실 사이에 어긋남이 발생하는 경우가 얼마든지 있는 것입니다.

요컨대 사람들이 '이러이러함에 틀림없다'고 생각하는 것도, 실은 뇌, 혹은 그 밖의 신경회로들이 인간에게 그렇게 오해하도록 만드는 것뿐일지도 모릅니다. 그런 관점을 가질 수 있느냐 없느냐에 따라 학생들의 학습 수준은 크게 달라질 것입니다.

구제불능의 인간이 쓴 구제불능의 책

이곳의 메인은 최근의 정치와 경제에 대한 책들이네요. 고이즈미 준이치로에 관한 책, 존 J. 미어샤이머와 스티븐 M. 월트가 지은 『이스라엘 로비—미국을 세계 최강의 불량국가로 만든 비밀』『화폐 자본주의—폭주에서 붕괴까지의 진상』 같은 최신 서적들이 있고, 토크빌의 『미국의 민주주의』 같은 고전도 조금 섞여 있습니다.

『세계와 일본의 절대지배자 루시페리언』 같은 의심스러운 책도 있네요. 이 벤저민 풀포드라는 이 사람은 한마디로 말해 구제불능의 인간입니다. 이 인간이 쓴 것들은 거의 대부분 믿어서는 안 됩니다. 물론 저는 그런 사람의 책도 자료로서 갖고는 있습니다. 구제불능의 인간이 쓴 구제불능의 책이라도, 일단 봐두어야 하는 경우가 있기 때문이지요.

그리고 이것은 2010년 7월에 체포된 기무라 다케시(전 금융청 고문)의 책이네요. 그도 『분식답변』이 간행된 2002년 무렵에는 유행했었지만, 지금은 심하게 비난받고 있지요. 이외에도 비슷한 방식으로 가혹한 처사를 당한 사람들이 몇몇 있지 않습니까? 아마도 금융이나 투자라는 것은 일시적으로 한껏 떴다가, 잘못되면 형편없이 욕을 먹는 그런 세계인 듯합니다.

특별한 사진가 도몬 겐

여기에는 현대 미술이나 사진에 대한 자료들이 갖춰져 있습니다. 사진집은 저 안쪽 깊숙한 방에도 있습니다만, 여기는 주로 도몬 겐土門拳에 관한 것들이 있습니다. 도몬 겐은 저에게 특별한 사진가로, 어떤 의미에서는 학생 시절부터 신세를 지고 있는 사람이라 할 수 있습니다. 저는 대학생 때 '원자폭탄 및 수소폭탄 금지를 위한 국제 반핵회의'에 참석하기 위해, 유럽에 간 일이 있습니다. 그때 도몬 선생의 사진집 『히로시마』의 원화를 많이 빌려 유럽에서 전시회를 열고 왔습니다. 그러한 관계로 선생 댁에도 여러 번 찾아뵙고 하면서 꽤나 깊이 알고 지내는 사이가 되었습니다. 그런 경위로 인해 도몬 선생에 관해서는 글도 몇 편 썼고요, 또 도몬 겐 관련 서적은 출간되면 필히 구입하고 있습니다.

그 밖에 다양한 분야의 예술가에 대한 자료들도 있습니다. 『다다 대전』이 있는가 하면, 세잔 관련 책들도 있습니다. 이전에 거론했던 라파엘전파와 관련된 자료들은 여기에도 산발적으로 있군요. 재스퍼 존스나 요제프 보이스, 잭슨 폴록 같은 현대미술가들에 대한 자료도 있습니다.

춘화 중에서도 최고봉은 가쓰시카 호쿠사이

그다음에 이쪽에는 기다리고 기다리시던 춘화와 발매금지본 관계 자료들이 모여 있습니다. 슬쩍 둘러보아도 『태양』의 별책으로 출간되었던 『발매금지본』 시리즈 등이 눈에 들어옵니다. 이 책 『지하 서적의 세계』도 그 시리즈 중 한 권입니다.

춘화 중에서도 빼놓을 수 없는 것은 우선 게이사이 에이센[22]의 『에이센』입니다. 이 책은 여간 호화롭게 만들어진 게 아니어서, 에이센의 그림을 보는 맛도 대단합니다.

하지만 뭐니 뭐니 해도 춘화 화가의 넘버원은 가쓰시카 호쿠사이[23]입니다. 호쿠사이는 화가로서 대단히 폭넓은 장르를 그렸는데요, 만년인 팔십대가 되어서도 춘화를 계속 그리면서 아흔 가까이까지 정력적으로 살았다고 하는, 한마디로 엄청난 활동력을 가진 사람이었습니다.

단, 어떤 춘화가 호쿠사이가 그린 것인지와 관련해서, 여전히 수수께끼로 남아 있는 작품들도 있습니다. 무슨 얘긴가 하면, 춘화는 그림의 성격상 화가가 가명을 사용해 그리는 경우가 많기 때문입니다. 호쿠사이도 춘화 작업을 할 때만 사용하는 호가 따로 있었기 때

22 渓斎英泉(1790~1848). 에도시대 후기에 활약한 우키요에 화가.
23 葛飾北斎(1760~1849). 에도시대 후기의 우키요에 화가.

문에, 꽤나 까다롭습니다.

또 우키요에는 우선 화가가 원화를 그리고, 다음으로 조각사가 그 원화를 판목에 새긴 뒤 그것을 인쇄사가 종이에 찍었을 때에야 비로소 작품이 완성됩니다. 요컨대 하나의 작품이 완성되기까지 다양한 사람들의 손을 거치는 장르인 것입니다. 또 어떤 경우는 스토리를 다른 희작자戱作者가 짜는 일도 있습니다. 그런데 호쿠사이는 그 공정들을 전부 혼자서 해치우곤 했습니다. 직접 그림을 그리는 것은 당연지사고, 스토리를 쓰고 조각과 인쇄에도 참여한 작품들이 있습니다. 그런 반면 스토리만 짜거나 그림만 그린 것도 있어서, 어디부터 어디까지가 호쿠사이의 작업이었는지 확실치 않은 것들도 있습니다. 호쿠사이의 만년에는 친딸이 아버지로부터 스토리를 받아 거기에 맞춰 그림을 그린 일도 있다고 하니, 한마디로 호쿠사이 작품이라고 하더라도, 실제로는 어떠한 경위를 거쳐 완성되었는지, 판별하기가 정말로 까다롭습니다.

나아가 호쿠사이의 딸은 에이센과 연인 사이가 되어버립니다. 이에 대해 연구한 것이 춘화 연구에서 독자적인 업적을 성취한 재야 연구자 하야시 요시카즈林美一입니다. 그는 1999년에 파킨슨병으로 사망했는데, 에이센의 그림이라 여겨지는 것이 실은 호쿠사이의 딸의 그림이었을 가능성도 있다는 점 등을 연구하고 있었습니다. 최근에 복각된 『하야시 요시카즈 에도 염본 집성』(전13권)의 1권을 보면 가쓰시카 호쿠사이를 거론하는데, 바로 그러한 의심에 대해 분석합니다. 이 논고에 대해서는 『주간 문춘』의 「나의 독서일기」에서 저도 소개한 바 있습니다. 하야시 요시카즈는 전 생애에 걸쳐 대단히 많은 저작들을 남겼고 그중에 대단히 좋은 책들도 있습니다만, 유감스럽게도 이런 책은 출판 시장에서 살아남는 데 거의 성공하지 못합니다. 대개는 한 번 찍어내고는 '앗!' 하는 사이에 사라져버립니다. 다만, 요즘 춘화 붐을 타고 하야시 요시카즈의 책이 잇따라 복각되고 있으니, 흥미 있는 분들은 꼭 한번 펼쳐보시기 바랍니다.

우키요에나 춘화가 주목받는 것은 일본만의 현상이 아닙니다. 특히 호쿠사이에 관해서는 서양에서도 2004년에 『HOKUSAI』라는 책이 출판되었는데요, 거기에는 큰 판형의 그림과 육필이 실려 있습니다. 리처드 레인의 『우키요에—사라진 춘화』도 좋은 책이었어요. 최근에는 이 책의 저자 리처드 레인의 감수하에 춘화집이 몇 권 간행되었는데요, 그중 몇 가지는 일본인들이 제작한 것보다 상세합니다.

우키요에 전성기였던 에도시대 후기 판화의 정교함은, 현대 최고 수준의 인쇄로도 상대가 안 될 정도의 수준에 도달해 있었습니다. 요컨대 우키요에가 대단하다고 하는 까닭은 그림 자체도 대단하지만, 인쇄나 만듦새의 수준도 대단히 높았다는 것입니다. 페이지를 넘겨보면 육필보다 판화 쪽이 단연 좋습니다. 그것은 머리카락 한 올 한 올을 정확히 조각하는 기술이 바탕에 깔려 있었다는 얘깁니다.

그러고 보니 퍼뜩 생각이 나는데요, 아까 등장했던 하야시 요시카즈의 새로운 복각본 시리즈 중 한 권인 『우타가와 도요쿠니 편』에 깜짝 놀랄 만큼 근사한 것이 한 장 들어 있습니다. 현대 최고의 인쇄기술로도 이 수준까지는 불가능할 듯한, 초절정 기교의 조각과 인쇄기술의 결정체입니다. 세부까지 선명하게 보입니다. 이렇듯 춘화의 세계는 함부로 깔볼 수 없습니다.

니시키에 없이 역사를 이야기하는 건 불가능하다

이쪽은 취재 자료들입니다. 지금까지 온갖 다양한 취재를 해왔기 때문에, 이상한 자료들도 상당히 있지요. 예컨대 이것은 인간의 육체를 발기발기 해체해서 판매하는 장기매매나 인체매매에 대해, 러시아에서 취재했을 때의 자료입니다.

그리고 이쪽에 늘어서 있는 상자에는 역사 전집이 들어 있습니다. 『세계의 역사』나 『20세기 현대사』 등 기본적인 것들에서부터, 일반적으로는 별로 팔리지 않았던 것들까지 필요한 걸 전부 갖추고 있습니다. 학연에서 출판된 『일본과 세계의 역사』는 아마도 서점에서는 팔지 않고 외판원 등이 직접 판매하는 방식으로만 팔던 시리즈였을 겁니다. 내용이 여간 충실한 게 아닙니다. 저는 이 책을 고서점에서 샀던 것으로 기억합니다.

이 시리즈의 이점은 세계사와 일본사가 모두 들어 있다는 점입니다. 예컨대 19세기를 보면 일본의 메이지유신도 있지만, 독일의 비스마르크도 있고, 중국의 아편전쟁도 있습니다. 이렇듯 한 세기라고 하는 것의 전체상을 동서양 전체에 걸쳐 조망하는 데 대단히 좋은 책입니다.

또 고단샤의 『니시키에—막부 말기 메이지의 역사』도 대단한 전집이었어요. 일본 문화사에 있어서 니시키에(목판 풍속화)는 독특한 세계를 구축해왔습니다. 역사 자료로서도 굉장히 유용하지요. 특히나 막부 말기, 메이지 초기부터 중기 정도까지는 니시키에 없이 역사를 이야기하는 건 불가능합니다. 이 시대에는 사건이나 세태 뭐 그런 모든 것들이 니시키에를 통해서 이야기되었어요. 요컨대 니시키에가 곧 미디어였던 것이지요. 말하자면 사후에 찍은 사진이라고나 할까요. 어쨌거나 그 시기에 대해 뭔가 조사하려고 하면, 니시키에를 빼놓고는 이야기가 안 됩니다. 실제로 도쿄대나 릿쿄대에서 수업할 때도 숱하게 사용했습니다. 책 여기저기에 견출지가 붙어 있지요?

마찬가지로 과거의 시대상을 아는 데 유용한 것이 치쿠마서방의 『메이지 다이쇼 지리지』입니다.

하라서방의 독특한 라인업

여기부터는 산초메의 저 안쪽 방으로 들어갑니다.

우선 작은방 저 안쪽 서가는 모두 문학 서가로 되어 있습니다. 오래된 책들뿐이네요. 모두 학생 시절에 사서 읽은 책들입니다.

독일 문학, 러시아 문학, 프랑스 문학…… 등등 기본적으로는 나라별로 나뉘어 있습니다. 다만 모든 책이 반드시 그렇게 구분되어 있지는 않습니다. 이쪽은 슈에이샤集英社에서 새로 간행한 마르셀 프루스트의 『잃어버린 시간을 찾아서』 전질입니다. 그 옆에는 스페인 중세문학이 있고, 그런가 하면 제임스 조이스가 있고, 카뮈가 있고, 사르트르가 있고…… 하는 식으로, 완벽히 국가별이라고 할 수는 없는 방식으로 꽂혀 있습니다.

이쪽 서가는 괴이한 책들이 몰려 있네요. 제목을 얼추 훑어봐도 카니발리즘이랄까 애널anal이랄까…… 소위 이런 유의 책들 중 빼놓을 수 없는 것이 『도설 아동학대 전서』 『도설 파리蠅 전서』 그리고 『도설 기형 전서』 등을 내는 하라서방의 시리즈입니다. 이것은 정말이지 독특한 라인업입니다. 대단히 재미있어요. 철두철미하게 이런 주제들만 노려서 기획, 편찬되고 있는 것이겠지요.

이쪽 서가는 논픽션이 모여 있습니다. 물론 실상은 고양이 빌딩 바닥 여기저기 차고 넘치는 책들 중, 논픽션으로 보이는 책들을 여기에 밀어넣었다는 것이 정확한 표현이겠습니다만. 글리코 모리나가 사건[24]이나 3억 엔 사건[25] 관련 책들도 갖추고 있습니다.

앗! 그냥 지나칠 수 없는 책을 한 권 발견했습니다. 이 『모어 리포트』라는 책은 역사적으로 유명한 책인데요, 대단히 재미있습니다. 소위 옛날 『킨제이 보고서』의 현대적 버전입니다. 현대적 버전이라고 했지만, 지금으로부터 벌써 몇십 년도 더 된 것이네요. 어쨌거나 다양한 사람들의 성에 관한 이야기를 철저히 캐묻는 것입니다. 그리고 그 결과를, 예컨대 '치과의사○○○의 경우' '안과의사 ○○○의 경우' 같은 제목하에 적나라하게 풀어놓습니다. 그것이 장장 800쪽 가까이나 계속됩니다. 『부인공론』의 인기 기획(독자수기 기획)의 전신입니다. 『모어 리포트 now 1—성을 이야기하는 여성 33인의 현실』도 있습니다. 이런 리서치는 말이죠, 어느 시대이건 간에 그걸 최신 버전으로 업데이트하려는 사람들이 있기 마련이라서, 제목은 바뀔지 몰라도 앞으로도 비슷비슷한 기획은 계속 살아남을 겁니다.

가쿠에이에 대해 새로운 내용이 담긴 책은 더이상 나오지 않는다

이쪽은 거의 모두 다나카 가쿠에이 관련 서적들입니다.

여기에 있는 것들은 『다나카 가쿠에이 연구』를 쓰기 위한 자료라기보다는, 제가 쓴 것을 따라서 나중에 출간된 책들입니다. 그다음

---

24 1984년과 1985년에 걸쳐 한신 지역을 무대로 식품회사를 겨냥해 일어난 일련의 기업 협박 사건.
25 도쿄 도 후추 시에서 1968년 12월 10일에 발생한 절도 사건. 현금수송 차량이 운반하던 도시바 전기 종업원들의 보너스 3억 엔이 강탈당했다.

에 보이는 것은 일본의 정치, 나가타 정치[26]에 관한 책입니다. 이시하라 신타로[27]에 대한 책도 있고 또 잡지들도 포함해서, 꽤나 최신 서적들이 많습니다. 가쿠에이에 대해서는 이제 거의 모든 것이 다 쓰였기 때문에, 이후로 제가 읽어봐야 할 내용이 담긴 책은 더이상 나올 일이 없을 겁니다.

이쪽 서가에는 시바 료타로와 오에 겐자부로의 책들이 있습니다. 시바 선생의 책들은 말이죠, '어느 날 문득 정신을 차려보니, 이렇게나 많이 쌓여 있었던가!' 싶을 정도로 많더라고요.

노마 히로시[28]의 책들도 있는데요, 저는 노마 씨의 책이라면 반드시 읽는다는 그런 쪽은 아닙니다. 다만 노마 씨의 부인과 저는 사실 이웃으로 친하게 지냈거든요. 그런 관계로 인해 부인께서 책을 보내주신 겁니다.

중앙공론사에서 나온『현대의 시인』(전12권)은 상당히 좋은 책입니다. 지금은 시집을 내는 게 대단히 어렵지요. 팔리질 않으니까요.

이쪽은 사진입니다. 아까 소개했듯이 도문 겐 선생의 사진집은 다른 곳에 있고요, 이쪽은 아라키[29]라든가 시노야마 기신篠山紀信의 것

---

26 나가타는 도쿄 도 치요다 구 남부의 지명. 국회의사당, 수상관저, 국립 국회도서관 등이 있어서, 나가타라고 하면 일본 정치의 중추를 가리킨다.

27 石原慎太郎. 1932년 출생. 정치가로 도쿄 도지사(14~17대까지)를 역임했다. 한편 「태양의 계절」로 1956년 아쿠타가와 상을 수상한 소설가이기도 하다. 1950년대 일본의 청년 세대를 가리키던 '태양족太陽族'이라는 말이 이 작품에서 유래했다.

28 野間宏(1915~1991). 사회 전체의 구조를 포착한 장편소설을 다수 썼고, 인생의 마지막까지 사회적 발언을 활발히 한 것으로도 잘 알려져 있다.

29 아라키는 사진작가 아라키 노부요시荒木経惟의 애칭이다.

등이 놓여 있습니다.

아라키, 그러니까 아라키 노부요시죠. 이 사람과 저는 사실 고교 동창생입니다. 고등학교 시절에는 딱히 친한 것도 아니었는데요, 성인이 된 뒤에 여러 가지 작업을 함께하게 되었습니다. 책을 내면 필히 보내주기도 하고, 그래서 그의 책은 보통 서점에 깔려도 팔릴 성싶지 않은 실험적인 책들까지 포함해서 거의 전부 가지고 있습니다. 최근에는 네거티브 필름에 스크래치를 내서 만든 책을 보내주었습니다.[30] 이 일기 형식의 사진집을 뒤적이다보니, 저와 아트디렉터인 이시오카 에이코, 아라키 이렇게 세 사람이 나란히 찍힌 사진이 나오네요. 셋이서 헤이본샤의 '태양상' 선고위원을 맡고 있던 시절이 있었는데요, 선고회의가 끝난 후 신주쿠나 뭐 어디 다른 곳에서 마실 때의 컷일 겁니다.

저는 시노야마 기신과도 작업을 많이 했었는데요, 시노야마와 아라키는 서로 강렬한 라이벌 의식을 갖고 있어서, 필요 이상으로 서로 헐뜯기도 하고…… 어찌나 심한지 중재고 뭐고 도저히 끼어들 틈이 없는 관계입니다.

여기는 스튜디오 지브리 관련 책들이 진열되어 있습니다. 저는 지브리의 미야자키 하야오 씨와 꽤 친하고 또 여러 가지로 다양한 작

---

30 2011년에 출간된 『사진광 노인 일기』를 말한다. 아라키 노부요시는 자신이 촬영한 네거티브 필름에 여기저기 흠집을 낸 후 인화한 사진을 모아 작품집을 냈다. 책 소개에 의하면, "상처난 사진들이 내뿜는 영혼의 외침을 통해 파괴와 재생"을 표현하고자 했다고 한다.

업을 함께해왔기 때문에, 미야자키 씨의 작품들도 꽤나 갖고 있습니다. 미야자키 씨와 만날 계기를 만들어준 이는 프로듀서 스즈키 도시오 씨였습니다. 스즈키 씨로부터 "한번 미타카에 있는 지브리에 오셔서 뭐든 좋으니 뭔가 흥미로운 얘기를 해주세요"라는 제안을 받았습니다. 그래서 스태프들을 모두 모아놓고 꽤나 장시간 동안 이야기를 나눴습니다. 미야자키 씨와의 관계는 그렇게 시작되었습니다. 미야자키 하야오에 대해서도 쓰고 싶은 게 많아요. 그의 작품은 하나같이 흥미롭습니다만, 그중에서도 최고 걸작은 이 『바람계곡의 나우시카』 만화판이지요. '나우시카'라고 하면 일반적으로는 극장판 애니메이션이 잘 알려져 있지만, 제대로 말하자면 그것은 만화판의 전반 부분밖에 다루지 않았습니다. 미야자키 하야오가 말하고 싶었던 것을 알려면 만화판을 보지 않으면 안 됩니다. 미야자키 씨에게 "후반은 애니메이션으로 만들지 않으실 겁니까?"라고 물었던 적이 있는데요, 미야자키 씨는 하지 않을 거라고 하더라고요. 아무래도 후반 부분을 납득이 가는 수준까지 애니메이션화하는 것은 불가능하다고 생각하는 것 같습니다.

제가요 실은, 미야자키 씨의 작품 〈귀를 기울이면〉에 아버지 역으로 목소리 출연을 했던 적이 있어요. 릿쿄에서 가르쳤을 때 마침 그 영화를 보고 자란 세대의 학생들이 있었는데요, "와, 정말이네. 아버지 목소리야!"라는 얘기…… 참 많이들 했었지요.

다시 한번 소리를 내보고 싶다

이쪽은 음악에 대한 자료들입니다. 『음향학』 등 오디오 관계 서적들도 있습니다. 사실 오디오 관계 자료들은 더 많이 있었는데, 적잖이 처분해버렸지요.

또 『다케미쓰 도루를 이야기하는 15가지 증언』 『다케미쓰 도루 저작집』(전5권)처럼, 다케미쓰 씨에 관한 것들도 여기에 모아뒀습니다. 저는 『문학계文学界』에 「다케미쓰 도루·음악 창작의 여정」이라는 글을 연재한 적이 있습니다만, 연재를 정리하기 전이랄까 연재를 한창 하던 중에 다케미쓰 씨가 돌아가셨기 때문에, 책으로 묶을 수는 없었고 그러면서 중단돼버렸습니다. 이것은 반드시 시간을 내어 정리해야만 하는 작업이라고 생각하고 있어요.

그런데 음악이라고 한마디로 말했지만, 사실 거기에는 재즈도 있고 클래식도 있습니다. 제 경우 음악 취향이 폭넓은 편이어서 꼭 클래식만이 아니라 재즈도 듣고, 록도 듣습니다. 비틀스도 듣지만 에릭 클랩튼도 듣지요. 자료로서는 〈민족음악 대집성〉 〈민족음악 컬렉션〉 등도 갖고 있습니다.

이 산초메 방에는 대형 스피커를 비롯해서 상당히 괜찮은 오디오 기기가 있습니다. 이것은 멀티 앰프 시스템이라고 하는데요, 디바이더로 음역을 4분할해서 각각 다른 스피커를 다른 앰프로 울려줍니다. 특히 이 고음역 TAD[31]의 혼 스피커는 썩 괜찮아요. 이건 진공관 앰프에서 울립니다. 그 아래의 중음역은 알텍의 유닛을 JBL상자에 넣어서 울립니다.[32] 이것은 사람의 음성 영역으로 미묘한 울림을 냅니다. 저음역은 JBL의 초특대 우퍼입니다. 이 상자는 사람이 그 위에 올라탈 수 있을 정도로 크고, 만들기도 제대로 만든 아주 대단한 것입니다. 이제 이런 것은 JBL도 만들지 않습니다. 그리고 이것이 주파수 분할기입니다. 이것은 CD나 레코드를 걸었을 때, 이 주파수대는 이 앰프로, 저 주파수대는 저 앰프로, 각각 주파수대별로 다른 앰프에 분배해줍니다. 요컨대 분배된 주파수대가 각각 다른 앰프로 흘러들어가, 각각 주파수대가 다른 스피커를 울리는 겁니다. 이런 메커니즘으로 음을 울려주기 때문에, 주파수대마다 앰프가 각각 필요한 것입니다. 그래서 전기도 많이 잡아먹고 파워앰프도 여러 개가 필요해집니다. 참고로 트위터[33]는 그리 전기를 잡아먹지 않습니다. 진동하는 부분이 작기 때문이지요. 반면 우퍼의 경우는 전기를 먹는 편입니다. 이러니저러니 해도 진동판 자체가 크니까요.

이렇게나 대규모 장치가 되어놔서, 지금은 사용하지 않습니다. 아

—

31 일본 전자회사 파이오니어에서 만드는 전문가용 오디오 제품.

32 스피커 박스에 장착하지 않은 스피커를 유닛이라고 하며, 스피커 박스의 구조와 형태에 따라 그 음색이 달라진다. 참고로 극장용 스피커를 제조하던 웨스턴 일렉트릭 출신 엔지니어들이 설립한 알텍Altec은, 동업자의 사망으로 경영난을 겪던 제임스 B. 랜싱 사의 제임스 랜싱을 영입해 알텍랜싱이 된다. 이후 제임스가 알텍과의 관계를 정리하고 새로 설립한 회사는 JBL이라는 이름으로 널리 알려진다. 두 회사 모두 미국을 대표하는 오디오 브랜드로서 현재까지 그 명성을 유지하고 있다.

33 고음역 재생용 스피커.

깝지요. 어떻게든 다시 한번 소리를 내보고 싶습니다만, 좀처럼 그럴 시간도 없고 해서 방치해두고 있습니다.

학생 시절에는 영화에 푹 빠져 살았다

이곳은 영화 비디오나 DVD입니다. 오즈 야스지로도 있고요, 루키노 비스콘티[34]도 있습니다. 다양한 작품들이 있기 때문에 여간해서는 다 이야기할 수가 없습니다. 학생 시절에는 영화에 빠져 살았었죠.

우선 좋아하는 것부터 말하자면, 스탠리 큐브릭, 페데리코 펠리니를 좋아합니다. 비스콘티는 작품에 따라 다르고요. 〈청년의 모든 것〉은 원제가 'Rocco e i suoi fratelli(로코와 그의 형제들)'인데요, 배우 알랭 들롱의 젊은 날을 볼 수 있습니다. 그는 이 작품에서 처음으로 역할다운 역할을 맡았지요.

프랜시스 코폴라의 〈지옥의 묵시록〉은 『〈지옥의 묵시록〉 독해』라는 책을 썼을 정도로 몇 번이고 반복해서 봤습니다. 그때의 자료 중 하나가 엘리너 코폴라의 『노트—코폴라와 나의 묵시록』입니다. 코폴라는 이 영화를 제작할 때 로케 장소에 부인과 함께 갔는데요, 그녀가 영화 제작 과정을 쓴 게 바로 이 책입니다. 저자 엘리너 코폴라는 프랜시스 코폴라의 부인이지요.

가와데서방의 의외의 모습

그리고 이쪽에는 비교적 외설적인 책들이 있습니다. 예컨대 환상적인 성 백과 시리즈인 『'와인' 명작집』[35]이라든가 『비밀의 유희 1·2』 등은 재미있으니, 꼭 찾아보시기 바랍니다. 제 지인 중에 이 책들을 낸 이스트 프레스イーストプレス의 편집자도 있는데요, 지금 새삼 죽 둘러보니 이 외설적인 서가는 아예 이스트 프레스 책들투성이네요. 그 지인의 부탁으로 한번 함께 작업을 하기로 했는데요, 이런 책을 내는 회사였다고는 생각도 못했어요.(웃음) 그도 그럴 것이, 그리스도교에 대해 써보지 않겠느냐 하는 제안이었거든요.

그 옛날 일본 출판계에는 표면에 드러낼 수 없는 출판물이 있었습니다. 그러나 언젠가부터 그런 것들이 일제히 시장에 나돌게 되었습니다. 그에 대해 확연하게 의식하면서 책을 간행해온 출판사가 뜻밖에도 가와데서방신사河出書房新社입니다. 가와데는 딱딱한 책만 출판하는 회사라는 이미지도 있습니다만, 실은 문고나 만화 등을 포함해 이런 유의 책을 다수 출판하고 있습니다. 여기에 『의사의 진단—막부 말기의 마쿠라화[36] 화가』라는 책이 있는데요, 이 『의사의 진단』이라는 시리즈도 빼어납니다. 저자 다노베 도미조田野辺富蔵라는 사람은 실제로 의사인데요, 게이사이 에이센을 비롯한 여러 작가들의 우

---

34 Luchino Visconti(1906~1976). 이탈리아 네오리얼리즘을 대표하는 영화감독.

35 와인わ印은 이성 간이나 동성 간의 성교 장면을 선정적으로 묘사한 지하 간행물을 가리키는 은어다. 와인은 '와라이 인쇄물'의 준말이라고들 하는데, '와라이'는 '나쁜 책' '나쁜 그림'이라고 할 때 '나쁜'에 해당하는 뜻이다.

36 마쿠라화는 춘화의 별칭이다.

키요에나 춘화를 수집하는 컬렉터이기도 합니다. 그리고 제가 한때 『미국 성혁명 보고』 작업 관계로, 꽤나 호색적인 것을 조사할 필요가 있었을 때, 다노베 씨로부터 자료를 빌렸던 적이 있어요.

그런데 말입니다, 여성에게는 애액 분출潮吹キ이라는 현상이 있지 않습니까? 바로 그 여성의 애액 분출에 대해서 다노베 씨가 의사로서의 지식과 민간전승, 그리고 그 방면의 비전秘傳 등을 뒤섞으면서 논한 것이 있습니다. 하지만 결국 이 애액 분출에 대해서는 지금도 여러 설들이 분분하고, 과연 현상으로서 어떤 일이 일어나는가에 대해서 결론은 없는 듯합니다.

이전에 『스콜라』라는 잡지에서 이 애액 분출 문제에 관해 대형 기사를 실은 적이 있었어요. 당시 『스콜라』는 호색적인 기획을 활발히 하고 있었는데요, 그중에는 말도 안 되는 바보 같은 기획도 있었습니다. 예컨대 바이브레이터나 로터[37]를 여성 속에 넣은 채로 거리를 걷게 해서, 그것을 사진으로 찍어 보도한다든가……

그러한 바보 같은 기획의 하나가 어떤 거였는가 하면, 반드시 여자가 분수를 뿜게 하고 만다는 성인비디오 배우 가토 다카가 등장해서 실제로 애액을 분출하게 해, 그 장면을 연속사진으로 찍는 것이었습니다. 게다가 연재물이었기 때문에 어떤 시기의 『스콜라』의 경우에는, 쭉! 하고 진짜로 애액을 뿜는 현장 사진이 연속으로 등장

---

37 rotor. 성 기구의 일종.

한 적이 있었어요. 그 분출 방식에도 다양한 종류가 있다는 해설까지 덧붙여서요. 애액 분출 현상은 실제로 존재한다는 것, 그것은 어떤 일정한 물리적 자극을 주면, 어떤 여자라도 반드시 뿜는다는 것을 입증하고 있습니다. 지금이라면 아마도 그런 기획은 도저히 통과될 수 없을 겁니다. 헌데 최근 『주간 현대』가 이걸 그대로 빼다박은 기획을 하더라고요. 그런 걸 좋아하는 사람들은 어디에나 있나보다, 싶었습니다.

요제프 보이스의 신비한 작업

여기는 미술 관련 책들 쪽입니다. 요제프 보이스라는 사람이 있습니다. 『요제프 보이스 되살아나는 혁명 BEUYS IN JAPAN』 같은 책이 출간되는 데서 알 수 있듯이, 그는 현대미술 세계에서는 대단히 유명한 아티스트고, 대단히 신비로운 인물입니다. '사람은 누구나 예술가다' 같은 말을 남겼고, 펠트나 현무암 등 보통은 사용치 않는 소재를 바탕으로 작품을 제작했습니다. 실제로 작품을 보아도 거의 대부분이 도대체가 알 수 없는 것들입니다.(웃음)

유럽에는 그런 전위적 미술품들을 정력적으로 갖추고 있는 현대미술관이 몇 군데 있습니다만, 그런 미술관에서는 요제프 보이스의 작품을 필히 소장하고 있습니다. 일본에서는 아오야마의 와타리움 미술관[38]이 요제프 보이스를 중점적으로 취급하고 있습니다.

그런데 어째서 이 서가에 쓰게 요시하루[39]가 있는 걸까요? 저는 쓰게 요시하루를 좋아했기 때문에, 치쿠마서방이 『쓰게 요시하루 컬렉션』(전9권) 간행을 시작했을 때 깡그리 사 모았습니다. 물론, 미술서 서가에 둘 책은 아니겠습니다만.

일기로 보는 메이지유신

여기는 현대사 자료들입니다. 『천황과 도쿄대』를 썼을 때의 자료들도 섞여 있어요. 현대사 자료라고 하면 이 미스즈서방みすず書房에서 간행한 『현대사 자료』(전45권+별권 1권) 시리즈가 기본입니다. 다만 미스즈서방 책 이외에도 필독서는 많이 있습니다. 예를 들자면 팔굉일우八紘一宇라는 말을 처음 만든 국주회[40]의 다나카 치가쿠에 대한 자료 『일본의 사표 다나카 치가쿠』 『다나카 치가쿠 선생과의 추억』 등은 현대사를 알기 위해서는 반드시 읽어두는 게 좋습니다. 국주회라는 것은 일련종日蓮宗의 일파인데요, 시대마다 독특한 사람들을 배출해내는, 참으로 흥미로운 종파입니다.

—

38 도쿄 도 시부야 구에 있는 사설 미술관으로, 국제적인 현대미술을 활발히 전시한다.

39 つげ義春(1937~). 만화가, 수필가. 『월간 만화 가로』를 무대로 작품 활동했고, 발표작이 적은 편이다. 『가로』를 통해 전공투 세대의 대학생들을 비롯한 젊은 독자층을 획득했고, 1970년대 전반에는 『나사식ねじ式』 같은 초현실적 작품들이 높은 평가를 얻어 열광적인 팬들이 생겨났다.

40 『국주회國柱會』는 일련종의 전 승려 다나카 치가쿠에 의해 창설된 법화종 계열의 재가불교 단체다. '팔굉일우'는 '전 세계가 하나의 집'이라는 뜻으로 일본의 침략 전쟁을 합리화하기 위해 내세운 구호였다.

저 안쪽에는 슈에이샤의 『일본 미술회화 전집』(전25권)과 같이 큰 판형으로 된 일본 미술 관련 서적들도 있습니다. 요 앞에는 우익 관련 자료들이 모여 있습니다. 그다음에 5·15 사건 관련, 2·26 사건 관련 자료와 메이지유신 관련 자료도 여기에 있습니다.

메이지유신 관계 자료들 중 흥미로운 것은, 이 『호고히로이―사사키 다카유키佐々木高行 일기』(전12권)입니다. 책 제목의 '保古飛呂比'는 '호고히로이'라고 읽습니다. '호고'란 휴지 조각을 뜻하지요. 사사키 다카유키는 옛 도사 번의 사무라이로 유신 후에는 '이와쿠라 사절단'의 일원으로 서양을 경험한 메이지 정부의 고관이었습니다. 그런 사사키가 남긴 일기인 『호고히로이』는 메이지 정부의 상층부와 궁중의 동향 등에 대한 초일급 자료입니다.

하지만 이런 책의 존재는 아는 사람만 알지, 모르는 사람은 전혀 모릅니다. 또 안다 해도 그리 쉽게 입수할 수 있는 게 아닙니다. 읽고 싶은 사람은 장서가 제대로 갖춰진 대학도서관이나 국회도서관에 가야만 합니다. 불편하지요. 앞으로는 인터넷으로 이런 자료들도 접할 수 있을지 모르지만요.

앞서 언급했던 미노다 무네키의 『학술유신원리일본学術維新原理日本』도 여기에 있습니다.

신문의 몰락?!

여기는 로봇과 관련된 것 등 과학기술 자료들입니다. 그것도 컴퓨터가 보급되기 이전 시대의 것들이에요. OHP[41]로 투영해서 사용하는 필름 형태로 보관되어 있어요. 지금이라면 모두 파워포인트겠지만, 옛날에는 수업할 때나 강연할 때 전부 OHP를 사용했지요.

이어서 미디어 관련 서적들이네요. 정보에 관련된 것이라고 말할 수도 있겠지만, 정보라고 해도 신문이나 TV 같은 종래의 미디어에 관한 자료들이 메인입니다. 그중에서도 중요한 자료는 이 『막부 말기 메이지 시기 신문 전집』(전5권)입니다. 신문이란 신문은 다 긁어모았기 때문에 4권째에 접어들어도 『게이오 4년에서 메이지 3년까지』예요. 여기서야 겨우 메이지로 들어가는 것이지요. 오래된 신문들을 이렇게까지 공들여 모은 것은 이 전집뿐입니다. 그건 그렇고 말이 나와서 말이지만, 신문의 지위가 쇠락해가는 작금의 상황은 심각합니다. 이 『주간 다이아몬드』의 특집 제목도 '신문의 영락'이에요.(웃음) 『주간 다이아몬드』의 이런 특집은 상당히 많은 노력이 투여된, 흥미로운 기사들이 많습니다.

그리고 이쪽은 현대 이슬람에 대한 기본 자료들입니다. 고양이 빌딩 3층에서도 조금 소개했습니다만, 이슬람은 아주 심오한 세계이

41 오버헤드 프로젝터overhead projector. 슬라이드에 인쇄된 문서의 화상을 확대해 화면에 투영시키는 장치.

며, 또 어쨌거나 인구가 많기 때문에 테마도 다종다양합니다. 이라크 전쟁에 테러, 게다가 카다피에 관한 자료들까지 모두 갖추고 있는데요, 실로 엄청난 분량입니다.

그들에게는 확실히 '세'가 있었다

(릿쿄 대학 연구실로 이동해서) 이 연구실은 지금 저와 또 한 명의 교원이 공동으로 쓰고 있습니다. 이전에는 제가 혼자 사용했었는데, 둘이서 사용하게 되면서 서가를 정리했기 때문에 책들이 상당히 바뀌었습니다.

이 창가의 책들은 모두 변색이 되어버렸어요. 여기 이 책들은 특히 더 색이 바랬네요. 채광이 좋은 방을 사용할 수 있게 해준 것은 대단히 고마운 일이나, 역시나 책에 햇빛을 쪼여서는 안 됩니다. 저는 어떤 방이든 간에 밀실로 사용하는 걸 좋아해서 낮에도 창을 열지 않고 바깥공기를 들이지 않습니다.

차광 커튼과 셔터를 내려 실내를 컴컴하게 만들고 하루종일 전깃불만으로 지내는 것이 보통인데요, 한방을 쓰는 제 동료는 정반대여서, 늘 창을 열어두고 커튼도 셔터도 열어두는 일이 보통인 사람입니다. 제가 학교에 오지 않는 날이 많으니까, 책이 햇빛에 바래버렸습니다.

서가를 둘러볼까요? 제가 모은 옴진리교에 관한 자료들 중 반 정도는 여기에 있습니다. 옴진리교는 옴출판이라는 출판사도 갖고 있었기 때문에, 많은 책을 출간하고 있었습니다. 옴진리교 사건이 일어나기 전에는, 도내에 옴진리교가 출간하는 책이나 잡지를 많이 구비한 옴 계열 서점들이 여러 곳 있었습니다. 사건화되기 직전, 그러니까 옴진리교에 관한 괴이한 소문이 TV 등에 차츰 오르내리면서, 옴진리교에 대해 단속이 있을지 모른다는 정보가 흘러나오기 시작하던 시기였습니다. 그러다보니 저도 옴진리교에 관해 쓰거나 코멘트할 필요가 있었고, 그래서 그런 서점들을 돌며 책을 몇 권 사들이고 있었어요. 그러던 중에, 이런 책이나 잡지는 지금 전부 입수해놓는 게 좋지 않겠나 싶더라고요. 그래서 서가 두 개 정도 분량을 싸그리 구입했습니다. 지금에 와서는 대단히 귀중한 자료가 되었지요.

이 잡지 『바즈라야나 사차』는 교단이 발간하는 일련의 출판물 중 경제적으로 가장 번창하던 시기에 간행된 것입니다. 따라서 레이아웃도 잘 짜여 있고 종이 질도 꽤 괜찮아서, 만듦새가 훌륭합니다. 내용은 그들의 비대화된 망상이 지면에 적나라하게 노출되어 있어, 평범한 사람이라면 도저히 계속 따라 읽을 수가 없습니다. 당시는 교단 내부에서 아사하라 쇼코[42]가 카리스마적으로 지배를 강화하고, 신자들은 신이냐 부처냐 아사하라냐 할 정도로 아사하라를 신격화하던 시기이기 때문에, 신자들은 그 내용을 영문도 모르며 믿었던

42 麻原彰晃(1955~). 옴진리교 창시자로 1995년 도쿄 지하철 사린 살포 사건으로 복역중이다.

것으로 보입니다만.

『그리스도 선언』(전4권)이라는 책이 있습니다. 이것은 제목 그대로 아사하라가 "나는 그리스도이기도 하다"고 선언한 책입니다. 요컨대 자신은 모든 종교의 으뜸을 초월한 존재라고 주장한 것입니다. 한편 『마하야나수트라—대승 요가 경전』(전2권)을 읽어보면, 젊은 시절 아사하라가 어떤 사고방식을 갖고 있었는지 알게 됩니다. 이 무렵의 아사하라는 "나야말로 세계 유일의 득도한 사람이다"라며 득의양양해했습니다. 이 사진은 유명한 사진입니다. 아사하라의 공중부양 사진이지요. 아사하라는 이 사진을 자신이 초능력을 지녔음을 보여주는 증거로 삼았습니다. 그리고 실제로 신자들은 모두 '스승님은 대단해!'라고 믿어버렸습니다. 이 사진을 보고 신자가 된 사람들이 적지 않습니다. 그들은 어느 시기까지 이렇게 말했습니다. "재판이 시작되면 법정에서 스승님이 공중부양을 할 거야"라고, 그러기만 하면 재판은 완전히 뒤집어질 거라고. 마음 저 밑바탕에서 그렇게 믿고 있었습니다. 냉정하게 생각하면 그 정도의 사진은 간단히 찍을 수 있지요. 우선 가부좌를 틀고 앉아, 일순간만 넓적다리 쪽에 힘을 꾹 주어 마루를 무릎으로 차듯이 합니다. 그러면 순간적으로 튀어오릅니다. 그 순간에 셔터를 누르면, 그것으로 공중부양 사진은 완성입니다.

사실은 그러하지만, 당시 옴진리교 신자들은 모두 젊었습니다. 아사하라 자신도 그렇습니다만, 사진 속에서 아사하라 주변에 함께 있는 사람들이 모두 젊습니다. 그들은 교단 내에서의 위치도 높았던 사람들인지라, 지금은 거의 사형수가 되어 있습니다. 미라레바 대사, 사쿠라 대사, 우파리 대사, 아난다 대사 등 모두 그렇습니다. 이 아난다 대사라는 사람이 지하철 사린 사건의 주모자로 사형이 확정된 이노우에 요시히로입니다. 아사하라의 아이를 출산한 이시이 히사코도 찍혀 있습니다. 판권을 보면 이것은 1988년 책입니다. 다음해인 1989년에는 쇼와가 끝나고, 톈안먼 사건이 일어나고 베를린 장벽이 무너지지만, 일본 경제는 엄청 상황이 좋았습니다. 그런 시기였습니다. 옴진리교도 그 무렵에는 일본 경제와 마찬가지로 상황이 좋아서, 뉴욕이나 모스크바, 본 등 전 세계에 지부가 있었습니다.

관점을 바꿔보면, 옴진리교가 가장 강했던 시기는 1989년(헤이세이 원년) 전후였습니다. 그러니까 지금 이 캠퍼스에 있는 대학생들(릿쿄 대학생들)은 아직 태어나지도 않았던 때지요. 그러므로 헤이세이 시기에 태어난 학생들에게 옴 따위는 거의 아무런 흥미 없는 존재라는 사실도 그리 이상할 건 없습니다. 저 자신도 옴과는 일관되게 거리를 두고 있었습니다. 인간이 떠다닌다는 것은 아무래도 생각할 수 없었으니까요.(웃음) 하지만 아사하라를 비롯해서 신자들이 중의원 선거에 입후보하거나, 나카자와 신이치[43]로부터 격려를 받았

---

43 中沢新一(1950～) 철학자이자 종교학자. 『신화, 인류 최고의 철학』 『곰에서 왕으로』 『대칭성 인류학』 등 다수가 우리말로 번역되어 있다.

다든가 했던 시기, 그들에게는 확실히 세勢라는 것이 있었습니다. 이 점은 잊어서는 안 된다고 생각합니다.

고서점의 재고 목록

이것은 고서점의 재고 목록입니다. 이 목록에도 실려 있는 『중세 사상 원전집성』(전20권+별권 1권)이라는 전집은 다른 곳에서는 좀처럼 찾아볼 수 없는 텍스트들이 수록되어 있어, 전부 갖추고 있으면 대단히 편리합니다. 물론 저도 당연히 전권을 다 가지고 있고요, 고양이 빌딩 3층으로 들어가 바로 왼쪽, 두번째 서가의 위에서 몇 단째인가에 죽 놓여 있습니다. 한 권 한 권이 모두 두툼합니다. 그런 것이 전부 다 해서 21권이나 됩니다. 이 목록에 따르면 어쨌거나 이 『중세 사상 원전집성』이 매물로 나와 있는 것으로 보이는데요, 전체 다 해서 11만 엔입니다. 이제는 오래된 책입니다만, 꽤나 센 가격이 붙어 있는 셈이지요. 이런 특수한 책은 이후에도 그리 쉽게 제작되지는 않을 터이니, 가격도 그리 쉽게는 내려가지 않을 것입니다. 이런 목록은 제가 부탁한 것도 아닌데, 정기적으로 저한테 발송되어옵니다.

쇼와사 자료와 『전투 상보』

이 서가의 제일 위에는 쇼와사 관련 자료들이 모여 있습니다.

우선 빼놓을 수 없는 것이 이 고단샤의 『쇼와 2만 일의 기록』(전19권)입니다. 이것은 쇼와시대를 첫날부터 마지막 날까지 날짜별로 기록한 것인데요, 대단히 편리한 책입니다. 요컨대 쇼와라는 시대의 약 2만 일을, 하루하루 그날 무슨 일이 있었는지 일록 형식으로 기록한 것입니다. 그런데 그게 실로 재미있습니다. 이것을 입수하고 나면 다른 평범한 연표들은 하자 있는 상품처럼 보이기 시작합니다. 역사는 세부를 보지 않으면 '꽝!'이라는 사실이 군말없이 분명해집니다. 쇼와의 역사를 세세하게 조사하고 싶다면 우선은 이 시리즈를 입수하실 것을 권하고 싶습니다.

이 책 왼쪽에는 『쇼와 일본사』(전16권+별권 2권)가 있습니다. 발행처는 아카쓰키교육도서暁教育図書입니다. 이 『쇼와 일본사』 중에 제가 편집에 참여한 책도 있습니다. 14권인 『쇼와사의 수수께끼』가 그것입니다. 제목 그대로 쇼와사의 감추어진 수수께끼 속으로 상당히 깊숙이까지 파고든 것입니다. 제가 중심이 되어 목차를 만들고, 다카노 하지메라든가 야마카와 아키오, 그리고 한도 가즈토시 선생, 무로부시 데쓰로 선생, 야마모토 시치헤이 선생으로부터 도움을 받았습니다. 이때 누구에게 어떤 원고를 받을까를 제가 결정했을 뿐만 아니라, 당시 도쿄대 조교수였던 이토 다카시, 야쓰기 가즈오가 함께 참여한 대담에서 사회까지 보았습니다.

쇼와사 관련해서는 이 『고위급 뇌물 사건의 구조』 『전후의 고위급 뇌물 사건 일람』처럼, 일반 서점에서는 판매되지 않는 자료들도 중요합니다. 실제로 이 두 가지는 지금도 충분히 읽을 가치가 있다고 생각합니다. 이러한 것이야말로 전자책으로 만들면 좋을 것입니다. 다만 사진이 들어 있기 때문에, 저작권 처리가 의외로 어려운 문제일지도 모르겠습니다. 저작권도 지금은 기본적으로 사후 50년으로 되어 있습니다만, 미국을 중심으로 더 연장하자고 하는 주장이 힘을 얻는 상황이라서…… 그런 걸 생각하다보면, 전자책도 널리 보급되기까지는 넘어서야 할 과제가 참 많습니다.

다음으로 전쟁 관련 책으로는 전함 야마토와 전함 무사시의 전투 기록인 『전함 야마토·무사시 전투 기록』이나 『해군 항공모함 전투 기록』이 흥미롭습니다. 상당히 자세한 전투 기록입니다.

『해군 항공모함 전투 기록』은 각 전투마다 몇시 몇 분에 함대와 개별 전함들이 어떻게 행동했는지, 그 모든 것을 손으로 직접 기록한 『전투 상보』를 스캔해서 그것을 바탕으로 만든 책입니다. 이 『전투 상보』는 정말 대단해서 항공모함별로, 즉 아카기, 가가, 소류, 히류 등 각 항공모함 한 척마다 전투에서부터 침몰에 이르기까지의 경위가 전부 적혀 있습니다. 일본군은 패했습니다만, 기록은 남겼습니다. 참고로 정가는 9500엔이니까, 일반 서점에 배포할 수 있을까 말까 한 경계선상에 있다고 할 수 있겠습니다.

복자伏字투성이 일본 개조법안

이쪽은 산초메에 모아놓은 것들과는 다른 각도에서 5·15 사건과 2·26 사건을 다루고 있는 자료들입니다.

예를 들면 『2·26 사건—옥중수기·유서』라는 책이 있습니다. 참고로 이 책의 저자인 고노 쓰카사河野司의 동생이 바로 고노 히사시 대위입니다. 고노 대위는 사건에 연루되어 사형을 당했습니다. 그래서 형이 유서와 수기 등을 모으기 시작했어요. 유서를 쓴 사람 중에 무라나카 다카지라는 사람이 있습니다. 이 사람은 2·26 사건의 주모자 중 한 명인데, 주모자는 다른 사람의 공판에 증인이 되지 않을 수 없기 때문에, 동료들 거의 대부분이 이미 사형을 당했는데도 마지막까지 남아 있게 됩니다. 그래서 이 사람의 유서는 더할 수 없을 정도로 천황에 대한 한스러움이 드높습니다. 그 밖에 기타 잇키의 유서 등도 실려 있습니다만, 가장 유명한 것은 이소베 아사이치[44]의 유서입니다. 이소베도 주모자로 최후까지 사형을 당하지 않은 사람으로, 특히 감정이 격렬한 사람이었기 때문에 무라나카 이상으로 천황에 대한 한스러운 마음이 직접적으로 표현되어 있습니다.[45]

미시마 유키오의 유명한 소설 중에 『영령의 음성』이라는 게 있습니다. 2·26 사건의 장교들을 대신해 썼다고 하는 작품입니다. 이 작품의 상당 부분은 이소베 아사이치의 유서에서 가져온 것입니다. 이 작품의 238쪽 언저리를 읽어보시기 바랍니다. 정부에 대해 "이제 보라, 반드시 전복시켜주겠노라"고 말하거나, 천황에 맞서 "일본의 신들께서는 모두 잠자고 있는 것인가"라고 쓰는 등, 엄청난 박력입니다.

그건 그렇고, 가와데서방도 이런 책을 자주 만들었네요. 초판 2000부. 그중 400부는 저자의 유족이 사들였으니까, 실제 출판 시장에서 팔린 것은 1600부인데요, 쇼와 40년대라고는 해도 어쨌거나 이런 책이 그런대로 장사가 되었구나 싶네요. 이 책을 읽은 사람과 읽지 않은 사람은 2·26 사건에 대해 전혀 다른 인상을 갖는다는 점을 말해두고 싶습니다.

다음으로 2·26 사건이라고 하면 잊어서는 안 될 것이, 제목은 너무나 잘 알려져 있지만 읽어본 사람은 거의 없는, 기타 잇키의 『일본 개조법안 대강』입니다. 『기타 잇키 저작집』(전3권)에는 물론 실려 있습니다. 그러나 전집을 산 사람은 그리 많지 않을 텐데요, 지금은 고서 가격도 상당히 올랐을 겁니다. 실제로 책을 펴보면, 곳곳

---

44 磯部淺一(1905~1937). 전 육군 1등 회계. 2·26 쿠데타의 수괴로서 사형되었다.

45 지금 다치바나가 이야기하는 것만을 읽은 한국 독자들은 대부분 고개를 갸웃할 것이다. 2·26 사건이라면 간단히 '일본에서 육군 황도파의 영향을 받은 청년 장교들이 1483명의 병사들을 이끌고, 쇼와유신과 존황토간을 내걸고 일으킨 미증유의 쿠데타 미수 사건'이라고 설명된다. 그런데 왜 이 사건을 일으킨 장교들이 사형을 당했는가? 그리고 또 왜 그들은 천황에 대한 한스러움을 표했는가? 이 의문을 풀기 위해 간단하게나마 2·26 사건의 배경에 대해 살펴보자. 당시 내무성에 따르면 2·26 사건을 일으킨 청년 장교들은 기타 잇키의 사상 등에 감화를 받았다고 하는데, 그의 사상이란 『일본 개조법안 대강』에 담겨 있는 것으로, 진정한 유신과 진보적인 천황제를 주장하는 것이었다. 그는 국가사회주의자로서, 메이지유신의 본의가 민주주의에 있다고 주장하면서 메이지 헌법에 있어서의 천황제를 격렬하게 비판했다. 천황의 국민이 아니라 국민의 천황이라고 보았던 것이다. 또 그는 국가 체제가 기본적 인권이 존중되고 언론 자유가 보증되는 것이어야 한다고 보았다. 따라서 화족이나 귀족원에 보이는 계급제도는 본래 존재하는 것이 아니고, 또 남녀가 평등한 사회, 남녀가 공동으로 정치에 참여하는 사회 등이 유신의 본질이 아니겠느냐고 말했다. 기타 잇키는 바로 이러한 본질의 실현을 위해 재차 '유신혁명' '국가개조'가 필요하다고 『일본 개조법안 대강』에서 주장했던 것이다.

에 '○○행 삭제'라고 되어 있습니다. 게다가 각 판이 출간될 때마다 삭제 원칙이 달랐던지, 판에 따라서는 대략적으로 '이곳을 삭제'라고 되어 있는 것도 있고, 또 어느 문장 어느 어구를 어떻게 삭제했는지 눈으로 볼 수 있도록 해놓은 것도 있습니다. 전집에는 그 차이를 알 수 있도록, 몇 가지 다른 판들이 수록되어 있습니다. 간행 당시의 판본은 읽을 수 있는 부분이 아주 조금밖에 없습니다. 한 페이지의 거의 다, 혹은 아예 통째로 복자[46]입니다. 당시 일반인들이 입수가능한 것이 바로 이것이었습니다. 복자투성이 『일본 개조법안』뿐이었던 것입니다. 그러니까 개조법안을 생각할 때도 어느 판을 보았는가에 따라 아예 인상이 달라지기도 했었을 겁니다. 결국 당시 사람들은 이 무삭제판을 어딘가로부터 빌려와서 필사했습니다. 기시 노부스케[47]도 회상록에서, 자신도 무삭제판을 빌려와 필사를 했다고 쓴 바 있습니다.

도청과 2·26 사건

이 책 『도청—2·26 사건』도 진짜 흥미진진합니다.

2·26 사건이 일어났을 때 제도(수도) 중추부의 전화 회선은 제압

46 검열 등에 의해 인쇄물의 특정 내용이 지워졌을 때, 그 자리에 대신 집어넣는 '○' '×' 따위의 기호.
47 岸信介(1896~1987). 자민당 초대 간사장, 외무대신, 내각총리대신 역임. 도조 히데키 내각의 대동아전쟁 개전시 중요 각료였다는 점에서 극동국제군사재판에서 A급 전범 피의자로 3년 반 동안 구류된 바 있다.

하는 측이었던 계엄사령부가 전부 도청하고 있었어요. 전화국에 밀고 들어가 통화 내용을 그 자리에서 레코드 음반에 기록한 것입니다. 그 레코드판이 남은 거예요.

기타 잇키가 안도 데루조 대위에게 전화를 걸어서 나눈 통화 내용 등도 기록되어 있습니다. 그 음반을 바탕으로 당시 NHK의 프로듀서였던 나카타 세이이치라는 사람이 특집 프로그램을 제작했습니다. 그런데 당시에는 '이러함에 틀림없다'고 믿고 제작했던 프로그램의 내용이 나중에 가서 실은 틀렸다는 사실이 밝혀집니다. 즉 음반으로 남아 있는 기타 잇키와 안도 데루조의 통화 기록이라는 게, 실제로는 진압 계획 아래, 군 혹은 특별고등경찰이 쿠데타 세력을 속이기 위해 기타 잇키로 가장해 거짓 전화를 건 것이 녹음된 것이었습니다. 그러니까 안도 데루조와 기타 잇키는 실은 대화를 나누지 않았던 겁니다.

그때 기타 잇키로 가장했던 남자는, 쿠데타 부대의 안도 대위가 "여보세요, 누구십니까?"라며 묻자 "기타"라고 응답합니다. 그 이름을 듣고 안도 대위는 "예? 기타?"라며 놀랍니다. 그뒤 "허어" "응" "어떻게 잘 지내고 계십니까?"라고 대화가 이어지면서 "예?" "돈, 돈" "예?" "돈은 필요치 않나?"라는 대단히 유명한 대목이 이어집니다.

그러나 이것은 기타 잇키와 안도 대위의 대화가 아니었습니다. 나중에 이 잘못을 깨달은 나카타 씨가 한참 뒤에 잘못을 바로잡으려고 쓴 것이 바로 이 책 『도청—2·26 사건』입니다. 따라서 이 책에 쓰여 있는 내용은 지금까지의 정설과는 상당히 다릅니다.

그런데 쇼와사에 관한 책 중에 엉터리로 쓰인 것들에는, 나카타 씨가 이전에 제작했던 잘못된 프로그램의 내용을 바탕으로 이것이 2·26의 진상이다 따위의 내용이 여전히 담겨 있기도 합니다. 요컨대 2차 정보 3차 정보 같은 형태로, 오류가 재생산되는 상황인 것입니다.

마쓰모토 겐이치松本健一도 『기타 잇키—천황과 대결한 카리스마』를 '기타와 안도 대위가 전화로 주고받은 내용은 진실이다'라는 잘못된 전제하에 쓰고 말았습니다. 마쓰모토 씨는 확실한 사람이니까 재판을 낼 때 수정을 했겠지마는, 초판에서는 틀렸던 것이지요. 나카타 씨가 만들었던 그 방송은 엄청난 임팩트가 있었습니다. 임팩트가 너무 컸기 때문에, 많은 사람들이 잘못 알게 되었던 것이지요. 나카타 씨 자신은 잘못을 깨달았던 시점에 곧장, 역시나 NHK에서 프로그램을 제작해 방송하려고 했지만, 그럴 수 없었고 그러자 책의 형태로 공표한 것입니다.

참고로 이 나카타 세이이치 씨는 『트레이시—일본병 포로 비밀심문소』를 써서 고단샤 논픽션상을 수상한 바 있습니다. 미군에는 일본인 포로를 심문해서 그 포로들이 알고 있는 정보를 수집하는 비밀기지가 있었는데, 이 책은 그 기지에 대한 이야기를 상세히 적고 있습니다. 이것도 좋은 책입니다.

다음으로, 일기들도 여기에 모아뒀습니다. 『기도 고이치[48] 일기』(상하권+별권 1권)라든가 미일전쟁 개전시 육군참모총장이었던 스기야마 하지메의 일기, 그리고 고노에 후미마로의 브레인 중 한 사람이었던 야베 테이지의 일기 등이 있습니다. 이 책 『쇼와 사상집 1·2』도 조금 오래된 책입니다만, 마르크스주의에서부터 하시카와 분조[49]까지 쇼와를 대표하는 사상이 모여 있어 귀중한 책입니다.

부갱빌과 계몽사상

이 책 루이 앙투안 드 부갱빌[50]의 『세계 주항기』는 아무리 찾아도 안 보이던 책인데, 여기 있었네요. 이 책의 7장에는 파라과이의 포교구布教區에 대해 상세하게 쓰여 있습니다. 고양이 빌딩 2층에서도 설명한 바 있습니다만, 지금의 파라과이는 남미에서 유일한 인디오 국가입니다. 예수회 수도사들이 인디오들을 지도해 만든 독립국가지요. 다른 나라들은 모두 스페인 식민지거나 포르투갈 식민지였습니다.

고양이 빌딩 2층의 서가 위에는 남미 탐험 서적들이 많이 있는데요, 그것들은 모두 지난번에 말한 책을 쓰기 위해 읽었던 책들입니다.[51] 『세계 주항기』도 그런 자료들 중 하나입니다.

---

48 木戸幸一(1889~1977). 쇼와 천황의 측근 중 한 명으로 도조 히데키를 수상으로 추천하는 등, 태평양 전쟁 전후의 정치에 관여했다. 패전 후 GHQ(연합군최고사령관 총사령부)에 의해 전쟁범죄 용의자로 체포되어, 도쿄 재판에서 종신형을 받았지만 후에 가석방되었다.

49 橋川文三(1922~1983). 정치학 및 정치사상사 연구자.

50 Louis Antoine de Bougainville(1729~1811). 프랑스의 항해가이자 군인. 프랑스의 태평양 탐험대 대장으로서 세계 일주를 했다.

51 2장 중후반에 이와 관련된 내용들이 나온다.

이 부갱빌의 『세계 주항기』는 세계적으로 유명한 책입니다. 볼테르 등이 소위 계몽사상을 표명하고, 그것이 대중적으로 확산되어 프랑스 혁명의 바탕을 형성했던 시대가 있었습니다. 그런데 실은 이 『세계 주항기』가 계몽사상의 핵심이 되는 사고를 형성하는 재료가 되었습니다. 즉 이 『세계 주항기』가 사람들에게 읽힘으로써 바다 저편에 살고 있는 야만인이 우수한 문화를 갖고 있다는 사실이 유럽에서 널리 알려지게 된 것입니다. 그리하여 처음으로 '고귀한 야만인noble savage'이라는 개념이 태어납니다. 이것이 '인류는 모두 평등하다'는 사고를 낳고 자유, 평등, 박애라는 프랑스혁명 슬로건의 바탕이 됩니다. 물론 부갱빌의 작품만으로 그러한 개념이 태어난 것은 아닙니다만, 적어도 가장 커다란 영향을 끼친 계기 중 하나였다는 사실에는 틀림이 없습니다.

『세계 주항기』에는 별도로 『부갱빌 여행기 보유補遺』라는 책이 있는데요, 이것을 쓴 사람이 바로 계몽사상가 드니 디드로인 것입니다. 이것은 문화사적으로도 대단히 흥미로운 사태라고 생각합니다. 이 책은 고양이 빌딩으로 가져가야겠어요, 중요한 책이니까.[52]

---

52 이와나미서점은 2007년에 부갱빌의 「세계 주항기」와 드니 디드로의 「부갱빌 여행기 보유」를 한 권으로 묶어 「세계 주항기, 부갱빌 여행기 보유–실록 대 가공 여행기」를 출간했다.

그리스도교 역사를 알기 위한 기초 자료

여기에는 나치나 히틀러 관련, 그리고 마루야마 마사오가 모여 있습니다. 그리고 『그리스도교 대사전』 『신학 사전』 『컬러판 성서 대사전』 같은 그리스도교 관련 사전들이 있습니다.

조금 보기로 할까요? 『A History of the Councils of the Church』(전5권)는 그리스도교 공의회의 역사를 상세히 기록한 책입니다. 그리스도교는 교의가 성립되는 과정에서 공의회를 여러 번 열게 됩니다. 그 공의회를 영어로는 'Council'이라고 합니다. 이 다섯 권을 읽으면 교의가 어떠한 논의를 거쳐 성립돼왔는가를 전부 알 수 있습니다. 이것은 긴자의 교문관教文館이라는 그리스도교 서적 전문점의 서양 책 매장에서 구입한 것입니다. 가격은 5만 엔입니다. 이것은 조만간 그리스도교에 관한 책을 쓰겠다는 생각으로 구입한 자료입니다. 이것도 고양이 빌딩으로 갖고 가야겠어요.

325년에 최초의 공의회(프로테스탄트에서는 총의회라고 한다)가 열린 곳은 니케아(이스탄불〔옛 콘스탄티노플〕 근처의 도시)로, 여기서 정해진 그리스도교의 기본적 교의를 '니케아 신조'라고 합니다. 결국 그리스도교란 무엇인가 그리스도교도란 어떠한 사람들인가, 라고 한다면, 그 사람의 신앙 내용을 가지고서만 결정할 수 있습니다. 어떤 사람이 (신 앞에서) 그리스도교도라 인정받는가 받지 못하는가는 매주 일요일 교회에 가서 어떤 일련의 전례(의식)에 참가하느냐 안 하느냐, 세례를 받았느냐 안 받았느냐 같은 형식적인 것에 의해서 결정되는 게 아니라, 그 사람이 무엇을 믿느냐, 라는 신앙 내용에 따라서만 결정된다는 것이 그리스도교의 기본적인 사고방식입니다. 그리고 그리스도교도와 그렇지 않은 사람을 분간하는 신앙적 조항을, 한 덩어리의 고백문 형태(각 문장의 첫머리가 '저는 믿사옵니다……'로 시작된다)로 정리한 것이 신조creed입니다.

신조의 내용은 시대나 신자 집단에 따라 미묘하게 변화해가는데, 때때로 크게 변화하는 경우가 생깁니다. 크게 변화되면 지금까지 진리라고 믿어졌던 것이 돌연 전적인 거짓으로 간주되어버리기도 합니다. 신앙 내용의 패러다임이 바뀌었다고 하는 것이 바로 이런 경우인데, 그리스도교의 역사를 보면 이런 일이 때때로 일어났음을 알 수 있습니다. 그 결과 그 변화를 따를 수 있는 사람과, 따를 수 없는 사람, 즉 지금까지의 신앙 내용이 올바르고, 새로운 가르침은 거짓 내지는 악마의 가르침이라고 보는 사람들이 생겨나, 이 양자가 분열되어버렸습니다. 예컨대 16세기 종교개혁 시대에 일어났던 일이 바로 그런 경우로, 신앙 내용에 있어서 가톨릭과 프로테스탄트는 근본적으로 대립하고 분열돼버립니다. 그 이래로 오늘날에 이르기까지 양자는 분열 상태 그대로입니다. 이외에도 대/중/소의 분열이 무수히 있었으며, 그런 점에서 그리스도교의 역사는 분열-항쟁의 역사라 해도 과언이 아닐 정도입니다.

분열될 때마다 정통과 이단으로 갈라져갔습니다. 생각이 다른 사람들이 서로 분열된 이후, 서로 자신을 정통이라 하고 다른 쪽을 이단이라 하면서, 조직적으로 상대를 파멸시키려고 합니다. 경우에 따라서는 폭력적 충돌로 인해 서로 죽고 죽이기에 이르고, 심지어는 국가 간 전쟁으로까지 치달았습니다. 종교개혁의 경우 신앙상의 분열이 신성로마제국 내의 패권 투쟁로 이어져, 마침내 유럽 전역을 장기간에 걸친 전란의 소용돌이로 몰아넣었습니다. '30년 전쟁'이 일어난 겁니다. 유럽의 근대는 이로부터 시작되었다고 평가됩니다.

무엇이 정통이고 무엇이 이단인가를 둘러싸고 싸움이 벌어졌을 때, 최종적인 해결 장소가 바로 세계 교회의 대표자들(주교나 목사 등)을 모아 열었던 공의회였습니다. 1회 공의회가 니케아 공의회(325)로, 여기서의 주된 화제는 아리우스파를 이단으로 배제하는 데 있었습니다. 아리우스파는 그리스도의 신성을 절대적으로 인정하지는 않는 교파입니다. 그리스도교의 정통 신앙은 소위 삼위일체 신앙으로 아버지 신, 아들 신, 성령 신 이렇게 셋이 동격으로 일체가 되어 있는 신이라고 봅니다. 삼자는 그 본질에서는 동일하지만 위격位格, persona에서 다르다고 생각하는 겁니다. 위격이라는 것은 이해하기 어려운 것인데, 쉽게 생각하자면 현현顯現 양식에 있어서의 차이라고 생각해도 좋습니다. 본질에 있어 전적으로 동일한 신이 다른 모습으로 나타난다고 생각해도 좋습니다. 같은 나무에 뿌리가 있고, 줄기가 있고, 열매가 있지만, 그 모두가 동일한 나무의 다른 모습이라고 할 수 있다는 것, 그것이 바로 삼위일체의 비유로 자주 사용돼 왔습니다.

그러나 만일 그런 것이라면, 1인 3역의 삼위일체론이 될 수밖에 없지 않느냐는 비판도 있습니다. 진실된 삼위일체론은 3인격 1본질의 삼위일체인데, 만일 1인격 3역할이라면 아들 신(그리스도)의 수난사도 실은 하느님 아버지 자신이 죽은 게 되고, 그리되면 결국 하느님 아버지 수난설이라는 이단 사상이 되어버린다는 비판입니다.

아리우스가 제창한 것이 바로 이런 주장입니다. 아리우스는 신이 어디까지나 한 분뿐이라고 하는 유일신의 입장에 섰습니다. 신만이 신이다, 신의 아들이라 해도 그건 아들이지 신은 아니며 따라서 아들과 신은 이질적인 것이라고 보았습니다(정통파는 신과 아들을 동질적이라고 봅니다). 아들은 특정 시간에 태어난 것이며, 이전에는 존재치 않았다고 보았습니다(존재의 유시성有始性, 즉 존재가 시작을 갖는다는 것). 그렇게 되면 아들은 하느님 아버지의 의지에 의해 무로부터 창조된 피조물이 됩니다. 그에 반해 정통파는 하느님이신 신도 아들 신(그리스도)도 전적으로 동질적이며, 피조물이 아니라 이 세상의 모든 만물을 창조하신 창조신이며, 존재의 시작을 갖지 않는 영원한 존재라고 봅니다. 이 대목은 정통 신앙에 서 있는 그리스도교 이외에는 조금 이해하기 어려운 대목입니다. 이 정도까지만 얘기를 들어봐서는, 아리우스의 주장이 옳다는 생각이 들 수도 있습니다. 그리스도는 마리아로부터 태어난 것이니, 바로 그때 존재하기 시작한 것입니다. 그런 점에서 이전부터, 즉 태어나기 전부터 실은 그리스도가 존재하고 있었다는 주장은 상식적으로는 조금 이해하기 어렵습니다. 그러나 성서에 따르면 이 상식에 반하는 주장이 올바른 것입니다.

"처음에 말씀이 있었다. 말씀은 신과 함께 있었다. 말씀은 신이었다. 이 말씀은 처음에 신과 함께 있었다. 만물은 말씀에 의해 이루어졌다. 이루어진 것 중에 말씀에 의하지 아니하고 이루어진 것은 하나도 없었다. 말씀 안에 생명이 있었다. 생명은 인간을 비추는 빛이었다. 빛은 암흑 속에서 빛나고 있다. 암흑은 빛을 이해하지 못했다." 여기서 말씀이라고 하는 것은 그리스어로 로고스입니다. 로고스는 말씀 이외에 언어, 이성, 법칙 등으로도 번역됩니다. 방금 인용한 요한복음 구절의 '말씀' 부분을 전부 로고스로 치환해보세요. 로고스가 그리스도인 것입니다. 처음에 말씀이 있고, 말씀은 신과 함께 있고, 말씀이 신인 것입니다. 그리고 모든 것은 말씀에 의해 생긴 것입니다.

구약성서에 따르면 신의 최초의 행위인 천지 창조는 "빛 있으라"라는 한마디로 시작됩니다. 그 한마디에 의해 모든 것이 시작되는 것입니다. 그 한마디가 로고스입니다. 모든 것은 이로 의해 생겨나고, 생긴 것은 그 무엇이라도 이에 의하지 않은 것은 없었기 때문에, 로고스는 모든 것입니다. 로고스는 신의 피조물이 아니라 처음부터 존재하는 것입니다. 그것이 그리스도이므로, 그리스도는 신의 창조물이 아니라 신과 동격의 존재가 되는 것입니다. 이것을 '로고스 그리스도론'이라고 하는데, 삼위일체론의 중요한 기둥이 되지요.

『Profiles in Belief』는 전3권입니다. 이것은 프로테스탄트에 속하는 여러 교파들의 교리가 성립돼가는 과정의 역사가 담긴 사전입니다. 그리고 이 책 『종교개혁 저작집』은 15권이나 되는 장대한 전집으로, 대단히 좋은 자료입니다.

역사는 '지금'의 시점으로부터 역순으로 배워야 한다

『히스토리카 세계사』의 10권 『새로운 세계화 시대』는 제가 감수를 맡았을 뿐만 아니라, 후반부는 제가 쓴 것이기도 합니다.

원저는 전부 3권이니까 그리 두꺼운 책은 아니지만, 내용은 아주 견실합니다. 특히 일본어판 8권, 9권, 10권 즉 제국주의 시대부터 2차대전, 전후 세계, 그리고 새로운 세계 질서의 형성 등 최근의 역사에 대한 기술은 출중하다고 할 수 있습니다.

이 시대의 역사와 관련해서는 일본의 역사 교육이 아무런 도움이 안 되는 대목도 있습니다. 왜 그러한가? 일본의 역사 교육은 새로운 시대를 정면에서 가르치려고 하지 않습니다. 그러므로 지금은 청소년부터 성인들에 이르기까지, 거의 아무것도 모릅니다. 하지만 진짜 가르쳐야 할 것은 현대의 역사입니다.

현재의 고등학교 세계사는, 1학년 여름방학까지 계속 그리스와 로마를 가르치고, 3학년 마지막에야 2차대전까지 도달할까 말까 하는 식입니다. 일본사 분야에서도 마찬가지로 옛날 일들만 가르치고 있으니, 모두 조몬시대[53]와 야요이시대[54]는 잘들 알고 있어요.(웃음) 하지만 그래 가지고는 영 안 됩니다. 고등학교 교육 개혁의 하나로서 현대사라는 교과목을 신설해야 한다고 주장하는 사람도 있습니다만, 그것은 반드시 받아들여져야 하는 주장이라고 저는 봅니다. 현대사를 알지 못하면 현대 그 자체를 이해하지 못합니다. 제가 역사를 가르칠 때는 새로운 시대를 제일 먼저 가르치고 역순으로 밟아갑니다. 우선 현재 세계의 상황을 가르칩니다. 다음으로 이보다 조금 이전의 상황을 전하고, 그걸 통해 우리가 왜 지금과 같은 사태에 이르렀는지 가르칩니다. 이 과정을 되풀이하면서 조금씩 역사를 거슬러올라가는 겁니다. 저로서는 이런 식으로 해서 프랑스 혁명 즈음까지 거슬러올라가면 충분치 않을까라는 생각을 합니다. 물론 역사를 좋아하는 사람은 얼마든지 더 거슬러올라가도 좋습니다. 하지만 조몬시대부터 시작해서 프랑스혁명까지 전진하는 것보다는 지금에서 출발해 프랑스 혁명까지 거슬러올라가는 편이 훨씬 더 의미가 있습니다. 과거 200년이 이해가 되면 지금이 이해되는 것입니다.

이것은 빅토리아 여왕을 둘러싸고 있는 유럽 왕후 귀족 최후의 기념사진입니다. 빅토리아 여왕을 중심으로 독일 황제 빌헬름 2세, 러

53 기원전 13000년경부터 기원전 300년까지. 세계사적으로는 중석기시대 내지 신석기시대에 해당한다.

54 조몬시대 이후, 고분시대 이전에 해당하는 시기. 대략 기원전 3세기부터 기원후 4세기에 해당한다.

시아의 황제 니콜라이 2세 등이 주변에 있습니다. 요컨대 그들은 모두 친척인 것입니다. 또 한 장의 사진은 빅토리아 여왕이 사망한 후의 장례식 사진으로, 이들이 모두 마차에 타고 모여든 모습이 찍혀 있습니다. 이 사진들을 보면 지금 유럽의 모습이 왠지 모르게 이해가 되기 시작합니다. 역으로 말하자면, 이 사진을 보지 않으면 언제까지라도 일체一體로서의 유럽이 전혀 이미지화되지 않습니다. 이런 사진들을 죽 훑어보는 것이야말로 진정한 의미에서의 역사를 배우는 것이라고 생각합니다.

시대가 달라지면 책을 두는 장소도 달라진다

(릿쿄 대학 3호관, 지붕 아래 방으로 이동) 이 방에는 야나이하라 다다오와 오카와 슈메이[55] 관련 서적들이 다소 있습니다. 그 외에 아사구모신문[56]에서 간행한 방위청의 전쟁사 관련 서적들이 상당 분량 있습니다. 저 안쪽에는 『이시하라 간지 전집』(전7권+별권 1권)과 그리스도교와 관련된 『후지이 다케시[57] 전집』이 있습니다. 지금은 중요

---

55 야나이하라 다다오矢内原忠雄(1893~1961)는 일본 경제학자이자 식민정책학자였다. 도쿄 대학 총장을 역임했다. 오카와 슈메이大川周明(1886~1957)는 일본의 사상가로 근대 일본의 서양화에 맞서 대결했다. 정신 면에서는 일본주의, 내정 면에서는 사회주의 혹은 통제경제, 외교 면에서는 아시아주의를 창도했다. 도쿄 재판시에는 민간인으로서 유일하게 A급 전범 용의자로 기소되었다. 만년에는 코란 전문을 번역하는 등 이슬람 연구에 진력했다.

56 朝雲新聞. 방위성과 자위대 관련 뉴스를 주로 다루는 신문.

57 藤井武(1888~1930). 한때 우치무라 간조의 비서를 하기도 했던 무교회 전도자.

한 책들이 별로 없네요.

예전에 이곳은 모든 서가마다 책들이 꽉 들어차 있었습니다. 마치 책으로 둘러싸인 은둔처隱家 같은 독특한 분위기가 감돌아 제가 좋아했던 곳이지요. 대학의 뇌수 속으로 들어갈 수 있을 듯한 그런 인상을 받았던 기억이 있습니다. 하지만 지금은 소방법 등 때문에 책을 거의 둘 수 없게 되었습니다.

시대가 흐르면 읽어야 할 책도 변하게 되지만, 책을 두는 장소도 바뀐다는 얘기가 되겠지요.

다치바나 다카시가 소개한 책들

1장

고양이 빌딩 1층

'죽음'이란 무엇인가

엘리자베스 퀴블러로스, 『죽음과 죽어감On Death And Dying』, 이진 옮김, 이레, 2008.

山田風太郎, 『인간 임종 도권人間臨終図巻』(상하), 徳間書店, 1986, 1987.

Peter Metcalf, Richard Huntington, 『죽음 의례死の儀礼－葬送習俗の人類学的研究』, 池上良正 외 옮김, 未来社, 1985.

다치바나 다카시, 『뇌사脳死』, 中央公論社, 1986.

____________, 『뇌사 재론脳死再論』, 中央公論社, 1991.

____________, 『뇌사 임조 비판脳死臨調批判』, 中央公論社, 1994.

H. T. Engelhardt, 『바이오에식스의 기초バイオエシックスの基礎づけ』, 加藤尚武 외 옮김, 朝日出版社, 1989.

경험으로부터 흥미가 확장되어갔다

Henry Gray, 『그레이 해부학Gray's Anatomy』(초판 1858년).

NHK 取材班, 『NHK 사이언스 스페셜: 경이로운 소우주, 인체NHKスペシャル: 驚異の小宇宙－人体』, 日本放送出版協会, 1989.

吉村昭, 『빛나는 벽화光る壁画』, 新潮社, 1981.

일본 근대의학의 시작

東京大学医学部医学部附属病院創立150周年記念アルバム編集委員会, 『의대생과 그 시대－도쿄 대학 의학부 졸업 앨범으로 보는 일본 근대 의학의 발자취医学生とその時代－東京大学医学部卒業アルバムにみる日本近代医学の歩み』, 中央公論新社, 2008.

入沢宏, 『심장 생리학心臓の生理学』, 岩波書店, 1982.

이토록 흥미진진한 분자생물학

Joseph B McCormick 외, 『레벨 4－치사성 바이러스レベル4－致死性ウィルス』, 武者 圭子 옮김, 早川書房, 1998.

Conrad George Mueller, 『빛과 시각 이야기光と視覚の話』, タイム ライフ インターナショナル, 1968.

渡辺格 엮음, 『생물학을 권함生物学のすすめ』, 筑摩書房, 1969.

高岡實, 『생물 강의生物精義』, 培風館, 1967.
柴谷篤弘, 『생물학 혁명生物学の革命』(개정판), みすず書房, 1970.
다치바나 다카시·도네가와 스스무利根川進, 『정신과 물질精神と物質』, 文芸春秋, 1990.
다치바나 다카시, 『뇌사腦死』, 中央公論社, 1986.
__________, 『우주로부터의 귀환』, 전현희 옮김, 청어람미디어, 2002.
__________, 『인체 재생人体再生』, 中央公論新社, 2003.

빨간책 분야의 최고 걸작

다치바나 다카시, 『미국 성혁명 보고アメリカ性革命報告』, 文芸春愁, 1979.
光明寺三郎, 『단노우라 야합전기壇の浦夜合戰記』, 三崎書房, 1968.

전설의 편집부

Robert Muchembled, 『오르가슴의 역사オルガスムの歴史』, 山本規雄 옮김, 作品社, 2006.
Catherine Blackledge, 『바기나ヴァギナ』, 藤田真利子 옮김, 河出書房新社, 2005.
伏見憲明, 『프라이빗 게이 라이프プライベート ゲイ ライフ』, 学陽書房, 1992.
伏見憲明, 『욕망 문제欲望問題』, ポット出版, 2007.
伏見憲明, 『성의 향연－대화편性という'饗宴'－対話編』, ポット出版, 2005.
ミリオンMOOK, 『일본판 올 섹스 카탈로그日本版 オールセックスカタログ』, ミリオン出版, 1978.
澁澤龍彦 편, 『피와 장미血と薔薇』, 天声出版, 1968~1969.

중국 방중술의 깊이

Richard Payne & Wright, Thomas Knight, 『Sexual Symbolism』, Julian Press, Inc., 1957.
Alain Daniélou, 『남근 신화ファロスの神話』, 窪田般弥 외 옮김, 青土社, 1996.
劉達臨, 『중국 성애 문화中国性愛文化』, 鈴木博 옮김, 青土社, 2003.
劉達臨, 『중국 성애 박물관中国性愛博物館』, 鈴木博 옮김, 原書房, 2006.
Friedrich Salomon Krauss, 『일본인의 성생활日本人の性生活』, 安田一郎 옮김, 青土社, 2000.
石川弘義, 『일본인의 성日本人の性』, 文芸春秋, 1984.
真鍋俊照, 『사교 · 다치가와류邪教 · 立川流』, 筑摩書房, 1999.

프로이트는 픽션으로 읽는다

Rolf Degen, 『프로이트 선생의 거짓말フロイト先生のウソ』, 赤根洋子 옮김, 文藝春秋, 2003.

Daniel Keyes, 『마음의 거울心の鏡』, 稲葉明雄·小尾芙佐 옮김, 早川書店, 1993.

원숭이 인터뷰를 시도했다

다치바나 다카시, 『원숭이학의 현재サル学の現在』, 平凡社, 1991.

Francine Patterson·Eugene Linden, 『침팬지 코코와의 대화ココ, お話しよう』, 都守淳夫 옮김, どうぶつ社, 1995.

Ann J. Premack, 『침팬지, 읽기 쓰기를 익히다チンパンジー読み書きを習う』, 中野尚彦 옮김, 思索社, 1978.

松沢哲郎, 『어머니가 된 아이-침팬지 엄마와 아들, 그리고 문화おかあさんになったアイ-チンパンジーの親子と文化』, 講談社, 2001.

岡安直比, 『원숭이에게 배우는 자연육아법サルに学ぼう, 自然な子育て』, 草思社, 2000.

가와이 하야오 선생과의 술자리

다치바나 다카시·가와이 하야오·다니카와 슌타로, 『읽기의 힘 듣기의 힘』, 이언숙 옮김, 열대림, 2007.

처음엔 애플의 맥을 사용했다

다치바나 다카시, 『컴퓨터 진화론-기가·테라·페타電脳進化論電-ギガ·テラ·ペタ』, 朝日新聞, 1993.

다치바나 다카시, 『인터넷은 글로벌 브레인インターネットはグローバル ブレイン』, 講談社, 1997.

인터넷 사전은 쓰지 않는다

白川静, 『자통字通』, 平凡社, 2014.

山口翼 엮음, 『일본어 대 시소러스日本語大シソーラス』, 大修館書店, 2016.

諸橋轍次·鎌田正·米山寅太郎, 『광한일사전広漢和辞典』, 大修館書店, 1984.

新村出, 『고지엔広辞苑 第六版』, 岩波書店, 2008.

山田忠雄 외 엮음, 『신명해 국어사전新明解国語辞典 第七版』, 三省堂, 2011.

諸橋轍次, 『대한일사전大漢和辞典』, 大修館書店, 2000.

더러운 라틴어 교과서

守田健一, 『피진어 소사전ピジン語小辞典』, 泰流社, 1990.

유용한 시소러스

松田德一郎 외 엮음, 『리더스 플러스リーダーズ プラス』, 研究社, 2000.
高橋作太郎 외 엮음, 『리더스 영일사전リーダーズ英和辞典』, 研究社, 2012.

돋보기보다 확대복사

上田万年 외 엮음, 『대사전大辭典 覆刻』, 平凡社, 1994.
国立国語研究所, 『분류어휘표分類語彙表』, 大日本図書, 2004.

포퍼의 주저가 어디 갔지?

칼 포퍼, 『열린사회와 그 적들』, 이한구 옮김, 민음사, 2006.

사제이자 과학자

Pierre Teilhard de Chardin, 『현상으로서의 인간現象としての人間』, 美田稔 옮김, みすず書房, 1964.
Pierre Teilhard de Chardin, 『과학과 종합科学と綜合』, 林一 옮김, 白揚社, 1979.
Pierre Teilhard de Chardin, 『어떤 미래의 좌표-테야르 드샤르댕ある未来の座標-ティヤール·ド·シャルダン』, 周郷博·伊藤晃 옮김, 春秋社, 1970.
Amir D. Aczel, 『신부와 두개골T神父と頭蓋骨 -北京原人を発見した「異端者」と進化論の発展』, 林大 옮김, 早川書房, 2010.

어쨌거나 뇌는 아직 모른다

Jeffrey Alan Gray, 『스트레스와 뇌ストレスと脳』, 八木欽治 옮김, 朝倉書店, 1991.
下河内稔 , 『뇌와 성脳と性』, 朝倉書店, 1992.
中川八郎 외, 『뇌과학 시리즈ブレインサイエンス シリーズ』, 共立出版, 1988~2009.

파괴된 뇌가 힌트!

酒田 英夫 외, 『신경심리학 컬렉션神経心理学コレクション』, 医学書院, 2000~2014.
平山惠造·田川皓一 엮음, 『뇌졸중과 신경심리학脳卒中と神経心理学』, 医学書院, 1995.
春山茂雄, 『뇌내 혁명』, 반광식 옮김, 사람과책, 1996.
品川嘉也, 『뇌가 돌연 예리해지는 우뇌자극법頭が突然鋭くなる右脳刺激法』, 青春出版社, 1988.

보고서 자체가 상품이 되는 우주물

宇宙通信連絡会議, 『방송위성(유리)의 실험 성과放送衛星(ゆり)の実験成果』, 大蔵省印刷局, 1982.

宇宙通信連絡会議, 『실험용 통신위성 '사쿠라'－4년간의 성과実験用通信衛星「さくら」－四年間の成果』, 大蔵省印刷局, 1983.

Hans Barth, 『헤르만 오베르트Hermann Oberth: Leben, Werk und Auswirkung auf die spätere Raumfahrtentwicklung』, Uni–Verlag, 1985

다치바나 다카시, 『우주로부터의 귀환』, 전현희 옮김, 청어람미디어, 2002.

거짓말이 재미있다

Maharishi Mahesh Yogi , 『초월명상과 깨달음－영원한 진리의 서 『바가바드 기타』 주석超越瞑想と悟り－永遠の真理の書「バガヴァッド・ギーター」の注釈』, マハリシ総合研究所 옮김, 読売新聞, 1994.

L.Vasiliev, 『텔레파시의 세계－인간 심리의 신비적 현상テレパシーの世界 －人間心理の神秘的現象』, 秋田義夫 옮김, 白揚社, 1973.

Claude Kappler, 『중세의 요괴, 악마, 기적中世の妖怪､悪魔､奇跡』, 幸田礼雅 옮김, 新評論, 1997.

Rosemary E. Guilly, 『요괴 및 정령 사전妖怪と精霊の事典』, 松田幸雄 옮김, 青土社, 1995.

A. E. Powell, 『신지학 대요神智学大要』, 仲里誠桔 옮김, たま出版, 1981~84.

Herman Kahn, 『초대국 일본의 도전超大国日本の挑戦』, 風間禎三郎 옮김, ダイヤモンド社, 1970.

Ezra F. Vogel, 『세계의 넘버 원 일본: 미국에 주는 교훈ジャパンアズナンバーワン－アメリカへの教訓』, 広中和歌子·木本彰子 옮김, TBSブリタニカ, 1979.

도쿄전력이 아니라 GE에게 손해배상을 요구해야 한다

Claude Allègre · Dominique de Montvalon, 『핵발전은 정말 위험한가?原発はほんとうに危険か』, 中村栄三 감수, 林昌宏 옮김, 原書房, 2011.

2장

고양이 빌딩 2층

토착종교로서의 그리스도교

甲斐扶佐義, 『교토 고양이타운 블루스京都猫町ブルース』, 淡交社, 2011.
ラテンアメリカ協会, 『라틴 아메리카 사전ラテンアメリカ事典』, ラテンアメリカ協会, 1984.
다치바나 다카시, 『사색기행』, 이규원 옮김, 청어람미디어, 2005.
Jacobus de Voragine, 『황금전설The Golden Legend』, William Granger Ryan 옮김, Princeton University Press, 1993.

부정한 여인의 남자 요셉

狩野千秋, 『마야와 아스텍マヤとアステカ』, 近藤出版社, 1983.
다치바나 다카시, 『에게-영원회귀의 바다』, 이규원 옮김, 청어람미디어, 2006.
Sylvie Barnay, 『성모 마리아LA Vierge, Femme Au Visage Divin』, Gallimard, 2000.
Klaus Schreiner, 『마리아-처녀, 모친, 여주인マリア：処女·母親·女主人』, 内藤道雄 옮김, 法政大学出版局, 2011.
石井美樹子, 『신의 어릿광대-성 요셉의 초상神の道化師-聖ヨセフの肖像』, 白水社, 1991.

검은 마리아

Sylvie Barnay, 『마리아의 출현マリアの出現』, 近藤真理 옮김, せりか書房, 1996.
Christopher Columbus 외, 『대항해시대 총서大航海時代叢書』, 岸野久 외 옮김, 岩波書店, 1965~1994.

현지인과 친해지는 요령

Loyola, 『El Idioma Guaraní』, Asuncion, 1976.
Biblioteca Ayacucho, 『Literatura Guaranídel Paraguay』, 1980.

잉카의 혈통

戸部実之, 『케추아어 입문-남미 안데스·잉카의 언어ケチュア語入門-南米アンデス·インカの言語』, 泰流社, 1987.

戸部実之, 『실용 케추아어 입문－문법·일상회화·단어집実用ケチュア語入門－文法·日常会話·単語集』, 泰流社, 1993.

위서를 즐긴다

무크 『「고사고전」 논쟁「古史古伝」論争』, 新人物往来社, 1993.
斎藤光政, 『위서 「쓰가루 밖 삼군지」 사건偽書「東日流外三郡誌」事件』, 新人物往来社, 2006.
池田満, 『「호쓰마쓰타에」를 해독한다－일본 고대문자가 이야기하는 조몬 시대「ホツマツタヱ」を読み解く－日本の古代文字が語る縄文時代』, 展望社, 2001.

도중에 끊긴 천황의 계보

大和岩雄, 『유녀와 천황遊女と天皇』, 白水社, 1993.
________, 『십자가와 소용돌이－상징으로서의 생과 사十字架と渦巻－象徴としての生と死』, 白水社, 1995.
水谷千秋, 『수수께끼의 대왕 게이타이 천황謎の大王継体天皇』, 文春新書, 2001.

내가 쓴 책을 다시 읽는 일은 별로 없지만

다치바나 다카시, 『다나카 가쿠에이 연구田中角栄研究全記録』, 講談社, 1976.
____________, 『정치가 다나카 가쿠에이의 패배－록히드 재판 방청기 4政治家田中角栄の敗北－ロッキード裁判傍聴記 4』, 朝日新聞社, 1985.

3장
고양이 빌딩 3층

서양 문명 이해에 성서는 필수

田川建三, 『예수라는 사나이イエスという』, 男三一書房, 1980.
________, 『텍스트로서의 신약성서書物としての新約聖書』, 勁草書房, 1997.

문장 하나하나 파고들어가기

다치바나 다카시·사토 마사루, 『우리가 뇌를 단련하는 방법－교양 필독서 400권ぼ

くらの頭脳の鍛え方－必読の教養書400册』, 文春新書, 2009.
吉田賢抗, 『신석 한문대계新釈漢文大系』(전11권+별권 1권), 明治書院, 1960～.
王先謙 집해, 『장자집해 내편보정莊子集解内編補正』, 古籍出版社出版 上海版, 1958.
手塚 儀一郎, 『구약성서 약해－구어旧約聖書略解－口語』, 日本基督教団出版部, 1958.
토마스 아퀴나스, 『존재자와 본질에 대하여』, 정의채 옮김, 바오로딸, 2004.

신의 존재를 소박하게 믿는 미국 사람들

리처드 도킨스, 『만들어진 신』, 이한음 옮김, 김영사, 2007. (일본어판 『神は妄想である－宗教との決別』)

아서 왕 전설

토머스 맬러리, 『아서 왕의 죽음』, 이현주 옮김, 나남출판, 2009.
__________, 『아서 왕 이야기アーサー王物語』, 筑摩書房, 2004～2007.
江藤淳, 『소세키와 아서 왕 전설－『카이로 행』의 비교문학적 연구漱石とアーサー王伝説－『薤露行』の比較文学的研究』, 東京大学出版会, 1975.
리언 아이슬러, 『성배와 칼』, 김경식 옮김, 비채, 2006.
Peter Dickinson, 『멀린의 꿈アーサー王物語伝説 魔術師マーリンの夢』, 山本史郎 옮김, 原書房, 2000.
井村君江, 『아서 왕 로망스アーサー王ロマンス』, ちくま文庫, 1992.
高宮利行, 『아서 왕 이야기의 매력－켈트에서 소세키로アーサー王物語の魅力－ケルトから漱石へ』, 秀文インターナショナル, 1999.

책은 종합 미디어다

密教文化研究所, 『고보대사 전기집람弘法大師伝記集覧』, 密教文化研究所, 1985.

신비주의

Maine de Biran, 『내적 일기Journal intime』, Librairie Plon, 1927.
Colin Wilson, 『종교와 반항아Religion and the Rebel』, Houghton Mifflin, 1957.

이즈쓰 도시히코 선생과의 만남

井筒俊彦, 『신비 철학神秘哲學』, 人文書院, 1949.
_______, 『아랍어 입문』, 慶應出版社, 1950.
_______, 『이즈쓰 도시히코 저작집井筒俊彦著作集』, 中央公論社, 1991～93.

루미의 묘소

筑摩書房 엮음, 『세계문학대계 제68권 아랍·페르시아世界文学大系〈第68〉アラビア·ペルシア集』, 嶋田襄平 외 옮김, 筑摩書房, 1964.
井筒俊彦, 『루미 어록ルーミー語録』, 岩波書店, 1978.
中沢洽樹, 『하디스–이슬람 전승 집성ハディース：イスラーム伝承集成』, 中央文庫, 1993.
井筒俊彦, 『코란コーラン』, 岩波書店, 1957~64.

『고사기』 『일본서기』 이외의 수상쩍은 계보

佐治芳彦, 『마침내 베일을 벗은 수수께끼의 가미 문서ついにベールをぬいだ謎の九鬼文書 いま､明かされる大本教の最高秘密』, 徳間書店, 1984.
菅田正昭, 『고신도의 계보』, コスモ·テン·パブリケーション, 1990.
和歌森太郎, 『미호신사 연구美保神社の研究』, 弘文堂, 1955.
荒川紘, 『일본인의 우주관–아스카에서 현대까지日本人の宇宙観–飛鳥から現代まで』, 紀伊国屋書店, 2001.

파워 스폿의 원류

加治順人, 『오키나와의 신사沖縄の神社』, おきなわ文庫, 2000.
大場磐雄, 『신도 고고학 논고神道考古学の論攷』, 雄山閣, 1971.
小野眞一, 『제사 유적祭祀遺跡』, ニュー·サイエンス社, 1982.

신, 그리스도, 성령

Maurice Barrès, 『정령이 숨쉬는 언덕精霊の息吹く丘』, 篠沢秀夫 옮김, 中央公論新社, 2007

거석 문명과 비너스 신앙

木村重信, 『비너스 이전ヴィーナス以前』, 中央公論新社, 1982.

멘드비랑과 일본의 출판 문화

Henri Gouhier, 『멘드비랑의 생애와 사상メーヌ·ド·ビラン–生涯と思想』, 大崎博·益邑斉·藤江泰男 옮김, サイエンティスト社, 1999.
沢瀉久敬, 『멘드비랑メーヌ·ド·ビラン』, 弘文堂, 1936.

소크라테스 이전의 철학

헤르만 딜스·발터 크란츠 편 『소크라테스 이전 철학자들의 단편 선집』, 김인곤 외 옮김, 아카넷, 2005.

플라톤, 『테아이테토스』, 정준영 옮김, 이제이북스, 2013.

프리먼 다이슨

다치바나 다카시, 『고바야시·마스카와 이론의 증명小林·益川理論の証明 陰の主役Bファクトリーの腕力』, 朝日新聞出版, 2009.
Freeman Dyson, 『프리먼 다이슨, 20세기를 말하다Disturbing The Universe』, 김희봉 옮김, 사이언스북스, 2009. (일본어판 『우주를 뒤흔들까-다이슨 자서전宇宙をかき乱すべきか-ダイソン自伝』)

지구 바깥에 생명체가 존재한다?!

磯部琇三, 『제2의 지구는 있는가第二の地球はあるか-生命を乗せた惑星を求めて』, 講談社ブルーバックス, 1991.
Stephen Webb, 『우주에 외계인이 가득하다면…… 모두 어디 있지』, 강윤재 옮김, 한승, 2005.
James Lovelock, 『가이아의 시대』, 홍욱희 옮김, 범양사, 1992.
_______________, 『가이아』, 홍욱희 옮김, 갈라파고스, 2004.

그러시면 곤란합니다, 이와나미 씨

Richard Feynman, 『파인먼 씨, 농담도 잘하시네!』, 김희봉 옮김, 사이언스북스, 2000.
Richard Feynman, 『파인먼의 물리학 강의』(전3권), 박병철 외 3인 옮김, 승산, 2004~2009.

파인먼 최대의 업적

Richard Feynman, 『파인먼 씨 베스트 에세이ファインマンさんベストエッセイ』, 岩波書店, 2001.

우수리셈 이론

朝永振一郎, 『물리학이란 무엇인가』, 장석봉·유승을 옮김, 사이언스북스, 2002.
Richard Feynman, 『비범한 천재No Ordinary Genius』, W. W. Norton & Co Inc., 1994.

과학은 불확실한 것이다

Richard Feynman, 『일반인을 위한 파인먼의 QED 강의』, 박병철 옮김, 승산, 2001.

Richard Feynman, 『파인먼의 과학이란 무엇인가?The Meaning of It All: Thoughts of a Citizen-Scientist』, 정무광 · 정재승 옮김, 승산, 2008. (일본어판 『科学は不確かだ』)

과학에 대해 말하는 것의 어려움

Denis Brian, 『아인슈타인アインシュタイン-天才が歩んだ愛すべき人生』, 鈴木主税 옮김, 三田出版会, 1998.
Albert Einstein, 『아인슈타인이 말합니다』, Alice Calaprice 엮음, 김명남 옮김, 에이도스, 2015.
Abraham Pais, 『신화는 계속되고』, 이용원 옮김, 범한서적, 1996.
Leopold Infeld, 『갈루아의 생애-신들이 총애한 사람ガロアの生涯-神々の愛でし人』, 市井三郎 옮김, 日本評論社, 1969.

현실에서는 일어나지 않지만……

武者利光他 엮음, 『양자 효과 핸드북量子効果ハンドブック』, 森北出版, 1983.

아인슈타인 최대의 공적

平尾一之 · 邱建栄 엮음, 『펨토초 테크놀로지-기초 및 응용フェムト秒テクノロジー-基礎と応用』, 化学同人, 2006.

단백질 구조 해석

James Watson, 『이중나선』, 최돈찬 옮김, 궁리, 2006.

4장

고양이 빌딩 지하1층과 지하2층

대학은 '스스로 배우는' 곳

레이철 카슨, 『침묵의 봄Silent Spring』, 김은령 옮김, 에코리브르, 2002.
東京都公害研究所 編, 『공해와 도쿄도公害と東京都』, 東京都公害研究所, 1970.
長山淳哉, 『슬그머니 다가오는 다이옥신 오염-식품 · 모유에서부터 대기까지 위험

하다しのびよるダイオキシン汚染－食品·母乳から水·大気までも危ない』, 講談社, 1994.
Frank Graham Jr., 『침묵의 봄의 행방サイレント　スプリングの行くえ』, 田村三郎·上遠恵子 옮김, 東京同文書院, 1971.
다치바나 다카시, 『생태적 사고를 권함エコロジー的思考のすすめ』, 中央公論社, 1990.
____________, 『환경 호르몬 입문環境ホルモン入門』 新潮社, 1998.
____________, 『나는 이런 책을 읽어왔다ぼくはこんあ本を読んできた』, 이언숙 옮김, 청어람미디어, 2001.
____________, 『도쿄대생은 바보가 되었는가』, 이정환 옮김, 청어람미디어, 2002.
____________, 『뇌를 단련하다脳を鍛える－人間の現在』, 이규원 옮김, 청어람미디어, 2004.

보존하지 못한 농협 관계 자료

다치바나 다카시, 『농협農協』, 朝日新聞社, 1984.
長野県経済連 엮음, 『나가노 현 채소 발전사長野県蔬菜発展史』, 長野県経済連, 1974.
北海道家畜改良事業団 엮음, 『태동－홋카이도 가축 인공수정 발달사胎動－北海道家畜人工受精発達史』, 北海道家畜改良事業団, 1978.

책을 쓴 뒤에 오히려 자료가 증가하다니……

다치바나 다카시, 『임사 체험臨死體驗』(상하), 윤대석 옮김, 청어람미디어, 2003.
Bruce Greyson, 『임사 체험臨死体験－生と死の境界で人はなにを見るのか』, 笠原敏雄 옮김, 春秋社, 1991.
Ian Stevenson, 『전생을 기억하는 아이들前世を記憶する子どもたち』, 笠原敏雄 옮김, 日本教文社, 1990.
ムー編集部, 『무ムー』, 学研プラス 발행.

석유로부터 이스라엘과 중동 문제로

石油學會 엮음, 『석유 사전石油辞典』, 丸善, 2005.
日本石油株式会社 엮음, 『석유 편람石油便覧』, 石油春秋社, 1952.
Harvey O'Connor, 『석유 제국石油帝國』, 佐藤定幸 옮김, 岩波書店, 1957.
다치바나 다카시, 『중핵 대 혁마르中核 vs 革マル』, 講談社, 1975.

모사드의 스파이 엘리 코헨

Dennis Eisenberg, 『모사드ザ·モサド－世界最強の秘密情報機関』, 佐藤紀久夫 옮김,

時事通信社, 1980.
Max Hastings, 『Yoni: Hero of Entebbe』, Littlehampton Book Services, 1979.

일본 항공기 제조의 원조

富塚清, 『항연기-세계기록 수립에의 궤적航研機-世界記録樹立への軌跡』, 三樹書房, 1998.
高橋団吉, 『신칸센을 만든 사나이-시마 히데오 이야기新幹線をつくった男-島秀雄物語』, 小学館, 2000.
加藤寛一郎, 『냉전의 비술零戦の秘術』, 講談社, 1991.

노사카 산조의 비밀

다치바나 다카시, 『일본공산당 연구日本共産党の研究』, 講談社, 1978.
小林峻一·加藤昭, 『어둠속의 사내-노사카 산조의 100년闇の男-野坂参三の百年』, 文藝春秋, 1993.
Robert Conquest, 『슬픔의 수확, 우크라이나 대기근-스탈린의 농업집단화와 기근 테러悲しみの収穫-ウクライナ大飢饉』, 白石治朗 옮김, 恵雅堂出版, 2007.
Frank Dikötter, 『마오쩌둥의 대기근-역사상 가장 비참하고 파괴적인 인재 1958~1962毛沢東の大飢饉 史上最も悲惨で破壊的な人災 1958-1962』, 中川治子 옮김, 草思社, 2011.

시게노부 후사코와 접선을 시도했다

東京大学職員組合, 『6·15 사건 전후-은행나무 가로수에서 국회로六·一五事件前後-銀杏並木から国会へ』, 東京大学職員組合, 1960.
兵本達吉, 『일본공산당 전후 비사日本共産党の戦後秘史』, 産経新聞出版, 2005.

조르게와 일본공산당

川合貞吉, 『어느 혁명가의 회상或る革命家の回想』, 谷沢書房, 1983.

경찰 자료까지 판매하는 고서점

大野明男, 『전학련-그 행동 및 이론全学連-その行動と理論』, 講談社, 1968.

미국의 신문도 위태롭다

Katharine Graham, 『캐서린 그레이엄-나의 인생キャサリン·グラハム わが人生』, 小野善邦 옮김, TBSブリタニカ, 1997.

서구 여러 나라에서 하수도의 의미

東京銀行, 『뉴욕 금융시장 개설ニューヨーク金融市場概説』, 東京銀行調査部, 1958.
日本ペンクラブ 엮음, 『뉴욕 독본 I/뉴욕을 안다ニューヨーク読本 I / ニューヨークを知る』, 福武文庫, 1986.

푸틴은 제국을 건설하려 하고 있다

江頭寛, 『푸틴의 제국-러시아는 무엇을 노리는가プーチンの帝国ーロシアは何を狙っているのか』, 草思社, 2004.
戸塚秀夫, 『일본에서의 '신좌익' 노동 운동日本における「新左翼」の労働運動』, 東京大学出版会, 1976.
竹中労, 『류큐 노래 환시행-섬 노래의 세계琉歌幻視行-島うたの世界』, 田畑書店, 1975.
柴田翔, 『그래도 우리 젊은 날されどわれらが日々ー』, 文藝春秋新社, 1964.
小松左京, 『일본 침몰日本沈没』, 光文社, 1973.

구 이와사키 저택의 지하에서 일어난 사건의 진상

吉田一彦, 『암호 전쟁暗号戦争』, 小学館, 1998.
Kim Philby 외, 『프로페셔널 스파이-영국첩보부원의 수기プロフェッショナル・スパイ-英国諜報部員の手記』, 笠原佳雄 옮김, 徳間書店, 1969.
延禎, 『캐논 기관으로부터의 증언キャノン機関からの証言』, 番町書房, 1973.
宮川弘, 『시모야마 사건의 진상 상권-시모야마 총재는 살아 있다!下山事件の真相〈上〉-下山総裁は生きている!』, 東洋書房, 1968.

제가 담배를 피우지 않는 이유

矢次一夫, 『쇼와 동란 사사昭和動乱私史』, 経済往来社, 1971~73.
다치바나 다카시, 『쇼와사의 수수께끼昭和史の謎』, 暁教育図書, 1977.

한도 가즈토시 선생과 다나카 겐고 선생에겐 신세를 졌죠

Alain Dani'elou, 『팔루스 신화ファロスの神話』, 窪田般弥 외 옮김, 青土社, 1996.
Norman Brown, 『에로스와 타나토스エロスとタナトス』, 秋山さと子 옮김, 竹内書店, 1970.

부르고뉴를 통해 유럽을 안다

Edward Gibbon, 『로마제국 쇠망사』, 송은주 옮김, 민음사, 2010.
Tony Blair, 『토니 블레어의 여정』, 유지연 외 옮김, 알에이치코리아, 2014.
Alain Peyrefitte, 『프랑스병フランス病』, 根本長兵衛 외 옮김, 実業之日本社, 1978.
Jean-Christian Petitfils, 『루이 16세ルイ十六世』, 玉田敦子 외 옮김, 中央公論新社, 2008.
Joseph Calmette, 『부르고뉴 공국의 대공들ブルゴーニュ公国の大公たち』, 田辺保 옮김, 国書刊行会, 2000.
Johan Huizinga, 『호모루덴스』, 이종인 옮김, 연암서가, 2010.
______________, 『중세의 가을』, 이종인 옮김, 연암서가, 2012.

서가는 역사의 단면이다

Alfred Whitehead, 『과정과 실재』, 오영환 옮김, 민음사, 2003.
Scientific American 편집부 엮음, 『현대 수학의 세계現代数学の世界』, 遠山啓 외 옮김, 講談社ブルーバックス, 1974.
Sauders Mac Lane, 『수학 형식과 기능』, 이상구 옮김, 청음사, 2001.

괴델의 업적은 유용한가

Hao Wang, 『괴델의 삶ゲーデル再考–人と哲学』, 土屋俊 옮김, 産業図書, 1995. (국내에는 이 책의 전반부만 번역되어 있다. 『괴델의 삶』, 배식한 옮김, 사이언스북스, 1997.)

아시아는 단순하지 않다

조지프 콘래드, 『암흑의 핵심』 이상옥 옮김, 민음사, 1998.
다치바나 다카시, 『〈지옥의 묵시록〉 독해解読「地獄の黙示録」』, 文藝春秋, 2002.

교과서적인 책을 우선 손에 든다

木内信敬, 『종합 연구 미국綜合研究アメリカ』, 実教出版, 1976.
大島清, 『일본 자본주의의 몰락 2日本資本主義の没落 2』, 東京大学出版会, 1970.

종교학자 막스 베버

Max Weber, 『프로테스탄티즘의 윤리와 자본주의 정신』, 김덕영 옮김, 길, 2010.
金井新二, 『베버의 종교 이론ヴェーバーの宗教理論』, 東京大学出版会, 1991.
Max Weber, 『막스 베버 소명으로서의 정치』, 박상훈 옮김, 후마니타스, 2013.

6장

고양이 빌딩 옥상

콜린 윌슨의 다면적 세계

Colin Wilson, 『아웃사이더』, 이성규 옮김, 범우사, 2011.
___________, 『종교와 반항아宗教と反抗人』, 中村保男, 紀伊国屋書店, 1965.
Ludwig Wittgenstein, 『논리철학 논고』, 이영철 옮김, 책세상, 2006.
____________________, 『철학적 탐구』, 이영철 옮김, 책세상, 2006.

전향자의 수기

文部省学生部, 『좌경 학생의 수기左傾学生生徒の手記』, 文部省, 1934~35.
北一夫編, 『일본공산당의 전모日本共産党始末記』, 塩川書房, 1929.

공산당 측에서 연일 비판 기사가 쏟아졌다

日本共産党, 『전전의 암흑정치와 싸운 일본공산당戦前の暗黒政治とたたかった日本共産党－「文春」立花論文の虚構を崩す』, 日本共産党中央委員会出版局, 1976.
日本共産党, 『일본공산당 문헌집日本共産党の文献集』, 日刊労働通信社, 1951~53.

와인 만들기의 추억

東京大学立花隆ゼミ, 『20세 무렵二十歳のころ』, 新潮社, 1998.
________________, 『20세의 그대에게二十歳の君へ』, 文藝春秋, 2011.

그 '붉은 책'의 일본어판

中国人民解放軍総政治部 엮음, 『마오쩌둥 어록毛沢東語録』, 社会主義研究所毛沢東語録研究会 옮김, 宮川書房, 1966.

船橋洋一, 『내부-어떤 중국 보고서內部(neibu)-ある中国報告』, 朝日新聞社, 1983.
『차이나 크라이시스 중요문헌チャイナ·クライシス重要文献』(전3권), 矢吹晋 엮음, 蒼蒼社, 1989.

7장

산초메 서고 릿쿄 대학 연구실

번존스가 좋아!

다치바나 다카시, 『천황과 도쿄대』, 이규원 옮김, 청어람미디어, 2008.
大原三八雄, 『라파엘전파의 미학ラファエル前派の美学』, 思潮社, 1986.
Laurence Des Cars, 『라파엘전파-빅토리아 시대의 환시자들ラファエル前派-ヴィクトリア時代の幻視者たち』, 村上尚子 옮김, 創元社, 2001.

죽기 전에 보고 싶은 그림

岡部紘三, 『플랑드르의 제단화フランドルの祭壇画』, 勁草書房, 1997.
Norbert Schneider, 『얀 반에이크 〈헨트 제단화〉ヤン·ファン·エイク《ヘントの祭壇画-教会改革の提案』, 下村耕史 옮김, 三元社, 1997.
西野嘉章, 『15세기 프로방스 회화 연구十五世紀プロヴァンス絵画研究-祭壇画の図像プログラムをめぐる一試論』, 岩波書店, 1994.

지금 미국에서 가장 유명한 중국인 화가

合田彩, 『도망-이단 화가 차오용의 중국 대탈출逃-異端の画家曹勇の中国大脱出』, 文藝春秋, 1995.

인간이 인간을 표현한다는 것

『휴먼 이미지ヒューマン·イメージ-われわれは人間をどのように表現してきたのか-』, 京都国立博物館, 2001.
砂川幸雄, 『우키요에 화가 마타베에는 왜 사라졌는가浮世絵師又兵衛はなぜ消されたか』, 草思社, 1995.

잇큐와 신조의 수수께끼

一休宗純, 『광운집狂雲集』, 中公クラシックス, 2001.
紀野一義, 『명승 열전 I名僧列伝 (一)』, 講談社学術文庫, 1999.
村田太平, 『인간 잇큐－천의무봉의 오도와 그 생애人間一休－天衣無縫な悟道とその生涯』, 潮文社, 1976.

일본의 3대 바제도병 환자

村上専精, 辻善之助, 鷲尾順敬, 『메이지유신 신불 분리 사료明治維新神仏分離史料』, 名著出版, 1970.
橘孝三朗, 『황도철학 개론皇道哲学概論』, 天皇論刊行会, 1968.
河合栄治郎, 『가와이 에이지로 전집河合栄治郎全集』(전23권), 社会思想社, 1967～70.

휴대전화 전파가 닿지 않는 집필 공간

国史大辞典編集委員会, 『국사 대사전国史大辞典』(전15권), 吉川弘文館, 1979～97.
坂井雄吉, 『이노우에 고와시와 메이지 국가井上毅と明治国家』, 東京大学出版会, 1983.
佐藤達夫, 『일본국 헌법 성립사日本国憲法成立史』, 有斐閣, 1962～94.
木下半治, 『일본 우익 연구日本右翼研究』, 現代評論社, 1977.
早稲田大学社会科学研究所プレ·ファシズム研究部会 엮음, 『일본 파시즘日本のファシズム－形成期の研究』, 早稲田大学出版部, 1970.
蓑田胸喜, 松田福松, 『국가와 대학国家と大学: 東京帝国大学法学部の民主主義無国家思想に対する学術的批判』, 原理日本社, 1938.
南部陽一郎 외, 『대학원 소립자 물리大学院素粒子物理』, 講談社, 1997～1998.

대학 교양과정에서 가르쳐야 할 것은 '뇌'

F. A. Hayek, 『하이에크 전집ハイエク全集』, 春秋社, 2007～2008.
J. 롤즈, 『사회정의론』, 황경식 옮김, 서광사, 1990.
Martha J. Farah, 『시각성 실인증視覚性失認－認知の障害から健常な視覚を考える』, 河内 十郎 옮김, 新興医学出版社, 1996.
岩田誠, 『보는 뇌/그리는 뇌見る脳·描く脳－絵画のニューロサイエンス』, 東京大学出版会, 1997.
Robert L. Solso, 『뇌는 그림을 어떻게 이해할까脳は絵をどのように理解するか－絵画の認知科学』, 新曜社, 1997.
Simon Ings, 『본다는 것見る－眼の誕生はわたしたちをどう変えたか』, 吉田利子 옮김,

早川書房, 2009.
平井有三, 『시각과 기억의 정보처리視覚と記憶の情報処理』, 培風館, 1995.
福土審, 『내장감각－뇌와 장의 신비한 관계内臓感覚－脳と腸の不思議な関係』, NHKブックス, 2007.
T. W. Sadler, 『사람 발생학Langman's Medical Embryology』, 박경한 옮김, 범문에듀케이션, 2013.
레너드 삭스, 『남자아이 여자아이: 유치원생에서 고등학생까지』, 이소영 옮김, 아침이슬, 2007.
田中冨久子, 『여자의 뇌/남자의 뇌女の脳・男の脳』, NHKブックス, 1998.
傳田光洋, 『제3의 뇌第三の脳－皮膚から考える命､こころ､世界』, 朝日新聞社, 2007.

구제불능의 인간이 쓴 구제불능의 책

Benjamin Fulford, 『세계와 일본의 절대지배자 루시페리언世界と日本の絶対支配者ルシフェリアン』, 講談社, 2008.
木村剛, 『분식답변粉飾答弁』, アスキーコミュニケーションズ, 2002.

특별한 사진가 도몬 겐

土門拳, 『히로시마ヒロシマ』, 研光社, 1958.
Richard Huelsenbeck, 『다다 대전ダダ大全』, 鈴木芳子 옮김, 未知谷, 2002.

춘화 중에서도 최고봉은 가쓰시카 호쿠사이

福田和彦編, 『에이센英泉』, 河出書房新社.
林美一, 『하야시 요시카즈 에도 염본 집성林美一 江戸艶本集成』, 河出書房新社, 2012.
Richard Lane, 『우키요에－사라진 춘화浮世絵 消された春画』, 新潮社, 2002.

니시키에 없이 역사를 이야기하는 건 불가능하다

小西四郎, 『니시키에－막부 말기 메이지의 역사錦絵幕末明治の歴史』, 講談社, 1977～1978.
『메이지 다이쇼 지리지明治大正図誌』, 筑摩書房, 1978～1980.

하라서방의 독특한 라인업

Martin Monestier, 『도설 아동학대 전서図説 児童虐待全書』, 吉田春美 외 옮김, 原書房, 2000.
Martin Monestier, 『도설 파리 전서図説 ハエ全書』, 大塚宏子 옮김, 原書房, 2000.

集英社モア·リポート班 엮음, 『모어 리포트モア·リポート』, 集英社, 1983.

다시 한번 소리를 내보고 싶다

岩城宏之·篠田正浩·林光, 『다케미쓰 도루를 이야기하는 15가지 증언武満徹を語る15の証言』, 小学館, 2007.
武満徹, 『다케미쓰 도루 저작집武満徹著作集』, 新潮社, 2000.

학생 시절은 영화에 푹 빠져 살았다

Eleanor Coppola, 『노트—코폴라와 나의 묵시록ノーツ—コッポラと私の黙示録』, 原田真人 외 옮김, ヘラルド·エンタープライズ, 1980.

가와데서방의 의외의 모습

団鬼六 엮음, 『'와인' 명작집「わ印」名作集』, イースト·プレス, 1996.
高木祥男, 『비밀의 유희秘戯 1·2』, イースト·プレス, 1997~1998.
田野辺富蔵, 『의사의 진단医者見立て—幕末の枕絵師』, 河出書房新社, 1997.

요제프 보이스의 신비한 작업

水戸芸術館現代美術センター 엮음, 『요제프 보이스 되살아나는 혁명BEUYS IN JAPAN ヨーゼフ·ボイス よみがえる革命』, フィルムアート社, 2010.
つげ義春, 『쓰게 요시하루 컬렉션つげ義春コレクション』, ちくま文庫, 2008~2009.

일기로 보는 메이지유신

『현대사 자료現代史資料』, みすず書房, 1962~1980.
日本国体学会 엮음, 『일본의 사표 다나카 치가쿠日本の師表田中智学』, 錦正社, 1968.
田中香浦 엮음, 『다나카 치가쿠 선생과의 추억田中智学先生の思い出』, 真世界社, 1988.
『일본미술회화 전집日本美術絵画全集』, 集英社, 1976~1980.
佐々木高行, 『호고히로이—사사키 다카유키 일기保古飛呂比—佐々木高行日記』, 東京大学史料編纂所 편, 東京大学出版会, 1970~1979.
蓑田胸喜, 『학술유신원리일본学術維新原理日本』, 原理日本社, 1933.

신문의 몰락?!

明治文化研究会 엮음, 『막부 말기 메이지 시기 신문 전집幕末明治新聞全集』, 大誠堂, 1934~1935.

그들에게는 확실히 '세'가 있었다

麻原彰晃, 『그리스도 선언キリスト宣言』, オウム出版, 1991~1993.

麻原彰晃, 『마하야나수트라 – 대승 요가 경전マハーヤーナ·スートラー大乗ヨーガ経典』, オウム出版, 1988~1991.

고서점의 재고 목록

上智大学中世思想研究所 엮음, 『중세사상 원전 집성中世思想原典集成』(전20권+별권 1권), 平凡社, 1992~2002.

쇼와사 자료와 『전투 상보』

『쇼와 2만 일의 전기록昭和二万日の全記録』, 講談社, 1989~1991.

『쇼와 일본사昭和日本史』, 暁教育図書, 1976~1983.

アテネ書房編集部 엮음, 『전함 야마토·무사시 전투 기록戦艦大和·武蔵戦闘記録』, アテネ書房, 2000.

__________________, 『해군 항공모함 전투기록海軍航空母艦戦闘記録』, アテネ書房, 2002.

복자투성이 일본 개조법안

河野司 엮음, 『2·26 사건 – 옥중수기·유서二·二六事件 – 獄中手記·遺書』, 河出書房新社, 1972.

三島由紀夫, 『영령의 음성英霊の声』, 河出書房新社, 1966.

北一輝, 『일본 개조법안 대강日本改造法案大綱』, 改造社, 1923.

『기타 잇키 저작집北一輝著作集』, みすず書房, 1959~1972.

도청과 2·26 사건

中田整一, 『도청 – 2·26 사건盗聴 二·二六事件』, 文藝春秋, 2007.

松本健一, 『기타 잇키 – 천황과 대결한 카리스마』, 정선태·오석철 옮김, 교양인, 2010.

中田整一, 『트레이시 – 일본병 포로 비밀심문소トレイシー 日本兵捕虜秘密尋問所』, 講談社, 2010.

木戸幸一, 『기도 고이치 일기木戸幸一日記』, 東京大学出版会, 1966~80.

『쇼와 사상집昭和思想集 1·2』(『近代日本思想大系』 35·36), 筑摩書房, 1974~1976.

부갱빌과 계몽사상

드니 디드로, 『부갱빌 여행기 보유』, 정상현 옮김, 숲, 2003.

역사는 '지금'의 시점으로부터 역으로 배워야 한다

J. M. 로버츠, 『히스토리카 세계사The Illustrated History of the World』, 조윤정 외 옮김, 이끌리오, 2007.

시대가 달라지면 책을 두는 장소도 달라진다

石原莞爾, 『이시하라 간지 전집石原莞爾全集』, 石原莞爾全集刊行会, 1976~1977.
藤井武, 『후지이 다케시 전집藤井武全集』, 岩波書店, 1971~1972.

옮긴이 **박성관**

서울대학교 종교학과 졸업했다. 『종의 기원, 생명의 다양성과 인간 소멸의 자연학』『따개비 박사 다윈, 은수를 만나다』 등을 집필했으며, 『장소의 운명』『시간과 공간의 문화사 1880~1918』『지식의 단련법』『피가 되고 살이 되는 500권, 피도 살도 안 되는 100권 』『표상 공간의 근대』『굿바이 다윈』 등을 우리말로 옮겼다.

다치바나 다카시의 서재

1판 1쇄 2016년 12월 27일
1판 6쇄 2023년 3월 10일

지은이 다치바나 다카시 | 사진 와이다 준이치 | 옮긴이 박성관

책임편집 박영신 | 편집 황은주 임혜지 이경록
디자인 고은이 | 저작권 박지영 형소진 이영은
마케팅 정민호 이숙재 김도윤 한민아 이민경 안남영 김수현 왕지경 황승현 김혜원
브랜딩 함유지 함근아 박민재 김희숙 고보미 정승민
제작 강신은 김동욱 임현식 | 인쇄 영신사 | 제본 경일제책

펴낸곳 (주)문학동네 | 펴낸이 김소영
출판등록 1993년 10월 22일 제2003-000045호
주소 10881 경기도 파주시 회동길 210
전자우편 editor@munhak.com | 대표전화 031) 955-8888 | 팩스 031) 955-8855
문의전화 031)955-2696(마케팅) 031)955-2697(편집)
문학동네카페 http://cafe.naver.com/mhdn
인스타그램 @munhakdongne | 트위터 @munhakdongne
북클럽문학동네 https://bookclubmunhak.com

ISBN 978-89-546-4403-7 03000

www.munhak.com